普通高等教育工程造价类专业系列教材

施工企业会计

主　编　项　勇　卢立宇　苏洋杨
副主编　黄佳祯　严川杰　郑佳伟
参　编　徐姣姣　曾宇驰　杨　芯　蒋丽丽　杨　帆
主　审　向鹏成　魏　锋

机械工业出版社

本书根据我国教育部、住建部联合对工程管理类专业人才培养和专业评估、规范的要求，结合财政部发布的《企业会计准则》《企业会计准则——应用指南》《企业会计准则解释》相关的内容编写而成，涵盖了工程管理类专业的人员从事管理类工作应具备的施工企业会计知识内容和知识构架。本书共14章，包括施工企业会计概述、施工企业货币资金的会计核算、应收及预付款项的会计核算、材料物资的会计核算、金融资产的会计核算、固定资产的会计核算、长期股权投资及投资性房地产的会计核算、其他非流动资产的会计核算、成本费用的会计核算、负债及所有者权益的会计核算、收入和利税的会计核算、施工企业其他经营活动的会计核算、施工企业财务报表、会计政策变更和资产负债表日后事项。

本书既可作为高等院校工程管理、工程造价等专业的教材，也可作为施工企业财会人员的业务学习用书，还可作为一级建造师执业资格考试的参考书，以及工程管理有关业务人员的自学教材。

本书配有PPT电子课件，免费提供给选用本书作为教材的授课教师。需要者请登录机械工业出版社教育服务网（www.cmpedu.com）注册后免费下载。

图书在版编目（CIP）数据

施工企业会计/项勇，卢立宇，苏洋杨主编．—北京：机械工业出版社，2021.9（2024.6重印）

普通高等教育工程造价类专业系列教材

ISBN 978-7-111-68780-1

Ⅰ.①施…　Ⅱ.①项…②卢…③苏…　Ⅲ.①施工企业–会计–高等学校–教材　Ⅳ.①F407.967.2

中国版本图书馆CIP数据核字（2021）第148305号

机械工业出版社（北京市百万庄大街22号　邮政编码100037）
策划编辑：刘　涛　　责任编辑：刘　涛　刘　静
责任校对：梁　倩　　封面设计：马精明
责任印制：单爱军
北京虎彩文化传播有限公司印刷
2024年6月第1版第3次印刷
184mm×260mm・21.75印张・510千字
标准书号：ISBN 978-7-111-68780-1
定价：64.80元

电话服务　　　　　　　网络服务
客服电话：010-88361066　机　工　官　网：www.cmpbook.com
　　　　　010-88379833　机　工　官　博：weibo.com/cmp1952
　　　　　010-68326294　金　书　网：www.golden-book.com
封底无防伪标均为盗版　机工教育服务网：www.cmpedu.com

前 言

我国完整的企业会计准则体系（截至2019年12月）由1项基本会计准则、42项具体会计准则和35个企业会计准则应用指南及1个附录（会计科目和主要账务处理）等组成。2014年至今，新颁布和修订实施了16项会计准则，为我国会计准则的建设带来了新的跨越和突破。2016年，税法方面全部以增值税替代营业税，加上增值税税率的数次变化，无疑对施工企业会计核算提出了更高的要求，给施工企业财务人员带来巨大的挑战。根据国家统计局发布的数据，经初步核算，2020年，我国国内生产总值为1 015 986亿元，比上年增长了2.3%。其中，第一产业增长了3.0%；第二产业增长了2.6%；第三产业增长了2.1%。2020年全社会建筑业增加值为72 996亿元，比上年增长了3.5%；全国具有资质等级的总承包和专业承包建筑业企业共实现利润8 303亿元，比上年增长了0.3%，其中国有控股企业实现利润2 871亿元，比上年增长了4.7%。

在我国，建筑业是国民经济的重要物质生产部门，它与整个国家经济的发展、人民生活的改善有着密切的关系。我国正处于从低收入国家向中等收入国家发展的过渡阶段，建筑业的快速发展推动了国民经济的增长。面对广阔的前景，施工企业应实行集约化经营和精细化管理，提高经济效益，增强发展后劲。集约化经营和精细化管理对施工企业"信息流"的要求越来越高，因而对作为决策信息重要组成部分的会计信息质量提出了更高的要求。这迫切需要施工企业根据《企业会计准则》统一会计处理流程，实现会计工作的程序化与规范化，提高会计工作效率，保证会计信息及时、准确、完整，从而保障企业经营目标的实现。通过对本书的学习，读者可以掌握施工企业会计的基本理论与方法，掌握施工企业经济活动会计核算的方法和注意事项，了解施工企业进行会计核算的关键环节和注意事项，能够运用所学知识对施工企业经济活动进行账务处理。

本书的内容以财政部发布的《企业会计准则》（截至2019年1月1日）、《企业会计准则——应用指南》和《企业会计准则解释》为依据，考虑行业对会计的专业能力需求、工程管理相关专业（工程造价、房地产经营管理等）学科体系建设和培养目标，依据多年的讲义和业内专业人员研究的成果编制而成。本书体现出以下特色：第一，依据最新的《企业会计准则》及相关法规编写。本书结合建筑施工企业的特点，对建筑施工企业会计的概念、企业会计政策选择、会计科目的设置与使用、账务处理的基本流程及方法、财务报表的编制与披露等进行了详细的论述，力图将《企业会计准则》的精髓全部融入施工企业具体会计核算中，内容体现现行《企业会计准则》的内涵和要求。第二，结构新颖，打造以业务流程为主线的会计用书。本书以施工企业经济活动所涉及的主要内容为基础进行讲解，结构新颖，让读者不仅能够学习到施工企业的会计知识，还可以快速地根据实践过程中遇到的问题找到相对应的账务处理方法。第三，结合实例分析来解读会计。本着适用性的原则，根据实践性的要求,本书应用了大量的实例来解读各部分的内容并附以大量的凭证、合同、协议书等实样单据,以帮助读者更直观、更容易地理解和掌握施工企业会计核算的要求。第四,突出施工企业会计核算的特点。施工企业专门从事土木工程、建筑工程、线路管道工程和设备安装工程及装修工程的新建、扩建、改建和拆除等有关活动,其会计核算具有一定的特殊性,尤其是在收入的确认与成本的核算上,根据《企业会计准则》及其应用指南,本书结合施工企业的特性来介绍施工企业全流程各业务环节的会计核算内容和方法,将准则的统一性、原则性和施工企业业务的特殊性相结合,针对性较强。

本书结构体系完整,思路架构清晰,在知识点介绍过程中配有相应的例题,知识点分析过程详略得当,各章附有一定数量的思考题,以帮助读者加深理解、巩固所学知识,并为任课老师提供电子课件。在实际教学过程中,不同专业可根据专业课程体系和专业培养目标的要求,在教学内容和学时上进行适当的调整。

全书大纲及编写由西华大学项勇老师和卢立宇老师提出并进行整体构思。各章具体内容编写人员的分工为:第一章和第二章由卢立宇编写;第三章和第十三章由黄佳祯编写;第四~六章由项勇和苏洋杨编写;第七章和第八章由郑佳伟和曾宇驰编写;第九章和第十章由杨芯和蒋丽丽编写;第十一章和第十二章由徐姣姣和严川杰编写;第十四章由杨帆编写。全书的统稿和整理工作由苏洋杨、严川杰完成。

重庆大学管理科学与房地产学院向鹏成教授、魏锋教授对本书的修改提出了很多宝贵的意见。西华大学土木建筑与环境学院的向勇书记、舒波副院长、熊伟副教授、李海凌教授等在本书编写过程中提供了很大的支持和帮助。此外,本书在内容上也参考了部分学者的研究成果,在此一并深表谢意!

由于编者水平有限,书中难免会有缺点、纰漏和不足之处,恳请读者在使用过程中提出意见、批评指正,以便再版时修改、完善。

西华大学土木建筑与环境学院

编者

2021 年 4 月

目　录

前言

第一章　施工企业会计概述 …………… 1

- 第一节　施工企业会计的内涵 ………… 1
- 第二节　施工企业会计核算基础知识 …… 3
- 第三节　施工企业会计科目设置与建账 …… 12
- 思考题 …………………………………… 17

第二章　施工企业货币资金的会计核算 …… 19

- 第一节　货币资金概述 ………………… 19
- 第二节　现金的会计核算 ……………… 21
- 第三节　银行存款的会计核算 ………… 23
- 第四节　其他货币资金的会计核算 …… 30
- 思考题 …………………………………… 33

第三章　应收及预付款项的会计核算 …… 35

- 第一节　应收账款及应收票据的会计核算 …… 35
- 第二节　坏账损失的会计核算 ………… 41
- 第三节　预付账款和其他应收款的会计核算 …… 45
- 第四节　长期应收款的会计核算 ……… 51
- 思考题 …………………………………… 52

第四章　材料物资的会计核算 …………… 54

- 第一节　材料物资的概念及计价 ……… 54
- 第二节　库存材料的会计核算 ………… 57
- 第三节　周转材料的会计核算 ………… 63
- 第四节　存货的清查 …………………… 66
- 第五节　存货跌价准备 ………………… 68
- 思考题 …………………………………… 72

第五章　金融资产的会计核算 …………… 74

- 第一节　以摊余成本计量的金融资产 …… 74
- 第二节　以公允价值计量且其变动计入当期损益的金融资产 …… 80
- 第三节　以公允价值计量且其变动计入其他综合收益的金融资产 …… 84
- 思考题 …………………………………… 88

第六章　固定资产的会计核算 …………… 89

- 第一节　固定资产概述 ………………… 89
- 第二节　固定资产获取的会计核算 …… 91
- 第三节　固定资产折旧的会计核算 …… 101
- 第四节　固定资产的后续支出 ………… 105
- 第五节　固定资产的处置、盘点与期末计价 …… 107
- 思考题 …………………………………… 110

第七章　长期股权投资及投资性房地产的会计核算 …… 112

- 第一节　长期股权投资的会计核算 …… 112
- 第二节　投资性房地产的会计核算 …… 125
- 思考题 …………………………………… 137

第八章　其他非流动资产的会计核算 …… 139

- 第一节　无形资产的会计核算 ………… 139
- 第二节　临时设施的会计核算 ………… 150
- 第三节　非货币性资产交换的会计核算 …… 154
- 第四节　资产减值的会计核算 ………… 163
- 思考题 …………………………………… 172

第九章　成本费用的会计核算 …………… 174

- 第一节　成本费用概述 ………………… 174

第二节　工程成本核算的组织与程序 …… 177
第三节　工程成本的会计核算 ………… 180
第四节　工程成本结算 …………………… 191
第五节　期间费用的会计核算 ………… 194
思考题 ………………………………… 195

第十章　负债及所有者权益的
　　　　会计核算 ……………………… 197
第一节　负债的会计核算 ……………… 197
第二节　所有者权益的会计核算 ……… 219
思考题 ………………………………… 230

第十一章　收入和利税的会计核算 …… 232
第一节　收入的会计核算 ……………… 232
第二节　施工企业税费的会计核算 …… 254
第三节　利润的会计核算 ……………… 264
思考题 ………………………………… 273

第十二章　施工企业其他经营活动的
　　　　　会计核算 …………………… 275

第一节　施工企业内部往来的会计核算 … 275
第二节　施工企业或有事项的会计核算 … 278
第三节　施工企业分包工程的会计核算 … 286
思考题 ………………………………… 290

第十三章　施工企业财务报表 ………… 291
第一节　财务报表概述 ………………… 291
第二节　资产负债表及其填列 ………… 293
第三节　利润表及其填列 ……………… 302
第四节　现金流量表及其填列 ………… 307
第五节　所有者权益变动表及报表附注 … 312
思考题 ………………………………… 319

第十四章　会计政策变更和资产负债表
　　　　　日后事项 …………………… 321
第一节　会计政策变更处理 …………… 321
第二节　资产负债表日后事项 ………… 332
思考题 ………………………………… 339

参考文献 ……………………………………… 340

第一章
施工企业会计概述

🔵 **本章主要知识点**：施工企业会计的内涵（施工企业会计的性质、施工企业会计的对象）；施工企业会计核算基础知识（会计基本假设和会计基础、会计信息质量要求、会计要素及其确认与计价原则）；施工企业会计科目设置与建账（施工企业会计科目的设置与使用、施工项目的建账建制、施工项目会计工作的交接）。

🔵 **本章重点和难点**：施工企业会计的对象；会计基本假设和会计基础；会计要素及其确认与计价原则；施工企业会计科目的设置与使用。

第一节　施工企业会计的内涵

一、施工企业会计的性质

施工企业会计是以企业会计准则基本准则为核心，以企业会计准则具体会计准则为依据，结合施工企业生产经营的特点，以施工企业作为会计主体的专业会计。它以货币为主要计量单位，运用专门方法对施工企业的经济活动进行全面、连续的核算和监督，对企业的资金运动进行反映和控制，并形成系统性的会计信息，是以取得最大经济效益和管理效益为目的的管理活动。在市场经济体制下，施工企业会计对于反映和监督施工企业各项经济活动情况，加强经济核算，提高经济效益，完善企业财产物资管理，保护企业财产的安全完整、保值增值及企业进行经济预测和决策均具有重要意义。施工企业会计主要有以下特点：

1. 分级核算

施工企业的生产具有流动性大、施工生产分散、地点不固定等特点，为了使会计核算与施工企业的生产有机结合，直接反映施工企业生产的经济效果，需采用分级核算、分级管理的办法，以避免集中核算造成会计核算与施工生产相脱节的现象。

2. 每项工程的成本分别计算

因施工企业产品的多样性和生产的单件性的特点，不能根据一定时期内所发生的全部施工生产费用和完成的工程数量计算各项工程的单位成本，必须按照每项工程分别归集施工生产费用，单独计算每项工程的成本。因此，施工企业工程成本的分析、控制和考核应以工程预算成本为依据，并使实际成本与预算成本的计算口径相一致，以便于分析考核。

3. 工程成本核算与工程价款结算的分段性

建筑安装工程的施工周期较长，如果等到工程全部完工后才进行成本核算与价款结算，施工企业就要垫支大量资金，给施工企业的资金周转带来困难，不利于正确反映施工企业的各项经营成果。因此，施工企业应按照企业会计准则及施工企业会计核算办法的有关规定进行分段性成本核算，依据建造合同与发包方进行工程价款的结算。

二、施工企业会计的对象

会计的对象是指会计作为一项管理活动，所要核算和监督的内容，具体体现为社会再生产过程中的资金及其运动。

施工企业为了进行施工生产以及设备安装活动，必须拥有一定数量的房屋、设备、材料等财产物资，各种财产物资的货币表现称为经营资金。企业利用这些财产物资从事供应、施工生产和工程结算（销售）三个主要经营过程的经济活动。随着施工生产经营活动的持续进行，便形成了施工企业的资金运动。资金运动在动态上表现为：资金进入企业，在企业内部循环与周转，进行权益转化；在静态上表现为资产与负债及所有者权益的相对平衡。

1. 资金进入企业的运动

资金进入企业时一般有两种情况：投资者投入资本金和企业举借债务。当施工企业收到投资者的资本金和借入款项时，就形成了资金进入企业的经济活动。在会计上，把企业所有者投入的资本金称为所有者权益，把企业举借的债务称为债权人权益，二者统称"权益"，是企业资产提供者对这些资产所拥有的要求权。资金进入企业是以资产的形态出现的，企业的资产不是属于所有者，就是属于债权人，用公式表示为

$$资产 = 权益$$
$$资产 = 债权人权益 + 所有者权益$$
$$资产 = 负债 + 所有者权益$$

上述等式叫"会计等式"。企业资产的数额取决于负债和所有者权益的数额。因此，资产和权益在任何时候都应相等，企业发生任何经济活动也不能破坏这一恒等关系。会计等式表明企业在某一特定时点的财产状况，明确了资产、负债和所有者权益三者之间的关系。它是会计工作中设置会计科目和账户、复式记账、会计核算和编制财务会计报告的重要理论依据。

2. 资金在企业内部的循环与周转运动

施工企业的生产经营活动包括供应过程、建造生产过程和工程结算（销售）过程三个阶段。在供应过程中，施工企业用货币资金购买各种材料物资，为建造生产进行必要的物资储备，此时货币资金转化为储备资金形态。在建造生产过程中，施工企业领用各种材料物资，发生材料物资的消耗；利用施工机械、运输设备等建造、安装产品，发生折旧费用；对劳动对象进行加工，发生工资费用。此时储备资金和一部分货币资金以及一部分固定资产就转化为生产资金。当建造生产过程结束，施工产品建造完成时，生产资金就转化为成品资金形态，即建筑产品。在工程结算（销售）过程中，施工企业将建筑产品移交给发包单位或出售给购买单位，取得工程价款，成品资金又转化为货币资金形态。由此，资金从货币资金形态开始，经过三个阶段的运动，依此顺序转化，改变其原有形态，最后又回到货币资金形态的过程，称为资金循环。

资金在供应和建造生产过程，不断变换其物质形态，从资产的一种形态变换成另一种形态，但资金总量不变。在工程结算（销售）过程，则必然会产生收入，用收入补偿费用后

的净损益，即为施工企业的利润或亏损。用公式表示为

$$收入+部分利得-费用-部分损失＝利润（或亏损）$$

此公式表明了施工企业在一定期间的经营成果与相应期间的收入、计入当期损益的利得、相应期间的费用、计入当期损益的损失之间的关系。企业的经营成果最终影响到企业的财务状况，发生收入时可增加资产，支付费用和补偿成本时要减少资产。企业实现利润时，将使资产增加或负债减少；发生亏损时，将使资产减少或负债增加。因此，收入、利得和费用、损失的发生将影响企业的所有者权益，会计等式也可以写成

$$资产＝负债＋所有者权益＋利润$$
$$＝负债＋所有者权益＋（收入＋部分利得－费用－部分损失）$$

从上式可以看出，施工企业实现利润（或发生亏损）以后，将使资产和权益的总量同增或同减。

3. 权益转化的运动

通过资金的循环与周转，一方面资产总量有所增减；另一方面在权益内部，负债种类有多种，在施工生产经营活动中，有时需要变换负债的种类，这不影响负债的总量。由于企业由所有者投资，因此企业实现的净利润只能属于企业的所有者，利润的实现表明所有者在企业中的权益增加；反之，企业发生亏损，也只能由所有者承担，亏损的发生表明所有者在企业中的权益减少。企业实现利润（或发生亏损）以后，要进行利润分配（或亏损弥补），即将利润（或亏损）转化为负债和所有者权益。除上述两方面外，还包括负债与所有者权益之间，以及所有者权益各项目之间的增减变动。由于负债和所有者权益实际上都是对企业资产的权益，因此，以上各方面的运动可概括为权益转化的运动。这项运动的平衡公式分为两步：

第一步，利润分配（或亏损弥补）前：资产＝负债+所有者权益+利润（或亏损）。

第二步，利润分配（或亏损弥补）后：资产＝负债+所有者权益。

施工企业发生的任何一项经济业务，都将引起会计等式一边或两边各相应项目的金额发生增减变化，但都不会破坏会计等式的平衡关系。

第二节　施工企业会计核算基础知识

一、会计基本假设和会计基础

（一）会计基本假设

会计基本假设是企业会计确认、计量和报告的前提，是对会计核算所处时间、空间环境等做出的合理设定，包括会计主体、持续经营、会计分期和货币计量。

1. 会计主体

会计主体，是指企业会计确认、计量和报告的空间范围。会计主体不同于法律主体（法律主体必然是一个会计主体）。例如，一个企业作为一个法律主体，应当建立财务会计系统，独立反映其财务状况、经营成果和现金流量。但会计主体不一定是法律主体，例如，在企业集团中，母公司拥有若干子公司，母、子公司是不同的法律主体，而母公司对于子公司拥有控制权，为了全面反映企业集团的财务状况、经营成果和现金流量，需要将企业集团

作为一个会计主体，编制合并财务报表，但企业集团并不是法律主体。

2. 持续经营

持续经营，是指在没有相反证据的情况下，会计主体在可以预见的将来，会按当前的规模和状态继续经营，不会停业，也不会大规模削减业务。在持续经营假设下，会计确认、计量和报告应当以企业持续、正常的生产经营活动为前提。在大多数情况下，持续经营假设是适用的，只有在清算情况下才放弃这一假设，将企业的全部资产和负债按现行价值进行核算。

企业的固定资产会在持续经营的生产经营过程中长期发挥作用，并服务于生产经营过程，只要能够持续经营，固定资产就可以根据历史成本进行记录，并采用折旧的方法，将历史成本分摊到各个会计期间或相关产品的成本中。如果企业不能持续经营，固定资产就无法采用历史成本进行记录并按期计提折旧。例如，某企业购入一套机械设备，预计使用寿命为12年，若企业将会持续经营，则可以假定企业的固定资产会在持续经营的生产经营过程中长期发挥作用，并服务于生产经营过程，即不断地为企业生产产品，直至机械设备使用寿命结束。

3. 会计分期

会计分期，也称会计期间，是指人为地将一个企业持续经营的生产经营活动划分为若干连续的、长短相同的期间，其目的在于通过会计期间的划分结算盈亏，从而及时反映有关企业财务状况和经营成果。会计期间通常分为年度和中期。根据持续经营假设，一个企业将按当前的规模和状态持续经营下去。由于会计分期，才产生了当期与以前期间、以后期间的差别，才使得不同类型的会计主体有了记账的基准，进而出现了折旧、摊销等会计处理。例如，划分会计期间后，某些成本要在不同会计期间进行摊销，分别列为当期费用和下期费用。

4. 货币计量

货币计量，是指会计主体在核算过程中以货币为计量单位，记录、反映会计主体的生产经营情况。在会计的确认、计量和报告过程中选择以货币为基础，是由货币本身的属性决定的。货币是商品的一般等价物，是衡量一般商品价值的共同尺度，具有价值尺度、流通手段、贮藏手段和支付手段等职能。选择货币尺度进行计量才能充分反映企业的生产经营情况，《企业会计准则》规定，会计确认、计量和核算选择货币作为计量单位，应以人民币为记账本位币。

（二）会计基础

权责发生制要求凡是当期已经实现的收入和已经发生或应当负担的费用，无论款项是否收付，都应当作为当期的收入和费用并计入利润表；凡是不属于当期的收入和费用，即使款项已在当期收付，也不应当作为当期的收入和费用。

在实务中，企业交易或者事项的发生时间与相关款项收付时间有时并不完全一致；如款项已经收到，但销售并未实现；或者款项已经支付但并不是为本期生产经营活动而发生。为了更加真实地反映特定会计期间的财务状况和经营成果，《企业会计准则——基本准则》明确规定，企业在会计确认、计量和报告时应当以权责发生制为基础。

收付实现制是与权责发生制相对应的一种会计基础，它是以款项的实际收到或支付作为确认收入和费用等的依据。2019年执行新的《政府会计制度》，预算会计除按《中华人民共和国预算法》要求的权责发生制事项外，均实行收付实现制，而财务会计实行权责发生制。

二、会计信息质量要求

会计信息质量要求是对企业财务报告中所提供的会计信息在质量上的基本要求，是使财务报告中所反映的会计信息对财务报告使用者决策有用而应具备的基本特征，主要包括可靠性、相关性、可理解性、可比性、实质重于形式、重要性、谨慎性和及时性等。

1. 可靠性

可靠性要求企业应当以实际发生的交易或者事项为依据进行会计确认、计量和报告，如实反映符合确认和计量要求的各项会计要素及其他相关信息，保证会计信息真实可靠、内容完整。为了贯彻可靠性要求，企业应当做到：①以实际发生的交易或者事项为依据进行会计确认、计量，将符合会计要素定义及其确认条件的资产、负债、所有者权益、收入、费用和利润等如实反映在财务报表中，不得根据虚构的、没有发生的或者尚未发生的交易或者事项进行确认、计量和报告；②在符合重要性和成本效益原则的前提下，保证会计信息的完整性，其中包括应当编报的报表及其附注内容等保持完整，不能随意遗漏或者减少应予披露的信息，与财务报告使用者决策相关的有用信息都应充分披露；③包括在财务报告中的会计信息应当是中立的、无偏的。

2. 相关性

相关性要求企业提供的会计信息应当与不同的财务报告使用者的经济决策需要相关，有助于财务报告使用者对企业过去、现在或者未来的情况做出评价或者预测。会计信息质量的相关性要求，需要企业在确认、计量和报告会计信息的过程中，充分考虑财务报告使用者的决策模式和信息需要。相关性是以可靠性为基础的，即会计信息在可靠性前提下，尽可能地做到相关性，以满足财务报告使用者的决策需要。

3. 可理解性

可理解性要求企业提供的会计信息应当清晰明了，便于财务报告使用者理解和使用。企业编制财务报告、提供会计信息的目的在于使用，而要使财务报告使用者有效使用会计信息，应当能让其了解会计信息的内涵，弄懂会计信息的内容，这要求财务报告所提供的会计信息清晰明了，易于理解。提高会计信息的有用性，实现财务报告的目标，满足向投资者等财务报告使用者提供决策有用信息的要求。对于某些复杂的信息，如交易本身较为复杂或者会计处理较为复杂，但它对财务报告使用者的经济决策有影响，企业就应当在财务报告中予以充分披露。

4. 可比性

可比性要求企业提供的会计信息应当相互可比，主要包括两层含义。①同一企业不同会计期间可比。比较企业在不同会计期间的财务报告信息，全面、客观地评价过去、预测未来，从而做出决策，会计信息质量的可比性要求同一企业不同会计期间发生的相同或相似的交易或者事项，应当采用一致的会计政策，不得随意变更。如果按照规定或者在会计政策变更后可以提供更可靠、更相关的会计信息，可以变更会计政策，但应当在附注中予以说明。②不同企业相同会计期间可比。为了便于财务报告使用者评价不同企业的财务状况、经营成果和现金流量及其变动情况，会计信息质量的可比性，要求不同企业同一会计期间发生的相同或者相似的交易或者事项，应当采用统一规定的会计政策，确保会计信息口径一致、相互可比，以使不同企业按照一致的确认、计量和报告要求提供有关会计信息。

5. 实质重于形式

实质重于形式要求企业应当按照交易或者事项的经济实质进行会计确认、计量和报告，不仅仅以交易或者事项的法律形式为依据。在多数情况下，企业发生的交易或事项的经济实质和法律形式是一致的，但在个别情况下，也会出现不一致。例如，根据2018年财政部修订发布的《企业会计准则第21号——租赁》中的规定，承租人采用统一的会计处理模型，对短期租赁和低价值资产租赁以外的其他所有租赁均确认使用权资产和租赁负债来核算，并分别计提折旧和利息费用，而出租人则区分经营租赁和融资租赁做不同的会计处理。这一规定体现了租赁业务的经济实质。

6. 重要性

重要性要求企业提供的会计信息应当反映与企业财务状况、经营成果和现金流量有关的所有重要交易或者事项。在实务中，如果会计信息的省略或者错报会影响财务报告使用者据此做出决策，则该信息就具有重要性。重要性的应用需要依赖职业判断，企业应当根据其所处环境和实际情况，从项目的性质和金额大小两方面加以判断。

例如，我国上市公司要求对外提供季度财务报告，由于季度财务报告披露的时间较短，从成本效益原则考虑，季度财务报告没有必要像年度财务报告那样披露详细的附注信息。因此，《企业会计准则第32号——中期财务报告》规定，企业中期财务报告附注应当以年初至本中期末为基础编制，披露自上年度资产负债表日之后发生的，有助于理解企业财务状况、经营成果和现金流量变化情况的重要交易或者事项。这种附注披露，就体现了会计信息质量的重要性要求。

7. 谨慎性

谨慎性要求企业对交易或者事项进行会计确认、计量和报告时应当保持应有的谨慎，不应高估资产或者收益，也不应低估负债或者费用。会计信息质量的谨慎性要求企业在面临不确定性因素的情况下做出职业判断时，应当保持应有的谨慎，充分估计各种风险和损失，既不高估资产或者收益，也不低估负债或者费用。例如，要求企业对可能发生的资产减值损失计提资产减值准备，对售出商品可能发生的保修义务等确认预计负债等，就体现了会计信息质量的谨慎性要求。

谨慎性的应用也不允许企业设置秘密准备，如果企业故意低估资产或者收益，故意高估负债或者费用，将不符合会计信息的可靠性和相关性要求，损害会计信息质量，扭曲企业实际的财务状况和经营成果，从而对财务报告使用者的决策产生误导，这是不符合《企业会计准则》要求的。

8. 及时性

及时性要求企业对于已经发生的交易或者事项，应当及时进行确认、计量和报告，不得提前或者延后。

在会计确认、计量和报告过程中贯彻及时性，有如下要求：①要求及时收集会计信息，即在经济交易或者事项发生后，及时收集整理各种原始单据或者凭证；②要求及时处理会计信息，即按照《企业会计准则》的规定，及时对经济交易或者事项进行确认或者计量，并编制财务报告；③要求及时传递会计信息，即按照国家规定的有关时限，及时将编制的财务报告传递给财务报告使用者，便于其及时使用和决策。

在实务中，为了及时提供会计信息，可能需要在有关交易或者事项的信息全部获得之前进行会计处理，这就满足了会计信息的及时性要求，但可能会影响会计信息的可靠性；反之，若企业在与交易或者事项有关的全部信息获得之后再进行会计处理，因时效性问题，信息披露可能会对财务报告使用者决策的有用性大大降低。这需要在及时性和可靠性之间做出权衡，以便更好地满足财务报告使用者的经济决策需要。

三、会计要素及其确认与计价原则

会计要素是指会计核算的具体内容，是对会计对象的基本分类，是会计用于反映其主体财务状况、确定其经营成果的基本单位。按照我国《企业会计准则》的规定，会计要素分为资产、负债、所有者权益、收入、费用和利润六项内容。

（一）静态会计要素

资产、负债和所有者权益是反映企业财务状况的静态会计要素，列示在资产负债表中。

1. 资产要素

（1）资产的定义及确认条件　根据《企业会计准则——基本准则》的规定，资产是指企业过去的交易或者事项形成的、由企业拥有或者控制的、预期会给企业带来经济利益的资源。资产按照流动性可分为流动资产和非流动资产。根据资产的定义，资产具有以下特征：

1）资产应为企业拥有或者控制的资源。资产作为一项资源，应当由企业拥有或者控制，具体是指企业享有某项资源的所有权，或者虽然不享有某项资源的所有权，但该资源能被企业所控制。

2）资产预期会给企业带来经济利益。资产预期会给企业带来经济利益，是指资产有直接或者间接导致现金或者现金等价物流入企业的潜力。此潜力来自企业的生产经营活动；带来的经济利益可以是现金或者现金等价物形式，也可以是能转化为现金或者现金等价物的形式，还可以是能减少现金或者现金等价物流出的形式。

3）资产是由企业过去的交易或者事项形成的。过去的交易或者事项包括购买、生产、建造行为或者其他交易或事项。例如，企业有购买某存货的意愿或者计划，但是购买行为尚未发生，就不符合资产的定义，不能因此而确认存货资产。

（2）资产的分类　资产按照流动性可分为流动资产和非流动资产。

流动资产是指可以在一年或者超过一年的一个营业周期内变现或者耗用的资产，主要包括货币资金、交易性金融资产、衍生金融资产、合同资产、应收及预付款项和存货等。

非流动资产是指企业在超过一年或一个营业周期以上变现或者耗用的资产，也称为长期资产，主要包括投资性房地产、固定资产、无形资产、长期股权投资、债权投资、其他债权投资、其他权益工具投资等。

（3）资产的确认条件　根据《企业会计准则——基本准则》的规定，将一项资源确认为资产，需要符合资产的定义，还应同时满足以下两个条件：

1）与该资源有关的经济利益很可能流入企业。从资产的定义来看，能否带来经济利益是资产的一个本质特征，但在现实生活中，与资源有关的经济利益能否流入企业或者能够流入多少实际上带有不确定性。因此，资产的确认还应与经济利益流入的不确定程度判断结合。如果根据编制财务报表时所取得的证据，与资源有关的经济利益很可能流入企业，则应当将其作为资产予以确认；反之，不能确认为资产。

2) 该资源的成本或者价值能够可靠地计量。财务会计系统是一个确认、计量和报告的系统，其中计量起着枢纽作用，可计量性是所有会计要素确认的重要前提。只有当有关资源的成本或者价值能够可靠地计量时，该项资产才能予以确认。在实务中，企业取得的资产都发生了实际成本，例如企业购买或者生产的存货，购置的厂房或者设备等，只要实际发生的购买成本或者生产成本能够可靠地计量，就视为符合资产可计量的确认条件。在某些特定情况下，企业取得的资产没有发生实际成本或者发生的实际成本很少，如企业持有的某些衍生金融工具形成的资产，对于此类资产，如果其公允价值能够可靠地计量，也被认为符合资产可计量的确认条件。

【例1-1】 某施工企业为甲方建造一项跨年度工程，至资产负债表日，完成合同收入为500万元，所有与该项工程相关的风险和报酬均已转移给甲方，甲方开出一张银行承兑汇票，承诺3个月后付款。该施工企业应当在资产负债表日将这一应收票据确认为企业的一项资产。

资产不等于财产，凡是由过去的交易、事项所形成的，有助于施工企业目前和未来的施工生产经营活动，预期能给施工企业带来经济效益，施工企业拥有使用权或控制权，并且能够以货币进行合理计量的经济资源，都应当作为施工企业的资产予以确认。

2. 负债要素

(1) 负债的定义　　负债是指企业过去的交易或者事项形成的，预期会导致经济利益流出企业的现时义务。根据负债的定义，负债具有以下特征：

1) 负债是企业承担的现时义务。现时义务是指企业在现行条件下已承担的义务。未来发生的交易或者事项形成的义务，不属于现时义务，不应当确认为负债。

2) 负债预期会导致经济利益流出企业。只有在企业履行义务时会导致经济利益流出企业的，才符合负债的定义。在企业履行现时义务偿还负债时，导致经济利益流出企业的形式多种多样，例如用现金偿还或以实物资产形式偿还负债，以提供劳务形式偿还负债，以部分转移资产、部分提供劳务形式偿还负债等。

3) 负债是由企业过去的交易或者事项形成的。即只有过去的交易或者事项才形成负债；企业未来将发生的承诺、签订的合同等交易或者事项，不形成负债。

(2) 负债的分类　　按照流动性，负债可分为流动负债和非流动负债。

流动负债是指将在一年或者超过一年的一个营业周期内偿还的债务，包括短期借款、交易性金融负债、应付票据、应付账款、合同负债、应付职工薪酬、应交税费、应付股利、其他应付款和一年内到期的长期借款等。

非流动负债是指偿还期在一年或者超过一年的一个营业周期以上的债务，包括长期借款、应付债券、长期应付款项等。

(3) 负债的确认条件　　将一项现时义务确认为负债，既需要符合负债的定义，还需要同时满足以下两个条件：

1) 与该义务有关的经济利益很可能流出企业。预期会导致经济利益流出企业是负债的一个本质特征。在实务中，履行义务所需流出的经济利益带有不确定性，尤其是与特定义务相关的经济利益通常需要依赖于大量的估计。因此，负债的确认应当与经济利益流出的不确定性程度的判断结合。如果有确凿证据表明与现时义务有关的经济利益很可能流出企业，就应当将其作为负债予以确认；反之，如果企业承担了现时义务，但是导致企业经济利益流出的可能性很小，就不符合负债的确认条件，不应将其作为负债予以确认。

2）未来流出的经济利益的金额能够可靠地计量。负债的确认在考虑经济利益流出企业的同时，对于未来流出的经济利益的金额应当能够可靠地计量。对于与法定义务有关的经济利益流出金额，通常可以根据合同或者法律规定的金额予以确定。考虑到经济利益流出的金额通常在未来期间，而且有时未来期间较长，因此有关金额的计量需要考虑货币时间价值等因素的影响。对于与特定义务有关的经济利益流出金额，企业应当根据履行相关义务所需支出的最佳估计数进行估计，并综合考虑有关货币时间价值、风险等因素的影响。

【例 1-2】 某施工企业与银行签署 1 000 万元一年期的贷款协议，贷款已按照约定用途使用，一年后该施工企业将向银行归还这笔贷款的本利和。该业务属于该施工企业过去已经发生的交易事项，而且未来流出的经济利益的金额能够可靠地计量。因此，该笔贷款本息需要确认为该施工企业的负债。

综上所述，凡是由企业过去的经济活动形成的，能够用货币确切计量或合理预计的，需要企业将来以现金、其他资产或劳务偿付的债务，都应当作为施工企业的负债予以确认。

3. 所有者权益要素

（1）所有者权益的定义　所有者权益，在股份有限公司又称股东权益，是指所有者对企业资产的剩余索取权，是企业资产总额中扣除债权人权益后应由所有者享有的部分，既可反映所有者投入资本的保值增值情况，又体现了保护债权人权益的理念。

（2）所有者权益的来源构成　所有者权益的来源包括所有者投入的资本、直接计入所有者权益的利得和损失、留存收益等，通常由实收资本（或股本）、其他权益工具、资本公积（含资本溢价或股本溢价、其他资本公积）、其他综合收益、盈余公积和未分配利润构成。

其中，直接计入所有者权益的利得和损失，是指不应计入当期损益、会导致所有者权益发生增减变动、与所有者投入资本或者与向所有者分配利润无关的利得或者损失。

（3）所有者权益的确认条件　所有者权益的确认和计量，主要取决于资产、负债、收入、费用等其他会计要素的确认和计量。通常企业收入增加时，会导致资产的增加，相应地会增加所有者权益；企业发生费用时，会导致负债的增加，并会相应地减少所有者权益。因此，企业日常经营的情况和资产负债的质量直接决定着企业所有者权益的增减变化和资本的保值增值。

（二）动态会计要素

收入、费用和利润是反映企业经营成果的会计要素，是动态会计要素，列示在利润表中。

1. 收入要素

（1）收入的定义和特征　收入是指企业在日常活动中形成的、会导致所有者权益增加的、与所有者投入资本无关的经济利益的总流入。如销售商品、施工企业提供建造工程服务等形成的经济利益流入。收入不包括为第三方或者客户代收的款项。

根据收入的定义，收入具有以下特征：

1）收入是企业在日常活动中形成的。日常活动是指企业为完成其经营目标所从事的经常性活动以及与之相关的活动。如施工企业建造并移交工程，工业企业制造并销售产品，商品流通企业销售商品，咨询公司提供咨询服务，软件企业为客户开发软件等，均属于企业的日常活动。明确界定日常活动是为了将收入与利得相区分，因为企业非日常活动所形成的经济利益的流入不能确认为收入，而应当计入利得。

2）收入是与所有者投入资本无关的经济利益的总流入。收入应当会导致经济利益的流入，从而导致资产的增加。如施工企业结算工程价款，应当收到现金或者有权在未来收到现金，才表明该交易符合收入的定义。但在实务中，经济利益的流入有时是所有者投入资本的增加所导致的，而所有者投入资本的增加不属于收入，应当将其直接确认为所有者权益。

3）收入会导致所有者权益的增加。与收入相关的经济利益的流入应当会导致所有者权益的增加，不会导致所有者权益增加的经济利益的流入不符合收入的定义，不应确认为收入。如企业向银行借入款项，尽管也导致了企业经济利益的流入，但该流入并不导致所有者权益的增加，反而使企业承担了一项现时义务，因此企业对于因借入款项所导致的经济利益的流入，不应将其确认为收入，应当确认为负债。

(2) 收入的确认条件　企业收入的来源渠道多种多样，不同收入来源的特征有所不同，如销售商品、提供劳务等，其收入确认条件也往往存在差别。通常，只有在经济利益很可能流入企业从而导致企业资产增加或者负债减少，且经济利益的流入额能够可靠地计量时才能确认为收入，即收入的确认至少应当符合以下条件：①合同各方已批准该合同并承诺将履行各自义务；②该合同明确了合同各方与所转让商品或提供劳务（以下简称转让商品）相关的权利和义务；③该合同有明确的与所转让商品相关的支付条款；④该合同具有商业实质，即履行该合同将改变企业未来现金流量的风险、时间分布或金额；⑤企业因向客户转让商品而有权取得的对价很可能收回。收入的确认是施工企业财务成果的最初形式，也是企业获得利润、实现盈利的前提条件。

2. 费用要素

(1) 费用的定义和特征　费用是指企业在日常活动中发生的，会导致所有者权益减少的，与向所有者分配利润无关的经济利益的总流出。按照经济用途，即费用是否构成产品实体，费用可以分为生产成本和期间费用两大类。根据费用的定义，费用具有以下特征：

1）费用在企业日常活动中形成。因日常活动所产生的费用通常包括营业成本、职工薪酬、折旧费、无形资产摊销费等，将费用界定为日常活动所形成的目的是将其与损失相区分，企业非日常活动所形成的经济利益的流出不能确认为费用，而应当计入损失。

2）费用导致的经济利益总流出与向所有者分配利润无关。费用的发生应当会导致经济利益的流出，从而导致资产的减少或者负债的增加（最终也会导致资产的减少）。其表现形式包括现金或者现金等价物的流出，存货、固定资产和无形资产等的流出或者消耗等。企业向所有者分配利润导致经济利益的流出属于所有者权益的抵减项目，不应确认为费用，应当将其排除在费用的定义之外。

3）费用会导致所有者权益的减少。与费用相关的经济利益的流出应当会导致所有者权益的减少，不会导致所有者权益减少的经济利益的流出不符合费用的定义，不应确认为费用。

(2) 费用的确认条件　费用的确认除了应当符合定义外，还应当满足严格的条件，即只有在经济利益很可能流出从而导致企业资产减少或者负债增加，且经济利益的流出额能够可靠地计量时才能确认为费用。因此，费用的确认至少应当符合以下条件：①与费用相关的经济利益很可能流出企业；②经济利益流出企业会导致资产的减少或者负债的增加；③经济利益的流出额能够可靠地计量。

费用是经营成果的扣除要素，当施工企业在一定时期内的收入大于费用时，就意味着新资产的价值大于原资产的价值，就为企业盈利奠定了基础；否则就会为企业发生亏损增大概率。

3. 利润要素

（1）利润的定义　利润是指企业在一定会计期间的经营成果，包括营业利润、利润总额和净利润，是反映企业最终财务成果的要素。利润是评价业绩的一项重要指标，也是财务报告使用者进行决策的重要参考。

（2）利润的来源构成　利润包括收入减去费用后的净额、直接计入当期利润的利得和损失等。其中，收入减去费用后的净额反映的是企业日常活动的业绩，直接计入当期利润的利得和损失反映的是企业非日常活动的业绩。直接计入当期利润的利得和损失，是指应当计入当期损益、最终会引起所有者权益发生增减变动、与所有者投入资本或者向所有者分配利润无关的利得或者损失。企业应当严格区分收入和利得、费用和损失，以便更加全面地反映企业的经营成果。

（3）利润的确认条件　利润反映的是收入减去费用、利得减去损失后的净额。因此，利润的确认主要依赖于收入和费用以及利得和损失的确认，其金额的确定也主要取决于收入、费用、利得和损失金额的计量。

（三）会计要素计量属性

1. 会计要素计量属性概述

会计计量是为了将符合确认条件的会计要素登记入账并列报于财务报表而确定其金额的过程。企业应当按照规定的会计计量属性进行计量，确定相关金额。从会计角度看，计量属性反映的是会计要素金额的确定基础，主要包括历史成本、重置成本、可变现净值、现值和公允价值。

（1）历史成本　历史成本又称实际成本，是取得或制造某项财产物资时实际支付的现金或者其他现金等价物。在历史成本计量下，资产按照其购置时支付的现金或者现金等价物的金额，或者按照购置资产时付出的对价的公允价值计量；负债按照其因承担现时义务而实际收到的款项或者资产的金额，或者承担现时义务的合同金额，或者按照日常活动中为偿还负债预期需要支付的现金或者现金等价物的金额计量。

（2）重置成本　重置成本又称现行成本，是指按照当前市场条件，重新取得同样一项资产所需支付的现金或现金等价物的金额。在重置成本计量下，资产按照现在购买相同或者相似资产所需支付的现金或者现金等价物的金额计量；负债按照现在偿付该项债务所需支付的现金或者现金等价物的金额计量。

（3）可变现净值　可变现净值是指在正常生产经营过程中以预计售价减去进一步加工成本和销售所必需的预计税金、费用后的净值。在可变现净值计量下，资产按照其正常对外销售所能收到现金或者现金等价物的金额扣减该资产至完工时估计将要发生的成本、估计的销售费用以及相关税金后的金额计量。

（4）现值　现值是指对未来现金流量以恰当的折现率折现后的价值，是考虑货币时间价值因素的一种计量属性。在现值计量下，资产按照预计从其持续使用和最终处置中所产生的未来净现金流入量的折现金额计量；负债按照预计期限内需要偿还的未来净现金流出量的折现金额计量。

（5）公允价值　公允价值是指市场参与者在计量日发生的有序交易中，出售一项资产所能收到或者转移一项负债所需支付的价格。企业应当严格按照公允价值定义对相关资产或负债进行公允价值计量。

2. 各种计量属性之间的关系

在各种会计要素计量属性中，历史成本通常反映的是资产或者负债过去的价值，而重置成本、可变现净值、现值以及公允价值通常反映的是资产或者负债的现时成本或者现时价值，是与历史成本相对应的计量属性。另外，公允价值相对于历史成本而言，具有很强的时间概念，即在当前环境下某项资产或负债的历史成本可能是过去环境下该项资产或负债的公允价值，而当前环境下某项资产或负债的公允价值也许就是未来环境下该项资产或负债的历史成本。

第三节　施工企业会计科目设置与建账

一、施工企业会计科目的设置与使用

会计为了记录经济业务，提供会计信息，需要按照一定标准将会计对象划分为若干会计要素，这是对会计对象的第一次最基本的分类。会计科目就是在对会计对象划分会计要素的基础上，按照具体内容进一步分类，并以此为依据设置账户，分类、连续地记录经济业务增减变动情况，再通过整理和汇总等方法，反映会计要素的增减变动及其结果，从而提供各种有用的数据和信息。例如，为了反映和监督各项资产的增减变动，设置"库存现金""原材料""固定资产"等会计科目；为了反映和监督负债和所有者权益的增减变动，设置"短期借款""应付账款"和"实收资本""资本公积""盈余公积"等会计科目；为了反映和监督收入、费用和利润的增减变动，设置"主营业务收入""主营业务成本"和"本年利润""利润分配"等会计科目。

在实际工作中，会计科目是企业通过内部会计核算制度预先制定的，是设置账户、进行账务处理必须遵守的规则和依据，是正确组织会计核算的一个重要条件。财政部颁布的《企业会计准则——应用指南》中，为企业提供了一套会计科目表。同时规定，企业在不违反会计准则中确认、计量和报告规定的前提下，可以根据本单位的实际情况自行增设、分拆、合并会计科目。企业不存在的交易或者事项，可不设置相关会计科目。对于明细科目，企业可以按规定自行设置。《企业会计准则——应用指南》中的会计科目编号供企业填制会计凭证、登记会计账簿、查阅会计账目、采用会计软件系统参考，企业可结合实际情况，自行确定会计科目编号。

对于施工企业而言，对外提供财务会计报告，实质上是以法人单位为基础的。因此，企业在设置会计科目时，一般以法人单位作为基本单元，即施工项目一般无权制定会计科目，而是直接按照企业总部的统一规定，组织施工项目的会计核算工作。

结合施工企业会计的特点和《企业会计准则》，施工企业常用的会计科目见表1-1。

表 1-1 施工企业常用的会计科目

顺序号	科目编号	一级科目	顺序号	科目编号	一级科目
(一) 资产类科目			(一) 资产类科目		
1	1 001	库存现金	36	1 541	未实现融资收益
2	1 002	银行存款	37	1 601	固定资产
3	1 012	其他货币资金	38	1 602	累计折旧
4	1 101	交易性金融资产	39	1 603	固定资产减值准备
5	1 121	应收票据	40	1 604	在建工程
6	1 122	应收账款	41	1 605	工程物资
7	1 123	预付账款	42	1 606	固定资产清理
8	1 131	应收股利	43	1 607	在建工程减值准备
9	1 132	应收利息	44	1 608	工程物资减值准备
10	1 221	其他应收款	45	1 701	无形资产
11	12 **	内部往来	46	1 702	累计摊销
12	12 **	备用金	47	1 703	无形资产减值准备
13	1 231	坏账准备	48	1 711	商誉
14	1 401	材料采购	49	1 712	商誉减值准备
15	1 402	在途物资	50	1 801	长期待摊费用
16	1 403	原材料	51	1 811	递延所得税资产
17	1 404	材料成本差异	52	1 901	待处理财产损溢
18	1 405	库存商品	(二) 负债类科目		
19	1 408	委托加工物资	53	2 001	短期借款
20	1 411	周转材料	54	2 101	交易性金融负债
21	****	合同资产	55	2 201	应付票据
22	****	合同资产减值准备	56	2 202	应付账款
23	****	应收退货成本	57	2 203	预收账款
24	1 471	存货跌价准备	58	****	合同负债
25	1 501	债权投资	59	2 211	应付职工薪酬
26	1 502	权债投资减值准备	60	2 221	应交税费
27	1 503	其他债权投资	61	2 231	应付利息
28	1 504	其他权益工具投资	62	2 232	应付股利
29	1 511	长期股权投资	63	2 241	其他应付款
30	1 512	长期股权投资减值准备	64	2 401	递延收益
31	1 521	投资性房地产	65	2 501	长期借款
32	1 522	投资性房地产累计折旧	66	2 502	应付债券
33	1 523	投资性房地产累计摊销	67	2 701	长期应付款
34	1 524	投资性房地产减值准备	68	2 702	未确认融资费用
35	1 531	长期应收款	69	2 711	专项应付款

(续)

顺序号	科目编号	一级科目	顺序号	科目编号	一级科目
		（二）负债类科目			（六）损益类科目
70	2 801	预计负债	87	6 001	主营业务收入
71	2 901	递延所得税负债	88	6 051	其他业务收入
		（三）共同类科目	89	6 101	公允价值变动损益
72	3 101	衍生工具	90	6 111	投资收益
73	3 201	套期工具	91	6 115	资产处置损益
74	3 202	被套期项目	92	6 117	其他收益
		（四）所有者权益类科目	93	6 301	营业外收入
75	4 001	实收资本	94	6 401	主营业务成本
76	4 002	资本公积	95	6 402	其他业务成本
77	4 003	其他综合收益	96	6 403	税金及附加
78	4 101	盈余公积	97	6 601	销售费用
79	4 103	本年利润	98	6 602	管理费用
80	4 104	利润分配	99	6 603	财务费用
81	4 201	库存股	100	6 701	资产减值损失
		（五）成本费用类科目	101	6 702	信用减值损失
82	****	合同取得成本	102	6 711	营业外支出
83	****	合同取得成本减值准备	103	6 801	所得税费用
84	****	合同履约成本	104	6 901	以前年度损益调整
85	****	合同履约成本减值准备			
86	5 301	研发支出			

注：表中科目编号中的 * 由施工企业结合《企业会计准则》的要求和会计核算的实际需要自行选择设置。

表1-1中，"内部往来"科目是根据施工企业特点设置的科目，该科目核算企业与所属内部独立核算单位（如施工项目部）之间，或各内部独立核算单位之间，由于工程价款结算、材料销售、提供劳务等业务所发生的各种应收、应付、暂收、暂付往来款项。

"备用金"科目核算企业拨付给非独立核算的内部单位（如职能部门、施工单位等）或个人备作差旅费、零星采购或零星开支等使用的款项。企业也可以不设置该科目，而将相应内容放在"其他应收款"科目中核算。

《企业会计准则第14号——收入》应用指南建议企业设置"合同履约成本"科目，核算企业为履行当前或预期取得的合同所发生的、不属于其他企业会计准则规范范围且按照收入准则应当确认为一项资产的成本。同时，企业可按合同分别对"服务成本""工程施工"等进行明细核算。为了更为详细准确地核算施工生产成本，施工企业可以在"合同履约成本"科目下，设置"工程施工""机械作业""辅助生产"等明细科目，核算中间产品、服务成本及工程施工成本。

《企业会计准则——应用指南》中"固定资产"科目的使用说明规定，"固定资产"科目核算企业持有的固定资产原价。建造承包商的临时设施，企业购置计算机硬件所附带的、未单独计价的软件，也通过该科目核算。如果企业自行设置了"临时设施"等相关科目，则在资产负债表中，应将其合并到"固定资产"项目中列示。

二、施工项目的建账建制

建账就是根据《中华人民共和国会计法》和《企业会计准则》的规定，以及公司总部的具体要求，确定施工项目账簿种类、格式、内容及登记方法。

一般情况下，施工项目部至少应该设置四类账册：现金日记账、银行存款日记账、总分类账、活页明细账。其中活页明细账主要包括：应收账款明细账、原材料明细账（收、发、存数量金额式）或原材料多栏式明细账（收、发、存数量金额式）、周转材料明细账、材料采购明细账、委托加工物资明细账、机械作业明细账、固定资产明细账、工程施工明细账、应付职工薪酬明细账、应付账款明细账等。

新建项目在成立时，会计人员均应根据核算工作的需要设置会计账簿，即平常所说的"建账"。手工记账建账的基本程序如下：

1）按照需用的各种账簿的格式要求，预备各种账页，并将活页的账页用账夹装订成册。

2）在账簿的"启用表"上，写明单位名称、账簿名称、册数、编号、起止页数、启用日期以及记账人员和会计主管人员姓名，并加盖单位公章和人名章。记账人员或会计主管人员在本年度调动工作时，应注明交接日期、接办人员和监交人员姓名，并由交接双方签名或盖章，以明确责任。

3）按照施工项目会计核算的需要，根据公司会计科目表的顺序及名称，在总账账页上建立总账账户；并根据总账账户明细核算的要求，在各个所属明细账页上建立二级、三级明细账户。

4）启用订本式账簿，应按从第一页起到最后一页止的顺序编定号码，不得跳页、缺号；使用活页式账簿，应按账户顺序编列账户页次号码。各账户编列号码后，应填"账户目录"，将账户名称、页次登入目录内，并粘贴索引纸（账户标签），写明账户名称，以利检索。

随着企业管理技术手段的不断创新，越来越多的施工企业采用了财务集中管理信息系统，甚至建立了财务共享服务中心。这种财务集中管理系统实现了会计集中核算、资金集中管理、全面预算管理和集中财务分析，有利于加强对施工项目的财务会计监控和资金管理，防范和规避财务风险。在实施中，公司总部及下属单位的财务数据可以集中存放在总部服务器上，由总部统一制定财务核算和管理制度，统一制定会计科目体系、编码原则、核算币种、会计期间等基础设置和报表格式，成员单位建账时，可以自动继承总部制定的基础设置信息，并可根据自身特点，个性化地使用会计科目。

各施工企业依据会计法律法规和企业会计准则，结合本单位实际情况建立内部财务会计管理制度之后，施工项目可沿用公司总部的有关财务会计管理制度，也可以根据自身的具体情况，制定施工项目的有关内部制度，但不得违背公司的基本财务管理制度。通常，施工项目涉及的内部财务会计管理制度包括：会计人员岗位责任制度、账务处理程序制度、财务收支审批制度、内部牵制制度、稽核制度、原始记录管理制度、成本费用定额管理制度、财产清查制度、成本核算制度等。

三、施工项目会计工作的交接

由于施工项目的临时性以及会计人员管理的需要，会计工作交接是施工项目会计工作中的一项重要内容。

《中华人民共和国会计法》第四十一条规定：会计人员调动工作或者离职，必须与接管人员办理交接手续。一般会计人员办理交接手续，由会计机构负责人（会计主管人员）监交；会计机构负责人（会计主管人员）办理交接手续，由单位负责人监交，必要时主管单位可以派人会同监交。这是对会计人员工作交接问题做出的法律规定，可以使会计工作前后衔接，保证施工项目会计工作连续进行；可以防止施工项目因会计人员的更换出现账目不清、财务混乱等现象；也是分清移交人员和接管人员责任的有效措施。

除《中华人民共和国会计法》规定的会计人员在调动工作或离职时必须办理会计工作交接的情形之外，会计人员在临时离职或其他原因暂时不能工作时，也应办理会计工作交接。《会计基础工作规范》对此做了进一步的规定：

1）会计人员临时离职或因病不能工作且需要接替或代理的，会计机构负责人、会计主管人员或单位领导人必须指定专人接替或者代理，并办理会计工作交接手续。

2）临时离职或因病不能工作的会计人员恢复工作时，应当与接替人员或代理人员办理交接手续。

3）移交人员因病或其他特殊原因不能亲自办理移交手续的，经单位领导人批准，可由移交人委托他人代办移交，但委托人应当对所移交的会计凭证、会计账簿、财务会计报告和其他有关资料的合法性、真实性承担法律责任。

在施工企业，施工项目在撤销、合并、分立时，必须留有必要的会计人员办理清理工作，编制移交决算资料。未移交前，会计人员不得离职。

会计人员在办理会计工作交接前，必须做好以下准备工作：

1）已经受理的经济业务，尚未填制会计凭证的，应当填制完毕。

2）尚未登记的账目应当登记完毕，结出余额，并在最后一笔余额后加盖经办人印章。

3）整理好应该移交的各项资料，对未了事项和遗留问题，要写出书面说明。

4）编制移交清册，列明应该移交的会计凭证、会计账簿、会计报表、印章、现金、有价证券、支票簿、发票、文件、其他会计资料和物品等内容；实行会计电算化的单位，从事该项工作的移交人员应在移交清册上列明会计软件及密码、会计软件数据磁盘（磁带等）及有关资料、实物等内容。

5）会计机构负责人、会计主管人员移交时，应将财务会计工作、重大财务收支问题和会计人员的情况等向接替人员介绍清楚。

移交人员离职前，必须将本人经管的会计工作在规定的期限内全部向接管人员移交清楚。接管人员应认真按照移交清册逐项点收。具体要求是：

1）现金要根据会计账簿记录余额进行当面点交，不得短缺，接替人员发现不一致或"白条抵库"现象时，移交人员在规定期限内负责查清处理。

2）有价证券的数量要与会计账簿记录一致，有价证券面额与发行价不一致时，按照会计账簿余额交接。

3）会计凭证、会计账簿、会计报表和其他会计资料必须完整无缺，不得遗漏。如有短缺，必须查清原因，并在移交清册中加以说明，由移交人负责。

4）银行存款账户余额要与银行对账单核对相符，如有未达账项，应编制银行存款余额调节表调节相符；各种财产物资和债权债务的明细账户余额，要与总账有关账户的余额核对相符；对重要实物要实地盘点，对余额较大的往来账户要与往来单位、个人核对。

5）印章、收据、空白支票、发票以及其他物品等必须交接清楚。

6）实行会计电算化的单位，交接双方应在电子计算机上对有关数据进行实际操作，确认有关数字正确无误后，方可交接。

为了明确责任，会计人员办理工作交接时，必须有专人负责监交。通过监交，保证双方都按照国家有关规定认真办理交接手续，防止交接流于形式，保证会计工作不因人员变动而受影响；保证交接双方处在平等的法律地位上享有权利和承担义务，不允许任何一方以大压小、以强凌弱，或采取非法手段进行威胁。移交清册应当经过监交人员审查和签名、盖章，作为交接双方明确责任的证件。移交清册一般应当填制一式三份，交接双方各执一份，存档一份。

会计工作交接完毕后，交接双方和监交人在移交清册上签名或盖章，并应在移交清册上注明单位名称、交接日期、交接双方和监交人的职务及姓名，移交清册页数以及需要说明的问题和意见等。接管人员应继续使用移交前的账簿，不得擅自另立账簿，以保证会计记录前后衔接、内容完整。

会计交接是一项严肃认真的工作，不仅涉及会计工作的连续性，而且关系到有关人员的法律责任。《会计基础工作规范》第三十五条规定：移交人员对移交的会计凭证、会计账簿、会计报表和其他有关资料的合法性、真实性承担法律责任。如果移交人员所移交的会计资料是在其经办会计工作期间内发生的，则应当对会计资料的合法性、真实性负责，即使接替人员在交接时因疏忽没有发现所接管的会计资料在合法性、真实性方面的问题，如事后发现，也应由原移交人员负责，原移交人员不应以会计资料已经交接而推卸责任；如果所发现的会计资料真实性、合法性方面的问题不是在原移交人员的经办期间发生，而是在其后发生的，则应由接管人员承担责任。

思考题

1. 什么是施工企业会计？它有何特点？
2. 简述施工企业会计的对象。
3. 什么是会计基本假设？它包含哪些内容？
4. 什么是权责发生制和收付实现制？
5. 简述会计信息质量要求包含的内容。
6. 什么是实质重于形式原则？举例说明。
7. 什么是资产？简述其特征。

8. 什么是流动资产？简述其包含的主要内容。
9. 什么是非流动资产？简述其包含的主要内容。
10. 什么是负债？简述其特征。
11. 什么是流动负债？简述其包含的主要内容。
12. 什么是非流动负债？简述其包含的主要内容。
13. 什么是所有者权益？简述其来源构成。
14. 什么是收入、费用和利润？简述其对应的特征。
15. 简述各种计量属性之间的关系。

第二章 施工企业货币资金的会计核算

🔵 **本章主要知识点**：货币资金概述（货币资金的定义及分类、货币资金管理的相关规定）；现金的会计核算（现金管理制度、现金核算应设置的账户及会计处理、现金清查的核算）；银行存款的会计核算（银行存款的管理、银行存款核算应设置的账户及会计处理、银行结算方式）；其他货币资金的会计核算（其他货币资金核算的内容、其他货币资金核算应设置的账户、其他货币资金核算的会计处理）。

🔵 **本章重点和难点**：货币资金的定义及分类；现金核算应设置的账户及会计处理；现金清查的核算；银行结算方式；其他货币资金核算的会计处理。

第一节 货币资金概述

一、货币资金的定义及分类

货币资金是指可以立即投入流通，用以购买商品或劳务，或用以偿还债务的交换媒介。货币资金是资产负债表中的流动资产项目，包括库存现金、银行存款和其他货币资金三个总账账户的期末余额，其他货币资金包括外埠存款、银行汇票存款、银行本票存款、信用证保证金存款、信用卡存款、存出投资款等。具有专门用途的货币资金不包括在内。货币资金是指在企业生产经营过程中处于货币形态的那部分资金，是企业中最活跃的资金，流动性强，是企业重要的支付手段和流通手段，因而是流动资产的审查重点。

施工企业在经营过程中，大量的经济活动都是通过货币资金的收支进行。如商品的购进、销售，工资的发放，税金的缴纳，股利、利息的支付以及进行投资活动等事项，都需要通过货币资金进行收付结算。同时，一个企业货币资金的拥有量标志着偿债能力和支付能力的大小，是投资者分析、判断财务状况的重要指标，在施工企业资金循环周转过程中起着连接和纽带的作用。因此，企业需要经常保持一定数量的货币资金，防止不合理地占压资金，保证业务经营的正常需要，并按照货币资金管理的有关规定，对各种收付款项进行结算。

二、货币资金管理的相关规定

（一）现金管理制度

1）库存现金由会计机构负责人或会计主管指定的出纳人员保管。
2）现金库存余额不得超过银行核定的限额。

3）不得坐支现金，当日收取的款项必须当日存入银行，不得以不符合会计制度的票据抵充库存现金。

4）现金支出范围按照《现金管理暂行条例》执行，超过结算起点的支出（1 000元）应办理转账结算，不得支付现金。

5）出纳人员必须根据经会计人员计算审核后的收付款凭证或单据方能办理收付款业务。

6）出纳人员对库存现金要日清月结，每日核对，会计机构负责人或会计主管每月对出纳人员保管的库存现金至少核对两次，并做好记录。

7）出纳人员不得兼管会计档案管理、稽核工作，不得兼管债权债务、收入、费用账目的登记工作。

（二）银行存款余额定期核对制度

为核对银行存款的准确性，需要将"银行对账单"和"银行存款日记账"每月至少核对一次。如果有差异，需要查明原因，并且每月都要编制"银行存款余额调节表"，做到账实相符。

（三）支票签发审批制度

支票签发审批制度见表2-1。

表2-1　支票签发审批制度

支票签发	支票和其他有关结算票据由出纳人员保管，需签发时根据已审核完毕、经财务主管或负责人签章后的记账凭证填发，各种支票和票据签发时按顺序登记，由领票人在领用登记簿上签收，收款人在支票存根上签字
空白支票	各单位原则上不能签发空白支票，特殊情况下需签发空白支票时，须经会计机构负责人或会计主管签字审批，但同一人不能同时持有超过两张空白支票，并必须在支票上注明日期、限额及收款人名称、限期报销
作废支票	对作废的支票不得自行销毁，应在支票上加盖"作废"戳记，并将作废支票与下一张支票（连号）粘贴于同一张记账凭证上
销　户	各单位银行存款销户时，应将在该行购买尚未用完的空白支票交存银行，并做好记录

（四）财务印鉴保管制度

各单位财务印鉴应分别由两个人保管，严禁一人保管支付款项所需要的全部印鉴。空白支票和印鉴应由两个人分别保管，不得在空白支票或其他票据上预留印鉴。

（五）会计人员回避制度

单位负责人的直系亲属不得担任本单位的会计机构负责人或会计主管，会计机构负责人、会计主管的直系亲属不得在本单位会计机构中担任出纳工作。

（六）会计工作岗位内部控制制度

各单位应当建立货币资金和有价证券业务的岗位责任制，明确相关岗位的职责权限，确保不相容岗位相互分离、制约和监督。不相容的岗位内容有：

1）开具发票和收款。

2）出纳人员除登记现金日记账和银行存款日记账外，不得兼任稽核、会计档案保管和有关收入、支出、费用、债权债务账目的登记工作。

3）经办与制单、复核和审批。

4）有价证券的保管和记账。

第二节　现金的会计核算

会计上的现金是指存放在企业的库存现金，包括库存的人民币和外币，主要用于企业日常的零星开支，可用于随时购买所需物资，支付有关费用，偿还债务或存入银行。现金作为一般等价物，具有流动性极强、普遍可接受、收支频繁、最容易发生意外和损失等特点。为了严格控制现金，保证工程项目的实际现金需要，合理使用现金，保护现金的安全完整，防止现金的丢失、被盗以及舞弊行为的发生，施工企业必须严格遵守现金的使用规范，不积压多余的现金，加强现金收支的日常管理与核算。

一、现金管理制度

（一）现金的使用范围

按照《现金管理暂行条例》及最新的《现金管理暂行条例实施细则》的规定，施工企业可以在下列范围内使用现金：

1）发放职工工资、津贴。
2）支付个人劳务报酬。
3）根据国家规定颁发给个人科学技术、文化艺术、体育等各种奖金。
4）支付各种劳保、福利费用以及国家规定的对个人的其他现金支出。
5）向个人收购农副产品和其他物资支付的价款。
6）出差人员必须随身携带的差旅费。
7）结算起点以下的零星支出。
8）确实需要现金支付的其他支出。

施工企业在施工生产经营活动过程中的各项经济往来，除在上述范围内可以使用现金以外，其他款项的收支均应通过开户银行办理转账结算。

（二）库存现金的限额

施工企业日常零星开支所需现金，由开户银行根据企业实际情况核定最高限额，一般为3~5天的日常零星开支所需数额。边远地区和交通不便地区的库存现金限额可以多于5天但不得超过15天的日常零星开支所需数额。企业每日现金结存数不得超过核定的限额，超过部分应及时送存银行，以保证现金管理的安全。企业如需增加或减少库存现金限额，应向开户银行提出申请，由开户银行核定。

（三）现金日常收支的管理

按照《现金管理暂行条例》及最新的《现金管理暂行条例实施细则》，施工企业现金收支应当依照下列规定办理：

1）企业现金收入应于当日送存开户银行，不得超额存放现金。当日送存确有困难的，由开户银行确定送存时间。

2）企业支付现金，可从库存现金限额中支付或者从开户银行提取，不得从本企业的现金收入中直接支付（即坐支）。因特殊情况需要坐支现金的，应事先通过开户银行的审查批准。

3）企业按规定从开户银行提取现金时，应当写明用途，由本企业财会部门负责人签字盖章，经开户银行审核后予以支付。

4）因采购地点不固定、交通不便、抢险救灾以及其他特殊情况必须使用现金的，企业应当向开户银行提出书面申请，由本企业财会部门负责人签字盖章，经开户银行审核后支付现金。

银行对于违反上述规定的企业，将按照违规金额的一定比例予以处罚。

（四）现金的内部控制制度

根据《内部会计控制规范——货币资金》的规定，施工企业应该按照下列规定实施现金的内部控制制度：

1）企业应当建立货币资金业务的岗位责任制，明确相关部门和岗位的职责权限，确保不相容岗位相互分离、制约和监督，并根据具体情况进行岗位轮换。

2）企业应当对货币资金业务建立严格的授权批准制度，明确审批人对货币资金业务的授权批准方式、权限、程序、责任和相关控制措施，规定经办人的职责范围和工作要求。

3）企业应当按照规定的程序办理货币资金支付业务。对现金收付的交易必须根据原始凭证编制记账凭证，并在原始凭证与记账凭证上加盖"现金收讫"与"现金付讫"印章。

4）企业取得的货币资金收入必须及时入账，不得私设"小金库"，不得账外设账，严禁收款不入账。

5）企业应当定期和不定期进行现金盘点，确保现金账面余额与实际库存相符。发现不符，及时查明原因，做出处理。

6）企业应当建立监督检查制度，明确监督检查机构或人员的职责权限，定期和不定期进行检查。

二、现金核算应设置的账户及会计处理

为了核算和监督库存现金的收入、支出和结存情况，施工企业应设置"库存现金"账户，其借方登记现金增加数，贷方登记现金减少数，期末余额在借方以反映期末库存现金的数额。

库存现金总账可以根据现金收付款凭证和银行存款凭证直接登记。如果企业日常现金收支业务量比较大，为了简化核算工作，可以采用汇总记账凭证、科目汇总表等核算形式，定期或于月份终了时根据汇总收付款凭证或科目汇总表等登记库存现金总账账户。

为了加强现金管理，保证现金安全，随时掌握库存现金收付动态和余额，企业必须设置库存现金日记账，按照现金业务发生顺序逐日逐笔登记。每日终了，应计算当日现金收入、支出的合计数和结余数，库存现金的账面余额必须与实际库存数相符；月份终了，库存现金日记账的余额必须与库存现金总账的余额相符。

【例2-1】某施工企业向开户银行提取现金，金额为3 000元，会计分录为：

借：库存现金　　　　　　　　　　　　　　　　　　　　　　3 000
　　贷：银行存款　　　　　　　　　　　　　　　　　　　　　　3 000

【例2-2】某施工企业行政部门用现金购买办公用品，金额为325元，取得增值税普通发票，会计分录为：

借：低值易耗品　　　　　　　　　　　　　　　　　　　　　　325
　　贷：库存现金　　　　　　　　　　　　　　　　　　　　　　　　325

【例 2-3】 某施工企业将超出库存限额的现金 1 500 元存入银行，会计分录为：
借：银行存款　　　　　　　　　　　　　　　　　　　　　　1 500
　　贷：库存现金　　　　　　　　　　　　　　　　　　　　　　　1 500

三、现金清查的核算

施工企业应根据现金管理的规定，对库存现金进行定期和不定期清查，以保证账实相符和现金的安全完整。清查现金的基本方法是实地盘点。清查中发现有待查明原因的现金短缺或溢余，先通过"待处理财产损溢——待处理流动资产损溢"账户进行核算，待查明原因后再分情况进行处理。如为现金短缺，属于应由责任人赔偿的部分，通过"其他应收款——应收现金短缺（××个人）"账户核算（如已收到应由责任人赔偿的现金，直接通过"库存现金"等账户核算）；属于应由保险公司赔偿的部分，通过"其他应收款——应收保险赔款"账户核算；属于无法查明原因的现金短缺，根据企业内部管理权限，经批准后记入"管理费用"账户。如为现金溢余，属于应支付有关人员或单位的，通过"其他应付款——应付现金溢余（××个人或单位）"账户核算；属于无法查明原因的现金溢余，根据企业内部管理权限，经批准后，记入"营业外收入——现金溢余"账户的贷方。

第三节　银行存款的会计核算

施工企业的银行存款是指施工企业存放在银行或其他金融机构的货币资金。根据国家现金管理和结算制度的规定，施工企业除在规定限额内留存少量现金以外，其余货币资金必须全部存入银行；施工企业的一切货币收支，除在规定范围内使用现金以外，都必须通过银行办理结算。

一、银行存款的管理

按照国家有关规定，凡是独立核算的施工企业必须按照银行开户办法的规定，向当地银行申请开立存款账户，经银行审查同意后办理开户手续。开户企业通过银行账户办理资金收付，必须依据《内部会计控制规范——货币资金（试行）》的规定对银行存款进行管理。

（一）加强银行账户管理

施工企业应当严格按照《支付结算办法》等有关规定，加强银行账户的管理，严格按照规定开立账户，办理存款、取款和结算；应当定期检查、清理银行账户的开立及使用情况，发现问题，及时处理；应当加强对银行结算凭证的填制、传递及保管等环节的管理与控制。

（二）严格遵守银行结算纪律

施工企业应当严格遵守银行结算纪律，不准签发没有资金保证的票据或远期支票，套取银行信用；不准签发、取得和转让没有真实交易和债权债务的票据，套取银行和他人资金；

不准无理由拒绝付款,任意占用他人资金;不准违反规定开立和使用银行账户。

(三) 定期核对银行账户

施工企业应指定专人每月至少核对一次银行账户,编制银行存款余额调节表,使银行存款账面余额与银行对账单调节相符。否则,应查明原因,及时处理。

(四) 加强银行预留印鉴管理

施工企业应当加强对银行预留印鉴的管理。财务专用章应由专人保管,个人名章必须由本人或其授权人员保管,严禁一人保管支付款项所需的全部印鉴。

二、银行存款核算应设置的账户及会计处理

施工企业应设置"银行存款"账户,核算存入银行或其他金融机构的各种款项。其借方登记存入银行的各种款项;贷方登记从银行提取或支出的各种款项;期末余额在借方以反映企业银行存款的结余数额。

银行存款总账应由不从事出纳工作的会计人员按照各种银行存款的实际收入和支出数进行登记。可以根据银行存款收付款凭证和现金付款凭证直接登记,也可以根据汇总记账凭证或科目汇总表进行定期汇总登记。为了加强对银行存款的管理,随时掌握银行存款的收付动态和结余数额,企业应按开户银行、其他金融机构的名称和存款种类等,分别设置银行存款日记账,出纳人员按照业务的发生顺序逐日逐笔登记,每日终了应结出余额。银行存款日记账应与银行对账单至少每月核对一次。月份终了,企业账面结余与银行对账单余额之间如有差额,可能因为存在未达账项。未达账项一般分为以下四种情况:

1) 银行已登记收款并入账,而企业尚未收到银行的收款通知,因而未登记收款入账(银行已收,企业未收)。

2) 银行已登记付款并入账,而企业尚未收到银行的付款通知,因而未登记付款入账(银行已付,企业未付)。

3) 企业已登记收款并入账,而银行尚未办理完转账手续,因而未登记收款入账(企业已收,银行未收)。

4) 企业已登记付款并入账,而银行尚未办理完转账手续,因而未登记付款入账(企业已付,银行未付)。

上述四种情况中,出现1)和4)时,会使企业银行存款日记账的账面余额比银行对账单的存款余额要小;而出现2)和3)时,会使企业银行存款日记账的账面余额比银行对账单的存款余额要大。

企业通过将银行存款日记账与银行对账单逐笔查对的办法找出未达账项,并由会计负责按月编制银行存款余额调节表,从而使银行和企业的存款余额相符。

银行存款余额调节表的编制方法一般是在双方账面余额的基础上,分别补记未达账项的金额,然后验证调节后的双方账目是否相符。计算公式如下:

银行对账单存款余额 + 企业已收银行未收账项 − 企业已付银行未付账项

= 银行存款日记账余额 + 银行已收企业未收账项 − 银行已付企业未付账项

通过核对调节,银行存款余额调节表上的双方余额相等,一般可以说明双方记账没有差错。如果企业对所有的未达账项进行调整之后,企业的银行存款日记账余额与银行对账单余额仍不一致,则表明企业或银行中至少有一方账目存在差错,应该重新查找原因并及时进行

相应处理。

月份终了，银行存款日记账的余额必须与银行存款总账账户的余额核对相符。

【例 2-4】 某施工企业收到甲单位通过转账偿还的欠款 290 000 元，会计分录为：
借：银行存款　　　　　　　　　　　　　　　　　　　　　　290 000
　　贷：应收账款——甲单位　　　　　　　　　　　　　　　　　　290 000

【例 2-5】 某施工企业从银行提取现金备发工资，金额为 65 000 元，会计分录为：
借：库存现金　　　　　　　　　　　　　　　　　　　　　　65 000
　　贷：银行存款　　　　　　　　　　　　　　　　　　　　　　65 000

【例 2-6】 某施工企业借入 82 000 元半年期借款，已存入银行，会计分录为：
借：银行存款　　　　　　　　　　　　　　　　　　　　　　82 000
　　贷：短期借款　　　　　　　　　　　　　　　　　　　　　　82 000

【例 2-7】 某施工企业以银行存款支付管理部门水电费，金额为 4 500 元，取得增值税普通发票，会计分录为：
借：管理费用——水电费　　　　　　　　　　　　　　　　　4 500
　　贷：银行存款　　　　　　　　　　　　　　　　　　　　　　4 500

三、银行结算方式

施工企业在施工活动过程中与各方发生的往来结算业务大部分都需要通过银行转账结算方式办理收付款项。目前，企业发生的货币资金收付业务可以采用以下结算方式进行会计处理：

（一）支票结算方式

支票是指由出票人签发的，委托办理支票存款业务的银行或者其他金融机构在见票时无条件支付确定的金额给收款人或者持票人的票据。凡是同城各单位之间或在同一票据交换区域的单位和个人的各种款项结算，都可以采用支票结算方式。

支票分为现金支票、转账支票和普通支票。支票上印有"现金"字样的为现金支票，只能用于支取现金。支票上印有"转账"字样的为转账支票，只能用于转账。支票上未印有"现金"或"转账"字样的为普通支票，既可以用于支取现金，也可以用于转账。在普通支票左上角画两条平行线的为画线支票，只能用于转账，不得支取现金。转账支票在批准的地区内可以背书转让。支票的提示付款期限为自出票日起 10 日内，但中国人民银行另有规定的除外。

企业签发支票应注意以下事项：

1) 企业签发支票时必须记载表明"支票"的字样、无条件支付的委托、确定的金额、付款人名称、出票日期、出票人签章等六项内容，否则支票无效。

2) 支票的金额、收款人名称，可以由出票人授权补记。未补记前不得背书转让和提示付款。

3) 签发支票应使用碳素墨水或墨汁填写，中国人民银行另有规定的除外。

4）企业签发支票之前，应认真查明银行存款的账面结余数额，禁止签发空头支票。

5）企业不得签发与其预留银行签章不符的支票；使用支付密码的企业，不得签发支付密码错误的支票。

采用支票结算方式，对于用于付款的支票，企业应根据支票存根和有关原始凭证编制付款凭证进行账务处理，借记"材料采购""原材料"等有关账户，贷记"银行存款"账户；对于收款的支票，企业委托开户银行收款时，应做委托收款背书，在支票背面背书人签章栏签章，记载"委托收款"字样、背书日期，在被背书人栏记载开户银行名称，并将支票和填制的进账单送交开户银行，根据银行盖章退回的进账单第一联和有关原始凭证编制收款凭证，进行账务处理，借记"银行存款"账户，贷记有关账户。

（二）汇兑结算方式

汇兑是指汇款人委托银行将款项支付给收款人的结算方式。汇兑分为信汇、电汇两种。信汇是指汇款人委托银行通过邮寄方式将款项划转给收款人；电汇是指汇款人委托银行通过电报等将款项划转给收款人。汇兑结算方式划拨款项简便、灵活，单位和个人均可使用。

企业使用汇兑结算方式时，应填写银行印发的汇兑凭证，汇兑凭证必须记载以下内容：①表明"信汇"或"电汇"的字样；②无条件支付的委托；③确定的金额；④收款人名称；⑤汇款人名称；⑥汇入地点、汇入行名称；⑦汇出地点、汇出行名称；⑧委托日期；⑨汇款人签章。汇出银行受理企业签发的汇兑凭证，经审查无误后，应及时向汇入银行办理汇款，并向企业签发汇款回单。付款企业应根据取回的汇款凭证回单联进行账务处理，借记有关账户，贷记"银行存款"账户。企业收到汇入的款项时，应根据银行转来的信汇、电汇凭证，编制收款凭证，借记"银行存款"账户，贷记有关账户。

（三）委托收款结算方式

委托收款是指收款人委托银行向付款人收取款项的结算方式。委托收款按款项划回方式的不同分为邮寄和电报划回两种。这种结算方式不受金额起点的限制，只要收款人凭已承兑的商业汇票、债券、存单等付款人债务证明即可办理款项的结算，同城或异地结算均可。

企业委托开户银行收款时，应填写银行印制的委托收款凭证和有关债务证明。委托收款凭证必须记载以下内容：①表明"委托收款"的字样；②确定的金额；③付款人名称；④收款人名称；⑤委托收款凭据名称及附寄单证张数；⑥委托日期；⑦委托人签章。否则，银行不予受理。收款人的开户银行受理委托收款后，将委托收款凭证寄交付款人开户银行，由付款人开户银行审核，并通知付款人。付款人接到通知和有关附件后，应在规定的付款期（3天）内付款。如果付款人在付款期内未向银行提出异议，银行视作同意付款，并在付款期满的次日将款项主动转账给收款人。付款人审查有关债务证明后，对收款人委托收取的款项需要拒绝付款的，可以办理拒绝付款手续。

企业采用委托收款结算方式，在接到银行款项已收到的通知时，填制收款凭证，进行账务处理，借记"银行存款"账户，贷记"其他应收款"等有关账户；付款人在付款期满银行通知款项已经转账付出时，填制付款凭证，进行账务处理，借记"材料采购""应付账款"等有关账户，贷记"银行存款"账户。如在付款期满前提前付款，应于通知银行付款之日，编制付款凭证。如拒绝付款，属于全部拒付的，不做账务处理；属于部分拒付的，应在付款期内出具部分拒付理由书并退回有关单位，根据银行盖章退回的拒付理由书第一联编制部分付款凭证。

（四）银行汇票结算方式

银行汇票是指出票银行签发的，由其在见票时按照实际结算金额无条件支付给收款人或者持票人的票据。单位和个人的各种款项结算，均可使用银行汇票。

申请人使用银行汇票，应向出票银行填写银行汇票申请书，填明收款人名称、汇票金额、申请人名称、申请日期等事项并签章，签章为其预留银行的签章。出票银行受理银行汇票申请书，收妥款项后签发银行汇票，并用压数机压印出票金额，将银行汇票和解讫通知一并交申请人。申请人应将银行汇票和解讫通知一并交付汇票上标明的收款人。收款人受理申请人交付的银行汇票时，应在出票金额以内，根据实际需要的款项办理结算，并将实际结算金额和多余金额准确清晰地填入银行汇票和解讫通知的有关栏内。未填明实际结算金额和多余金额或实际结算金额超过出票金额的，银行不予受理。

采用银行汇票结算方式，应注意以下几点：

1）银行汇票的提示付款期限为自出票日起1个月内。持票人超过付款期限提示付款的，代理付款人不予办理。

2）受理银行汇票的企业，应注意审查下列事项：①银行汇票和解讫通知是否齐全，汇票号码和记载的内容是否一致；②收款人是否确为本单位或本人；③银行汇票是否在提示付款期限内；④必须记载的事项是否齐全；⑤出票人签章是否符合规定，是否有压数机压印的出票金额，并与大写出票金额一致；⑥出票金额、出票日期、收款人名称是否更改，更改的其他记载事项是否由原记载人签章证明。

3）持票人向银行提示付款时，必须同时提交银行汇票和解讫通知，缺少任何一联均无效，银行不予办理。

4）银行汇票可以用于转账，填明"现金"字样的银行汇票也可用于支取现金。

5）银行汇票的实际结算金额不得更改，更改实际结算金额的银行汇票无效。

6）收款人可以将银行汇票背书转让给被背书人。

7）银行汇票的实际结算金额低于出票金额的，其多余金额由出票银行退交申请人。

（五）银行本票结算方式

银行本票是指银行签发的，承诺自己在见票时无条件支付确定的金额给收款人或者持票人的票据。单位和个人在同一票据交换区域需要支付各种款项，均可以使用银行本票。银行本票分为不定额银行本票和定额银行本票两种。定额银行本票面额为1 000元、5 000元、10 000元和50 000元。

申请人使用银行本票，应向银行填写银行本票申请书，填明收款人名称、申请人名称、支付金额、申请日期等事项并签章。银行本票可以用于转账，注明"现金"字样的银行本票可以用于支取现金，但以申请人或收款人为单位的，不得申请签发现金银行本票，银行也不得为其签发现金银行本票。出票银行受理银行本票申请书，收妥款项后签发银行本票。不定额银行本票用压数机压印出票金额，出票银行在银行本票上签章后交给申请人，申请人再将银行本票交付给本票上标明的收款人。在银行开立存款账户的持票人向开户银行提示付款时，应在银行本票背面"持票人向银行提示付款签章"处签章，签章须与预留银行签章相同，并将银行本票、进账单送交开户银行。银行审查无误后办理转账。

采用银行本票结算方式，应注意以下几点：

1）银行本票见票即付款。

2) 银行本票的提示付款期限为自出票日起最长不超过 2 个月。持票人超过付款期限提示付款的，代理付款人不予受理。

3) 受理银行本票的企业，应注意审查票据的有效性，其内容与银行汇票基本一致。

4) 收款人可以将银行本票背书转让给被背书人。

（六）商业汇票结算方式

商业汇票是指出票人签发的，委托付款人在指定日期无条件支付确定的金额给收款人或者持票人的票据。在银行开立存款账户的法人以及其他组织之间，必须具有真实交易关系和债权债务关系，才能使用商业汇票。纸质商业汇票的付款期限最长不得超过 6 个月，电子商业汇票的最长付款期限为 1 年。商业汇票的提示付款期限为自汇票到期日起 10 日。商业汇票可以在出票时向付款人提示承兑后使用，也可以在出票后先使用再向付款人提示承兑。定日付款或者出票后定期付款的商业汇票，持票人应当在汇票到期日前向付款人提示承兑；见票后定期付款的汇票，持票人应当自出票日起 1 个月内向付款人提示承兑。汇票未按规定期限提示承兑的，持票人丧失对其前手的追索权。商业汇票的付款人接到出票人或持票人向其提示承兑的汇票时，应当向出票人或持票人签发收到汇票的回单，记明汇票提示承兑日期并签章。付款人应当自收到提示承兑的汇票之日起 3 日内承兑或者拒绝承兑，拒绝承兑的，必须出具拒绝承兑的证明。

符合条件的商业汇票的持票人可将未到期的商业汇票连同贴现凭证向银行申请贴现，贴现银行可持未到期的商业汇票向其他银行转贴现，也可向中国人民银行申请再贴现。商业汇票可以背书转让。

商业汇票按其承兑人不同分为商业承兑汇票和银行承兑汇票两种。

1. 商业承兑汇票

商业承兑汇票按交易双方约定，由收款人或付款人签发，但由银行以外的付款人承兑。商业承兑汇票的出票人为在银行开立存款账户的法人以及其他组织，与付款人具有真实的委托付款关系，具有支付汇票金额的可靠资金来源。

商业承兑汇票的付款人的开户银行收到通过委托收款寄来的商业承兑汇票，将商业承兑汇票留存，并及时通知付款人。

首先，付款人收到开户银行的付款通知，应当在当日通知银行付款。付款人在接到通知日的次日起 3 日内（遇法定休假日顺延，下同）未通知银行付款的，视同付款人承诺付款，银行应于付款人接到通知日的次日起第 4 日（遇法定休假日顺延，下同）上午开始营业时，将票款划给持票人。

付款人提前收到由其承兑的商业汇票，应通知银行于汇票到期日付款。付款人在接到通知日的次日起 3 日内未通知银行付款，付款人接到通知日的次日起第 4 日在汇票到期日之前的，银行应于汇票到期日将票款划给持票人。

其次，银行在办理划款时，付款人存款账户余额不足支付的，应填制付款人未付票款通知书，连同商业承兑汇票邮寄持票人开户银行转交持票人。

最后，付款人存在合法抗辩事由拒绝支付的，应自接到通知日的次日起 3 日内，做成拒绝付款证明送交开户银行，银行将拒绝付款证明和商业承兑汇票邮寄持票人开户银行转交持票人。

2. 银行承兑汇票

银行承兑汇票由银行承兑，由在承兑银行开立存款账户的存款人签发。承兑银行应按票面金额向出票人收取0.05%的手续费。银行承兑汇票的出票人必须具备下列条件：①在承兑银行开立存款账户的法人以及其他组织；②与承兑银行具有真实的委托付款关系；③资信状况良好，具有支付汇票金额的可靠资金来源。

银行承兑汇票的出票人应于汇票到期前将票款足额交存其开户银行。承兑银行应在汇票到期日或到期日后的见票当日支付票款。承兑银行存在合法抗辩事由拒绝支付的，应自接到银行承兑汇票的次日起3日内，做成拒绝付款证明，连同银行承兑汇票邮寄持票人开户银行转交持票人。银行承兑汇票的出票人于汇票到期日未能足额交存票款时，承兑银行除凭票向持票人无条件付款外，对出票人尚未支付的汇票金额按照每天0.05%计收利息。

施工企业如果采用商业汇票进行商品交易，其结算的账务处理通过设置"应收票据"和"应付票据"账户核算。

（七）信用卡结算方式

信用卡是指商业银行向个人和单位发行的，凭以向特约单位购物、消费和向银行存取现金，且具有消费信用的特制载体卡片。

信用卡按使用对象分为单位卡和个人卡；按信誉等级分为金卡和普通卡。采用信用卡结算方式，应注意以下几点：

①凡在中国境内金融机构开立基本存款账户的单位可申领单位卡；②单位卡账户的资金一律从其基本存款账户转账存入，不得交存现金，不得将销货收入的款项存入其账户；③单位卡不得用于10万元以上的商品交易、劳务供应款项的结算；④单位卡一律不得支取现金；⑤信用卡透支额，金卡最高不得超过1万元，普通卡最高不得超过5 000元，透支期限最长为60天，按照商业银行的具体规定计算；⑥持卡人使用信用卡不得发生恶意透支。

采用信用卡结算方式，对于当日受理的信用卡签购单，填写现金交款单和进账单，连同签购单一并送交收单银行办理进账，在收到银行收账通知时，据以编制收款凭证；对于付出的信用卡资金，应根据银行转来的付款通知和有关原始凭证编制付款凭证，进行账务处理。

（八）托收承付结算方式

托收承付是指根据购销合同由收款人发货后委托银行向异地付款人收取款项，由付款人向银行承认付款的结算方式。使用托收承付结算方式的收款人和付款人，必须是国有企业、供销合作社以及经营管理良好并经开户银行审查同意的城乡集体所有制工业企业。办理托收承付结算的款项，必须是商品交易，以及因商品交易而产生的劳务供应的款项。代销、寄销、赊销商品的款项，不得办理托收承付结算。

托收承付结算款项的划回方法分邮寄和电报两种。采用托收承付结算方式，应注意以下几点：

1）收付双方办理托收承付结算，必须重合同、守信用。收款人对同一付款人发货托收累计3次收不回货款的，收款人开户银行应暂停收款人向该付款人办理托收；付款人累计3次提出无理由拒付的，付款人开户银行应暂停其向外办理托收。

2）托收承付结算每笔的金额起点为1万元。

3）收付双方必须签有符合法律规定的购销合同，并在合同上注明使用托收承付结算方式。

4）收款人办理托收，必须具有商品确已发运的证明文件，包括铁路、航运、公路等运输部门签发的运单、运单副本和邮局包裹回执等。

施工企业使用异地托收承付结算方式办理款项结算，对于托收的款项，应在收到开户银行的收账通知时，根据收账通知和有关原始凭证，编制银行存款收款凭证，进行账务处理，借记"银行存款"账户，贷记有关账户；对于承付的款项，应于承付时，根据开户银行转来的托收承付结算凭证和所附的发票账单等有关原始凭证，编制银行存款付款凭证，进行账务处理，借记"材料采购""原材料"等有关账户，贷记"银行存款"账户。

（九）信用证结算方式

信用证结算方式是国际结算的一种主要方式。经中国人民银行批准经营结算业务的商业银行总行以及商业银行总行批准开办信用证结算业务的分支机构，也可以办理国内企业之间商品交易的信用证结算业务。

【例 2-8】 某施工企业为增值税一般纳税人，在购买材料时取得的增值税专用发票上注明材料金额（增值税税控系统开具的增值税发票的票面上"金额"栏仅有一个，且为不含税金额）为 50 000 元，增值税税额为 6 500 元，以转账支票方式结算，取得的增值税专用发票已通过认证，会计分录为：

借：原材料　　　　　　　　　　　　　　　　　　　　50 000
　　应交税费——应交增值税（进项税额）　　　　　　 6 500
　　贷：银行存款　　　　　　　　　　　　　　　　　　56 500

【例 2-9】 某施工企业收到应收电汇工程款 56 800 元，会计分录为：

借：银行存款　　　　　　　　　　　　　　　　　　　56 800
　　贷：应收账款　　　　　　　　　　　　　　　　　　56 800

第四节　其他货币资金的会计核算

其他货币资金是指施工企业除库存现金和银行存款以外的其他各种货币资金，如外埠存款、银行汇票存款、银行本票存款、信用卡存款、信用证保证金存款、存出投资款等。施工企业应加强对其他货币资金的管理，及时办理各项收支结算业务。

一、其他货币资金核算的内容

（1）外埠存款　外埠存款是指企业到外地进行临时或零星采购时，汇往采购地银行开立采购专户的款项，是为采购结算而准备的资金，已具有专门用途且处于待支付或待结算状态。

（2）银行汇票存款　银行汇票存款是指企业为取得银行汇票按照规定存入银行的款项，其一经存入银行就有了专门的用途，企业不可再将其用于其他方面。

（3）银行本票存款　银行本票存款是指企业为取得银行本票按照规定存入银行的款项，其一经存入银行就有了专门的用途，企业不可再将其用于其他方面。

（4）信用卡存款　信用卡存款是指企业为取得信用卡按照规定存入银行的款项。

（5）信用证保证金存款　信用证保证金存款是指企业为取得信用证按规定存入银行的保证金。

（6）存出投资款　存出投资款是指企业已存入证券公司但尚未进行交易性金融资产投资的资金。

二、其他货币资金核算应设置的账户

由于其他货币资金的存放地点和用途与企业的库存现金和银行存款不同，因此，企业必须对其进行单独核算。

施工企业应设置"其他货币资金"账户，核算本企业的外埠存款、银行汇票存款、银行本票存款、信用卡存款、信用证保证金存款、存出投资款等其他货币资金。本账户借方登记企业其他货币资金的增加数；贷方登记企业其他货币资金的减少数；期末借方余额反映企业实际持有的其他货币资金。本账户应按"外埠存款""银行汇票""银行本票""信用卡""信用证保证金""存出投资款"等设置明细账户进行核算。

三、其他货币资金核算的会计处理

（一）外埠存款核算的会计处理

1）当企业将款项委托当地银行汇往采购地开立专户时，借记"其他货币资金——外埠存款"账户，贷记"银行存款"账户。

2）收到采购员交来供应单位发票账单等报销凭证时，借记"材料采购""原材料"等账户，贷记"其他货币资金——外埠存款"账户。

3）将多余的外埠存款转回当地银行时，根据银行的收账通知，借记"银行存款"账户，贷记"其他货币资金——外埠存款"账户。

外埠存款核算的会计处理流程如图2-1所示，另外几种其他货币资金的核算可以参考外埠存款的核算。

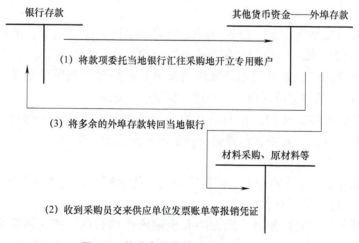

图2-1　外埠存款核算的会计处理流程

（二）银行汇票存款核算的会计处理

1）企业填写银行汇票申请书并将款项交存银行，取得银行汇票后，根据银行盖章退回

的申请书存根联，借记"其他货币资金——银行汇票"账户，贷记"银行存款"账户。

2）企业使用银行汇票后，根据发票账单等有关凭证，经核对无误后，借记"材料采购""原材料"等账户，贷记"其他货币资金——银行汇票"账户。

3）银行汇票如有余款或因银行汇票超过付款期等原因而退回款项时，借记"银行存款"账户，贷记"其他货币资金——银行汇票"账户。

（三）银行本票存款核算的会计处理

1）企业向银行提交银行本票申请书并将款项交存银行，取得银行本票后，根据银行盖章退回的申请书存根联，借记"其他货币资金——银行本票"账户，贷记"银行存款"等账户。

2）企业使用银行本票后，应根据发票账单等有关凭证，借记"材料采购""原材料"等账户，贷记"其他货币资金——银行本票"账户。

3）企业因本票超过付款期等原因而要求退款时，应填制一式两联进账单，连同本票一起送交银行，根据银行盖章退回的第一联进账单，借记"银行存款"账户，贷记"其他货币资金——银行本票"账户。

（四）信用卡存款核算的会计处理

1）企业申领信用卡时，要按规定填制申请表，连同支票和有关资料一并送交发卡银行，再根据银行盖章退回的进账单第一联，借记"其他货币资金——信用卡"账户，贷记"银行存款"账户。

2）企业用信用卡购进货物或支付有关费用时，借记"原材料""管理费用""应交税费"等账户，贷记"其他货币资金——信用卡"账户。

3）企业在使用信用卡的过程中，如需要向其账户续存资金，应根据银行的进账单，借记"其他货币资金——信用卡"账户，贷记"银行存款"账户。

4）企业持卡人需销户时应到发卡银行办理。销户时，单位卡账户余额转入基本存款账户，借记"银行存款"账户，贷记"其他货币资金——信用卡"账户。

（五）信用证保证金存款核算的会计处理

1）企业向银行交纳保证金，根据银行退回的信用证委托书回单，借记"其他货币资金——信用证保证金"账户，贷记"银行存款"账户。

2）企业根据开证行交来的信用证来单通知书及有关单据列明的金额，借记"材料采购"等账户，贷记"其他货币资金——信用证保证金"账户。

3）企业接到银行收账通知，将未用完的信用证保证金余额转回银行结算户时，借记"银行存款"账户，贷记"其他货币资金——信用证保证金"账户。

（六）存出投资款核算的会计处理

1）企业向证券公司划出资金时，应按实际划出的金额，借记"其他货币资金——存出投资款"账户，贷记"银行存款"账户。

2）企业购买股票、债券等时，根据持有金融资产的目的，按实际发生的金额，借记"交易性金融资产"等账户，贷记"其他货币资金——存出投资款"账户。

【例2-10】某施工企业委托银行将100 000元汇往采购地开立专门的存款账户，会计分录为：

借：其他货币资金——外埠存款	100 000	
贷：银行存款		100 000

【例 2-11】 某施工企业办理信用卡申领手续，缴存信用卡备用金存款 50 000 元，会计分录为：

借：其他货币资金——信用卡	50 000	
贷：银行存款		50 000

【例 2-12】 某施工企业用银行汇票支付前欠货款，金额为 180 000 元，会计分录为：

借：应付账款	180 000	
贷：其他货币资金——银行汇票		180 000

思考题

1. 什么是货币资金？简述其包含的内容。
2. 简述现金的使用范围。
3. 简述银行存款未达账项的四种情况。
4. 简述其他货币资金核算的内容。
5. 资料：某施工企业 2020 年 6 月 30 日收到的银行对账单的存款余额为 67 000 元，与银行存款日记账余额 48 460 元不符。经核对，公司与银行均无记账错误，但是发现有下列未达账项：

1）6 月 28 日，企业开出一张金额为 15 800 元的转账支票用以支付供货方货款，但供货方尚未持该支票到银行兑现。

2）6 月 30 日，企业收到购货方转账支票，金额为 7 900 元，已经送存银行，但银行尚未入账。

3）6 月 30 日，银行收企业的手续费为 360 元，银行入账，而企业尚未入账。

4）6 月 30 日，企业委托银行代收的款项为 11 000 元，银行已转入企业的存款账户，但企业尚未收到入账通知。

要求：请代该施工企业完成以下银行存款余额调节表（见表 2-2）的编制。

表 2-2　银行存款余额调节表　　　　　　　　　　　　　单位：元

项　目	金　额	项　目	金　额
银行存款日记账余额		银行对账单余额	
加：银行已收、企业未收的款项合计		加：企业已收、银行未收的款项合计	
减：银行已付、企业未付的款项合计		减：企业已付、银行未付的款项合计	
调节后余额		调节后余额	

6. 资料：甲公司为施工企业，2020 年 5 月发生的与货币资金有关的经济业务如下：

1）4 日，开出现金支票，从银行提取现金 5 000 元备用。

2）7 日，采购员到某地采购材料，预借差旅费为 2 000 元，以现金支付。

3）10 日，开出转账支票支付东方公司材料款及运费 18 000 元，取得增值税普通发票。

4）15 日，向证券公司开立的资金账户转账 300 000 元，准备购买证券。

5）19 日，通过银行汇款 60 000 元，开立采购专户。

6）22 日，以现金发放工资 56 000 元。

7) 22日，填写汇款委托书交银行，偿还上月购货款12 000元。

8) 23日，收到众人公司应付的工程款86 000元，存入银行。

9) 26日，银行转来自来水公司托收承付结算凭证支款通知和有关凭证，支付管理部门耗用水费600元，取得增值税普通发票。

10) 28日，公司以银行存款支付电话费1 000元。

要求：编制上述经济业务的会计分录。

第三章
应收及预付款项的会计核算

● **本章主要知识点**：应收账款及应收票据的会计核算（应收账款的会计核算、应收票据的会计核算）；坏账损失的会计核算（坏账损失核算的内容、坏账损失核算应设置的账户、坏账损失核算的会计处理）；预付账款和其他应收款的会计核算（预付账款的会计核算、其他应收款的会计核算）；长期应收款的会计核算（长期应收款核算的内容、长期应收款核算应设置的账户及其会计处理）。

● **本章重点和难点**：应收账款及应收票据的会计核算；坏账损失核算的会计处理；预付账款和其他应收款的会计核算；长期应收款核算应设置的账户及其会计处理。

第一节 应收账款及应收票据的会计核算

应收款项属于《企业会计准则第22号——金融工具确认和计量》的核算范围，是企业无条件收取合同对价的权利。只有在合同对价到期支付之前仅仅随着时间的流逝即可收款的权利，才是无条件的收款权。应收款项主要包括应收账款、应收票据、应收利息、应收股利、其他应收款以及长期应收款等。施工企业应加强对应收款项的管理，从而加快资金周转。

一、应收账款的会计核算

（一）应收账款核算的内容

1. 应收账款的范围及计价

施工企业的应收账款是指施工企业因履行了合同中的单项履约义务，应向发包单位无条件收取合同对价的权利，以及销售材料，提供劳务、作业等业务，应向购货单位或接受劳务、作业单位收取货款及劳务补偿的要求权，该权利的实现仅取决于时间流逝因素。应收账款是施工企业在销售、结算过程中产生的债权，在正常情况下，应在短期（一年或超过一年的一个营业周期）内收回。与施工企业施工生产经营业务无关的应收款项不包括在应收账款范围之内。

一般情况下，应收账款的入账金额，按买卖双方在成交时的实际发生额记账，但在采用含有折扣条件的方式销售时，应收账款的计价还要考虑折扣因素。

2. 合同资产的界定

合同资产，是指企业已向客户转让商品而有权收取对价的权利，且该权利取决于时间流逝之外的其他因素。如企业向客户销售两项可明确区分的商品，企业因已交付其中一项商品而有权收取款项，但收取该款项还取决于企业交付另一项商品的，企业应当将该收款权利作为合同资产。

企业应当按照《企业会计准则第22号——金融工具确认和计量》评估合同资产的减值，该减值的计量、列报和披露应当按照《企业会计准则第22号——金融工具确认和计量》和《企业会计准则第37号——金融工具列报》的规定进行会计处理。

3. 合同资产和应收账款的关系

合同资产和应收账款都是企业拥有的收取对价的合同权利，二者的区别在于，应收账款代表的是无条件收取合同对价的权利，即企业仅随着时间的流逝即可收款，而合同资产并不是一项无条件收款权，该权利除了时间流逝之外，还取决于其他条件（如履行合同中的其他履约义务）才能收取相应的合同对价。即应收账款仅承担信用风险，而合同资产除信用风险之外，还可能承担其他风险，如履约风险等。

合同资产符合金融资产的本质，和应收账款相比仅相差时间以外的因素，即合同资产是已经提供了商品或服务后，既考虑了时间因素，又考虑了其他风险因素的应收债权。因此，本节将合同资产核算的内容放在应收账款部分进行介绍。

（二）应收账款核算应设置的账户及其会计处理

1. 应收账款核算应设置的账户

为了核算施工企业因销售商品或提供劳务等日常活动应收取的款项，以及施工企业已向客户转让商品而有权收取对价的权利及该权利发生的减值情况，施工企业应设置下列会计账户：

（1）"应收账款"账户 "应收账款"账户核算和监督施工企业因结算工程价款或提供劳务和作业等应向客户收取的款项。其借方登记企业发生的应收账款；贷方登记已收回的应收账款、改用商业汇票结算的应收账款、已结转坏账损失的应收账款和以债务重组方式收回的债权等，期末借方余额反映尚未收回的各种应收账款的实际数。本账户应设置"应收工程款"和"应收销货款"两个明细账户，并分别按客户单位设置明细账进行核算。

（2）"合同资产"账户 "合同资产"账户核算施工企业已向客户转让商品而具有的收取对价的权利。其借方登记企业在客户实际支付合同对价或在该对价到期应付之前已经向客户转让了商品的，应当按因已转让商品而有权收取的对价的金额；贷方登记企业已取得的无条件收款权利；期末借方余额反映企业已经向客户转让了商品的，应当按因已转让商品而有权收取对价的金额且尚未取得无条件收款的权利。涉及增值税的，还应进行相应的处理。本账户应按合同进行明细核算。

（3）"合同资产减值准备"账户 其贷方登记合同资产发生减值的金额；借方登记转回已计提的合同资产减值准备金额；期末贷方余额反映企业已计提但尚未转销的合同资产减值。本账户应按合同进行明细核算。

2. 应收账款和合同资产核算的会计处理

1）带息的应收账款和合同资产，应于期末按照本金（或票面价值）与确定的利率计算的金额，增加其账面余额，并确认为利息收入，计入当期损益。

2）施工企业发生应收已结算的工程账款时，按应收金额，借记"应收账款"账户，按已结算的工程价款，贷记"合同结算——价款结算""应交税费——应交增值税（销项税额）"等账户；收回应收账款时，借记"银行存款"等账户，贷记"应收账款"账户。

3）施工企业代垫项目工程费用时，借记"应收账款"账户，贷记"银行存款"等账户；收回代垫费用时，借记"银行存款"账户，贷记"应收账款"账户。

4）施工企业应收账款改用商业汇票结算，在收到承兑的商业汇票时，按票面价值，借记"应收票据"账户，贷记"应收账款"账户。

【例3-1】 某施工企业为增值税一般纳税人，2020年5月末承包了客户甲公司的工程，结算合同价款2 000 000元，采取一般计税方式，增值税税率为9%。做如下会计分录：

借：应收账款——应收工程款（甲公司）	2 180 000
贷：合同结算——价款结算	2 000 000
应交税费——应交增值税（销项税额）	180 000

若甲公司将合同价款改为商业汇票结算，做如下会计分录：

借：应收票据	2 180 000
贷：应收账款——应收工程款（甲公司）	2 180 000

【例3-2】 某施工企业为增值税一般纳税人，于2020年6月初向乙公司出售一批多余材料，开具的增值税专用发票上注明金额85 000元，增值税税额11 050元。该材料的控制权在交付时转移给乙公司，此时该施工企业取得无条件的收款权。若货款尚未收到，做如下会计分录：

借：应收账款——应收销货款（乙公司）	96 050
贷：其他业务收入——材料销售收入	85 000
应交税费——应交增值税（销项税额）	11 050

【例3-3】 2020年7月，某施工企业收到乙公司上一年度所欠材料款32 000元，并已存入银行。做如下会计分录：

借：银行存款	32 000
贷：应收账款——应收销货款（乙公司）	32 000

【例3-4】 某施工企业为增值税一般纳税人，2020年3月1日与客户签订合同，销售工程施工剩余的甲、乙两种材料，合同价款为3 000元。合同约定，甲材料于合同开始日交付，乙材料在两个月之后交付，只有当甲、乙两种材料全部交付之后，施工企业才有权收取3 000元的合同对价。假定甲、乙两种材料构成两项履约义务，其控制权在交付时移交给客户，分摊至甲、乙两种材料的交易价格分别为900元和2 100元。上述价格均不含增值税，且假定不考虑相关税费的影响。做如下会计分录：

1）交付甲材料时：

借：合同资产	900
贷：其他业务收入	900

2）交付乙材料时：

借：应收账款	3 000
贷：合同资产	900

其他业务收入	2 100

假设经核算该施工企业合同资产发生减值100元。

借：资产减值损失	100
贷：合同资产减值准备	100

二、应收票据的会计核算

(一) 应收票据核算的内容

1. 应收票据的概念及其分类

施工企业的应收票据是指施工企业因结算工程价款、对外销售产品或材料、提供劳务等业务而收到未到期票据所形成的债权。企业持有的尚未到期兑现的票据包括支票、本票、银行汇票和商业汇票等。在我国会计实务中，大部分票据都是即期票据，不需要作为应收票据核算，而这里的应收票据主要是指商业汇票。商业汇票流通范围广泛，在施工企业的债权债务结算过程中起着非常重要的作用。

应收票据按照不同的标准可以分为以下几类：

1) 按其承兑人不同，应收票据可以分为商业承兑汇票和银行承兑汇票。商业承兑汇票是由收款人签发，经付款人承兑，或由付款人签发并承兑的商业汇票。银行承兑汇票是由收款人或承兑申请人签发，并由承兑申请人向开户银行申请，经银行审查同意承兑的商业汇票。

2) 按其是否计息，应收票据可以分为带息票据和不带息票据。带息票据是指票面上注明利率及付息日期的应收票据。在应收票据到期时，承兑人除了按票面金额向收款人或被背书人支付款项外，还要按票面金额和规定利率计算并支付到期利息的票据。不带息票据是指在应收票据到期时，承兑人只按票面金额向收款人或被背书人支付款项的票据，票据上没有关于利息的规定。

2. 应收票据到期日的计算

按照国际惯例，应收票据到期日的计算有按日计算和按月计算两种方式，具体应用时应根据应收票据签发的期限是天数还是月份加以选择。

如果商业汇票签发的期限是天数，应收票据的到期日一般按日计算，即应从出票日起，按实际经历的天数计算。通常出票日和到期日只可计算一天，采用"算头不算尾"或"算尾不算头"的办法。如10月10日出票的一张50天到期的商业汇票，其到期日应为11月29日（10月份实有21天，"算尾不算头"）。

如果商业汇票签发的期限是月份，应收票据的到期日一般按月计算，即以应到期月份中与出票日相同的那一天为到期日。如8月18日出票的一张2个月到期的商业汇票，其到期日应为10月18日。如果月末出票，不论月份大小，均以到期月份的最后一天为到期日。

3. 应收票据到期值的计算

施工企业收到的应收票据如果是不带息的，则应收票据的到期值为应收票据的票面价值；如果是带息的，还要计算票据的到期利息，则应收票据的到期值为应收票据的票面价值加上到期利息。由于我国纸质商业汇票的付款期限最长不得超过6个月，因此，带息应收票据的到期利息一般是以单利计算的。其计算公式如下：

票据利息 = 票据本金 × 利率 × 期限

票据到期值 = 票据本金 + 票据利息 = 票据本金 × (1 + 利率 × 期限)

票据本金是指应收票据的票面价值；利率是指票面规定的利率，没有指明的一般为年利率，如需换算成月利率或日利率，每月统一按 30 天计算，全年按 360 天计算。

【例 3-5】 某施工企业持有一张面值 200 000 元，利率 3%，3 个月到期的应收票据，其到期值的计算步骤如下：

票据到期利息 = 200 000 元 × 3% ÷ 12 × 3 = 1 500 元

票据到期值 = 200 000 元 + 1 500 元 = 201 500 元

该施工企业还持有一张面值 200 000 元，利率 3%，60 天到期的应收票据，其到期值的计算步骤如下：

票据到期利息 = 200 000 元 × 3% ÷ 360 × 60 = 1 000 元

票据到期值 = 200 000 元 + 1 000 元 = 201 000 元

4. 应收票据的计价

1）施工企业应在收到、开出、承兑商业汇票时，按应收票据票面价值入账。

2）带息应收票据应在期末时按应收票据的票面价值和确定的利率计算计提利息，计提的利息增加应收票据的账面余额。

3）到期不能收回的带息应收票据，转入"应收账款"账户核算后，期末不再计提利息，其所包含的利息在有关备查簿中登记，待实际收到时再冲减当期的财务费用。

4）施工企业持有的应收票据如有确凿证据表明其不能够收回或收回的可能性不大时，应按规定计提相应的坏账准备。

5. 应收票据的贴现

施工企业收到商业汇票，如在票据未到期前需要资金周转，可持未到期的应收票据向银行申请贴现。银行同意受理后，要从票据到期值中扣除票据自贴现日起至票据到期日止的利息，并将其余额即贴现净值支付给企业。这种利用未到期应收票据向银行融资的做法，称为应收票据贴现。银行所扣的利息称为银行的贴现息，计算贴现息所使用的利率称为贴现率。贴现行为实质上是银行对企业的一种短期贷款。贴现时会发生各项费用，如贴现手续费、贴现利息等，这些费用一般应由持票人承担。应收票据贴现的计算包括以下步骤：

1）计算应收票据的到期值。不带息应收票据的到期值就是其面值；带息应收票据的到期值是它的面值与到期利息之和。

2）计算应收票据的贴现期。贴现期是指应收票据从贴现日至到期日的时间间隔，可以按日计算或按月计算。当按日计算时，贴现日与到期日只计算其中的一天。

3）计算应收票据的贴现息。

贴现息 = 票据到期值 × 贴现率 × 贴现期

4）计算应收票据的贴现净值。

贴现净值 = 票据到期值 - 贴现息

【例 3-6】 某施工企业因急需用款，于 5 月 31 日持一张面值 100 000 元、出票日 4 月 21 日、90 天到期的商业承兑汇票向银行贴现，贴现率为 5.5%。则分带息票据（假设年利率为

3%)和不带息票据两种情况计算票据的贴现结果见表 3-1。

表 3-1 商业承兑汇票贴现计算表

项　目	不带息票据	带息票据
(1) 票据到期值	100 000 元	100 750 元
其中：票据面值	100 000 元	100 000 元
票据到期利息	0	750 元
(2) 贴现期	50 天	50 天
(3) 贴现息：(1) × (2) ×5.5%÷360	763.89 元	769.62 元
(4) 贴现净值：(1) - (3)	99 236.11 元	99 980.38 元

施工企业贴现不带息的应收票据，其贴现净值一定低于票据面值，二者之差作为利息支出计入财务费用；施工企业贴现带息的应收票据，其贴现净值可能低于票据面值，也可能高于票据面值，二者之差作为利息支出或利息收入也计入财务费用。

（二）应收票据核算应设置的账户及会计处理

对因销售产品或材料、提供劳务等业务而收到的商业汇票，施工企业应设置"应收票据"账户进行核算。其借方登记施工企业因工程价款结算、对外销售产品或材料、提供劳务等收到、开出、承兑的应收票据的面值及其应计利息；贷方登记到期收回、已背书转让、到期承兑人拒付以及未到期向银行贴现的应收票据的面值和应计利息，以及已结转坏账损失的应收票据。期末借方余额反映施工企业持有的商业汇票的票面金额。

施工企业还应设置应收票据备查簿，逐笔登记商业汇票的种类、号数和出票日、票面金额、交易合同号、付款人、承兑人、背书人的姓名或单位名称、到期日和背书转让日、贴现日，贴现率和贴现净额，以及收款日和收回金额、退票情况等资料。商业汇票到期结清票款或退票后，应在应收票据备查簿中予以注销。

【例 3-7】 2020 年 5 月初，某施工企业收到 A 公司签发的 6 个月到期的商业承兑汇票一张，票面金额为 500 000 元，票面利率为 3%，用以抵偿所欠工程款。做如下会计分录：

1) 收到商业承兑汇票时：
借：应收票据　　　　　　　　　　　　　　　　　　　　　　　500 000
　　贷：应收账款——A 公司　　　　　　　　　　　　　　　　　　500 000

2) 每月末计提利息时：每月利息 = 500 000 元×3%÷12 = 1 250 元
借：应收票据　　　　　　　　　　　　　　　　　　　　　　　1 250
　　贷：财务费用　　　　　　　　　　　　　　　　　　　　　　1 250

3) 6 个月后票据到期收回本息，到期利息 = 500 000 元×3%÷12×6 = 7 500 元
借：银行存款　　　　　　　　　　　　　　　　　　　　　　　507 500
　　贷：应收票据　　　　　　　　　　　　　　　　　　　　　　507 500

4) 6 个月后票据到期，假设 A 公司无款支付：
借：应收账款——A 公司　　　　　　　　　　　　　　　　　　507 500
　　贷：应收票据　　　　　　　　　　　　　　　　　　　　　　507 500

【例 3-8】 A 施工企业为增值税一般纳税人，2020 年 2 月 A 施工企业向 B 公司结算合同

价款 109 000 元（含增值税），增值税税率为 9%，此时 A 施工企业取得了无条件的收款权。A 施工企业收到 B 公司签发的一张 3 个月到期的银行承兑汇票，面值为 109 000 元。做如下会计分录：

1) 与 B 公司结算合同价款时：

借：应收账款——B 公司　　　　　　　　　　　　　　　109 000
　　贷：合同结算——价款结算——某项目　　　　　　　100 000
　　　　应交税费——应交增值税（销项税额）　　　　　9 000

2) 收到银行承兑汇票时：

借：应收票据　　　　　　　　　　　　　　　　　　　　109 000
　　贷：应收账款——B 公司　　　　　　　　　　　　　 109 000

3) 3 个月后票据到期收款时：

借：银行存款　　　　　　　　　　　　　　　　　　　　109 000
　　贷：应收票据　　　　　　　　　　　　　　　　　　109 000

已贴现的应收票据如果是银行承兑汇票，在票据到期时，若出现付款人的银行存款账户余额不足的情况，则其开户银行负有向贴现银行无条件支付票款的责任，然后再由其开户银行向付款人执行扣款。由于有银行信用保证，所以企业贴现银行承兑汇票时一般不会形成或有负债。

企业贴现的应收票据如果是商业承兑汇票，在票据到期时，若付款人存款账户余额不足，贴现银行将按规定将汇票退给贴现企业，并要求贴现企业退回已贴现票据的到期价值，企业就可能发生或有负债。即企业以商业承兑汇票向银行贴现时，要承担由于背书行为而须负担的连带付款责任，这种责任在会计上称为或有负债，其数额大小需要在会计上予以反映。具体处理方法有以下两种：

1) 为了反映这种或有负债的存在，应单独设置"应收票据贴现"账户，作为"应收票据"账户的备抵账户，核算已向银行贴现的应收票据的票面金额，待贴现票据到期收回票款后，再将两个账户对冲转销，借记"应收票据贴现"账户，贷记"应收票据"账户，以解除企业的或有负债。应收票据贴现项目作为应收票据项目的抵减项目反映。在企业会计实务中，外商投资企业采用这种处理方法。

2) 企业不设"应收票据贴现"账户，在商业承兑汇票贴现或背书转让时直接冲销已入账的应收票据，并在财务报表附注中说明因贴现或转让商业承兑汇票而产生的或有负债金额，待票据到期结清票款后，再将应收票据备查簿中的相关记录予以注销。在企业会计实务中，大部分企业包括施工企业均采用这种处理方法。

第二节　坏账损失的会计核算

一、坏账损失核算的内容

施工企业只要存在应收款项就有发生坏账的可能，因此，根据谨慎性原则，施工企业应当定期或者至少每年年度终了，对应收款项和预付款项进行全面检查，预计各应收及预付款项可能发生的坏账，对于无把握能够收回的应收及预付款项，应当计提坏账准备；对于不能收回的应收及预付款项应当查明原因，追究责任。

（一）坏账损失的确认

施工企业的坏账是指施工企业无法收回的应收及预付款项。由于发生坏账而产生的损失，称为坏账损失。施工企业确认坏账损失应符合下列条件之一：

1）有确凿证据表明该项应收款项不能收回，如债务单位已经撤销、破产等。

2）有确凿证据表明该项应收款项收回的可能性不大，如债务单位资不抵债、发生严重的自然灾害等导致停产而在短时间内无法偿付债务等。

3）应收款项逾期3年以上。

施工企业如果存在下列情况，一般不能全额计提坏账准备：

1）当年发生的应收款项。

2）计划对应收款项进行重组。

3）与关联方发生的应收款项。

4）其他已逾期但无确凿证据证明不能收回的应收款项。

施工企业对于不能收回的应收款项应当查明原因，追究责任，并根据企业的管理权限，经股东大会、董事会、经理（厂长）会议或类似机构批准作为坏账损失，冲减提取的坏账准备。企业对于已经确认为无法收回的应收账款，不能放弃对它的追索权，一旦有机会重新收回，应及时入账处理。

（二）坏账准备的计提政策及范围

1）施工企业自行确定计提坏账准备的方法。施工企业应当列出目录，具体注明计提坏账准备的范围、提取方法、账龄的划分和提取比例，按照管理权限，经股东大会、董事会或类似机构批准，按照法律、行政法规的规定报有关各方备案，并备置于公司所在地。

2）坏账准备提取方法一经确定，不得随意变更，如需变更，应经批准后报送有关各方备案，并在财务报表附注中予以说明。

3）施工企业的应收及预付款项，如应收账款、应收票据、预付工程款、预付备料款、预付购货款、其他应收款、长期应收款等，有客观证据表明发生减值的，应当计算确定减值损失，计提坏账准备。施工企业发生的投标保证金、在工程合同期内的履约保证金、备用金以及公司系统内部的往来款项等一般不计提减值准备。

（三）坏账损失的估计与核算

施工企业只能采用备抵法核算坏账损失。备抵法是指按期预先估计坏账损失，计提坏账准备，当发生坏账损失时，根据其数额冲减坏账准备，同时注销原应收账款的核算方法。《〈企业会计准则第22号——金融工具确认和计量〉应用指南（2018）》对应收账款计提坏账准备进行了如下规定：对于单项金额重大的应收款项，应当单独进行减值测试。有客观证据表明其发生了减值的，应当根据其未来现金流量现值低于其账面价值的差额，确认减值损失，计提坏账准备。对于单项金额非重大的应收款项可以单独进行减值测试，确定减值损失，计提坏账准备；也可以与经单独测试后未减值的应收款项一起按类似信用风险特征划分为若干组合，再按这些应收款项组合在资产负债表日余额的一定比例计算确定减值损失，计提坏账准备。企业应当根据以前年度与之相同或相类似的、具有类似信用风险特征的应收款项组合的实际损失率为基础，结合现实情况确定本期各项组合计提坏账准备的比例。如大多数企业采用账龄分析法预计应收款项的坏账损失。在账龄分析法下，施工企业编制的账龄分析表通常如表 3-2 所示。

表 3-2　某施工企业 2020 年账龄分析表　　　　　　　金额单位：元

应收款项账龄	应收款项金额	预计损失率（%）	预计损失金额
1 年内小计	4 799 554.30	5	239 977.72
1~2 年（含 2 年）	1 323 763.90	10	132 376.39
2~3 年（含 3 年）	898 894.70	30	269 668.41
3~4 年（含 4 年）	626 079.60	50	313 039.80
4~5 年（含 5 年）	452 334.50	80	361 867.60
5 年以上	569 571.10	100	569 571.10
合计	8 670 198.10	—	1 886 501.02

表 3-2 中的预计损失率是各施工企业根据以前的实际坏账率，结合现实情况确定的本期各个组合计提坏账准备的比例，具有行业和企业自身特点。

二、坏账损失核算应设置的账户

采用备抵法处理坏账损失的施工企业，为核算坏账准备的提取和坏账损失的发生等情况，应设置"坏账准备"账户。该账户核算企业以摊余成本计量的应收账款等金融资产以预期信用损失为基础计提的损失准备，是各应收及预付款项账户的备用账户。其贷方登记提取的坏账准备、收回以前已确认并转销的坏账损失以及应提取坏账准备的金额大于本账户账面余额的差额；借方登记已发生的坏账损失和应提取坏账准备的金额小于本账户账面余额的差额；期末贷方余额反映已经提取但尚未冲销的坏账准备。该账户可以按照应收账款的类别进行明细核算。

三、坏账损失核算的会计处理

在备抵法下，施工企业采用期末余额百分比法估计坏账损失，其主要会计处理如下：

1）施工企业首次计提坏账准备时，根据年末应收款项余额的一定比例，借记"信用减值损失"账户，贷记"坏账准备"账户。

2）施工企业发生坏账时，借记"坏账准备"账户，贷记"应收账款"等账户。

3）对于已确认并转销的应收款项以后又收回的，应按实际收回的金额，借记"应收账款"等账户，贷记"坏账准备"账户；同时借记"银行存款"账户，贷记"应收账款"等账户。也可以直接按实际收回的金额借记"银行存款"账户，贷记"坏账准备"账户。

4）施工企业在首次计提坏账准备之后，每年年末计提坏账准备时，应视情况分别进行会计处理。

① 当"坏账准备"账户的余额在贷方，并小于应提取数额时，应按其差额补提，借记"信用减值损失"账户，贷记"坏账准备"账户。

② 当"坏账准备"账户的余额在贷方，并大于应提取数额时，应按其差额冲回，借记"坏账准备"账户，贷记"信用减值损失"账户。

③当"坏账准备"账户的余额在贷方,并等于应提取数额时,不做会计分录。

④当"坏账准备"账户的余额在借方时,按应提取数额与借方余额之和提取坏账准备,借记"信用减值损失"账户,贷记"坏账准备"账户。

无论何种情况,按应收款项年末余额的一定比例所计提的坏账准备,都应和当年"坏账准备"账户调整后的年末余额相一致。应收款项坏账损失核算的会计处理流程如图 3-1 所示。

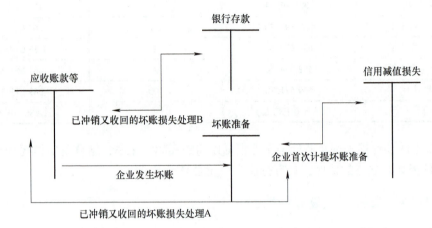

图 3-1 应收款项坏账损失核算的会计处理流程

【例 3-9】 2017 年,甲施工企业年末应收账款的余额为 3 000 000 元,采用备抵法核算坏账损失,提取坏账准备的比例为 1%;2018 年,发生坏账损失 108 000 元,其中 A 单位欠账 28 000 元、B 单位欠账 80 000 元,应收账款期末余额为 2 200 000 元;2019 年,已冲销的上年 A 单位应收账款 15 000 元又收回,期末应收账款余额为 1 500 000 元,企业各年坏账准备的计算结果及会计分录如下:

1) 2017 年年末:应计提的坏账准备 = 3 000 000 元 × 1% = 30 000 元

借:信用减值损失　　　　　　　　　　　　　　　　　　　　　　　30 000
　　贷:坏账准备　　　　　　　　　　　　　　　　　　　　　　　　30 000

2) 2018 年,发生坏账损失时:

借:坏账准备　　　　　　　　　　　　　　　　　　　　　　　　　108 000
　　贷:应收账款——A 单位　　　　　　　　　　　　　　　　　　　28 000
　　　　　——B 单位　　　　　　　　　　　　　　　　　　　　　　80 000

3) 2018 年年末:应计提的坏账准备 = 2 200 000 元 × 1% = 22 000 元

　　　　应调整坏账准备 = 22 000 元 + 108 000 元 − 30 000 元 = 100 000 元

借:信用减值损失　　　　　　　　　　　　　　　　　　　　　　　100 000
　　贷:坏账准备　　　　　　　　　　　　　　　　　　　　　　　　100 000

4) 2019 年,收回上年已冲销的应收账款时:

借:应收账款——A 单位　　　　　　　　　　　　　　　　　　　　15 000
　　贷:坏账准备　　　　　　　　　　　　　　　　　　　　　　　　15 000

同时，借：银行存款 15 000
　　　　　贷：应收账款——A 单位 15 000

5）2019 年年末：

应计提的坏账准备 = 1 500 000 元 × 1% = 15 000 元

应调整坏账准备 = 15 000 元 - 37 000 元 = -22 000 元

借：坏账准备 22 000
　　贷：信用减值损失 22 000

其会计处理流程如图 3-2 所示。

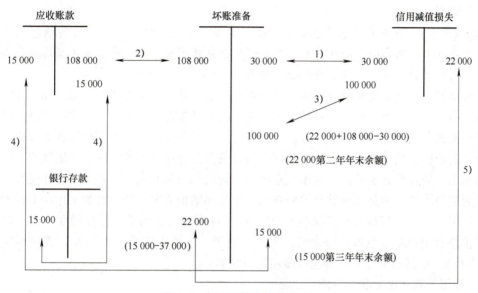

图 3-2　例 3-9 的会计处理流程

第三节　预付账款和其他应收款的会计核算

一、预付账款的会计核算

（一）预付账款核算的内容

施工企业的预付账款是指施工企业按照工程合同规定预付给承包单位的款项，包括预付工程款和预付备料款，以及按照购货合同规定预付给供应单位的购货款。

预付账款应当按实际发生额记账。施工企业的预付账款，如有客观证据表明发生减值时，应当计算确定减值损失，计提坏账准备。若施工企业的预付账款如有确凿证据表明其不符合预付账款性质，或者因供货单位破产、撤销等原因已无望再收到所购货物的，应将原计入预付账款的金额转入其他应收款。施工企业应按预计不能收到所购货物的预付账款的账面余额，借记"其他应收款——预付账款转入"账户，贷记"预付账款"账户。

（二）预付账款核算应设置的账户

为了核算和监督预付账款的增减变化情况，施工企业应设置"预付账款"账户。其借方登记施工企业预付给分包单位的款项、拨付分包单位抵作备料款的材料以及预付给供应单位的货款；贷方登记施工企业与分包单位结算工程款时，从应付的工程款中扣回预付的工程款、备料款和用预付购货款抵作应付供应单位购货款的数额，以及已结转坏账损失的预付账款。期末余额如果在借方，反映施工企业已经预付但尚未结算的款项；如为贷方余额，反映施工企业尚未补付的款项。本账户应分别设置"预付分包单位款"和"预付供应单位款"两个明细账户，并分别按工程分包单位和物资供应单位名称进行明细核算。

预付账款不多的施工企业，可不设置"预付账款"账户，而是将预付的款项直接记入"应付账款"账户的借方。但在期末编制资产负债表时，要将"预付账款"和"应付账款"的金额分别列示。

【特别提示】 如果具有总承包资质的施工企业作为项目总承包方，对所承包的项目又进行了专业技术分包和劳务分包，向分包方预付分包款项时，总承包方应根据同城或异地项目以及不同的计税方式，采取相应的会计处理。

同城项目是指施工企业所承揽的项目所在地与企业机构所在地为同一县（市、区）。异地项目是指施工企业所承揽的项目所在地与企业机构所在地不在同一县（市、区）。异地项目按照国家税务总局2016年第17号公告的规定，应当在项目所在地不超过6个月内预缴增值税及其附加税。增值税计税方法，包括一般计税方法和简易计税方法。一般纳税人发生应税行为采用一般计税方法计税，适用法定税率，建筑服务适用税率9%，一般计税方法下的销售额为纳税人收取的全部价款和价外费用；小规模纳税人发生应税行为采用简易计税方法计税，适用征收率，建筑服务征收率为3%，简易计税方法下的销售额为纳税人收取的全部价款和价外费用扣除分包款后的余额，即差额纳税。纳税人跨县（市、区）提供建筑服务（异地项目），按照以下方式计算应预缴增值税税款：

1）适用一般计税方法计税的：

应预缴税款 = （全部价款和价外费用 − 支付的分包款）÷ (1 + 9%) × 2%

2）适用简易计税方法计税的：

应预缴税款 = （全部价款和价外费用 − 支付的分包款）÷ (1 + 3%) × 3%

一般纳税人施工企业提供建筑服务，可以选择简易计税方法的情况主要有：清包工、甲供材、开工日期为2016年4月30日前的施工项目（简称老项目）以及建筑工程总承包单位为房屋建筑的地基与基础、主体结构提供工程服务，建设单位自行采购全部或部分钢材、混凝土、砌体材料、预制构件。

（三）预付账款核算的会计处理

1. 一般纳税人施工企业（总承包方）预付给分包单位（专业技术承包方或劳务分包方）账款的核算

1）预付分包单位工程款和备料款时：

借：预付账款——预付分包单位款

　　贷：银行存款

若一般纳税人施工企业承揽的跨县（市、区）项目（异地项目），采用简易计税方法，预付分包款后取得分包方开具的增值税发票时，企业支付的分包款允许扣减销售额，具体分录（参见财税〔2016〕36号）为

应交税费 = 支付的分包款 ÷ (1 + 3%) × 3%

借：应交税费——简易计税
　　贷：合同履约成本
2）拨付分包单位抵作备料款的材料，增值税下，应视为销售：
借：预付账款——预付分包单位款
　　贷：其他业务收入——销售材料收入
　　　　应交税费——应交增值税（销项税额）
同时，结转销售材料成本：
借：其他业务支出
　　贷：原材料
3）施工企业与分包单位结算工程价款，根据分包单位提出的工程价款结算账单结算工程款时：
借：合同履约成本
　　贷：应付账款——应付工程款
同时，从应付工程款中扣回预付的工程款和备料款：
借：应付账款——应付工程款
　　贷：预付账款——预付分包单位款
施工企业预付分包单位款项核算的会计处理流程如图3-3所示。

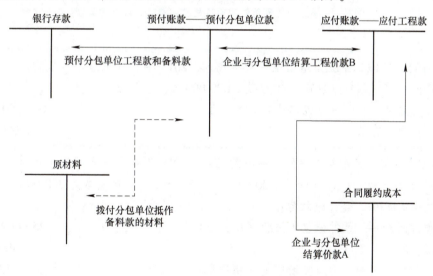

图3-3　施工企业预付分包单位款项核算的会计处理流程

2. 施工企业预付给供应单位预付账款的核算

1）预付给供应单位货款时：
借：预付账款——预付供应单位款
　　贷：银行存款
2）收到所购物资的增值税专用发票账单时：
借：材料采购
　　应交税费——待认证进项税额（取得增值税专用发票未认证时）

或　应交税费——应交增值税（进项税额）（取得增值税专用发票已认证时）
　　　贷：应付账款
　同时，借：应付账款
　　　　　　贷：预付账款——预付供应单位款
施工企业预付供应单位货款核算的会计处理流程如图3-4所示。

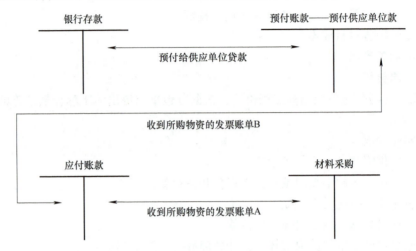

图 3-4　施工企业预付供应单位货款核算的会计处理流程

【例 3-10】　某施工企业为增值税一般纳税人，2018年3月承揽与其机构所在地同城的项目，按合同规定，预付分包商A工程款2 000 000元。会计分录为：
　借：预付账款——预付分包单位款（A企业）　　　　　　2 000 000
　　贷：银行存款　　　　　　　　　　　　　　　　　　　2 000 000

【例 3-11】　某施工企业为增值税一般纳税人，2018年6月按合同规定拨付材料一批给分包商A抵作备料款，材料作价452 000元（含增值税），材料成本为300 000元，材料销售增值税税率为13%。会计分录为：
　借：预付账款——预付分包单位款（A企业）　　　　　　452 000
　　贷：其他业务收入　　　　　　　　　　　　　　　　　400 000
　　　　应交税费——应交增值税（销项税额）　　　　　　52 000
　其中，应交增值税=452 000元÷（1+13%）×13%=52 000元
　同时，结转材料销售成本，会计分录为：
　借：其他业务支出　　　　　　　　　　　　　　　　　　300 000
　　贷：原材料　　　　　　　　　　　　　　　　　　　　300 000

【例 3-12】　某施工企业为增值税一般纳税人，2020年6月承揽与其机构所在地同城的项目，收到分包商B转来的工程价款结算账单。根据合同及结算账单，该施工企业应向分包商B支付已完工工程款1 620 000元，取得增值税专用发票上注明增值税税额145 800元，并已认证，扣还预付工程款540 000元、预付备料款324 000元，余额用银行存款支付。会

计分录为：

1）向分包商 B 结算工程价款时：

借：合同履约成本   1 620 000
    应交税费——应交增值税（进项税额）   145 800
      贷：应付账款——应付工程款（B 企业）   1 765 800

同时，

借：应付账款——应付工程款（B 企业）   864 000
    贷：预付账款——预付分包单位款（B 企业）   864 000

2）支付工程余款时：

借：应付账款——应付工程款（B 企业）   901 800
    贷：银行存款   901 800

二、其他应收款的会计核算

（一）其他应收款核算的内容、应设置的账户及其会计处理

1. 其他应收款核算的内容

其他应收款核算以摊余成本计量的、施工企业对其他单位和个人除了应收票据、应收账款、预付账款、应收股利、应收利息、长期应收款、存出保证金、买入返售金融资产、应收代位追偿款、应收分保账款、应收分保未到期责任准备金、应收分保保险责任准备金等经营活动以外的其他各种应收、暂付的款项，包括不设置"备用金"账户的企业拨出的备用金。应收的各种赔款、罚款、投标保证金、履约保证金的交纳与收回，应向职工收取的各种垫付款项，以及已不符合预付账款性质而按规定转入的预付账款等也通过该科目核算。

其他应收、暂付款主要包括：应收的各种赔款、罚款；应收出租包装物租金；应向职工收取的各种垫付款项；备用金；保证金，如投标保证金、履约保证金、租入包装物支付的押金、保函押金等；预付账款转入；其他各种应收、暂付款项。

施工企业应当定期或者至少每年年度终了，对其他应收款进行检查，预计其可能发生的坏账损失，并计提坏账准备。施工企业对于不能收回的其他应收款应当查明原因，追究责任。对确实无法收回的，按照施工企业的管理权限，经股东大会或董事会或类似机构批准作为坏账损失，冲销提取的坏账准备。

2. 其他应收款核算应设置的账户及其会计处理

为了核算和监督其他应收款的发生和结算情况，施工企业应设置"其他应收款"账户。其借方登记施工企业发生的各种其他应收款项和已确认并转销坏账损失以后又收回的其他应收款项金额；贷方登记收回的各种其他应收款项以及经批准作为坏账的其他应收款项；期末借方余额反映企业尚未收回的其他应收款项。"其他应收款"账户可按对方单位（或个人）进行明细核算。施工企业的备用金数额较大且收支频繁时，可以单独设置"备用金"账户进行核算。

【例3-13】 某施工企业因自然灾害造成材料物资毁损，保险公司确认赔偿 20 000 元。会计分录为：

借：其他应收款——保险公司   20 000

　　　　贷：待处理财产损溢——待处理流动资产损溢　　　　　　　　　　20 000
　　该施工企业收到保险公司赔款20 000元。会计分录为：
　　借：银行存款　　　　　　　　　　　　　　　　　　　　　　　　20 000
　　　　贷：其他应收款——保险公司　　　　　　　　　　　　　　　　20 000

【例3-14】 某施工企业职工张某预借差旅费2 500元。会计分录为：
　　借：其他应收款——张某　　　　　　　　　　　　　　　　　　　2 500
　　　　贷：库存现金　　　　　　　　　　　　　　　　　　　　　　2 500
张某回来后持增值税普通发票报差旅费2 000元，交回现金500元。会计分录为：
　　借：库存现金　　　　　　　　　　　　　　　　　　　　　　　　　500
　　　　管理费用　　　　　　　　　　　　　　　　　　　　　　　　2 000
　　　　贷：其他应收款——张某　　　　　　　　　　　　　　　　　　2 500

【例3-15】 经批准，某施工企业有1 400元的其他应收款作为坏账处理。会计分录为：
　　借：坏账准备　　　　　　　　　　　　　　　　　　　　　　　　1 400
　　　　贷：其他应收款　　　　　　　　　　　　　　　　　　　　　1 400

(二) 应收利息的核算

施工企业的应收利息是指施工企业因持有交易性金融资产、债权投资、其他债权投资、发放贷款、存放中央银行款项、拆出资金、买入返售金融资产等而应收取的利息。应收利息属于施工企业的短期债权，与施工企业的日常施工及生产经营活动没有直接关系，应按照金融服务业相关规定缴纳增值税。

1. 应收利息核算应设置的账户

为了核算施工企业因持有交易性金融资产、债权投资、其他债权投资等而形成的债权，施工企业应设置"应收利息"账户。其借方登记：施工企业在取得交易性金融资产时支付的条款中所包含的已到付息期但尚未领取的利息；在取得的债权投资中所包含的已到付息期但尚未领取的利息；资产负债表日，在施工企业持有的分期付息、到期还本的债权投资中，按照票面利率计算确定的应收未收利息。其贷方登记已收回的应收利息。期末余额一般在借方，反映施工企业尚未收回的利息。本账户应当按照借款人或被投资单位进行明细核算。

【特别提示】 施工企业购入的到期一次还本付息的债权投资，在持有期间确认的利息收入，应在"债权投资"账户核算，不在"应收利息"账户核算。

2. 应收利息核算的主要会计处理

1) 施工企业购入分期付息、到期还本的债权投资时：
　　借：应收利息（已到付息期按面值和票面利率计算确定的应收未收利息）
　　　　债权投资——利息调整（票面利息收入小于实际利息收入的差额）
　　　　贷：投资收益（按摊余成本与实际利率计算确定的实际利息）
　　　　　　债权投资——利息调整（票面利息收入大于实际利息收入的差额）

2) 施工企业购入分期付息、到期还本的债券并划分为其他债权投资时：
　　借：应收利息（已到付息期按面值和票面利率计算确定的应收未收利息）
　　　　其他债权投资——利息调整（票面利息收入小于实际利息收入的差额）

贷：投资收益（按摊余成本与实际利率计算确定的实际利息）
　　其他债权投资——利息调整（票面利息收入大于实际利息收入的差额）

（三）应收股利的核算

施工企业的应收股利是指施工企业因金融资产投资或长期股权投资，而应收取的现金股利和应收取其他单位分配的利润。应收股利和应收利息性质相似，均属于施工企业的短期债权，且与施工企业的日常施工及生产经营活动没有直接关系。

1. 应收股利核算应设置的账户

为核算施工企业在持有交易性金融资产、其他债权投资和长期股权投资时，所发生的应收取的现金股利和应收取其他单位分配的利润，施工企业应设置"应收股利"账户，其借方登记：施工企业取得交易性金融资产、其他债权投资和长期股权投资时，支付的价款中所包含的已经宣告但尚未发放的现金股利；施工企业持有交易性金融资产、其他债权投资和长期股权投资期间，被投资单位宣告发放的现金股利或者利润中，施工企业按照应享有份额计算的部分。贷方登记施工企业实际收到的现金股利或利润。期末余额一般在借方，反映施工企业尚未收回的现金股利或利润。本账户应按照被投资单位设置明细账进行明细核算。

2. 应收股利核算的主要会计处理

根据《企业会计准则解释第3号》的规定，采用成本法核算的长期股权投资，除取得投资时实际支付的价款或对价中包含的已宣告但尚未发放的现金股利或利润外，投资企业应当按照享有被投资单位宣告发放的现金股利或利润确认投资收益，不再划分是否属于投资前或投资后被投资单位实现的净利润。

1）被投资单位宣告发放现金股利或利润时，按应归本企业享有的金额确认应收股利时：

借：应收股利
　　贷：投资收益

2）收到现金股利或利润时：

借：银行存款
　　贷：应收股利

第四节　长期应收款的会计核算

一、长期应收款核算的内容

施工企业的长期应收款是指施工企业作为出租人融资租赁资产时产生的应收款项，以及采用递延方式分期收款、实质上具有融资性质的销售商品和提供劳务等经营活动产生的无条件收取合同对价的权利。长期应收款从资产的流动性上看，应属于施工企业非流动资产的范畴。施工企业对融资租赁的资产在确认租金收入时，根据营改增相关规定涉及增值税问题的，应按租赁服务计缴增值税。

二、长期应收款核算应设置的账户及其会计处理

（一）长期应收款核算应设置的账户

为了核算施工企业长期应收款的发生和收回以及实质上构成对被投资单位净投资的长期

权益，施工企业应设置下列会计账户：

1. "长期应收款"账户

施工企业设置"长期应收款"账户，其借方登记出租人融资租赁产生的应收租赁款、采用递延方式分期收款销售商品或提供劳务等经营活动产生的长期应收款等；贷方登记收到承租人或购货单位偿还的款项，对被投资单位确认的投资损失，以及已结转坏账损失的长期应收款。期末借方余额，反映企业尚未收回的长期应收款；本账户可按债务人进行明细核算，融资租赁业务相对比较多的企业，可以设置"应收融资租赁款"二级科目。

2. "未实现融资收益"账户

"未实现融资收益"账户核算企业作为融资租赁出租人应当分期计入租赁收入或利息收入的未实现融资效益。其借方登记按期采用实际利率法计算确定的租赁收入或利息收入；贷方登记最低租赁收款额、初始直接费用、未担保余值之和与最低租赁收款额、初始直接费用、未担保余值的现值的差额，以及采用递延方式分期收款销售时，应收合同或协议价款与应收合同或协议价款的公允价值与增值税税额的差额。期末贷方余额反映企业未实现融资收益的余额。本账户应当按照未实现融资收益的项目进行明细核算。

（二）长期应收款核算的会计处理

1）出租人融资租赁产生的应收租赁款，在租赁期开始日，应按租赁开始日最低租赁收款额与初始直接费用之和，借记"长期应收款"账户；按未担保余值，借记"未担保余值"账户；按融资租赁资产的公允价值（最低租赁收款额和未担保余值的现值之和），贷记"融资租赁资产"账户；按融资租赁资产的公允价值与账面价值的差额，借记"营业外支出"账户或贷记"营业外收入"账户；按发生的初始直接费用，贷记"银行存款"等账户；按其差额，贷记"未实现融资收益"账户。

2）施工企业采用递延方式分期销售商品或提供劳务等经营活动产生的长期应收款，满足收入确认条件的，按应收合同或协议价款，借记"长期应收款"账户；按应收合同或协议价款的公允价值（折现值），贷记"主营业务收入"等账户；按其差额，贷记"未实现融资收益"账户。根据合同或协议每期收到承租人或购货单位（接受劳务单位）偿还的款项，借记"银行存款"账户，贷记"长期应收款"账户。涉及增值税的，还应进行相应的处理。

3）如果有实质上构成对被投资单位净投资的长期权益，被投资单位发生的净亏损应由本施工企业承担的部分，在"长期股权投资"的账面价值减记至零后还需承担的投资损失，应以"长期应收款"账户中实质上构成了对被投资单位净投资的长期权益部分账面价值减记至零为限，继续确认投资损失，借记"投资收益"账户，贷记"长期应收款"账户。除上述已确认投资损失外，投资合同或协议中约定仍应承担的损失，确认为预计负债。

思考题

1. 简述应收账款核算的内容。
2. 简述合同资产和应收款项的关系。
3. 简述应收票据的概念及其分类。
4. 简述应收票据的计价原则。
5. 如何确认施工企业的坏账损失？

6. 简述预付账款核算的内容。

7. 简述其他应收款核算的内容。

8. 某施工企业与建设单位 A 公司办理工程价款结算，收到 A 公司于 12 月 1 日签单承兑的带息商业承兑汇票一张，票面金额为 90 000 元，票面年利率为 6%，期限为 120 天。

1) 年末，该施工企业按上述应收票据的票面价值和规定的利率计提利息。

2) 该施工企业因急需资金，于第二年 2 月 10 日持以上应收票据向开户银行贴现。银行规定的年贴现率为 12%，已按规定办妥贴现手续。

要求：请计算应收票据的贴现息和贴现所得，并做出相关会计处理。

9. 某施工企业为增值税一般纳税人，2018 年部分业务如下：

1) 向乙公司销售材料，开具的增值税专用发票上注明材料价款 150 000 元、增值税税额 19 500 元。乙公司已预付货款 79 500 元。2018 年 5 月 10 日，该施工企业收到乙公司签发的商业承兑汇票，支付所欠货款，该票据票面价值为 90 000 元，期限为 60 天。

2) 2018 年 6 月 18 日，向甲公司购入材料的价款为 135 000 元，取得的增值税专用支票上注明增值税税额 17 550 元，增值税专用发票已通过认证。应付运费 1 050 元（增值税普通发票）。企业将未到期票据背书转让，差额通过银行存款结清。

3) 票据到期，乙公司无力付款，该施工企业以银行存款支付给甲公司。

4) 年末结账前，应收账款余额为 360 000 元，坏账准备借方余额为 300 元，该施工企业按应收款项余额的 5% 计提坏账准备。

要求：

1) 计算该施工企业背书转让票据时，应通过"银行存款"账户结算的金额。

2) 计算年末该施工企业应计提的坏账准备金额。

3) 编制该施工企业上述业务的会计分录。

第四章
材料物资的会计核算

●**本章主要知识点**：材料物资的概念及计价（材料物资的概念及分类、材料物资的计价）；库存材料的会计核算（采用实际成本法进行库存材料的核算、采用计划成本法进行库存材料的核算）；周转材料的会计核算（周转材料的概念及分类、周转材料的摊销方法、周转材料核算中的科目设置与会计核算）；存货的清查（存货的盘存方法、存货盘盈、盘亏的会计核算）；存货跌价准备（存货的期末计量、存货期末计价的方法、存货跌价准备的会计核算）。

●**本章重点和难点**：材料物资的计价，库存材料的会计核算，周转材料核算中的科目设置与会计核算，存货的清查，存货跌价准备的会计核算。

第一节 材料物资的概念及计价

一、材料物资的概念及分类

材料物资一般是指构筑建筑物实体以及在建造过程中使用的各种物料。材料物资既是构筑建筑物的物质实体，同时也是构成建筑物成本的主要部分。材料物资种类繁多，各个施工企业根据需要采用的分类方法也各不相同，具体的分类如下：

（一）原材料

原材料一般是指物资实体一次性转移到建筑物中去的各种材料。包括主要材料、结构件和其他材料等。

1）主要材料是指用于工程施工并构成工程实体的各种材料，如硅酸盐材料（水泥、砂石、砖瓦等）、金属材料（各种钢材、有色金属材料）、装饰装修材料（瓷砖、玻璃、石材等）、小五金材料、电器材料、化工原料（涂料、油漆等）。

2）结构件是指已经事先加工成形，经过吊装、拼砌或安装后能构建房屋建筑物实体的各种钢筋混凝土的、金属的、塑料的构件。如各种钢筋混凝土预制件等。

3）其他材料，一般是指不构成工程实体，但是可以保障施工正常进行的各种材料。如燃料、催化剂、各种施工机械配件等。

（二）周转材料

周转材料是指施工企业在施工生产过程中能够多次使用，并基本保持原有的物质形态，但价值逐渐转移的各种材料。例如模板、挡板、架料等。其中，低值易耗品是指使用期限较短，单位价值较低，不作为固定资产核算的各种用具物品。例如铁锹、铁镐、手推车等生产工具，工作鞋、工作帽、安全带等劳保用品，办公桌椅等管理用品，等等。

（三）委托加工材料

委托加工材料是指委托第三方加工的，处于加工过程中，尚未交付的各种材料、构件等。

二、材料物资的计价

（一）取得存货的计价

存货应当按照成本进行初始计量。存货成本包括采购成本、加工成本和其他成本。从2016年5月1日起，我国企业全面实施"营改增"，施工企业由以前缴纳营业税变为缴纳增值税。因此，建筑施工购入原材料、物料用品、无形资产等，其相应的增值税进项税额需要单独列示。

1. 外购的存货

外购的存货是指施工企业通过购买而获得的各种存货，包括原材料、库存商品、低值易耗品等，以外购方式取得的存货的初始成本主要由采购成本构成。外购存货的采购成本构成见表4-1。

表4-1 外购存货的采购成本构成

采购成本	包含的内容
购买价款	企业购入材料或商品的发票账单上列明的价款，但不包括按规定可以抵扣的增值税税额
相关税费	企业购买、自制或委托加工存货所发生的消费税、资源税和不能从增值税销项税额中抵扣的进项税额等
其他可归属于存货采购成本的费用	在存货采购过程中发生的仓储费、包装费、运输途中的合理损耗、入库前的挑选整理费用等。若能分清负担对象则直接计入存货的采购成本；不能分清负担对象则选择合理的分配方法，分配计入有关存货的采购成本

需要注意的是，其他可归属于存货采购成本的费用等，应当计入存货的采购成本，也可以先进行归集，期末再根据所购存货的存销情况进行分摊。对于已售商品的进货费用，计入当期损益；对于未售商品的进货费用，计入期末存货成本。企业采购商品的进货费用金额较小的，可以在发生时直接计入当期损益。

采购过程中如果遇到物资毁损或短缺，其会计处理见表4-2。

表4-2 采购过程中物资毁损或短缺的会计处理

分类	会计处理
合理的损耗	作为存货的"其他可归属于存货采购成本的费用"计入采购成本
其他情况	①应从供应单位、外部运输机构等收回的物资短缺或其他赔款，冲减存货的采购成本；②因遭受意外灾害发生的损失和尚待查明原因的途中损耗，不得增加存货的采购成本，应暂作为待处理财产损溢进行核算，在查明原因后再做处理

2. 通过继续加工而取得的存货

通过继续加工而取得的存货的成本由采购成本、加工成本以及为使存货达到目前场所和状态所发生的其他成本构成。继续加工取得的存货的成本确认方法见表4-3。

表4-3 继续加工取得的存货的成本

分　类	初始成本的确认
委托外单位加工的存货	实际耗用的原材料或者半成品、加工费、运输费、装卸费等费用以及按规定应计入成本的税金
自行生产的存货	投入的原材料或半成品、直接人工和按照一定方法分配的制造费用。制造费用，是指企业为生产产品和提供劳务而发生的各项间接费用，包括企业生产部门（如生产车间）管理人员的薪酬、折旧费、修理费、办公费、水电费、机物料消耗、劳动保护费、季节性和修理期间的停工损失等

3. 其他方式取得的存货

1) 投资者投入存货的成本，应当按照投资合同或协议约定的价值确定，但合同或协议约定价值存在内部交易等因素，不符合公允要求的除外。

2) 通过非货币性资产交换、债务重组和企业合并等取得的存货的成本，应当分别按照"非货币性资产交换""债务重组"等有关企业会计准则的规定确定。

4. 通过提供劳务取得的存货

通过提供劳务取得的存货，其成本按从事劳务提供人员的直接人工和其他直接费用以及可归属于该存货的间接费用确定。

（二）发出存货的计价

日常工作中，企业发出的存货，可以按实际成本核算，也可以按计划成本核算。如采用计划成本核算，会计期末应调整为实际成本。

企业应当根据各类存货的实物流转方式、企业管理的要求、存货的性质等实际情况，合理地确定发出存货成本的计算方法，以及当期发出存货的实际成本。对于性质和用途相同的存货，应当采用相同的成本计算方法确定发出存货的成本。发出存货的计价方法见表4-4。

表4-4 发出存货的计价方法

分　类	含　义	适用范围、优缺点及公式
个别计价法	又称个别认定法、具体辨认法、分批实际法。是指按照各种存货，逐一辨认各批发出存货和期末存货所属的购进批别或生产批别，分别按其购入或生产时所确定的单位成本作为计算各批发出存货和期末存货成本的方法	适用于一般不能替代使用的存货以及为特定项目专门购入或制造的存货，如贵重物品；该方法确定的成本比较合理、准确，但实务操作的工作量繁重，困难较大
先进先出法	以先购入的存货先发出为前提，对发出存货进行计价	期末存货成本比较接近现行的市场价值，其优点是使企业不能随意挑选存货计价以调整当期利润；缺点是工作比较烦琐，当物价上涨时，会高估企业当期利润和库存货价值；反之，会低估企业当期利润和存货价值

(续)

分　类	含　义	适用范围、优缺点及公式
月末一次加权平均法	进货时，按存货的实际成本进行分类核算，发出存货时，只记录发货数量，期（月）末时以本月所有进货和本期期初存货的加权平均成本，乘以发货数量作为存货的发出成本	公式1：本期存货的加权平均单位成本＝（期初结存金额＋本期各批进货的实际金额）÷（期初结存数量＋本期各批收货数量） 公式2：本期发出存货的成本＝本期发出存货的数量×加权平均单位成本 公式3：期末存货的成本＝本次发货后结存存货的数量×加权平均单位成本
移动加权平均法	在每次收货以后，立即根据库存存货数量和总成本，计算出新的平均单位成本（移动平均单位成本），发货时都以最近一次进货时计算的平均单位成本作为发出存货的平均单位成本	公式1：本次进货后的移动平均单位成本＝（本次进货前库存存货的实际成本＋本次进货的实际成本）÷（本次进货前库存存货的实际数量＋本次进货的实际数量） 公式2：发出存货的成本＝本次发出存货的数量×移动平均单位成本 公式3：本次发货后库存存货的成本＝本次发货后结存存货的数量×移动平均单位成本

第二节　库存材料的会计核算

一、采用实际成本法进行库存材料的核算

按照实际成本法对库存材料进行会计核算时，库存材料的收发及结存，无论总分类核算还是明细分类核算，均按照实际成本计价。使用的会计科目有"原材料""在途物资"等，"原材料"科目的借方、贷方及余额均以实际成本计价，不存在成本差异的计算与结转问题。但采用实际成本核算，日常反映不出材料成本是节约还是超支，从而不能反映和考核物资采购业务的经营成果。因此这种方法通常适用于材料收发业务较少的企业。

（一）采用实际成本法进行库存材料核算的常用科目

采用实际成本法进行库存材料核算的常用科目及相应科目核算的介绍见表4-5。

表4-5　库存材料核算常用科目及相应科目核算的介绍

科目名称	科目意义及内容
在途物资	用于核算企业采用实际成本（进价）进行材料、商品等物资的日常核算，货款已付尚未验收入库的各种物资（在途物资）的采购成本，应按供应单位和物资品种进行明细核算。借方登记企业购入的在途物资的实际成本，贷方登记验收入库的在途物资的实际成本，期末余额在借方，反映企业在途物资的采购成本
原材料	用于核算库存各种材料的收发与结存情况。在库存材料按实际成本核算时，借方登记入库材料的实际成本，贷方登记发出材料的实际成本，期末余额在借方，反映企业库存材料的实际成本
应付账款	用于核算企业因购买材料、商品和接受劳务等经营活动应支付的款项。贷方登记企业因购入材料、商品和接受劳务等尚未支付的款项，借方登记偿还的应付账款，期末余额一般在贷方，反映企业尚未支付的应付账款

（续）

科目名称	科目意义及内容
预付账款	用于核算企业按照合同规定预付的账款。借方登记预付的账款及补付的账款，贷方登记收到所购物资时根据有关发票账单记入"原材料"等科目的金额及收回多付款项的金额，期末余额在借方，反映企业实际预付的账款；期末余额在贷方，则反映企业尚未补付的账款。预付账款情况不多的企业，可以不设置"预付账款"科目，而将相关业务在"应付账款"科目中核算

（二）采用实际成本法的账务处理

存货按实际成本核算的特点是：从存货收发凭证到明细分类账和总分类账全部按实际成本计价。实际成本法一般适用于规模较小、存货品种简单、采购业务不多的企业。

1. 购入库存材料的会计核算

企业外购材料时，由于结算方式和采购地点的不同，材料入库和货款的支付在时间上不一定完全同步，相应的，其账务处理也有所不同，具体情况见表4-6。

表4-6 购入库存材料的会计处理

情 况	会 计 处 理
发票账单与材料同时到达的采购业务，企业材料已验收入库	应通过"原材料"科目核算，对于增值税专用发票上注明的可抵扣的进项税额，应借记"应交税费——应交增值税（进项税额）"科目
已经付款或已开出、承兑商业汇票，但材料尚未到达或尚未验收入库的采购业务	应根据发票账单等结算凭证，借记"在途物资""应交税费——应交增值税（进项税额）"科目，贷记"银行存款"或"应付票据"等科目；待材料到达、验收入库后，再根据收料单，借记"原材料"科目，贷记"在途物资"科目
材料已到达并已验收入库，但发票账单等结算凭证未到，货款尚未支付	应于月末，按材料的暂估价值，借记"原材料"科目，贷记"应付账款——暂估应付账款"科目。下月初用红字做同样的记账凭证予以冲回，以便下月付款或开出、承兑商业汇票后，按正常程序，借记"原材料""应交税费——应交增值税（进项税额）"科目，贷记"银行存款"或"应付票据"等科目
采用预付货款的方式采购材料	应在预付材料价款时，按照实际预付金额，借记"预付账款"科目，贷记"银行存款"科目；已经预付货款的材料验收入库，根据发票账单等所列的价款、税额等，借记"原材料"科目和"应交税费——应交增值税（进项税额）"科目，贷记"预付账款"科目；预付货款不足，补付货款，按补付金额，借记"预付账款"科目，贷记"银行存款"科目；退回上项多付的货款，借记"银行存款"科目，贷记"预付账款"科目

【例4-1】 乙施工企业购入C材料一批，增值税专用发票上记载的货款为500 000元，增值税税额65 000元，另有对方代垫包装费1 000元。发票与材料同时到达，全部款项已用电汇付讫，材料已验收入库。会计分录如下：

借：原材料——C材料　　　　　　　　　　　　　　　501 000
　　应交税费——应交增值税（进项税额）　　　　　　 65 000
　　贷：银行存款　　　　　　　　　　　　　　　　　　　　 566 000

【例4-2】 乙施工企业于2019年9月20日收到银行转来的委托收款凭证及200t煤炭的提货单，采购成本共计60 000元，相应的增值税进项税额为7 800元，价税合计67 800元

已由银行支付,但材料尚未到达。会计分录如下:

  借:在途物资   60 000
    应交税费——应交增值税(进项税额)   7 800
    贷:银行存款   67 800

9月24日,材料到达并验收入库,会计分录如下:

  借:原材料   60 000
    贷:在途物资   60 000

【例4-3】 乙施工企业采用汇兑结算方式购入聚乙烯材料一批,发票及账单已收到,但材料尚未到达,增值税专用发票上记载的货款为10 000元,增值税税额1 300元。支付保险费1 000元。发票账单已到但材料未到,会计分录如下:

  借:在途物资   11 000
    应交税费——应交增值税(进项税额)   1 300
    贷:银行存款   12 300

上述购入的聚乙烯材料已收到,并验收入库,会计分录如下:

  借:原材料   11 000
    贷:在途物资   11 000

【例4-4】 根据乙施工企业与某钢厂的购销合同,为购买金属材料向该钢厂预付100 000元货款的80%,共计80 000元,已通过汇兑方式汇出。会计分录如下:

  借:预付账款——某钢厂   80 000
    贷:银行存款   80 000

10天之后,乙施工企业收到该钢厂发运来的金属材料,已验收入库。有关发票账单记载,该批货物的货款100 000元,增值税税额13 000元,对方代垫包装费3 000元,所欠款项以银行存款的形式付讫。

1) 材料入库时:

  借:原材料——金属材料   103 000
    应交税费——应交增值税(进项税额)   13 000
    贷:预付账款——某钢厂   116 000

2) 补付货款时:

  借:预付账款   36 000
    贷:银行存款   36 000

2. 领用库存材料的会计核算

企业生产经营领用库存材料,按实际成本,借记"合同履约成本""销售费用""管理费用"等科目,贷记"原材料"科目;企业发出委托外单位加工的库存材料,借记"委托加工物资"科目,贷记"原材料"科目。

基建工程、福利等部门领用的库存材料,按实际成本加上不予抵扣的增值税额等,借记"在建工程""应付职工薪酬——职工福利"等科目,按实际成本,贷记"原材料"科目,按不予抵扣的增值税额,贷记"应交税费——应交增值税(进项税额转出)"科目。

企业各生产单位及有关部门领用的材料具有种类多、业务频繁等特点。为了简化核算，可以在月末根据"领料单"或"限额领料单"中有关领料的单位、部门等加以归类，编制"发料凭证汇总表"，据以编制记账凭证，登记入账。发出材料实际成本的确定，可以由企业从上述个别计价法、先进先出法、月末一次加权平均法、移动加权平均法等方法中选择。计价方法一经确定，不得随意变更。如需变更，必须在附注中说明原因及其对财务状况的影响。

【例 4-5】 甲施工企业根据"发料凭证汇总表"的记录，1月份 A 工程项目领用某种不锈钢材料 10 000 元，B 工程项目领用该不锈钢材料 2 000 元，项目管理部门领用该不锈钢材料 5 000 元，企业行政管理部门领用该不锈钢材料 4 000 元，计 21 000 元。

借：合同履约成本——A 工程项目　　　　　　　　　　　10 000
　　　　　　　　——B 工程项目　　　　　　　　　　　 2 000
　　管理费用　　　　　　　　　　　　　　　　　　　　　9 000
　贷：原材料——不锈钢材料　　　　　　　　　　　　　21 000

3. 出售库存材料的核算

对于出售的库存材料，企业应当按已收或应收的价款，借记"银行存款"或"应收账款"等科目，按实现的营业收入，贷记"其他业务收入"等科目，按应交的增值税额，贷记"应交税费——应交增值税（销项税额）"科目；月度终了，按出售库存材料的实际成本，借记"其他业务成本"科目，贷记"原材料"科目。

二、采用计划成本法进行库存材料的核算

计划成本法是指企业存货的收入、发出和结余均按预先制订的计划成本计价，同时另设"材料成本差异"（或产品成本差异，下同）科目，登记实际成本与计划成本的差额。存货按计划成本法核算，要求存货的总分类核算和明细分类核算均按计划成本计价。计划成本法一般适用于存货品种繁多、收发频繁的企业。如大中型企业中的各种库存材料、低值易耗品等多采用计划成本法核算。如果企业的自制半成品、产成品品种繁多，或者在管理上需要分别核算其计划成本和实际成本差异的，也可采用计划成本法核算。

（一）采用计划成本法进行库存材料核算的常用科目

在实务工作中，对于材料收发业务较多并且计划成本资料较为健全、准确的企业，一般可以采用计划成本法进行材料收发的核算。采用计划成本法进行库存材料核算经常使用的会计科目有"原材料""材料采购""材料成本差异"等。采用计划成本法进行库存材料核算的常用科目及相关科目核算的介绍见表 4-7。

表 4-7　采用计划成本法进行库存材料核算的常用科目及相关科目介绍

科目名称	科目的意义及内容
原材料	用于核算库存各种材料的收发与结存情况。在材料采用计划成本核算时，借方登记入库材料的计划成本，贷方登记发出材料的计划成本，期末余额在借方，反映企业库存材料的计划成本

(续)

科目名称	科目的意义及内容
材料采购	借方登记采购材料的实际成本,贷方登记入库材料的计划成本。借方大于贷方表示超支,从本科目贷方转入"材料成本差异"科目的借方;贷方大于借方表示节约,从本科目借方转入"材料成本差异"科目的贷方;期末为借方余额,反映企业在途材料的采购成本
材料成本差异	反映企业已入库各种材料的实际成本与计划成本的差异,借方登记超支差异及发出材料应负担的节约差异,贷方登记节约差异及发出材料应负担的超支差异。期末如为借方余额,反映企业库存材料的实际成本大于计划成本的差异(即超支差异);如为贷方余额,反映企业库存材料实际成本小于计划成本的差异(即节约差异)

(二) 计划成本法的会计核算程序

采用计划成本法的前提是制订每一品种规格存货的计划成本,存货计划成本的组成内容应与其实际成本的构成一致,包括买价、运杂费和有关的税金等。存货的计划成本一般由企业采购部门会同财会等有关部门共同制订,制订的计划成本应尽可能接近实际。采用计划成本进行日常核算的企业,其基本的核算程序如下:

1) 首先,企业应先制定各种存货的计划成本目录,规定存货的分类、各种存货的名称、规格、编号、计量单位和计划单位成本。除一些特殊情况外,计划单位成本在年度内一般不做调整。

2) 其次,平时收到存货时,应按计划单位成本计算出收入存货的计划成本,填入收料单内,并按实际成本与计划成本的差额,作为"材料成本差异"分类登记。

3) 第三,平时领用、发出的存货,都按计划成本计算,月份终了再将本月发出存货应负担的成本差异进行分摊,随同本月发出存货的计划成本记入有关账户,将发出存货的计划成本调整为实际成本。发出存货应负担的成本差异,必须按月分摊,不得在季末或年末一次分摊。

1. 计划成本法下取得库存材料的核算

在计划成本法下,取得的库存材料先要通过"材料采购"科目进行核算,其实际成本与计划成本的差异,通过"材料成本差异"科目进行核算。

【例4-6】乙施工企业经税务部门核定为一般纳税人,2019年4月2日,购入材料一批,取得的增值税专用发票上注明的价款为8 000元,增值税税额为1 040元,发票等结算凭证已经收到,货款已通过银行转账支付。材料已验收入库,该批材料的计划成本为7 000元。有关会计分录如下:

1) 交易完成时:
借:材料采购　　　　　　　　　　　　　　　　　8 000
　　应交税费——应交增值税(进项税额)　　　　1 040
　　贷:银行存款　　　　　　　　　　　　　　　9 040

2) 材料入库时:
借:原材料　　　　　　　　　　　　　　　　　　7 000
　　材料成本差异　　　　　　　　　　　　　　　1 000
　　贷:材料采购　　　　　　　　　　　　　　　8 000

2. 计划成本下发出存货的核算

根据《企业会计准则》的规定，企业日常采用计划成本核算的，发出的材料成本应由计划成本调整为实际成本，通过"材料成本差异"科目进行结转，按照所发出材料的用途，分别记入"生产成本""制造费用""销售费用""管理费用"等科目。发出材料应负担的成本差异应当按期（月）分摊，不得在季末或年末一次计算。月末，企业根据领料单等编制"发料凭证汇总表"结转发出材料的计划成本，应当根据所发出材料的用途，按计划成本分别记入"生产成本""制造费用""销售费用""管理费用"等科目。

【例4-7】 乙施工企业采用计划成本法对存货材料进行核算，2020年5月份发出存货材料的计划成本如下：生产部门45 000元，管理部门6 800元，销售部门1 000元，合计52 800元。

该企业5月初库存材料账户余额为20 000元，本月收入材料计划成本为40 000元。月初材料成本差异账户为贷方余额2 400元，本月入库材料成本差异为贷方余额600元。请对本月的库存材料发出业务进行会计处理。

1）在发出以上的库存材料时，首先按照发出库存材料的计划成本进行有关成本费用的会计处理。

借：生产成本　　　　　　　　　　　　　　　　　　　　　45 000
　　管理费用　　　　　　　　　　　　　　　　　　　　　 6 800
　　销售费用　　　　　　　　　　　　　　　　　　　　　 1 000
　　贷：原材料　　　　　　　　　　　　　　　　　　　　52 800

2）本月月底时，计算此种存货材料的材料成本差异率，对与此种存货材料有关的成本费用科目进行调整。

材料成本差异率=（月初结存材料的成本差异+本月收入材料的成本差异）÷（月初结存材料的计划成本+本月收入材料的计划成本）×100%

则5月份材料成本差异率=（-2 400-600）÷（20 000+40 000）×100%=-5%。

本月发出材料成本差异=本月发出材料计划成本×材料成本差异率

因此，5月份发出库存材料的成本差异=52 800元×（-5%）=-2 640元。

本月发出材料实际成本应调整的金额依次为

生产车间应调整的金额=45 000元×（-5%）=-2 250元

管理费用应调整的金额=6 800元×（-5%）=-340元

销售费用应调整的金额=1 000元×（-5%）=-50元

根据计算结果，编制会计分录如下：

借：材料成本差异　　　　　　　　　　　　　　　　　　　2 640
　　贷：生产成本　　　　　　　　　　　　　　　　　　　2 250
　　　　管理费用　　　　　　　　　　　　　　　　　　　 340
　　　　销售费用　　　　　　　　　　　　　　　　　　　　50

第三节　周转材料的会计核算

一、周转材料的概念及分类

周转材料的概念及分类见表 4-8。

表 4-8　周转材料的概念及分类

周转材料的概念	周转材料的分类	
施工企业的周转材料是指在施工生产过程中能多次反复周转使用、并基本保持其物质形态或经过整理便可以保持或恢复实物形态的材料。如模板、挡土板、脚手架、安全网等。施工企业的周转材料大多是用主要材料加工制成的或是直接从外部购入的。周转材料就其在施工生产中所起的作用来说，具有劳动资料的性质。但周转材料的使用期限较短，价值较低，领用频繁，一般作为流动资产进行管理和核算	模板	模板是指浇灌混凝土使用的木模、组合钢模以及配合模板使用的支撑材料、滑模材料、构件等。按固定资产管理的固定钢模和现场的固定大型钢模板不包括在内
	挡板	挡板是指土方工程使用的挡土板等，包括支撑材料在内
	脚手架材料	脚手架材料是指搭设脚手架的竹竿、木杆、竹木跳板、钢管脚手架及其附件等
	其他	如塔式起重机使用的轻轨、枕木等，但不包括附属于塔式起重机的钢轨

二、周转材料的摊销方法

施工企业应当根据具体情况对周转材料采用一次摊销、分期摊销、分次摊销或者定额摊销的方法，具体介绍见表 4-9。

表 4-9　周转材料的摊销方法

摊销方法名称	含　义	计算公式	适用范围
一次摊销	领用时将周转材料的价值一次计入受益成本核算对象的成本	—	适用于易腐易糟、不宜反复周转使用的周转材料，如安全网等
分期摊销	根据周转材料原价、预计残值和预计使用期限计算每期摊销额的一种方法，也称"直线法"	周转材料每月摊销额＝周转材料原价×（1-残值率）÷预计使用月数	适用于脚手架、跳板、塔式起重机轻轨、枕木等周转材料
分次摊销	根据周转材料原价、预计残值和预计使用次数，计算每次摊销额的一种方法	周转材料每次的摊销额＝周转材料原价×（1-残值率）÷预计使用次数 本期摊销额＝本期使用次数×每次摊销额	适用于预制钢筋混凝土构件时所使用的定型模板、挡板等周转材料
定额摊销	根据实际完成的实物工作量和预算规定的周转材料消耗定额，计算确认本期摊入相关工程成本、费用的金额	周转材料本期摊销额＝本期完成的实物工作量×单位工程周转材料消耗定额	适用于各种周转材料

对各种周转材料的具体摊销方法,由施工企业根据具体情况确定,一经确定,不得随意更改,如需改变,应在会计报表附注中加以说明。

对于施工企业,周转材料大部分都是露天堆放,发生的损耗较大,周转材料计算的摊销额都不可能与实际消耗价值完全一致。为了使计提的周转材料摊销额尽可能与实际损耗价值一致,以保证工程成本计量的准确性,年终或工程竣工时,施工企业还必须对周转材料进行清理,根据实际损耗情况调整已提摊销额。

三、周转材料核算中的科目设置与会计核算

为了核算施工企业库存和在用的各种周转材料的实际成本或计划成本,应设置"周转材料"科目,借方核算企业库存及在用周转材料的计划成本或实际成本,贷方核算周转材料摊销价值及盘亏、报废、毁损等原因减少的周转材料价值。期末余额反映企业期末所有在库周转材料的计划成本或实际成本以及在用周转材料的摊余价值。

由于周转材料在施工中能反复使用,它的价值是逐渐转移到工程成本中的,因此在核算上既要反映它的原值,又要反映它的损耗价值。根据这个要求,应在"周转材料"科目下设置"在库周转材料""在用周转材料"和"周转材料摊销"三个明细科目,并按周转材料的种类设置明细账,进行明细核算。采用一次摊销法的,可以不设置以上三个明细科目。

(一)领用周转材料的会计核算

1)采用一次摊销法,领用时一次将计划成本或实际成本计入有关的成本、费用:

借:合同履约成本等
　　贷:周转材料

2)采用其他摊销法

① 领用时:

借:周转材料——在用周转材料
　　贷:周转材料——在库周转材料

② 摊销时:

借:合同履约成本等
　　贷:周转材料——周转材料摊销

③ 退库时:

借:周转材料——在库周转材料
　　贷:周转材料——在用周转材料

其中采用计划成本核算的施工企业,月度终了,应结转当月领用周转材料应分摊的成本差异,通过"材料成本差异"科目,计入有关成本、费用。

【例4-8】 乙施工企业的施工部门领取尼龙防护网一批,公司对周转材料按照实际成本进行核算,其实际成本为5 000元,采用一次摊销法核算。其会计分录如下:

借:合同履约成本　　　　　　　　　　　　　　　　　　　　5 000
　　贷:周转材料　　　　　　　　　　　　　　　　　　　　　　　5 000

【例4-9】 乙施工企业的施工部门领用安全网一批,采用一次摊销法核算,其计划成本为5 000元,应负担的材料成本差异为-1%,领用手续已办。

1）根据周转材料领用单做如下会计分录：
借：合同履约成本　　　　　　　　　　　　　　　　　　　5 000
　　贷：周转材料——在库周转材料　　　　　　　　　　　　　　　5 000
2）月末结转该安全网材料成本差异做如下会计分录：
应结转的材料成本差异＝5 000元×（−1%）＝−50元。
借：材料成本差异——周转材料　　　　　　　　　　　　　　50
　　贷：合同履约成本　　　　　　　　　　　　　　　　　　　　　50

【例4-10】 乙施工企业工程领用全新挡土板一批，其账面价值为10 000元，预计使用次数为5次，预计残值占账面价值的10%，采用分次摊销法核算。
1）领用这批周转材料时，做如下会计分录：
借：周转材料——在用周转材料　　　　　　　　　　　　10 000
　　贷：周转材料——在库周转材料　　　　　　　　　　　　　10 000
2）计算本次摊销额时做如下分计分录：
本次摊销额＝10 000元×（1−10%）÷5＝1 800元。
借：合同履约成本　　　　　　　　　　　　　　　　　　　1 800
　　贷：周转材料——周转材料摊销　　　　　　　　　　　　　　1 800

（二）报废周转材料的核算
周转材料报废时，应分别按以下情况进行账务处理，见表4-10。

表4-10　周转材料报废时的财务处理

情　况	账　务　处　理
采用一次摊销法的	将报废周转材料的残料价值作为当月周转材料摊销额的减少，冲减有关成本、费用，借记"原材料"等科目，贷记"合同履约成本"等科目
采用其他摊销法的	首先需要补提摊销额，对尚未计提摊销的周转材料余额，借记"合同履约成本"等科目，贷记"周转材料——周转材料摊销"科目；将报废周转材料的残料价值作为当月周转材料摊销额的减少，冲减有关成本、费用，借记"原材料"等科目，贷记"合同履约成本"等有关科目，同时，将已提摊销额，借记"周转材料——周转材料摊销"科目，贷记"周转材料——在用周转材料"科目

【例4-11】 乙施工企业某工程领用全新挡土板一批，其账面价值为10 000元，预计使用次数为5次，预计残值占账面价值的10%，采用分次摊销法核算。挡土板在使用到5次时已全部报废，收回残料价值为800元，挡土板已提摊销额9 000元。其账务处理如下：
挡土板应提摊销额＝10 000元−800元＝9 200元
应补提摊销额＝9 200元−9 000元＝200元
1）计提摊销额时，做如下会计分录：
借：合同履约成本　　　　　　　　　　　　　　　　　　　　200
　　贷：周转材料——周转材料摊销　　　　　　　　　　　　　　　200
2）将残料验收入库，做如下会计分录：
借：原材料　　　　　　　　　　　　　　　　　　　　　　　800

| | 周转材料——周转材料摊销 | 9 200 | |
| 贷：周转材料——在用周转材料 | | | 10 000 |

第四节　存货的清查

一、存货的盘存方法

企业存货的数量需要通过盘存来确定，常用的存货数量盘存方法主要有实地盘存制和永续盘存制两种。表 4-11 对这两种方法进行了较详细的解释。

表 4-11　存货盘存方法

存货数量盘存方法	具体内容	相关说明	相关公式
实地盘存制（定期盘存制）	会计期末通过对全部存货进行实地盘点，以确定期末存货的结存数量，然后分别乘以各项存货的盘存单价，计算出期末存货的总金额，记入各有关存货科目，倒推本期已耗用或已销售存货的成本	平时对有关存货科目只记借方，不记贷方，每一期末，通过实地盘点确定存货数量，据以计算期末存货成本，然后计算出当期耗用或销货成本，记入有关存货科目的贷方。此方法用于工业企业，称为"以存计耗"或"盘存计耗"；用于商品流通企业，称为"以存计销"或"盘存计销"	"以存计耗"和"以存计销"以下列存货的基本等式为依据。 期初存货+本期购货=本期耗用或销货+期末存货用历史成本计价，则上述公式可以改写为 本期耗用或销货成本=期初存货成本+本期购货成本-期末存货成本
永续盘存制（账面盘存制）	对存货项目设置经常性的库存记录，即分品名、规格设置存货明细账，逐笔或逐日地登记收入发出的存货，并随时记列结存数	通过会计账簿资料，就可以完整地反映存货的收入、发出和结存情况。在没有发生丢失和被盗的情况下，存货账户的余额应当与实际库存相符。采用永续盘存制，并不排除对存货的实物盘点，为了核对存货账面记录，加强对存货的管理，每年至少应对存货进行一次全面盘点，具体盘点次数视企业内部控制要求而定	—

二、存货盘盈、盘亏的会计核算

企业在进行存货的日常收发及保管过程中，因种种原因可能造成存货实际结存数量与账面结存数量不符，有时会因非常事项而造成存货毁损。为了确保账实相符，企业应定期或不定期进行存货盘点。发生存货盘盈（实际结存数量大于账面结存数量）、盘亏（实际结存数量小于账面结存数量）及毁损（非常性事项造成的存货损失）时，应及时查明原因，并进行账务处理，以保证账实一致。

（一）存货盘盈的账务处理方法

发现存货盘盈时的财务处理见表 4-12。

表 4-12 存货盘盈的账务处理

相关经济业务	账务处理
发生存货盘盈	按规定的程序报经有关部门批准后才能做出处理
批准处理以前	先根据盘盈的存货，按同类或类似存货的市场价格计价入账调整存货账面记录，以使账实一致，即借记"原材料""库存商品"等科目，贷记"待处理财产损溢——待处理流动资产损溢"科目
盘盈的存货查明原因后	借记"待处理财产损溢——待处理流动资产损溢"科目，贷记有关科目
无法确定具体原因的	冲减企业的管理费用，借记"待处理财产损溢——待处理流动资产损溢"科目，贷记"管理费用"科目

【例 4-12】 乙施工企业进行财产清查，根据发生存货盘盈的经济业务会计分录如下：
1）盘点原材料，发现甲材料盘盈，按市场价格计算其成本为 1 000 元，盘盈原因待查。
借：原材料　　　　　　　　　　　　　　　　　　　　　　　1 000
　　贷：待处理财产损溢——待处理流动资产损溢　　　　　　　　1 000
2）查明原因，盘盈的原材料系收发时的计量误差所致，经批准冲销企业的管理费用。
借：待处理财产损溢——待处理流动资产损溢　　　　　　　　1 000
　　贷：管理费用　　　　　　　　　　　　　　　　　　　　　　1 000

（二）存货盘亏和毁损的账务处理

存货盘亏或毁损时的账务处理见表 4-13。

表 4-13 存货盘亏和毁损的账务处理

相关经济业务	账务处理
发生存货盘亏和毁损，在批准处理以前	通过"待处理财产损溢——待处理流动资产损溢"科目进行核算
盘亏和毁损	借记"待处理财产损溢——待处理流动资产损溢"科目，贷记有关的存货科目
发生非正常毁损（如自然灾害、被盗窃及管理不善造成大量霉烂变质等）	按非正常损失的价值借记"待处理财产损溢——待处理流动资产损溢"；按非正常损失存货的实际成本贷记有关存货科目，按非正常损失存货应负担的进项税，贷记"应交税费——应交增值税（进项税额转出）"科目
查明盘亏和毁损的原因后	借记有关科目（属于定额内合理盘亏，应作为管理费用列支；属于一般经营性损失的，扣除残料价值以及可以收回的保险赔偿和过失人赔偿剩余净损失，经批准也可以作为管理费用列支；属于自然灾害损失或管理不善造成货物被盗、发生霉烂变质等损失以及其他非正常损失的，扣除可以收回的保险赔偿及残料价值后的净损失，作为企业的营业外支出进行处理），贷记"待处理财产损溢——待处理流动资产损溢"科目

注：根据我国《增值税暂行条例》的规定，企业发生的非正常损失的购进货物以及非正常损失的在产品、产成品所耗用的购进货物或应税劳务的进项税不得从销项税中抵扣。

【例 4-13】 乙施工企业在年末盘点时，发生了有关的存货盘亏和毁损的经济业务，编制的会计分录如下：

1) 甲材料发生盘亏，实际成本800元，原因待查。
借：待处理财产损溢——待处理流动资产损溢　　　　　　　　800
　　贷：原材料　　　　　　　　　　　　　　　　　　　　　　800
2) 后查明原因，盘亏甲材料系定额内合理损耗，批准作为管理费用列支。
借：管理费用　　　　　　　　　　　　　　　　　　　　　　800
　　贷：待处理财产损溢——待处理流动资产损溢　　　　　　800
3) 因发生水灾，对财产进行清查盘点。其中，产成品毁损额按实际成本计算为2 000元，产成品耗用的原材料及应税劳务的进项税为260元，并通知保险公司。
借：待处理财产损溢——待处理流动资产损溢　　　　　　　2 260
　　贷：产成品　　　　　　　　　　　　　　　　　　　　　2 000
　　　　应交税费——应交增值税（进项税额转出）　　　　　 260
(4) 企业对水灾造成的产成品损失已经做出处理决定，残料估值300元，可以由保险公司赔偿的损失为1 000元，由企业负担的损失为1 020元。
借：原材料　　　　　　　　　　　　　　　　　　　　　　　300
　　其他应收款　　　　　　　　　　　　　　　　　　　　 1 000
　　营业外支出　　　　　　　　　　　　　　　　　　　　 1 020
　　贷：待处理财产损溢——待处理流动资产损溢　　　　　 2 320

第五节　存货跌价准备

一、存货的期末计量

企业存货应当在期末（即资产负债表日）按成本与可变现净值孰低计量，对可变现净值低于存货成本的差额，计提存货跌价准备，计入当期损益。成本与可变现净值孰低计量中的"成本"是指期末存货的实际成本（即历史成本），如企业在存货成本的日常核算中采用计划成本法、售价金额核算法等简化核算方法，则"成本为经调整后的实际成本"。可变现净值是指在日常活动中，以存货的估计售价减去至完工时估计将要发生的成本、估计的销售费用以及相关税费后的金额，并不是指存货的现行售价。

"成本与可变现净值孰低计量"的理论基础主要是使存货符合资产的定义。当存货的可变现净值下跌至成本以下时，由此所形成的损失已不符合资产的定义，因而应将这部分损失从资产价值中抵销，列入当期损益。否则，当存货的可变现净值低于其成本价值时，如果仍然以其历史成本计价，就会出现虚增资产的现象，导致会计信息的失真。

企业持有存货的目的不同，确定存货可变现净值的计算方法也不同，如用于出售的存货和用于继续加工的存货，其可变现净值的计算就不相同。企业持有存货的目的有：①以备出售，如商品、产成品，其中又分为有合同约定的存货和没有合同约定的存货；②将在生产过程或提供劳务过程中耗用，如材料等。

企业在确定存货的可变现净值时还应考虑资产负债表日后事项等的影响，这些事项应能够确定资产负债表日存货的存在状况，即在确定资产负债表日存货的可变现净值时，不仅要考虑资产负债表日与该存货相关的价格与成本的波动,而且还应考虑未来的相关事项。也就是说,存货的可变现净值不仅取决于财务报告批准报出日之前发生的相关价格与成本波动,还取决于以后期间发生的相关事项。

二、存货期末计价的方法

可变现净值法是存货期末计价的方法之一,对不同性质的存货的可变现净值进行确定的方法见表4-14。

表4-14 可变现净值的确定

企业持有的、目的不同的存货	可变现净值的确定
产成品、商品和用于出售的材料等直接用于出售的存货	以该存货的估计售价减去估计的销售费用和相关税费后的金额确定
需要经过加工的材料存货	以所生产的产成品的估计售价减去至完工时估计将要发生的成本、估计的销售费用以及相关税费后的金额确定
资产负债表日,同一项存货中一部分有合同价格约定,其他部分不存在合同价格的	分别确定其可变现净值,并与其相对应的成本进行比较,分别确定存货跌价准备的计提或转回的金额

不同性质的存货在确定其估计售价时所用的方法是不同的,具体情况及确定方法见表4-15。

表4-15 不同性质的存货估计售价的确定方法

持有的各类存货	估计售价的确定
为执行销售合同或者劳务合同而持有的	以产成品或商品的合同价格作为其可变现净值的计算基础;如果持有存货的数量多于销售合同订购数量的,超出部分以一般销售价格为计算基础;如果企业销售合同所规定的标的物还没有生产出来,但持有专门用于该标的物生产的原材料,其可变现净值应当以合同价格作为计算基础
没有销售合同约定的	以产成品或商品一般销售价格(即市场销售价格)作为计算基础
用于出售的材料等	以市场销售价格作为其可变现净值的计算基础

企业应当定期或者至少于每年年度终了对存货进行全面清查,如因存货遭受毁损、全部或部分陈旧过时或销售价格低于成本等原因,使存货成本高于可变现净值的,应按可变现净值低于成本的差额,计提存货跌价准备;如果以前减记存货价值的影响因素已经消失,则减记的金额应当予以恢复,并在原已计提的存货跌价准备的金额内转回,以此减少计提的存货跌价准备。在资产负债表中,存货项目按照减去存货跌价准备的净额反映。应计提存货跌价准备的情况见表4-16。

表4-16 应计提存货跌价准备的情况

应计提存货跌价准备的各种情况	该存货的市价持续下跌,并且在可预见的未来无回升的希望
	企业使用该项原材料生产的产品的成本大于产品的销售价格
	企业因产品更新换代,原有库存原材料已不适应新产品的需要,而该原材料的市场价格又低于其账面成本,或因企业所提供的商品或劳务过时或消费者偏好改变而使市场的需求发生变化,导致市场价格逐渐下跌
	其他足以证明该项存货实质上已经发生减值的情形

在计提存货跌价准备时会用到可变现净值，存货可变现净值为零的几种特殊情形见表 4-17。

表 4-17　存货的可变现净值为零的几种特殊情形

存货的可变现净值为零的情形	已霉烂变质的存货
	已过期且无转让价值的存货
	生产中已不再需要，并且已无使用价值和转让价值的存货
	其他足以证明已无使用价值和转让价值的存货

存货跌价准备通常应当按单个存货项目计提。但下列情况除外：①与在同一地区生产和销售的产品系列相关，具有相同或类似最终用途或目的，且难以与其他项目分开计量的存货，可以合并计提存货跌价准备；②对于数量繁多、单价较低的存货，可以按存货类别计提存货跌价准备。企业按成本与可变现净值孰低法对存货计价时，可供选择的计算方法见表 4-18。

表 4-18　按成本与可变现净值孰低法对存货计价时可供选择的计算方法

三种不同的计算方法	单项比较法（逐项比较法或个别比较法）	对库存的每一种存货的成本与可变现净值逐项进行比较，每项存货均取较低数确定期末的存货成本
	分类比较法（类比法）	按存货类别的成本与可变现净值进行比较，每类存货取其较低数确定存货的期末成本
	综合比较法（总额比较法）	按全部存货的总成本与可变现净值总额相比较，以较低数作为期末全部存货的成本

【例 4-14】　某施工企业有甲、乙两大类 A、B、C、D 四种存货，各种存货分别按三种计算方式确定期末存货的成本，详见表 4-19。

表 4-19　期末存货成本与可变现净值比较表　　　　　　　　　　单位：元

存货项目	成　　本	可变现净值	期末评价		
			单项比较法	分类比较法	总额比较法
甲类存货	10 000.00	9 600.00		9 600.00	
A 存货	4 000.00	3 200.00	3 200.00		
B 存货	6 000.00	6 400.00	6 000.00		
乙类存货	20 000.00	20 800.00		20 000.00	
C 存货	8 000.00	9 200.00	8 000.00		
D 存货	12 000.00	11 600.00	11 600.00		
总计	30 000.00	30 400.00	28 800.00	29 600.00	30 000.00
应计提减值准备			1 200.00	400.00	0

由表 4-19 可知，单项比较法确定的期末存货成本最低，为 28 800 元；分类比较法次之，

为 29 600 元；总额比较法最高，为 30 000 元。相应地计提的存货跌价准备分别为 1 200 元、400 元和 0 元。

三、存货跌价准备的会计核算

（一）存货跌价准备的计提

资产负债表日，存货的成本高于其可变现净值的，企业应当计提存货跌价准备。存货跌价准备的计提方法见表 4-20。

表 4-20　存货跌价准备的计提方法

相关情况	计提方法	账务处理
通常情况	按照单个存货项目计提存货跌价准备	成本与其可变现净值的差额即为应计提的存货跌价准备，与已提数进行比较，若应提数大于已提数，则应予补提。企业计提的存货跌价准备，应计入当期损益
数量繁多、单价较低的存货	按照存货类别计提存货跌价准备	与在同一地区生产和销售的产品系列相关、具有相同或类似最终用途或目的，且难以与其他项目分开计量的存货，可以合并计提存货跌价准备

【例 4-15】　乙施工企业采用成本与可变现净值孰低法对期末存货进行计量，采用单项比较法进行存货成本与可变现净值的比较。2019 年 12 月 31 日，A、B 两种存货的成本分别为 40 万元、27 万元，可变现净值分别为 36 万元、30 万元。

对于 A 存货，其成本 40 万元高于可变现净值 36 万元，应计提存货跌价准备 4（40-36）万元。

对于 B 存货，其成本 27 万元低于可变现净值 30 万元，不计提存货跌价准备。

因此，该企业对 A、B 两种存货计提的跌价准备共计为 4 万元，在当日资产负债表中列示的存货金额为 63（36+27）万元。

（二）存货跌价准备的转回

当前减记存货价值的影响因素已经消失，减记的金额应当予以恢复，并在原计提的存货跌价准备金额内转回，转回的金额计入当期损益资产减值损失。

在进行存货跌价准备的会计核算时，应该与存货的项目或类别存在直接的对应关系。在原已计提的存货跌价准备金额内转回，意味着转回的金额以将存货跌价准备的余额冲减至零为限。

【例 4-16】　乙施工企业采用成本与可变现净值孰低法对期末存货进行计量，采用单项比较法进行存货成本与可变现净值的比较。2018 年 12 月 31 日，A、B 两种存货的成本分别为 40 万元、27 万元，可变现净值分别为 36 万元、30 万元。对存货 A 计提存货跌价准备 4 万元。

假设 2019 年年末，存货的种类和数量、账面成本和已计提的存货跌价准备未发生变化，但是，2020 年以来 A 存货市场价格持续上升，市场前景明显好转，可以判断以前造成减记存货价值的影响因素已经消失，减记的金额应当在原已计提的存货跌价准备金额内予以恢复。相关账务处理如下：

借：存货跌价准备　　　　　　　　　　　　　　　　　　　　　　　40 000
　　贷：资产减值损失　　　　　　　　　　　　　　　　　　　　　　　40 000

需要注意的是，导致存货跌价准备转回的是以前减记存货价值的影响因素的消失，而不是在当期造成存货可变现净值高于其成本的其他影响因素。如果本期导致存货可变现净值高于其成本的影响因素不是以前减记该存货价值的影响因素，则企业会计准则不允许将该类存货跌价准备转回。

（三）存货跌价准备的结转

存货跌价准备结转的账务处理见表4-21。

表 4-21　存货跌价准备结转的账务处理

相关经济业务	账务处理
计提了存货跌价准备的部分存货已经销售	结转销售成本时，应同时结转对其已计提的存货跌价准备
因债务重组、非货币性交易转出的存货	结转已计提的存货跌价准备，但不冲减当期的管理费用
按存货类别计提存货跌价准备的	按比例结转相应的存货跌价准备

注：因销售、债务重组、非货币性交易应结转的存货跌价准备＝（上期末该类存货所计提的存货跌价准备账面余额÷上期末该类存货的账面余额）×因销售、债务重组、非货币性交易而转出的存货的账面余额。

【例4-17】　2018年，甲施工企业库存A材料5件，每件成本为5 000元，已经计提的存货跌价准备为6 000元。2019年，甲施工企业将库存的5件A材料全部以每件6 000元的价格出售。假定不考虑可能发生的销售费用及税金的影响，甲施工企业应将这5件A材料已经计提的跌价准备在结转其销售成本的同时，全部予以结转。甲施工企业的相关账务处理如下：

借：主营业务成本　　　　　　　　　　　　　　　　　　　　　　　19 000
　　存货跌价准备　　　　　　　　　　　　　　　　　　　　　　　　6 000
　　贷：原材料——A材料　　　　　　　　　　　　　　　　　　　　25 000

思考题

1. 什么是材料物资？它包括哪些内容？
2. 简述不同存货取得方式的成本。
3. 什么是存货核算的实际成本法和计划成本法？
4. 什么是周转材料？它包含哪些内容？
5. 简述材料物资的盘存方法。
6. 简述存货的期末计量的计价方式。
7. 某施工企业2019年9月水泥材料的明细账见表4-22。

要求：请根据该明细账提供的资料，用先进先出法、加权平均法分别在明细账中计算发出材料的成本和结存材料的成本。

表 4-22 水泥材料的明细账

材料编号：×××　　　　　　　　　　　　　　　　　　　　　材料类别：水泥
最高存量：40　　　　　　　　　　　　　　　　　　　　　　材料名称规格：×××
最低存量：5　　　　　　　　　　　　　　　　　　　　　　　数量单位：t　金额单位：元

20×9年		凭证号数	摘要	收入			发出			结存		
月	日			数量	单价	金额	数量	单价	金额	数量	单价	金额
9	1		期初结存							20	200	4 000
	5		领用				10					
	10		收入	30	220	6 600						
	15		领用				25					
	20		收入	10	240	2 400						
	23		领用				15					
	30		收入	20	210	4 200						
			本月合计									

8. 某施工企业 A 项目部委托甲公司加工材料。材料成本 200 000 元，支付人工费 100 000 元（不含增值税），材料加工完成验收入库，加工费已支付。甲公司适用的增值税税率为 13%。

要求：编制发出委托加工材料、支付加工费和加工完成收回委托加工材料时的会计分录。

第五章
金融资产的会计核算

🔵 **本章主要知识点**：以摊余成本计量的金融资产（以摊余成本计量的金融资产的条件、以摊余成本计量的金融资产的会计处理）；以公允价值计量且其变动计入当期损益的金额资产（以公允价值计量且其变动计入当期损益的金融资产概述、以公允价值计量且其变动计入当期损益的金融资产的会计处理）；以公允价值计量且其变动计入其他综合收益的金融资产（以公允价值计量且其变动计入其他综合收益的金融资产概述、以公允价值计量且其变动计入其他综合收益的金融资产的会计处理）。

🔵 **本章重点和难点**：以摊余成本计量的金融资产的会计处理；以公允价值计量且其变动计入当期损益的金融资产的会计处理；以公允价值计量且其变动计入其他综合收益的金融资产的会计处理。

金融资产属于企业资产的重要组成部分，货币资金、银行存款、应收账款、应收票据、其他应收款项、股权投资、债权投资和衍生金融工具形成的资产都属于金融资产的范畴。施工企业应当结合自身业务特点、投资策略和风险管理要求，将取得的金融资产在初始确认时划分为以下几类：①以摊余成本计量的金融资产；②以公允价值计量且其变动计入当期损益的金融资产；③以公允价值计量且其变动计入其他综合收益的金融资产。

金融资产分类与金融资产计量密切相关。不同类别的金融资产，其初始计量和后续计量采用的基础也不完全相同。因此，上述分类一经确定，不应随意变更。

长期股权投资的确认和计量虽然没有在《企业会计准则第22号——金融工具确认和计量》中规范，但长期股权投资也属于金融资产。

第一节　以摊余成本计量的金融资产

一、以摊余成本计量的金融资产的条件

金融资产同时符合下列条件的，应当分类为以摊余成本计量的金融资产：
1）企业管理该金融资产的业务模式是以收取合同现金流量为目标。
2）该金融资产的合同条款规定，在特定日期产生的现金流量，仅为对本金和以未偿付本金金额为基础的利息的支付。

企业一般应当设置"银行存款""贷款""应收账款""债权投资"等科目核算分类为

以摊余成本计量的金融资产。

二、以摊余成本计量的金融资产的会计处理

1. 实际利率

实际利率是指将金融资产或金融负债在预计存续期的估计未来现金流量,折现为该金融资产账面余额或该金融负债摊余成本所使用的利率。在确定实际利率时,应当在考虑金融资产或金融负债所有合同条款(如提前还款、展期、看涨期权或其他类似期权等)的基础上估计预期现金流量,但不应当考虑预期信用损失。

经信用调整的实际利率是指将购入或源生的已发生信用减值的金融资产在预计存续期的估计未来现金流量,折现为该金融资产摊余成本的利率。在确定经信用调整的实际利率时,应当在考虑金融资产的所有合同条款(例如提前还款、展期、看涨期权或其他类似期权等)以及初始预期信用损失的基础上估计预期现金流量。

实际利率法是指计算金融资产或金融负债的摊余成本以及将利息收入或利息费用分摊计入各会计期间的方法。

2. 摊余成本

金融资产或金融负债的摊余成本,应当以该金融资产或金融负债的初始确认金额经下列调整后的结果确定:

1)扣除已偿还的本金。

2)加上或减去采用实际利率法将该初始确认金额与到期日金额之间的差额进行摊销形成的累计摊销额。

3)扣除累计计提的损失准备(仅适用于金融资产)。

3. 利息收入

企业应当按照实际利率法确认利息收入。利息收入应当根据金融资产账面余额乘以实际利率计算确定,但下列情况除外:

1)对于购入或源生的已发生信用减值的金融资产,企业应当自初始确认起,按照该金融资产的摊余成本和经信用调整的实际利率计算确定其利息收入。

2)对于购入或源生的未发生信用减值、但在后续期间成为已发生信用减值的金融资产,企业应当在后续期间,按照该金融资产的摊余成本和实际利率计算确定其利息收入。若该金融工具在后续期间不再存在信用减值,并且这一改善在客观上可与应用上述规定之后发生的某一事件相联系(如债务人的信用评级被上调),应当转按实际利率乘以该金融资产账面余额来计算确定利息收入。

4. 已发生信用减值的金融资产

当对金融资产预期未来现金流量具有不利影响的一项或多项事件发生时,该金融资产成为已发生信用减值的金融资产。金融资产已发生信用减值的证据包括下列可观察信息:

1)发行方或债务人发生重大财务困难。

2)债务人违反合同,如偿付利息或本金违约或逾期等。

3)债权人出于与债务人财务困难有关的经济或合同考虑,给予债务人在任何其他情况下都不会做出的让步。

4)债务人很可能破产或进行其他财务重组。

5）发行方或债务人财务困难导致该金融资产的活跃市场消失。
6）以大幅折扣购买或源生一项金融资产，该折扣反映了发生信用损失的事实。

金融资产发生信用减值，有可能是多个事件的共同作用所致，未必是可单独识别的事件所致。

5. 会计处理

（1）债权投资的初始计量 债权投资的会计处理主要应解决该金融资产实际利率的计算、摊余成本的确定、持有期间的收益确认及将其处置时损益的处理。

企业应按该投资的面值，借记"债权投资——成本"科目，按支付的价款中包含的已到付息期但尚未领取的利息，借记"应收利息"科目，按实际支付的金额，贷记"银行存款"等科目，按其差额，借记或贷记"债权投资——利息调整"科目。编制会计分录如下：

借：债权投资——成本（债权投资的面值）
　　　　　——利息调整（差额，也可能在贷方）
　　应收利息（实际支付的款项中包含的已到付息期但尚未领取的利息）
　贷：银行存款等（购买时实际支付的款项）

（2）债权投资的后续计量 资产负债表日，债权投资为分期付息、一次还本债券投资的，应按票面利率计算确定的应收未收利息，借记"应收利息"科目，按持债权投资摊余成本和实际利率确定的利息收入，贷记"投资收益"科目，按其差额，借记或贷记"债权投资——利息调整"科目。编制会计分录如下：

借：应收利息（应按票面金额和票面利率计算确定的应收未收利息）
　　债权投资——利息调整（差额，也可能在贷方）
　贷：投资收益（按债权投资摊余成本和实际利率确定的利息收入）

债权投资为一次还本付息债券投资的，应按票面利率计算确定的应收未收利息，借记"债权投资——应计利息"科目，按债权投资摊余成本和实际利率计算确定的利息收入，贷记"投资收益"科目，按其差额，借记或贷记"债权投资——利息调整"科目。编制会计分录如下：

借：债权投资——应计利息（按票面金额和票面利率计算确定的应收未收利息）
　　债权投资——利息调整（差额，也可能在贷方）
　贷：投资收益（按债权投资摊余成本和实际利率计算确定的利息收入）

（3）发生减值 债权投资以摊余成本进行后续计量的，当市场利率上升，其发生减值时，应当在将该债权投资的账面价值与预计未来现金流量现值之间的差额，确认为减值损失，记入当期损益。编制会计分录如下：

借：信用减值损失（账面价值高于预计未来现金流量现值的差额）
　贷：债权投资减值准备

（4）处置债权投资 企业出售债权投资，应按实际收到的金额，借记"银行存款"等科目，按其账面余额，贷记"债权投资——成本、利息调整、应计利息"科目，按其差额，贷记或借记"投资收益"科目。已计提减值准备的，还应同时结转减值准备。编制会计分录如下：

借：银行存款
　　债权投资损失准备

贷：债权投资——成本
　　　　　——利息调整
　　　　　——应计利息
　　投资收益（差额，也可能在借方）

【例 5-1】　2019 年 1 月 1 日，甲公司支付价款 1 000 000 元（含交易费用）从证券交易所购入 A 公司同日发行的 5 年期公司债券 12 500 份，债券票面价值总额为 1 250 000 元，票面年利率为 4.72%，于年末支付本年度债券利息（即每年利息为 59 000 元），本金在债券到期时一次性偿还。合同约定：A 公司在遇到特定情况时可以将债券赎回，且不需要为提前赎回支付额外款项。甲公司在购买该债券时，预计 A 公司不会提前赎回。甲公司根据其管理该债券的业务模式和该债券的合同现金流量特征，将该债券分类为以摊余成本计量的金融资产，相关的现值系数见表 5-1。

表 5-1　现值系数

时间/年	1	2	3	4	5
9%的复利现值系数	0.917	0.842	0.772	0.708	0.650
10%的复利现值系数	0.909	0.826	0.751	0.683	0.621
11%的复利现值系数	0.901	0.812	0.731	0.659	0.593
10%的年金现值系数	0.909	1.736	2.487	3.170	3.791

假定不考虑所得税、减值损失等因素。

计算该债券的实际利率 r：

5.9 万元 $\times [(1+r)^{-1} + (1+r)^{-2} + (1+r)^{-3} + (1+r)^{-4}] + (5.9 + 125)$ 万元 $\times (1+r)^{-5} = 100$ 万元

计算出 $r = 10\%$。摊余成本计算见表 5-2。

表 5-2　摊余成本计算　　　　　　　　　　　　　　　　　　单位：元

日期	现金流入（a）	实际利息收入 (b) = 期初 (d) ×10%	已收回的本金 (c) = (a) - (b)	摊余成本余额 (d) = 期初 (d) - (c)
2019 年 1 月 1 日				1 000 000
2019 年 12 月 31 日	59 000	100 000	−41 000	1 041 000
2020 年 12 月 31 日	59 000	104 100	−45 100	1 086 100
2021 年 12 月 31 日	59 000	108 610	−49 610	1 135 710
2022 年 12 月 31 日	59 000	113 571	−54 571	1 190 281
2023 年 12 月 31 日	59 000	118 719	−59 719	1 250 000
小计	295 000	545 000	−250 000	—
2023 年 12 月 31 日	1 250 000	—	1 250 000	0
合计	1 545 000	545 000	1 000 000	—

尾数调整：1 250 000 元 + 59 000 元 − 1 190 281 元 = 118 719 元

根据表 5-2 中的数据，甲公司的有关账务处理如下：

1) 2019 年 1 月 1 日，购入 A 公司债券时：
借：债权投资——成本（A 公司债券） 1 250 000
　　贷：银行存款 1 000 000
　　　　债权投资——利息调整（A 公司债券） 250 000

2) 2019 年 12 月 31 日，确认 A 公司债券实际利息收入、收到债券利息时：
借：应收利息——A 公司 59 000
　　债权投资——利息调整（A 公司债券） 41 000
　　贷：投资收益——A 公司债券 100 000
借：银行存款 59 000
　　贷：应收利息——A 公司 59 000

3) 2020 年 12 月 31 日，确认 A 公司债券实际利息收入、收到债券利息时：
借：应收利息——A 公司 59 000
　　债权投资——利息调整（A 公司债券） 45 100
　　贷：投资收益——A 公司债券 104 100
借：银行存款 59 000
　　贷：应收利息——A 公司 59 000

4) 2021 年 12 月 31 日，确认 A 公司债券实际利息收入、收到债券利息时：
借：应收利息——A 公司 59 000
　　债权投资——利息调整（A 公司债券） 49 610
　　贷：投资收益——A 公司债券 108 610
借：银行存款 59 000
　　贷：应收利息——A 公司 59 000

5) 2022 年 12 月 31 日，确认 A 公司债券实际利息收入、收到债券利息时：
借：应收利息——A 公司 59 000
　　债权投资——利息调整（A 公司债券） 54 571
　　贷：投资收益——A 公司债券 113 571
借：银行存款 59 000
　　贷：应收利息——A 公司 59 000

6) 2023 年 12 月 31 日，确认 A 公司债券实际利息收入、收到债券利息和本金时：
借：应收利息——A 公司 59 000
　　债权投资——利息调整（A 公司债券） 59 719
　　贷：投资收益——A 公司债券 118 719
借：银行存款 59 000
　　贷：应收利息——A 公司 59 000
借：银行存款 1 250 000
　　贷：债权投资——成本（A 公司债券） 1 250 000

假定甲公司购买的 A 公司债券不是分次付息，而是到期一次还本付息，且利息不是以复利计算。此时，甲公司所购买 A 公司债券的实际利率 r 计算如下：

$$(59\,000 \times 5 + 1\,250\,000)\text{元} \times (1+r)^{-5} = 1\,000\,000\text{元}$$

由此计算得出 $r = 9.05\%$。

据此，调整表 5-2 中相关数据后见表 5-3。

表 5-3 调整后的数据 单位：元

日期	现金流入（a）	实际利息收入 (b) = 期初 (d) ×9.05%	已收回的本金 (c) = (a) - (b)	摊余成本余额 (d) = 期初 (d) - (c)
2019 年 1 月 1 日				1 000 000
2019 年 12 月 31 日	0	90 500	-90 500	1 090 500
2020 年 12 月 31 日	0	98 690.25	-98 690.25	1 189 190.25
2021 年 12 月 31 日	0	107 621.72	-107 621.72	1 296 811.97
2022 年 12 月 31 日	0	117 361.48	-117 361.48	1 414 173.45
2023 年 12 月 31 日	295 000	130 826.55	164 173.45	1 250 000
小计	295 000	545 000	-250 000	—
2023 年 12 月 31 日	1 250 000	—	1 250 000	0
合计	1 545 000	545 000	1 000 000	—

尾数调整：1 250 000 元+295 000 元-1 414 173.45 元=130 826.55 元

根据表 5-2 中的数据，甲公司的有关账务处理如下。

1) 2019 年 1 月 1 日，购入 A 公司债券时：

借：债权投资——成本（A 公司债券） 1 250 000
　　贷：银行存款 1 000 000
　　　　债权投资——利息调整（A 公司债券） 250 000

2) 2019 年 12 月 31 日，确认 A 公司债券实际利息收入时：

借：债权投资——应计利息（A 公司债券） 59 000
　　　　　　——利息调整 31 500
　　贷：投资收益——A 公司债券 90 500

3) 2020 年 12 月 31 日，确认 A 公司债券实际利息收入时：

借：债权投资——应计利息（A 公司债券） 59 000
　　　　　　——利息调整 39 690.25
　　贷：投资收益——A 公司债券 98 690.25

4) 2021 年 12 月 31 日，确认 A 公司债券实际利息收入时：

借：债权投资——应计利息（A 公司债券） 59 000
　　　　　　——利息调整 48 621.72
　　贷：投资收益——A 公司债券 107 621.72

5) 2022 年 12 月 31 日，确认 A 公司债券实际利息收入时：

借：债权投资——应计利息（A 公司债券） 59 000
　　　　　　——利息调整 58 361.48
　　贷：投资收益——A 公司债券 117 361.48

6) 2023 年 12 月 31 日，确认 A 公司债券实际利息收入、收回债券本金和票面利息时：

借：债权投资——应计利息（A公司债券） 59 000
　　　　　　——利息调整 71 826.55
　　贷：投资收益——A公司债券 130 826.55
借：银行存款 1 545 000
　　贷：债权投资——成本（A公司债券） 1 250 000
　　　　　　　——应计利息 295 000

第二节　以公允价值计量且其变动计入当期损益的金融资产

一、以公允价值计量且其变动计入当期损益的金融资产概述

除了分类为以摊余成本计量的金融资产和以公允价值计量且其变动计入其他综合收益的金融资产（见本章第三节）之外的金融资产，企业应当将其分类为以公允价值计量且其变动计入当期损益的金融资产。例如，企业持有的普通股股票的合同现金流量是收取被投资企业未来股利分配以及其清算时获得剩余收益的权利。由于股利及获得剩余收益的权利均不符合本金和利息的定义，因此企业持有的普通股股票应当分类为以公允价值计量且其变动计入当期损益的金融资产。企业应当设置"交易性金融资产"科目核算以公允价值计量且其变动计入当期损益的金融资产。企业持有的直接指定为以公允价值计量且其变动计入当期损益的金融资产也在本科目核算。同时，以公允价值计量且其变动计入当期损益的金融资产的利得或损失，应当计入当期损益。

企业只有在同时符合下列条件时，才能确认股利收入并计入当期损益。
1) 企业收取股利的权利已经确立。
2) 与股利相关的经济利益很可能流入企业。
3) 股利的金额能够可靠计量。

以公允价值计量且其变动计入当期损益的金融资产包含两种，分别是交易性金融资产和指定为以公允价值计量且其变动计入当期损益的金融资产。

二、以公允价值计量且其变动计入当期损益的金融资产的会计处理

企业对以公允价值计量且其变动计入当期损益的金融资产的会计处理，应着重于该金融资产与金融市场的紧密结合性，反映该金融资产相关市场变量变化对其价值的影响，进而对企业财务状况和经营成果的影响。

以公允价值计量且其变动计入当期损益的金融资产初始确认时，应按公允价值计量，相关交易费用应当直接计入当期损益。其中，交易费用是指可直接归属于购买、发行或处置金融工具新增的外部费用。支付给代理机构、咨询公司、券商等的手续费和佣金及其他必要支出都属于交易费用，但交易费用不包括债券溢价、折价、融资费用、内部管理成本及其他与交易不直接相关的费用。企业为发行金融工具所发生的差旅费等，不属于此处所讲的交易费用。

企业取得以公允价值计量且其变动计入当期损益的金融资产所支付的价款中，包含已宣告但尚未发放的现金股利或已到付息期但尚未领取的债券利息的，应当单独确认为应收项

目,不构成该金融资产的初始入账金额。在持有期间取得的利息或现金股利,应当确认为投资收益。

在资产负债表中,企业应将以公允价值计量且其变动计入当期损益的金融资产的公允价值变动计入当期损益。

下面以交易性金融资产为例,介绍其具体核算方法。

1. 企业取得交易性金融资产

企业应该按其公允价值,借记"交易性金融资产——成本"科目,按发生的交易费用,借记"投资收益"科目,按已到付息期但尚未领取的利息或已宣告但尚未发放的现金股利,借记"应收利息"或"应收股利"科目,按实际支付的金额,贷记"银行存款"等科目。编制如下会计分录:

借:交易性金融资产——成本(公允价值)
　　投资收益(发生的交易费用)
　　应收股利(已宣告但尚未发放的现金股利)
　　应收利息(已到付息期但尚未领取的利息)
　贷:银行存款等(购买时实际支付的金额)

【例5-2】 2019年5月8日,立兴股份有限公司购入F公司在公开市场流通的普通股票10 000股,此种股票已宣告但尚未分派现金股利,立兴股份有限公司将该笔股票作为交易性投资。成交时,这种股票的成交价为12元,其中已宣告但尚未分派的现金股利为0.6元,股权登记日为5月10日,立兴股份有限公司以银行存款的方式支付了价款,并支付了交易税费5 000元。立兴股份有限公司于5月20日收到F公司发放的现金股利。对于以上经济业务,立兴股份有限公司进行如下会计处理:

1) 5月8日购入股票时:

借:交易性金融资产——成本　　　　　　　　　　　　　114 000
　　投资收益　　　　　　　　　　　　　　　　　　　　　5 000
　　应收股利　　　　　　　　　　　　　　　　　　　　　6 000
　贷:银行存款　　　　　　　　　　　　　　　　　　　125 000

2) 5月10日收到现金股利时:

借:银行存款　　　　　　　　　　　　　　　　　　　　6 000
　贷:应收股利　　　　　　　　　　　　　　　　　　　6 000

2. 持有期间的股利或利息

持有期间的股利或利息包括以公允价值计量且其变动计入当期损益的金融资产在持有期间被投资单位宣告发放的现金股利,或在资产负债表日按分期付息、一次还本债券投资的票面利率计算的利息。以公允价值计量且其变动计入当期损益的金融资产持有期间被投资单位宣告发放的现金股利或利息,借记"应收股利"或"应收利息"科目,贷记"投资收益"科目。编制如下会计分录:

借:应收股利(持有期间被投资单位宣告发放的现金股利)
　　应收利息(持有期按票面利率计算的利息)
　贷:投资收益

3. 资产负债表日公允价值变动

资产负债表日，交易性金融资产的公允价值高于其账面余额的差额，借记"交易性金融资产——公允价值变动"科目，贷记"公允价值变动损益"科目；公允价值低于其账面余额的差额做相反的会计分录。编制如下会计分录：

借：交易性金融资产——公允价值变动（公允价值高于账面余额的差额）
　　贷：公允价值变动损益

【例 5-3】 某股份有限公司对其拥有的交易性金融资产采用公允价值进行期末计量。假设该公司2019年6月30日交易性金融资产的账面价值和公允价值的资料见表5-4。

表 5-4 账面价值和公允价值资料　　　　　　　　　　　　　　　单位：元

项　目	2019年6月30日		
	账面价值	公允价值	差额
交易性金融资产——债券			
F 企业债券	120 000.00	110 000.00	10 000.00
E 企业债券	55 000.00	60 000.00	-5 000.00
D 企业债券	90 000.00	88 000.00	2 000.00
小计	265 000.00	258 000.00	7 000.00
交易性金融资产——股票			
A 企业股票	40 000.00	44 000.00	-4 000.00
B 企业股票	55 000.00	54 000.00	1 000.00
小计	95 000.00	98 000.00	-3 000.00
合计	360 000.00	356 000.00	4 000.00

根据上述资料，该股份有限公司应在2019年6月30日编制如下会计分录：

借：公允价值变动损益　　　　　　　　　　　　　　　　　4 000
　　贷：交易性金融资产——公允价值变动　　　　　　　　　　　　4 000

这样，该股份有限公司2019年6月30日资产负债表上"交易性金融资产"的金额应为356 000元，反映企业交易性金融资产的公允价值。

4. 出售交易性金融资产

出售交易性金融资产时按实际收到的金额，借记"银行存款"等科目，按该金融资产的账面余额，贷记"交易性金融资产——成本""交易性金融资产——公允价值变动"科目，按其差额，贷记或借记"投资收益"科目。编制如下会计分录：

借：银行存款
　　贷：交易性金融资产——成本
　　　　　　　　　　　——公允价值变动

【例 5-4】 接上列，该股份有限公司于2019年11月1日以78 000元的价格将E公司债券全部出售，假定交易费用为零，2019年12月31日交易性金融资产的账面价值和公允价值的资料见表 5-5。

表 5-5 账面价值和公允价值资料表　　　　　　　　单位：元

项目	2019 年 6 月 30 日		
	账面价值	公允价值	差额
交易性金融资产——债券			
F 企业债券	120 000.00	120 000.00	
D 企业债券	90 000.00	88 000.00	2 000.00
小计	210 000.00	208 000.00	2 000.00
交易性金融资产——股票			
A 企业股票	40 000.00	44 000.00	−4 000.00
B 企业股票	55 000.00	56 000.00	−1 000.00
小计	95 000.00	100 000.00	−5 000.00
合计	305 000.00	308 000.00	−3 000.00

根据上述资料，该股份有限公司应作如下会计分录。

1) 2019 年 11 月 1 日，将 E 公司债券全部出售时：
借：银行存款　　　　　　　　　　　　　　　　　　　　78 000
　　贷：交易性金融资产——成本　　　　　　　　　　　　55 000
　　　　交易性金融资产——公允价值变动　　　　　　　　5 000
　　　　投资收益　　　　　　　　　　　　　　　　　　10 000

2) 2019 年 12 月 31 日，期末计量时：
借：交易性金融资产——公允价值变动　　　　　　　　　3 000
　　贷：公允价值变动损益　　　　　　　　　　　　　　　3 000

这样，该股份有限公司 2019 年 12 月 31 日资产负债表上"交易性金融资产"的金额为 308 000 元。

【例 5-5】 2018 年 5 月 20 日，甲公司从深圳证券交易所购入乙公司股票 1 000 000 股，占乙公司有表决权股份的 5%，支付价款合计 5 080 000 元。其中，证券交易税等交易费用 8 000 元，已宣告发放现金股利 72 000 元。甲公司没有在乙公司董事会中派出代表，甲公司将其划分为交易性金融资产。

2018 年 6 月 20 日，甲公司收到乙公司发放的 2017 年现金股利 72 000 元。

2018 年 6 月 30 日，乙公司股票收盘价为每股 5.20 元。

2018 年 12 月 31 日，甲公司仍持有乙公司股票；当日，乙公司股票收盘价为每股 4.90 元。

2019 年 4 月 20 日，乙公司宣告发放 2019 年现金股利 2 000 000 元。

2019 年 5 月 10 日，甲公司收到乙公司发放的 2019 年现金股利。

2019 年 5 月 17 日，甲公司以每股 4.50 元的价格将股票全部转让，同时支付证券交易税等交易费用 7 200 元。

假定不考虑其他因素，甲公司的账务处理如下：

1) 2018年5月20日，购入乙公司股票1 000 000股时：
借：交易性金融资产——成本（乙公司股票） 5 000 000
　　应收股利——乙公司 72 000
　　投资收益 8 000
　　贷：银行存款 5 080 000
乙公司股票单位成本=（5 080 000-72 000-8 000）元÷1 000 000股=5.00元/股

2) 2018年6月20日，收到乙公司发放的2018年现金股利72 000元时：
借：银行存款 72 000
　　贷：应收股利——乙公司 72 000

3) 2018年6月30日，确认乙公司股票公允价值变动=（5.20-5.00）元/股×1 000 000股=200 000元。
借：交易性金融资产——公允价值变动（乙公司股票） 200 000
　　贷：公允价值变动损益——乙公司股票 200 000

4) 2018年12月31日，确认乙公司股票公允价值变动=（4.90-5.20）元/股×1 000 000股=-300 000元。
借：公允价值变动损益——乙公司股票 300 000
　　贷：交易性金融资产——公允价值变动（乙公司股票） 300 000

5) 2019年4月20日，确认乙公司发放的2019年现金股利中应享有的份额=2 000 000元×5%=100 000元。
借：应收股利——乙公司 100 000
　　贷：投资收益 100 000

6) 2019年5月10日，收到乙公司发放的2019年现金股利时：
借：银行存款 100 000
　　贷：应收股利——乙公司 100 000

7) 2019年5月17日，出售乙公司股票1 000 000股时：
借：银行存款 4 492 800
　　投资收益 407 200
　　交易性金融资产——公允价值变动（乙公司股票） 100 000
　　贷：交易性金融资产——成本（乙公司股票） 5 000 000
乙公司股票出售价格=4.50元/股×1 000 000股=4 500 000元
出售乙公司股票取得的价款=4 500 000元-7 200元=4 492 800元
乙公司股票持有期间公允价值变动记入当期损益的金额=200 000元-300 000元=-100 000元
出售乙公司股票的损益=4 492 800元-4 900 000元=-407 200元

第三节　以公允价值计量且其变动计入其他综合收益的金融资产

一、以公允价值计量且其变动计入其他综合收益的金融资产概述

金融资产同时符合下列条件的，应当分类为以公允价值计量且其变动计入其他综合收益

的金融资产：

1) 企业管理该金融资产的业务模式既以收取合同现金流量为目标又以出售该金融资产为目标。

2) 该金融资产和合同价款规定，在特定日期产生的现金流量，仅为对本金和以未偿付本金金额为基础的利息的支付。

例如，企业持有的普通债券的合同现金流量是到期收回本金及按约定利率在合同期限内按时收取固定或浮动利息的权利。在没有其他特殊安排的情况下，普通债券的合同现金流量一般情况下可能仅符合对本金和以未偿付本金金额为基础的利息支付的要求。如果企业管理该债券的业务模式，既以收取合同现金流量为目标，又以出售该金融资产为目标，则该债券应当分类为以公允价值计量且其变动计入其他综合收益的金融资产。

企业应当设置"其他债权投资"科目核算分类为以公允价值计量且其变动计入其他综合收益的金融资产。

分类为以公允价值计量且其变动计入其他综合收益的金融资产所产生的所有利得或损失，除减值损失或利得和汇兑损益之外，均应当计入其他综合收益，直至该金融资产终止确认或被重分类。但采用实际利率法计算的该金融资产的利息应当计入当期损益。该金融资产计入各期损益的金额应当与视同其一直按摊余成本计量而计入各期损益的金额相等。

该金融资产终止确认时，之前计入其他综合收益的累计利得或损失应当从其他综合收益中转出，计入当期损益。

指定为以公允价值计量且其变动计入其他综合收益的非交易性权益工具投资，除了获得的股利（明确代表投资成本收回部分的股利除外）计入当期损益外，其他相关的利得和损失（包括汇兑损益）均应当计入其他综合收益，且后续不得转入当期损益。当其终止确认时，之前计入其他综合收益的累计利得或损失应当从其他综合收益中转出，计入留存收益。

二、以公允价值计量且其变动计入其他综合收益的金融资产的会计处理

1. 企业初始取得其他债权投资

企业取得的其他债权投资为股票投资的，应按其公允价值与交易费用之和，借记"其他债权投资——成本"科目，按支付的价款中包含的已宣告但尚未发放的现金股利，借记"应收股利"科目，按实际支付的金额，贷记"银行存款"等科目。编制会计分录如下：

借：其他债权投资——成本（购买时公允价值与交易费用之和）
　　应收股利（支付的价款中包含的已宣告但尚未发放的现金股利）
　贷：银行存款（购买时实际支付的金额）

企业取得的其他债权投资为债券投资的，应按债券的面值，借记"其他债权投资——成本"科目，按支付的价款中包含的已到付息期但尚未领取的利息，借记"应收利息"科目，按实际支付的金额，贷记"银行存款"等科目，按差额，借记或贷记"其他债权投资——利息调整"科目。编制会计分录如下：

借：其他债权投资——成本（所购买债券的面值）
　　应收利息（支付的价款中包含的已到付息期但尚未领取的利息）
　贷：银行存款（购买时实际支付的金额）
　　　其他债权投资——利息调整

2. 持有期间收到债券发放利息

资产负债表日,其他债权投资为分期付息、一次还本债券投资的,应按票面利率计算确定的应收未收利息,借记"应收利息"科目,按其他债权投资的摊余成本和实际利率计算确定的利息收入,贷记"投资收益"科目,按其差额,借记或贷记"其他债权投资——利息调整"科目。编制会计分录如下:

借:应收利息(按票面利率计算确定的应收未收利息)
　　其他债权投资——利息调整(按其差额,借记或贷记)
　贷:投资收益(其他债权投资的摊余成本和实际利率计算确定的利息)

其他债权投资为一次还本付息债券投资的,应按票面利率计算确定的应收未收利息,借记"其他债权投资——应计利息"科目,按可供出售债券的摊余成本和实际利率计算确定的利息收入,贷记"投资收益"科目,按其差额,借记或贷记"其他债权投资——利息调整"科目。编制会计分录如下:

借:其他债权投资——应计利息(按票面利率计算确定的应收未收利息)
　　其他债权投资——利息调整(按其差额,借记或贷记)
　贷:投资收益(按其他债权投资的摊余成本和实际利率计算确定的利息)

3. 持有期间债权投资公允价值变动

资产负债表日,其他债权投资的公允价值高于其账面余额的差额,借记"其他债权投资——公允价值变动"科目,贷记"其他综合收益"科目;公允价值低于其账面余额的差额做相反的会计分录。编制会计分录如下:

借:其他债权投资——公允价值变动(其他债权投资的公允价值高于其账面余额的差额)
　贷:其他综合收益

4. 处置其他债权投资

企业处置其他债权投资,应按实际收到金额,借记"银行存款"等科目,按其账面余额,贷记"其他债权投资——成本""其他债权投资——公允价值变动""其他债权投资——利息调整""其他债权投资——应计利息"科目,按应从所有者权益中转出的公允价值累计变动额,借记或贷记"其他综合收益"科目,按其差额,贷记或借记"投资收益"科目。编制会计分录如下:

借:银行存款(出售实际收到的金额)
　　其他综合收益(从所有者权益中转出的公允价值累计变动额)
　贷:其他债权投资——成本(按其账面余额)
　　　　　　　　　——公允价值变动
　　　　　　　　　——应计利息
　　投资收益(按其差额,贷记或借记)

【例5-6】 2019年5月20日,甲公司从某证券交易所购入乙公司股票1 000 000股,占乙公司有表决权股份的5%,支付价款合计5 080 000元,其中,证券交易税等交易费用8 000元,已宣告发放现金股利72 000元。甲公司没有在乙公司董事会中派出代表,甲公司将其划分为有公允价值计量且其变动计入其他综合收益的非交易性权益工具的投资。

2019年6月20日,甲公司收到乙公司发放的2018年现金股利72 000元。

2019年6月30日，乙公司股票收盘价为每股5.20元。

2019年12月31日，乙公司股票收盘价为4.90元。

2020年4月20日，乙公司宣告发放2019年现金股利2 000 000元。

2020年5月10日，甲公司收到乙公司发放的2019年现金股利。

2025年1月10日，甲公司以每股4.50元的价格将股票全部转让，同时支付证券交易税等交易费用7 200元。

假定不考虑其他因素，同时为方便计算，假定乙公司股票自2020年1月1日至2024年12月31日价格未发生变化，一直保持为4.90元/股。

甲公司的账务处理如下：

1）2019年5月20日，购入乙公司股票1 000 000股时：

借：其他债权投资——成本（乙公司股票）　　　　　　　　　　5 008 000
　　应收股利——乙公司　　　　　　　　　　　　　　　　　　72 000
　　贷：银行存款　　　　　　　　　　　　　　　　　　　　　　　　5 080 000

乙公司股票的单位成本=（5 080 000-72 000）元÷1 000 000股=5.008元/股

2）2019年6月20日，收到乙公司发放的2018年现金股利72 000元时：

借：银行存款　　　　　　　　　　　　　　　　　　　　　　　72 000
　　贷：应收股利——乙公司　　　　　　　　　　　　　　　　　　　72 000

3）2019年6月30日，确认乙公司股票公允价值变动为192 000[（5.20-5.008）×1 000 000]元。

借：其他债权投资——公允价值变动（乙公司股票）　　　　　　192 000
　　贷：其他综合收益——其他权益工具投资公允价值变动　　　　　　192 000

4）2019年12月31日，确认乙公司股票公允价值变动为

（4.90-5.20）元/股×1 000 000股=-300 000元。

借：其他综合收益——其他权益工具投资公允价值变动　　　　　300 000
　　贷：其他债权投资——公允价值变动（乙公司股票）　　　　　　　300 000

5）2020年4月20日，确认乙公司发放的2019年现金股利中应享有的份额时：

2 000 000元×5%=100 000元

借：应收股利——乙公司　　　　　　　　　　　　　　　　　　100 000
　　贷：投资收益——乙公司股票　　　　　　　　　　　　　　　　　100 000

6）2020年5月10日，收到乙公司发放的2019年现金股利时：

借：银行存款　　　　　　　　　　　　　　　　　　　　　　　100 000
　　贷：应收股利——乙公司　　　　　　　　　　　　　　　　　　　100 000

7）2020年1月1日起至2024年12月31日止每年12月31日，乙公司股票公允价值变动为0，不做账务处理。

8）2025年1月10日，出售乙公司股票1 000 000股时：

借：银行存款　　　　　　　　　　　　　　　　　　　　　　　4 492 800
　　投资收益——乙公司股票　　　　　　　　　　　　　　　　407 200
　　其他债权投资——公允价值变动（乙公司股票）　　　　　　1 08 000
　　贷：其他债权投资——成本（乙公司股票）　　　　　　　　　　　5 008 000

乙公司股票出售价格＝4.50元/股×1 000 000股＝4 500 000元
出售乙公司股票取得的价款＝4 500 000元－7 200元＝4 492 800元
出售乙公司股票时的账面余额＝5 008 000元＋（－108 000）元＝4 900 000元，同时，
借：投资收益——乙公司股票　　　　　　　　　　　　　108 000
　　贷：其他综合收益——其他权益工具投资公允价值变动　　　　108 000
应从所有者权益中转出的公允价值累计变动额＝192 000元－300 000元＝－108 000元

思考题

1. 简述以摊余成本计量的金融资产的条件。
2. 简述金融资产或金融负债的摊余成本的初始确认金额的确定方法。
3. 简述金融资产已发生信用减值的证据。
4. 企业在什么条件下才能确认股利收入并计入当期损益？
5. 简述金融资产划分为以公允价值计量且其变动计入其他综合收益的金融资产的条件。
6. 2018年5月19日，某施工企业支付价款240 000元从二级市场购入甲公司发行的股票10 000股，每股价格为24元，另支付交易费用2 600元。该施工企业为交易目的而持有甲公司股权，且持有甲公司股权后对其无重大影响。

该施工企业的其他相关资料如下：

1) 2018年6月30日，甲公司股票价格涨到每股28元。
2) 2018年7月31日，将持有的甲公司股票全部售出，每股售价32元。

要求：根据上述资料，做出相应的会计处理。

7. 2018年3月18日，某施工企业支付价款305 600元（含交易费用200元和已宣告但尚未发放的现金股利5 400元），购入甲公司发行的股票30 000股，占甲公司有表决权股份的6%。该施工企业将所购股票指定为以公允价值计量且其变动计入其他综合收益的非交易性权益工具投资。其他资料如下：

1) 2018年5月4日，该施工企业收到甲公司发放的现金股利5 400元。
2) 2018年6月18日，该股票市价为每股14.8元。
3) 2019年3月19日，甲公司宣告发放现金股利50 000元。
4) 2020年5月24日，该施工企业收到甲公司发放的现金股利。
5) 2021年6月10日，该施工企业将持有的甲公司股票全部出售，每股售价16元。

要求：假定不考虑其他因素的影响，根据上述资料，做出相应的会计处理。

第六章 固定资产的会计核算

● **本章主要知识点**：固定资产概述（固定资产的概念与确认、固定资产的分类与管理）；固定资产获取的会计核算（外购机械设备的会计核算、自行安装制造机械设备的会计核算、调拨转入机械设备的会计核算、租入机械设备的会计核算、购建临时设施的会计核算）；固定资产折旧的会计核算（折旧的基本规定、折旧方法的选择、折旧的账务处理）；固定资产的后续支出（费用化的后续支出、资本化的后续支出）；固定资产的处置、盘点与期末计价（固定资产的处置、固定资产的清查盘点、固定资产的期末计价）。

● **本章重点和难点**：固定资产的概念与确认；外购机械设备的会计核算、自行安装制造机械设备的会计核算、调拨转入机械设备的会计核算、融资租入机械设备的会计核算、购建临时设施的会计核算、固定资产折旧的核算、固定资产的后续支出。

第一节 固定资产概述

一、固定资产的概念与确认

（一）固定资产的概念

根据《企业会计准则》的定义，固定资产是企业为生产商品、提供劳务、出租或经营管理而持有的使用寿命超过一个会计年度的有形资产。从其定义看，固定资产具有以下三个特征：①为生产商品、提供劳务、出租或经营管理而持有。其中，出租的固定资产，是指企业以经营租赁方式出租的机器设备类固定资产，不包括以经营租赁方式出租的房屋和建筑物，后者属于企业的投资性房地产，不属于固定资产。②使用寿命超过一个会计年度。固定资产的使用寿命，是指企业使用固定资产的预计期间，或者该固定资产所能生产产品或提供劳务的数量。通常情况下，固定资产的使用寿命是指使用固定资产的预计期间，如自用房屋建筑物的使用寿命表现为企业对该建筑物的预计使用年限。对于某些机器设备或运输设备等固定资产而言，其使用寿命表现为该固定资产所能生产产品或提供劳务的数量。固定资产使用寿命超过一个会计年度，意味着固定资产属于非流动资产，随着使用和磨损，通过计提折旧的方式逐渐减少账面价值。③固定资产是有形资产。固定资产具有实物特征，这一特征将固定资产与无形资产区别开来。

（二）固定资产的确认

《企业会计准则》没有规定固定资产具体的价值判断标准，是因为对不同行业的企业及同行业的不同企业，其经营方式、经营内容、资产规模及管理方式存在较大差别，强制所有企业执行同样的固定资产价值判断标准，既不符合实际情况，也不利于真实地反映企业固定资产的信息。企业可根据《企业会计准则》并结合自己的具体情况，制定适合自己实际情况的固定资产目录、分类方法、每类或每项固定资产的预计使用寿命、预计净残值、折旧方法等，作为固定资产核算的依据。在实际工作中，由于经济活动的复杂性，不同企业对固定资产标准的规定有时差异很大，即使在同一企业，那些被称作固定资产的物品也未必都符合固定资产的一般标准。有些劳动资料，单位价值虽然低于规定标准，但属于企业的主要劳动资料，也应列作固定资产；有些劳动资料，单位价值虽然超过规定标准，但其更换频繁、容易破损，也可以不列作固定资产。

在符合固定资产定义的前提下，应当同时满足以下两个条件，才能确认为企业的固定资产：

1) 与该固定资产有关的经济利益很可能流入企业。企业在确认固定资产时，需要判断与该固定资产有关的经济利益是否很可能流入企业。如果与该固定资产有关的经济利益很可能流入企业，并同时满足固定资产确认的其他条件，那么，企业应将其确认为固定资产；否则，不应将其确认为固定资产。

2) 该固定资产的成本能够可靠地计量。成本能够可靠地计量是资产确认的一项基本条件。企业在确定固定资产成本时必须取得确凿证据，但是，有时需要根据所获得的最新资料，对固定资产的成本进行合理的估计。如企业对于已达到预定可使用状态但尚未办理竣工决算的固定资产，需要根据工程预算、工程造价或者工程实际发生的成本等资料，按估计价值确定其成本，办理竣工决算后，再按照实际成本调整原来的暂估价值。

说明：施工企业所持有的模板、挡板、架料等周转材料，尽管具有固定资产的某些特征，但由于数量多、单价低，考虑成本效益原则，在实务中，通常确认为存货。施工企业应当根据实际情况，分别对其进行管理和核算。

二、固定资产的分类与管理

（一）固定资产的分类

施工企业可以根据《企业会计准则》的规定，结合自身的具体情况，对施工项目常用固定资产做如下分类，并按照此分类方法进行明细核算：

（1）施工机械　施工机械包括起重机械、挖掘机械、土方铲运机械、凿岩机械、基础及凿井机械、筑路机械、架梁机械、铺轨、铺碴、整道机械、钢筋混凝土机械、盾构等用于施工的各种机械。

（2）运输设备　运输设备包括载货汽车、自卸汽车、牵引汽车、轨道车、拖车、客车、轿车、吉普车等用于运输的各种设备和工具。

（3）生产设备　生产设备包括木工加工设备、金属切削设备、锻压设备、焊接及切割设备、铸造及热处理设备、动力设备、传导设备等用于加工、维修的各种生产设备。

（4）测量及试验设备　测量及试验设备包括试验机、测量仪器、计量仪器、测绘仪器等用于测量及试验的设备。

（5）临时设施　办公用房、施工现场的厂房、库房、构筑物、停车场、道路、水塔、储油罐、围墙，以及与房屋不可分割的各种附属设备（如水、暖、电、通风、电梯等设备）。

(6) 其他固定资产　其他固定资产是指不属于以上各类的固定资产，包括各类计算机、电子设备、复印机、办公家具、消防用具、炊事用具、医疗器具等。

（二）固定资产的使用与维护控制

施工企业结合企业实际，确定计提折旧的固定资产范围、折旧方法、折旧年限、净残值率等折旧政策。施工项目部应加强机械设备及其他固定资产的日常管理工作，授权具体部门或人员负责固定资产的日常使用与维修管理，保证固定资产的安全与完整。项目部还应当按照企业的统一要求建立固定资产的维修、保养制度，保证固定资产的正常运行，提高固定资产的使用效率。

施工企业或施工项目部应以每一单项固定资产（如每件管理用具、每辆消防车等）作为一个独立登记对象，建立固定资产卡片。固定资产卡片应按固定资产的类别和保管、使用单位顺序排列，妥善保管。在每一张卡片中，应记载该项固定资产的编号、名称、规格、技术特征、技术资料编号、附属物、使用单位、所在地点、购建年份、开始使用日期、中间停用日期、原价、预计使用年限、折旧率、大修理次数和日期、转移调拨情况、报废清理情况等详细信息。按工作时间计提折旧的大型设备、按行驶里程计提折旧的车辆，还应定期登记其实际工作时间、实际行驶里程。固定资产卡片一般应一式三份，由固定资产管理部门、使用单位和财会部门各保管一份。

施工企业或施工项目部应当定期对所使用的固定资产进行盘点。盘点前，应当由固定资产管理部门、使用部门和财会部门进行固定资产账簿记录的核对，保证账账相符。施工企业或施工项目部应组成固定资产盘点小组，对施工项目部所使用的固定资产进行盘点，根据盘点结果填写固定资产盘点表，并与账簿记录核对。固定资产盘盈、盘亏的，应编制固定资产盘盈、盘亏表。固定资产发生盘盈、盘亏，应由固定资产使用部门和管理部门逐笔查明原因，共同确定盘盈、盘亏处理意见，经企业授权部门或人员批准后，由财会部门及时调整有关账簿记录，使其反映固定资产的实际情况。通常，施工企业对固定资产进行分级管理，如大型、关键的固定资产由公司总部核算与管理；小金额的、对经营不会产生太大影响的辅助设备由施工项目部管理，但此类设备的核算与管理必须遵循公司规定的固定资产核算原则，公司总部负责对此类设备的核算与管理进行监督。

第二节　固定资产获取的会计核算

按照《企业会计准则》的规定，企业取得的固定资产应当按照成本进行初始计量。成本包括企业为购建某项固定资产达到预定可使用状态前所发生的一切合理的、必要的支出。施工项目作为固定资产核算的机械设备，按其来源不同可分为：外购、自行安装制造、调拨转入、长期租入、盘盈的机械设备等；施工项目涉及的作为固定资产核算的临时设施主要是房屋建筑物及其附属设备。

一、外购机械设备的会计核算

施工企业购入不需要安装的机械设备，交付使用时，应由固定资产管理部门根据发票账单等原始凭证，及时填制固定资产验收交接单，并经固定资产管理部门、财会部门和使用单位共同验收实物后签证，办理验收交接手续。在固定资产验收交接单上，应详细填列购入固定资产的名称、规格、型号、数量、原价、已提折旧、预计使用年限等信息。固定资产验收交接单应填制一式多联，其中一联由固定资产管理部门留存；一联交使用单位备查；一联交财会部门作为记账的依据。财会部门应按购入时实际支付的买价、包装费、运输费、保险费、专业人员服务费及缴纳的有关税金等，借记"固定资产"科目，贷记"银行存款""其他应付款"等科目。在实行增值税以后，外购设备、车辆及其运费等所涉及增值税进项税额在价外单独核算，不形成固定资产的成本。

【例6-1】 某施工企业购入一台不需要安装的设备，取得的增值税专用发票上注明的设备价款为100 000元，增值税进项税额为13 000元，发生运输费2 000元，增值税进项税额180元，款项全部付清。假定不考虑其他相关税费。账务处理如下：

购置设备的成本 = 100 000元 + 2 000元 = 102 000元

借：固定资产　　　　　　　　　　　　　　　　　　　　102 000
　　应交税费——应交增值税（进项税额）　　　　　　　 13 180
　　贷：银行存款　　　　　　　　　　　　　　　　　　115 180

施工企业购入需要安装的机械设备，购入机械设备支付的买价、包装费、运输费以及发生的安装调试费等，均应通过"在建工程"科目核算。待安装完毕达到预定可使用状态时，再由"在建工程"科目转入"固定资产"科目。

1）购入机械设备时，按实际支付的价款（包括买价、包装费、运输费、保险费、缴纳的有关税金等），借记"在建工程""应交税费——应交增值税（进项税额）"等科目，贷记"银行存款"科目。

2）发生安装调试等费用时，借记"在建工程""应交税费——应交增值税（进项税额）"科目，贷记"银行存款"科目。

3）安装完成达到预定可使用状态时，按其实际成本（包括买价、税金、包装费、运输费、保险费和安装调试费等）作为固定资产的原价转账，借记"固定资产"科目，贷记"在建工程"科目。

【例6-2】 某施工企业购入一台需安装的设备，取得的增值税专用发票上注明设备买价为60 000元，增值税税额为7 800元，支付运输费2 000元，增值税税额为180元。安装设备时，领用材料2 000元，支付安装工人工资3 000元。

1）支付设备价款、税金、运输费合计71 800元，账务处理如下：

借：在建工程　　　　　　　　　　　　　　　　　　　　62 000
　　应交税费——应交增值税（进项税额）　　　　　　　　7 980
　　贷：银行存款　　　　　　　　　　　　　　　　　　 69 980

2）领用安装材料、支付工资等，账务处理如下：

借：在建工程　　　　　　　　　　　　　　　　　　　　 5 000
　　贷：原材料　　　　　　　　　　　　　　　　　　　　2 000
　　　　应付职工薪酬　　　　　　　　　　　　　　　　　3 000

3）设备安装完达到可使用状态，确定固定资产的成本，账务处理如下：

购置该设备的成本 = 62 000元 + 5 000元 = 67 000元

借：固定资产　　　　　　　　　　　　　　　　　　　　 67 000

  贷：在建工程   67 000

二、自行安装制造机械设备的会计核算

  施工企业可根据生产经营的特殊需要，利用自有的人力、物力条件自行生产安装机械设备，包括各种设施以及大型机器设备的安装工程等，也包括机械设备的改造、大修理工程等。自行安装制造机械设备可以通过自营工程或发包工程的方式进行。

(一) 自行安装制造机械设备入账价值的确定

  施工企业自行建造的机械设备，应按建造过程中发生的全部支出（包括所消耗的材料、人工、其他费用和缴纳的有关税金等）确定其价值。

  1) 购入为工程准备的各种物资，应按实际支付的买价、运输费、保险费等相关费用，作为实际成本，并按各种物资的种类在"工程物资"科目进行明细核算。工程完工后剩余的物资，转作本企业原材料的，按其实际成本，转作企业的原材料。盘盈、盘亏、报废、毁损的工程物资，减去保险公司及过失人赔偿部分后的差额，工程项目尚未完工的，计入或冲减所建工程项目的成本；工程已经完工的，计入当期营业外收支。

  2) 设备安装成本，按所安装设备的价值、工程安装费用、工程试运转等所发生的支出计价。

  在建工程项目达到预定可使用状态前，因进行试运转所发生的净支出，计入工程成本；在建工程项目在达到预定可使用状态前，所取得的试运转过程中形成的、能够对外销售的产品，其发生的成本，计入在建工程成本，销售或转为库存商品时，按实际销售收入或按预计售价冲减工程成本。

  在建工程发生单项或单位工程报废或毁损，减去残料价值和过失人或保险公司赔款后的净损失，报经批准后计入继续施工的工程成本；如为非常原因造成的报废或毁损，或在建工程项目全部报废或毁损，应将其净损失直接计入当期营业外支出。

  所建造的机械设备已达到固定资产预定可使用状态，但尚未办理决算的，应自达到预定可使用状态之日起，根据工程预算、造价或工程实际成本等，按暂估的价值转入固定资产，并按有关规定，计提固定资产的折旧。待办理竣工决算手续后，再按照实际成本调整原来的暂估价值，但不再调整原已计提的折旧额。

(二) 自行安装机械设备的核算

1. 通过自营工程方式安装机械设备的核算

  施工企业使用"工程物资"科目核算为改造或安装工程准备的各种物资的实际成本，包括为工程准备的材料、尚未交付安装设备的实际成本，以及为生产准备的工具及器具等的实际成本。

  施工企业购入为工程准备的物资，按实际成本和专用发票上注明的增值税税额，借记"工程物资——专用材料""应交税费——应交增值税（进项税额）"等科目，贷记"银行存款""应付账款""应付票据"等科目。

  自营工程领用工程用材料物资时，按实际成本，借记"在建工程"等科目，贷记"工程物资"等科目；自营工程领用本企业的产品（如自制结构件）时，按产品的实际成本入账，借记"在建工程"等科目，贷记"库存商品"等科目；自营工程应负担的职工薪酬，

借记"在建工程"等科目,贷记"应付职工薪酬"科目;辅助生产部门为工程提供的水、电、设备安装、修理、运输等劳务,按月根据实际成本,借记"在建工程"等科目,贷记"辅助生产"等科目。

工程物资在建设期间发生的盘亏、报废及毁损,其处置损失报经批准后,借记"在建工程"科目,贷记"工程物资"科目;盘盈的工程物资或处置收益,借记"工程物资"科目,贷记"在建工程"科目。

在建工程达到预定可使用状态前进行负荷联合试车发生的费用,借记"在建工程"科目,贷记"银行存款""库存商品"等科目;获得的试车收入或按预计售价将能对外出售的产品转为库存商品的,借记"银行存款""库存商品"等科目,贷记"在建工程"科目。

建造工程完工后应进行清理,已领出的剩余材料,应办理退库手续,借记"工程物资"科目,贷记"在建工程"科目。

建造工程完工交付使用时,应计算各项交付使用固定资产的成本,并编制交付使用固定资产明细表,借记"固定资产"科目,贷记"在建工程"等科目。

2. 通过出包工程方式安装机械设备的核算

采用出包方式进行的自建活动,其工程的具体支出在承包单位核算。此方式下,"在建工程"科目实际上成为施工企业与承包单位的结算科目,将与承包单位结算的工程价款作为工程成本,在"在建工程"科目核算。将需要安装的设备交付承包单位时,按设备的成本,借记"在建工程"科目,贷记"工程物资"科目。

工程完工收到承包单位账单,与承包单位办理工程价款结算时,借记"在建工程""应交税费——应交增值税(进项税额)""应交税费——待抵扣进项税额"等科目,贷记"银行存款""应付账款"等科目。

工程完工达到预定可使用状态时,按实际发生的全部支出,借记"固定资产"科目,贷记"在建工程"等科目。

【例 6-3】 某施工企业将一部龙门塔式起重机的安装工程出包给某建设公司承建,按规定先向承包单位交付相关设备、物资,账面价值为 200 000 元。工程完工后,收到承包单位的有关工程结算单据,付安装工程款 86 000 元(不含税),增值税税额为 7 740 元。工程完工,经验收后交付使用。

1)交付设备物资,按照账面价值,做如下账务处理:

借:在建工程　　　　　　　　　　　　　　　　　　　　　200 000
　　贷:工程物资　　　　　　　　　　　　　　　　　　　　200 000

2)付安装工程款,做如下账务处理:

借:在建工程　　　　　　　　　　　　　　　　　　　　　86 000
　　应交税费——应交增值(进项税额)　　　　　　　　　7 740
　　贷:银行存款　　　　　　　　　　　　　　　　　　　　93 740

3)工程交付使用,做如下账务处理:

借:固定资产　　　　　　　　　　　　　　　　　　　　　286 000
　　贷:在建工程　　　　　　　　　　　　　　　　　　　　286 000

完工交付使用时,应由基建安装部门填制交付使用资产清册,并由基建安装部门、机械设备管理部门、财会部门和使用单位的有关人员共同验收后签证,办理验收交接手续。交付使用资产清册应填制一式多份,基建安装部门、机械设备管理部门和使用单位各留存一份,并交财会部门一份作为记账的依据。

三、调拨转入机械设备的会计核算

施工企业调拨转入的机械设备,应由机械设备管理部门根据调出单位出具的固定资产调拨单以及其他有关原始凭证,填制固定资产验收交接单,办理验收交接手续,并将其中一联交财会部门作为记账的依据。施工项目部按调出单位的账面价值加上新的安装成本、包装费、运杂费等,作为调入固定资产的入账价值。

(1) 调入不需要安装的机械设备 按调入机械设备的原账面价值以及发生的包装费、运杂费等,借记"固定资产"科目,按调入固定资产的原账面价值,贷记"上级拨入资金"科目(也有记入"内部往来"或"其他应付款"科目,作为上下级暂收暂付款的),按所发生的支出,贷记"银行存款"科目。

(2) 调入需安装的机械设备 调入机械设备时,按调入机械设备的原账面价值以及发生的包装费、运杂费等,借记"在建工程""应交税费——应交增值税(进项税额)"科目(主要指包装物、运杂费等产生的进项税),按调入固定资产的原账面价值,贷记"上级拨入资金"科目(也有记入"内部往来"或"其他应付款"科目,作为上下级暂收暂付款的),按发生的支出,贷记"银行存款"等科目;发生安装费用时,借记"在建工程"等科目,贷记"银行存款""应付职工薪酬"等科目;工程达到预定可使用状态时,按工程的实际成本,借记"固定资产"科目,贷记"在建工程"科目。

【例6-4】 某施工企业调入一台大型设备,原值150 000元,已提折旧30 000元。调入过程中发生运输费用5 000元(取得增值税普通发票),设备安装过程发生安装费3 000元,增值税税额300元,支付工资费用等4 000元。设备安装完工交付使用。

1) 设备调入,并支付运输费等,做如下账务处理:

借:在建工程 125 000
  贷:上级拨入资金 120 000
    银行存款 5 000

2) 发生安装费用,做如下账务处理:

借:在建工程 7 000
  应交税费——应交增值税(进项税额) 300
  贷:银行存款 3 300
    应付职工薪酬 4 000

3) 安装完工交付使用,做如下账务处理:

借:固定资产 132 000
  贷:在建工程 132 000

机械设备的调拨本身不涉及增值税。但施工企业总部与分公司之间发生机械设备的调拨,属于两个增值税纳税人之间的交易,要分别按照采购和销售业务来处理。

四、租入机械设备的会计核算

《企业会计准则第 21 号——租赁》中规范了企业租赁业务的确认、计量和相关信息的列报。施工企业通常应当设置"使用权资产""使用权资产累计折旧""使用权资产减值准备"和"租赁负债"科目，正确记录和反映所发生的租赁业务。在进行具体会计处理时，需依据该准则规定对相关事项判断并确定适用的会计处理方法。企业在不违反准则中确认、计量和报告规定的前提下，可以根据本企业的实际情况自行增设、拆分、合并会计科目。对于明细科目，企业也可以比照规定自行设置。

（1）"使用权资产"　本科目核算承租人持有的使用权资产的原价，可按租赁资产的类别和项目进行明细核算。主要账务处理如下：

1）在租赁期开始日，承租人应当按成本借记本科目，按尚未支付的租赁付款额的现值贷记"租赁负债"科目；对于租赁期开始日之前支付租赁付款额的（扣除已享受的租赁激励），贷记"预付款项"等科目；按发生的初始直接费用，贷记"银行存款"等科目；按预计将发生的为拆卸及移除租赁资产、复原租赁资产所在场地或将租赁资产恢复至租赁条款约定状态等成本的现值，贷记"预计负债"科目。

2）在租赁期开始日后，承租人按变动后的租赁付款额的现值重新计量租赁负债的，当租赁负债增加时，应当按增加额借记本科目，贷记"租赁负债"科目；除下述 3）中的情形外，当租赁负债减少时，应当按减少额借记"租赁负债"科目，贷记本科目；若使用权资产的账面价值已调减至零，应当按仍需进一步调减的租赁负债金额，借记"租赁负债"科目，贷记"制造费用""销售费用""管理费用""研发支出"等科目。

3）因租赁变更导致租赁范围缩小或租赁期缩短的，承租人应当按缩小或缩短的相应比例，借记"租赁负债""使用权资产累计折旧""使用权资产减值准备"科目，贷记本科目，按其差额借记或贷记"资产处置损益"科目。

4）企业因转租使用权资产而形成融资租赁的，应当借记"应收融资租赁款""使用权资产累计折旧""使用权资产减值准备"科目，贷记本科目，按其差额借记或贷记"资产处置损益"科目。

5）本科目期末借方余额，反映承租人使用权资产的原价。

6）承租人应当在资产负债表中单独列示"使用权资产"项目。

（2）"使用权资产累计折旧"　本科目核算使用权资产的累计折旧，可按租赁资产的类别和项目进行明细核算。主要账务处理如下：

1）承租人通常应当自租赁期开始日起按月计提使用权资产的折旧，借记"营业成本""制造费用""销售费用""管理费用""研发支出"等科目，贷记本科目。当月计提确有困难的，也可从下月起计提折旧，并在附注中予以披露。

2）因租赁范围缩小、租赁期缩短或转租等原因减记或终止确认使用权资产时，承租人应同时结转相应的使用权资产累计折旧。

3）本科目期末贷方余额，反映使用权资产的累计折旧额。

（3）"使用权资产减值准备"　本科目核算使用权资产的减值准备，可按租赁资产的类别和项目进行明细核算。主要账务处理如下：

1）使用权资产发生减值的，按应减记的金额，借记"资产减值损失"科目，贷记本科目。

2）因租赁范围缩小、租赁期缩短或转租等原因减记或终止确认使用权资产的，承租人应同时结转相应的使用权资产累计减值准备。使用权资产减值准备一旦计提，不得转回。

3）本科目期末贷方余额，反映使用权资产的累计减值准备金额。

（4）"租赁负债"　本科目核算承租人尚未支付的租赁付款额的现值，可分别设置"租赁付款额""未确认融资费用"等进行明细核算。主要账务处理如下：

1）在租赁期开始日，承租人应当按尚未支付的租赁付款额，贷记"租赁负债——租赁付款额"科目；按尚未支付的租赁付款额的现值，借记"使用权资产"科目；按尚未支付的租赁付款额与其现值的差额，借记"租赁负债——未确认融资费用"科目。

2）承租人在确认租赁期内各个期间的利息时，应当借记"财务费用——利息费用""在建工程"等科目，贷记"租赁负债——未确认融资费用"科目。

3）承租人支付租赁付款额时，应当借记"租赁负债——租赁付款额"等科目，贷记"银行存款"等科目。

4）在租赁期开始日后，承租人按变动后的租赁付款额的现值重新计量租赁负债的，当租赁负债增加时，应当按租赁付款额现值的增加额，借记"使用权资产"科目，按租赁付款额的增加额，贷记"租赁负债——租赁付款额"科目，按其差额，借记"租赁负债——未确认融资费用"科目；除下述5）中的情形外，当租赁负债减少时，应当按租赁付款额的减少额，借记"租赁负债——租赁付款额"科目，按租赁付款额现值的减少额，贷记"使用权资产"科目，按其差额，贷记"租赁负债——未确认融资费用"科目；若使用权资产的账面价值已调减至零，应当按仍需进一步调减的租赁付款额，借记"租赁负债——租赁付款额"科目，按仍需进一步调减的租赁付款额现值贷记"营业成本""制造费用""销售费用""管理费用""研发支出"等科目，按其差额，贷记"租赁负债——未确认融资费用"科目。

5）租赁变更导致租赁范围缩小或租赁期缩短的，承租人应当按缩小或缩短的相应比例，借记"租赁负债——租赁付款额""使用权资产累计折旧""使用权资产减值准备"科目，贷记"租赁负债——未确认融资费用""使用权资产"科目，按其差额借记或贷记"资产处置损益"科目。

6）本科目的期末贷方余额，反映承租人尚未支付的租赁付款额的现值。

【例6-5】　甲公司于2018年12月与乙公司签署租赁协议，租入管理用固定资产，次月该固定资产达到预定可使用状态。合同规定，自2019年1月1日起，承租人甲公司在每年年初支付1 000万元的租赁付款额，租赁期限为4年。由于租赁的内含利率不易确定，承租人甲公司的增量借款年利率为10%，这反映承租人为借入与使用权资产价值接近的、以相同货币计价的且期限为3年及具有类似担保品的资金而需支付的固定利率。承租人甲公司预计将在租赁期内平均地消耗使用权资产的未来经济利益，因此采用直线法对使用权资产进行折旧。甲公司的账务处理如下：

1）使用权资产和租赁负债的计算（见表6-1）。

871.72*是倒挤出来的数据，差异是由于计算过程中的四舍五入所产生的。

租赁负债（第一年年初，不包括初始支付的租金）＝付款额的现值

= 1 000 万元×（1＋10%）$^{-1}$＋1 000 万元×（1＋10%）$^{-2}$＋1 000 万元×（1＋10%）$^{-3}$＝ 2 486.85 万元

表 6-1 使用权资产和租赁负债的计算　　　　　　　　　　　　　　单位：万元

时间	使用权资产账面价值（年初）	折旧	使用权资产账面价值（年末）	付款额（年初）	租赁负债（年初）	利息费用	租赁负债（年末）
第一年	3 486.85	871.71	2 615.14	1 000	2 486.85	248.69	2 735.54
第二年	2 615.14	871.71	1 743.43	1 000	1 735.54	173.55	1 909.09
第三年	1 743.43	871.71	871.72	1 000	909.09	90.91	1 000
第四年	871.72	871.72 *	0.00	1 000	0.00	0.00	0.00

租赁负债（未确认融资费用，第一年年初有）＝3 000 万元－2 486.85 万元＝513.15 万元

使用权资产账面价值（第一年年初）＝2 486.85 万元＋1 000 万元＝3 486.85 万元

2）2019 年的会计分录为：

① 2019 年 1 月 1 日，确认使用权资产和租赁负债时：

借：使用权资产　　　　　　　　　　　　　　　　　　　34 868 500
　　租赁负债——未确认融资费用　　　　　　　　　　　　5 131 500
　　贷：租赁负债——租赁付款额　　　　　　　　　　　　　　　30 000 000
　　　　银行存款　　　　　　　　　　　　　　　　　　　　　　10 000 000

租赁负债的账面价值＝3 000 万元－513.15 万元＝2 486.85 万元

② 2019 年 12 月 31 日，确认折旧和财务费用时：

借：管理费用　　　　　　　　　　　　　　　　　　　　8 717 100
　　贷：使用权资产累计折旧　　　　　　　　　　　　　　　　8 717 100
借：财务费用——利息费用　　　　　　　　　　　　　　2 486 900
　　贷：租赁负债——未确认融资费用　　　　　　　　　　　　2 486 900

2019 年度的财务费用＝2 486.85 万元×10%＝248.69 万元

2019 年年末，租赁负债的账面价值＝2 486.85 万元＋248.69 万元＝2 735.54 万元

2019 年度，使用权资产的折旧费＝3 486.85 万元÷4＝871.71 万元

2019 年年末，使用权资产的账面价值＝3 486.85 万元－3 486.85 万元÷4＝2 615.14 万元

3）2020 年的会计分录为：

① 2020 年 1 月 1 日，确认租赁款项支付时：

借：租赁负债——租赁付款额　　　　　　　　　　　　10 000 000
　　贷：银行存款　　　　　　　　　　　　　　　　　　　　　10 000 000

② 2020 年 12 月 31 日，确认折旧和财务费用时：

借：管理费用　　　　　　　　　　　　　　　　　　　　8 717 100
　　贷：使用权资产累计折旧　　　　　　　　　　　　　　　　8 717 100
借：财务费用——利息费用　　　　　　　　　　　　　　1 735 500
　　贷：租赁负债——未确认融资费用　　　　　　　　　　　　1 735 500

2020 年度，使用权资产的折旧费 = 3 486.85 万元÷4 = 871.71 万元

2020 年年末，使用权资产的账面价值 = 3 486.85 万元 - 3 486.85 万元÷4×2 = 1 743.43 万元

2020 年度，财务费用 = 1 735.54 万元×10% = 173.55 万元

2020 年年末，租赁负债的账面价值 = 1 735.54 万元 + 173.55 万元 = 1 909.09 万元

4）2021 年的会计分录为：

① 2021 年 1 月 1 日，确认租赁款项支付时：

借：租赁负债——租赁付款额　　　　　　　　　　　　10 000 000
　　贷：银行存款　　　　　　　　　　　　　　　　　　　　　　10 000 000

② 2021 年 12 月 31 日，确认折旧和财务费用时：

借：管理费用　　　　　　　　　　　　　　　　　　　8 717 100
　　贷：使用权资产累计折旧　　　　　　　　　　　　　　　　　8 717 100

借：财务费用——利息费用　　　　　　　　　　　　　909 100
　　贷：租赁负债——未确认融资费用　　　　　　　　　　　　　909 100

2021 年度，财务费用 = （1 909.09 - 1000）万元×10% = 90.91 万元

2021 年年末，使用权资产的账面价值 = 871.72 万元

2021 年年末，租赁负债的账面价值 = 1 000 万元

5）2022 年的会计分录为：

① 2022 年 1 月 1 日，确认租赁款项支付时：

借：租赁负债——租赁付款额　　　　　　　　　　　　10 000 000
　　贷：银行存款　　　　　　　　　　　　　　　　　　　　　　10 000 000

② 2022 年 12 月 31 日，确认折旧和财务费用时：

借：管理费用　　　　　　　　　　　　　　　　　　　8 717 200
　　贷：使用权资产累计折旧　　　　　　　　　　　　　　　　　8 717 200

2022 年度，财务费用 = 0

2022 年年末，使用权资产的账面价值 = 0

2022 年年末，租赁负债的账面价值 = 0

【备注】 根据 2018 年修订发布的《企业会计准则第 21 号——租赁》，使用权资产一般在租赁期开始日的当月计提折旧。

五、购建临时设施的会计核算

（一）临时设施的构成

临时设施是指施工企业为保证施工生产和管理工作的正常进行，而在施工现场建造的生产和生活用的各种临时性简易设施，如房屋、建筑物和其他设施等。施工企业在施工现场搭建临时设施，是由建筑安装工程位置的固定性和施工生产过程的流动性引起的，是随着施工企业承担的工程任务而转移的。每当施工队伍进入新的施工地点，为了保证施工生产和管理工作的顺利进行，施工企业需要解决职工的吃住、材料物资的储备和施工生产等问题，就必须在施工现场及其附近场地搭建一些生产用和生活用的临时房屋、建筑物、构筑物和其他设

施，随着工程任务的完成，这些临时设施就失去了原来的作用，需要拆除或做其他处理。

按照《企业会计准则》的规定，符合固定资产确认条件的临时设施应该作为固定资产核算与管理。

建筑工地搭建的临时设施，通常可以分为大型临时设施和小型临时设施两类。大型临时设施主要包括：①施工人员的临时宿舍；②食堂、浴室、医务室等现场临时福利设施；③施工单位现场临时办公室；④现场各种临时仓库和施工机械设备库；⑤临时道路、塔式起重机、路基等；⑥施工过程中应用的临时给水、排水、供电、供热管道（不包括设备）；⑦施工现场的加工厂等临时建筑物。小型临时设施主要包括：①现场施工和安全保卫用的小型临时设施，如作业棚、休息棚、茶炉室、便道；②保管器材用的小型临时设施，如简易料棚、工具储藏室等；③行政管理用的小型临时设施。

施工企业在施工现场所使用的临时设施一般有两种情况：①由建设单位或总包单位提供。边远地区或工期较长的大型工程项目，如水电站工程等，施工所需的临时设施一般由建设单位提供，或由施工企业作为承包工程进行建造，建成后产权归建设单位所有，在施工期间建设单位按合同约定借给施工企业的项目部使用。临时设施的建造费用由建设单位直接支付，并分摊计入建设成本。这种临时设施，不属于施工企业的临时设施核算范围。②由施工企业向建设单位或总包单位收取临时设施包干费，负责搭建施工所需的临时设施。在城市和近郊的一般工程，施工现场所需的临时设施的建造资金，由施工企业根据施工图预算所列的工程直接费和间接费总和，按照各地区规定的临时设施取费率计算，并列入工程预算造价，向建设单位或总包单位收取，用于搭建施工所需的各种临时设施。收取的临时设施费，由施工企业包干使用，超支不补，节约归己。

（二）临时设施搭建的核算

临时设施按实际成本入账。自行建造的临时设施，按照建造过程中实际发生的全部支出计量；购入的临时设施，按照实际支付的价款计量。

施工企业购置、搭建临时设施发生的各项支出，借记"固定资产——临时设施"科目，贷记"银行存款"等科目。对需要通过建筑安装施工活动才能完成的临时设施，其支出应先通过"在建工程"科目核算，于临时设施搭建完成交付使用时，再将其实际成本由"在建工程"科目转入"固定资产——临时设施"科目的借方。

【例6-6】某施工企业自行搭建仓库，购入为工程准备的各种专用物资200 000元，缴纳增值税26 000元，实际领用工程物资20 000元；支付工程人员工资50 000元，辅助生产部门提供有关劳务10 000元。工程达到预定可使用状态并交付使用。

1) 购入为工程准备的物资，做如下账务处理：

借：工程物资——专用材料　　　　　　　　　　　　　200 000
　　应交税费——应交增值税（进项税额）　　　　　　 26 000
　　贷：银行存款　　　　　　　　　　　　　　　　　　　　　226 000

2) 工程领用物资，做如下账务处理：

借：在建工程——建筑工程（仓库）　　　　　　　　　200 000
　　贷：工程物资——专用材料　　　　　　　　　　　　　　　200 000

3) 支付工程人员工资，做如下账务处理：

借：在建工程——建筑工程（仓库）	50 000	
贷：应付职工薪酬		50 000

4）辅助生产部门提供的劳务，做如下账务处理：

借：在建工程——建筑工程（仓库）	10 000	
贷：辅助生产成本		10 000

5）工程达到预定可使用状态，做如下账务处理：

借：固定资产——临时设施（仓库）	260 000	
贷：在建工程——建筑工程（仓库）		260 000

按照增值税法规的规定，增值税一般纳税人单位取得的房屋建筑物等不动产，其进项税额应自取得之日起分两年从销项税额中抵扣，第一年抵扣比例为60%，第二年抵扣比例为40%。而在施工现场修建的临时建筑物、构筑物，其进项税额不适用上述分两年抵扣的规定。即属于临时设施的房屋建筑物，相关进项税额在取得增值税专用发票后可以一次性全额抵扣。

第三节 固定资产折旧的会计核算

一、折旧的基本规定

折旧是指固定资产由于损耗而减少的价值。固定资产损耗分为有形损耗和无形损耗两种。企业的固定资产在长期使用过程中，其价值将随着固定资产的损耗程度，以折旧费项目分期计入生产成本或费用，并通过取得相应的收入而得到补偿。固定资产折旧，即对固定资产由于磨损和损耗而转移到产品成本或构成企业费用的那一部分价值的补偿。

计提固定资产折旧应考虑的因素主要包括：

1）固定资产原值，是指固定资产的成本。

2）固定资产应计折旧额，是指应当计提折旧的固定资产原值扣除其预计净残值后的余额。如果已对固定资产计提减值准备，还应当扣除已计提的固定资产减值准备累计金额。

3）预计净残值，是指假定固定资产预计使用寿命已满并处于使用寿命终了时的预期状态，企业从该项资产处置中获得的扣除预计处置费用后的金额。

4）固定资产减值准备，是指已计提的固定资产减值准备累计金额。固定资产计提减值准备后，应当在剩余使用寿命内根据调整后的固定资产账面价值（固定资产账面余额扣减累计折旧和累计减值准备后的金额）和预计净残值，重新计算确定折旧率和折旧额。

5）固定资产的使用寿命，是指企业使用固定资产的预计期间，或者该固定资产所能生产产品或提供劳务的数量。

《企业会计准则》规定，除下列两种情况的固定资产不计提折旧外，其他固定资产均应计提折旧：①已提足折旧继续使用的固定资产；②按规定单独估价作为固定资产入账的土地。

具体计提折旧时，一般应按月提取，当月增加的固定资产，当月不提折旧，从下月起提折旧；当月减少的固定资产，当月照提折旧，从下月起不提折旧。已达到预定可使用状态但尚未办理竣工决算的固定资产，应当按照暂估价值确定其成本，并计提折旧；待办理竣工决算后，再按实际成本调整原来的暂估价值，但不需要调整原已计提的折旧额。

二、折旧方法的选择

企业应根据与固定资产有关的经济利益的预期实现方式，合理选择折旧方法。可选用的折旧方法有：年限平均法、工作量法、双倍余额递减法和年数总和法等。

（一）年限平均法

年限平均法，又称直线法，是指按固定资产的使用年限将应计提的折旧额均衡地分摊到固定资产预计使用寿命内的一种方法。此方法计算简便，易于理解和掌握，适用于各期使用程度比较均衡的固定资产。但此方法也存在明显的不足，主要表现在：①未考虑固定资产在不同使用年限为企业所提供经济效益的不同；②未考虑固定资产在不同使用年限发生的维修费用等不一样；③只考虑时间因素，未考虑固定资产在使用年限内的实际耗用或损耗情况。因此，为了弥补年限平均法的缺陷，企业对某些固定资产也可以采用工作量法计提折旧。

采用年限平均法计算的每期折旧额均是等额的，其计算公式为

年折旧率＝（1－预计净残值率）÷预计使用年限×100%

月折旧率＝年折旧率÷12

月折旧额＝固定资产原值×月折旧率

（二）工作量法

工作量法是指以固定资产能提供的工作量为单位来计算折旧额的方法。工作量可以是汽车的总行驶里程，也可以是机器设备的总工作台班、总工作小时等。

此方法的主要优点是：将固定资产的效能与固定资产的使用程度联系起来，计算的折旧额与固定资产所完成的工作量成正比，而且计算比较简便，易于理解和掌握。不足之处在于对固定资产预计能够完成的总工作量难以估计准确。因此，工作量法一般适用于损耗程度与完成的工作量密切相关或使用不均衡的固定资产，如季节性使用的固定资产等。工作量法的计算公式为

单位工作量折旧额＝固定资产原值×（1－预计净残值率）÷该项固定资产预计完成的总工作量

某项固定资产月折旧额＝该项固定资产当月工作量×单位工作量折旧额

（三）双倍余额递减法

双倍余额递减法是指在不考虑固定资产残值的情况下，用直线法折旧率的两倍作为固定的折旧率乘以逐年递减的固定资产期初净值，得出各年应提折旧额的方法。其特点是：固定资产使用前期提取折旧多，使用后期提取折旧逐年减少，以使固定资产成本在有效使用年限中加快得到补偿。其计算公式为

年折旧率＝2÷预计使用年限×100%

月折旧率＝年折旧率÷12

月折旧额＝固定资产账面净值×月折旧率

由于双倍余额递减法以固定资产账面净值作为折旧基数，而固定资产账面净值是随着折旧的逐年提取而逐步递减的，因此，采用双倍余额递减法计提折旧，固定资产在使用期限内每年提取的折旧额呈递减趋势，即使用前期多提折旧，而使用后期少提折旧。但必须注意，

不能将固定资产的账面净值降低到其预计净残值以下，即历年计提的累计折旧额不应超过该项固定资产原值扣除预计净残值后的余额，也不能出现应提折旧额未提足而使得账面净值大于预计净残值的情况。

因此，实行双倍余额递减法计提折旧的固定资产，一般应在其折旧年限到期前两年内，将固定资产净值扣除预计净残值后的余额平均摊销。

【例 6-7】 某施工企业有一台铲车，原值 20 000 元，预计使用寿命为 5 年，预计净残值 200 元。按双倍余额递减法计提折旧。

年折旧率 = 2÷5×100% = 40%

第一年应计提折旧额 = 20 000 元 × 40% = 8 000 元

第二年应计提折旧额 = (20 000 - 8 000) 元 × 40% = 4 800 元

第三年应计提折旧额 = (20 000 - 8 000 - 4 800) 元 × 40% = 2 880 元

第四年和第五年年折旧额 = (20 000 - 8 000 - 4 800 - 2 880 - 200) 元 ÷ 2 = 2 060 元

（四）年数总和法

年数总和法是指将固定资产的原值减去净残值后的净额乘以一个逐年递减的分数计算每年折旧额的方法。分子代表固定资产尚可使用的年数，分母代表使用年数的逐年数字总和。其计算公式为

年折旧率 = 尚可使用年限 ÷ 预计使用年限年数总和

月折旧率 = 年折旧率 ÷ 12

月折旧额 = (固定资产原值 - 预计净残值) × 月折旧率

采用年数总和法计提固定资产折旧，各年的折旧基数固定不变，均为固定资产原值减去预计净残值后的余额，而折旧率是一个逐年递减的变数，所以，各年的折旧额呈递减趋势，即使用前期多提折旧，而使用后期少提折旧，但历年计提折旧额的累计数应等于固定资产原值减去预计净残值后的余额。

【例 6-8】 承上例，采用年数总和法计提折旧。

第一年：

$$年折旧率 = 5 \div (1 + 2 + 3 + 4 + 5) = \frac{1}{3}$$

$$年折旧额 = (20\ 000 - 200) 元 \times \frac{1}{3} = 6\ 600 元$$

第二年：

$$年折旧率 = 4 \div (1 + 2 + 3 + 4 + 5) = \frac{4}{15}$$

$$年折旧额 = (20\ 000 - 200) 元 \times \frac{4}{15} = 5\ 280 元$$

第三年：

$$年折旧率 = 3 \div (1 + 2 + 3 + 4 + 5) = \frac{1}{5}$$

$$年折旧额 = (20\,000 - 200)元 \times \frac{1}{5} = 3\,960元$$

第四年：

$$年折旧率 = 2 \div (1 + 2 + 3 + 4 + 5) = \frac{2}{15}$$

$$年折旧额 = (20\,000 - 200)元 \times \frac{2}{15} = 2\,640元$$

第五年：

$$年折旧率 = 1 \div (1 + 2 + 3 + 4 + 5) = \frac{1}{15}$$

$$年折旧额 = (20\,000 - 200)元 \times \frac{1}{15} = 1\,320元$$

企业应当根据固定资产的性质和消耗方式，合理地确定固定资产的预计使用年限和预计净残值，并根据科技发展、环境及其他因素，选择合理的固定资产折旧方法，按照管理权限，经股东大会或董事会等类似机构批准，作为计提折旧的依据。施工项目部按照统一规定，确定项目使用机械设备的折旧方法。

企业的折旧政策要按照法律、行政法规的规定报送有关各方备案，并备置于企业所在地，以供投资者等有关各方查阅。企业已经确定并对外报送，或备置于企业所在地的有关固定资产预计使用年限和预计净残值、折旧方法等，一经确定，不得随意变更，如需变更，仍然应当按照上述程序，经批准后报送有关各方备案，并在会计报表附注中予以说明。

三、折旧的账务处理

在实际工作中，固定资产折旧的计算，一般是由财会部门通过按月编制固定资产折旧计算及分配表完成的，它是企业财会部门自制的原始凭证，是编制记账凭证和登记账簿的原始依据。

施工项目部计提固定资产的折旧时，应根据固定资产的使用地点和用途，记入相关的成本费用科目。施工生产用的工程机械、运输设备，借记"机械作业"科目，辅助生产部门使用的生产设备，借记"辅助生产成本"科目，项目部使用的其他相关机械设备、临时设施，借记"工程施工"等科目，贷记"累计折旧"科目。

有些施工企业对机械设备进行分级管理，如大型、关键的固定资产由公司总部核算与管理，施工项目部管理低价值的、对经营不会产生太大影响的辅助设备，但此类设备的核算与管理必须遵循公司总部规定的固定资产核算原则，公司总部负责对此类设备的核算与管理进行监督。由公司总部负责核算与管理的机械设备，项目部计提的折旧，要通过"内部往来"等科目，把折旧额转给公司总部，因此这类机械设备的"累计折旧"账户实质上在公司总部。

临时设施在施工生产过程中发挥着劳动资料的作用，其实物形态大多与作为固定资产的永久性房屋、建筑物类似，但由于其建筑标准较低，一般为临时性或半永久性的建筑物，不具有永久使用的性质，多数在其使用寿命终了前就需要拆除清理，因而它在某些方面又与固定资产有所不同。一般情况下，临时设施采用年限平均法，即按照临时设施预计使用期限或工程的受益期限计提折旧。工程项目完工后不再继续使用的临时设施的折旧期限一般不应超过该工程项目的工期，即要以耐用期限和工程施工期限中较短者作为使用期限。

临时设施月折旧额的计算公式如下：

临时设施月折旧额＝临时设施原值×（1－预计净残值率）÷使用期限（月）

【例 6-9】 某施工企业项目部搭建的临时仓库原值为 260 000 元，预计净残值率为 4%，计算每月折旧额。

由于工程施工期限为 2 年，该仓库价值应在 24 个月内计提折旧：

月折旧额＝260 000 元×（1-4%）÷24＝10 400 元

临时设施的折旧额应分摊计入各有关工程的施工成本。为了简化核算手续，也可与该工地发生的其他间接费用一并进行分配。

施工项目部每月计提的临时设施折旧额，应记入"工程施工——间接费用"科目的借方和"累计折旧——临时设施"科目的贷方。账务处理如下：

借：工程施工——间接费用　　　　　　　　　　　　　　10 400
　　贷：累计折旧——临时设施　　　　　　　　　　　　　　10 400

《中华人民共和国企业所得税法实施条例》第六十条规定，除国务院财政、税务主管部门另有规定外，房屋、建筑物计算折旧的最低年限为 20 年。《企业会计制度》规定，企业应根据固定资产的性质和使用情况，合理确认固定资产的使用寿命和预计净残值。由此可知，临时设施的摊销额应在预计受益期限分期摊入工程成本。一般情况下，建筑安装工程的工期决定了临时设施预计受益期限的长短。而建筑安装工程的工期往往都低于 20 年，这就意味着在受益期内按照会计准则计算的临时设施的摊销额常常大于税法允许税前扣除的摊销额。对这种暂时性的时间差异，企业应作纳税调整处理。

第四节　固定资产的后续支出

固定资产投入使用后，为了维护、改进其功能所发生的支出，改装改造固定资产发生的支出等，属于固定资产的后续支出。发生这些支出时，需要确定支出应资本化还是费用化。后续支出的处理原则为：与固定资产有关的更新改造等后续支出，符合固定资产确认条件的，应当计入固定资产成本，同时将被替换部分的账面价值扣除；与固定资产有关的修理费用等后续支出，不符合固定资产确认条件的，应当计入当期损益。

一、费用化的后续支出

施工项目部所使用的固定资产发生的修理费用等后续支出，不符合固定资产确认条件的，应当在发生时计入当期损益。

一般情况下，固定资产投入使用之后，由于磨损、各组成部分耐用程度不同，可能导致固定资产的局部损坏，为了维护其正常运转和使用，充分发挥其使用效能，企业将对固定资产进行必要的维护。固定资产的日常修理费用等支出只是用于确保固定资产的正常工作状况，一般不产生未来的经济利益，因此，通常不符合固定资产的确认条件，在发生时应直接计入当期损益。施工项目部发生的固定资产修理费用等后续支出，计入管理费用；处于修理、更新改造过程而停止使用的机械设备，如果其修理、更新改造支出不满足固定资产的确认条件，在发生时也应直接计入当期损益。

企业对固定资产进行定期检查发生的大修理费用，有确凿证据表明符合固定资产确认条件的部分，可以计入固定资产成本；不符合固定资产确认条件的部分，应当费用化，计入当期损益。固定资产在定期大修理间隔期间，照提折旧。

【例 6-10】 某施工企业的车辆委托汽车修理厂进行经常性修理，以银行存款支付修理费 3 000 元，增值税税额 390 元。账务处理如下：

借：管理费用　　　　　　　　　　　　　　　　　　　　3 000
　　应交税费——应交增值税（进项税额）　　　　　　　　390
　　贷：银行存款　　　　　　　　　　　　　　　　　　　　　3 390

二、资本化的后续支出

在实际工作中，可予资本化的固定资产后续支出一般要通过"在建工程"科目核算。固定资产发生可资本化的后续支出，如固定资产改造，企业一般应将该固定资产的原值、已计提的累计折旧和减值准备转销，将固定资产的账面价值转入在建工程，并在此基础上重新确定固定资产原值。在固定资产改造完工并达到预定可使用状态时，再从在建工程转为固定资产，并按重新确定的固定资产原值、使用寿命、预计净残值和折旧方法计提折旧。

【例 6-11】 某施工企业对龙门塔式起重机进行改造，塔式起重机账面原值为 260 000 元，已提折旧 140 000 元。改造中耗用的工程物资价值 50 000 元，支付工人工资等人工费 12 000 元，改造中拆除的部分材料作为原材料入库，公允价值为 2 000 元。工程完工交付使用，塔式起重机原预计使用年限为 5 年，改造后预计使用年限比原预计年限延长 3 年。

1）将塔式起重机的账面价值转入在建工程，账务处理如下：

借：在建工程　　　　　　　　　　　　　　　　　　　120 000
　　累计折旧　　　　　　　　　　　　　　　　　　　140 000
　　贷：固定资产　　　　　　　　　　　　　　　　　　　260 000

2）发生有关支出，账务处理如下：

借：在建工程　　　　　　　　　　　　　　　　　　　 62 000
　　贷：工程物资　　　　　　　　　　　　　　　　　　　 50 000
　　　　应付职工薪酬　　　　　　　　　　　　　　　　　 12 000

3）拆除的材料入库，账务处理如下：

借：原材料　　　　　　　　　　　　　　　　　　　　　2 000
　　贷：在建工程　　　　　　　　　　　　　　　　　　　　2 000

4）工程完工结转确认新固定资产价值，账务处理如下：

借：固定资产　　　　　　　　　　　　　　　　　　　180 000
　　贷：在建工程　　　　　　　　　　　　　　　　　　　180 000

第五节 固定资产的处置、盘点与期末计价

一、固定资产的处置

在生产经营过程中，施工企业对不适用或不需要再用的机械设备，可以出售转让或由公司总部调拨转走。对由于使用而不断磨损直至最终报废、因技术进步等原因发生提前报废或由遭受自然灾害等非常损失发生毁损的机械设备，应及时进行清理。

施工企业出售、报废机械设备或发生机械设备毁损，应当将处置收入扣除账面价值和相关税费后的金额计入当期损益。机械设备的处置一般通过"固定资产清理"科目核算。施工企业因出售、转让、报废或毁损等原因处置固定资产，会计处理步骤如下：

1）机械设备转入清理时，借记"固定资产清理""累计折旧"科目，贷记"固定资产"科目；结转已提取的固定资产减值准备时，借记"固定资产减值准备"科目，贷记"固定资产清理"科目。

2）发生清理费用时，借记"固定资产清理"科目，贷记"银行存款"等科目。

3）出售收入或残料入库时，收回出售机械设备的价款、报废机械设备的残料价值和变价收入等，应冲减清理支出，按实际收到的出售价款及残料变价收入等，借记"银行存款""原材料"等科目，贷记"固定资产清理"等科目。

4）计算或收到的应由保险公司或过失人赔偿的报废、毁损固定资产的损失，应冲减清理支出，借记"银行存款""其他应收款"等科目，贷记"固定资产清理"科目。

5）固定资产清理后发生的净收益，应区别不同情况，借记"固定资产清理"科目，贷记"资产处置损益——固定资产处置利得"等科目；固定资产清理发生的净损失，应区别不同情况，借记"资产处置损益——固定资产处置损失"等科目，贷记"固定资产清理"科目。

【例 6-12】 2019 年 5 月，某施工企业出售一台大型机械设备，原值 100 000 元，已提折旧 35 000 元，实际出售含税价格 90 400 元，已存入银行。发生各种清理费用 4 000 元（含增值税，取得增值税普通发票），已用银行存款支付。假定机械设备作为项目部资产管理，对其未计提减值准备。

1）出售设备时，账务处理如下：

借：固定资产清理　　　　　　　　　　　　　　　　　　　　　　65 000
　　累计折旧　　　　　　　　　　　　　　　　　　　　　　　　35 000
　　贷：固定资产　　　　　　　　　　　　　　　　　　　　　　　　100 000

2）收回出售的价款，账务处理如下：

借：银行存款　　　　　　　　　　　　　　　　　　　　　　　　90 400
　　贷：固定资产清理　　　　　　　　　　　　　　　　　　　　　80 000
　　　　应交税费——应交增值税（销项税额）　　　　　　　　　　10 400

3）支付清理费用，账务处理如下：

借：固定资产清理　　　　　　　　　　　　　　　　　　　　　　4 000

　　　　贷：银行存款　　　　　　　　　　　　　　　　　　　　　　　　4 000
　4）结转出售固定资产发生的净收益，账务处理如下：
　　借：固定资产清理　　　　　　　　　　　　　　　　　　　　　　　11 000
　　　　贷：资产处置损益——固定资产处置利得　　　　　　　　　　　11 000

二、固定资产的清查盘点

　　按照《企业会计准则》的规定，企业应对固定资产定期或至少每年清查一次，清查方法是实地盘点。对盘亏的固定资产，应查明原因，写出书面报告，并根据企业的管理权限，经股东大会或董事会，或经理（厂长）会议或类似机构批准后，在期末结账前处理完毕。企业在对外提供财务报告时，应按规定进行处理，并在会计报表附注中做出说明。施工企业应该定期或至少每年年末对所使用的机械设备进行清查盘点。

　　对于机械设备，应在有关单位负责人领导下，组成由财会部门、机械设备管理部门和使用单位等有关人员参加的清查小组，具体负责开展清查盘点工作。在清查盘点之前，财会部门应核对固定资产账目，先将"固定资产"总账科目余额与固定资产登记簿中各类固定资产余额之和核对相符，再将固定资产登记簿中各类固定资产余额与各该类固定资产卡片中各项固定资产余额之和核对相符，做到账账相符、账卡相符。在此基础上，清查小组应盘点实物，将固定资产的实存数与账面数进行核对，如果发现盘盈、盘亏的固定资产，应查明原因、分清责任，编制固定资产盘盈、盘亏报告表。对于盘盈的固定资产，应列明其名称、数量、同类或类似固定资产的市场价格、估计已提折旧等内容；对于盘亏的固定资产，应列明其名称、数量、账面原值、累计已提折旧、已计提的减值准备等内容。对于所有盘盈、盘亏的固定资产，均应查明原因、分清责任并填入报告表中。固定资产盘盈、盘亏报告表的一般格式见表6-2。

表6-2　固定资产盘盈、盘亏报告表

单位名称：　　　　　　　　　2019年12月31日　　　　　　　　金额单位：万元

固定资产编号	固定资产名称	固定资产规格及型号	盘盈			盘亏			损毁			原因
			数量	重估价	估计折旧	数量	原值	已提折旧	数量	原值	已提折旧	
处理意见		审批部门			清查小组			使用保管部门				

盘点人（签章）：　　　　　　　　　　　　　　　　　使用保管部门负责人（签章）：

　　在清查中盘盈的固定资产，应作为前期差错处理。企业发生的前期差错有重要的前期差错和非重要的前期差错之分。对于重要的前期差错，企业应当在其发现当期的财务报表中，调整前期比较数据。即按同类或类似固定资产的市场价格，减去按该项资产的新旧程度估计的价值损耗后的余额，借记"固定资产"科目，贷记"以前年度损益调整"科目。

【例6-13】2019年12月25日，某施工企业在财产清查中盘盈设备一台，该设备的市价是150 000元，估计折旧50 000元。

1) 调整增加固定资产记录，账务处理如下：
借：固定资产   100 000
　　贷：以前年度损益调整   100 000
2) 计算应交所得税，账务处理如下：
借：以前年度损益调整   25 000
　　贷：应交税费——应交所得税   25 000
3) 相应调整利润分配，账务处理如下：
借：以前年度损益调整   75 000
　　贷：利润分配——未分配利润   75 000
借：利润分配——提取法定盈余公积   75 00
　　贷：盈余公积——法定盈余公积   75 00

对于不重要的前期差错，可以采用未来适用法更正，不需要调整财务报表相关项目的期初数，但应调整发现当期与前期相同的相关项目。

【例6-14】 2019年12月31日，某施工企业发现一台价值9 600元的项目部办公设备应计入固定资产，并应于2018年2月1日开始计提折旧，在2018年一次列支计入了当期成本。该施工企业固定资产采用直线法计提折旧，该资产估计使用年限为4年，不考虑残值。则在2019年12月31日更正差错的账务处理如下：
借：固定资产   9 600
　　贷：工程施工——间接费用   5 000
　　　　累计折旧   4 600

固定资产盘亏造成的损失，应当计入当期损益。企业在财产清查中盘亏的固定资产，按盘亏固定资产的账面价值，借记"待处理财产损溢——待处理固定资产损溢"科目；按已计提的累计折旧，借记"累计折旧"科目；按已计提的减值准备，借记"固定资产减值准备"科目；按固定资产原值，贷记"固定资产"科目。按管理权限报经批准后处理时，按可收回的保险赔偿或过失人赔偿，借记"其他应收款"科目；按应计入营业外支出的金额，借记"营业外支出——盘亏损失"科目，贷记"待处理财产损溢"科目。

【例6-15】 某施工企业进行财产清查时发现丢失设备一台，其账面原值为50 000元，已提折旧15 000元，该设备已计提减值准备5 000元。经查，该设备丢失的原因在于保管员看管不当。经批准，由保管员赔偿5 000元。

1) 盘亏固定资产，账务处理如下：
借：待处理财产损溢——待处理固定资产损溢   36 500
　　累计折旧   15 000
　　固定资产减值准备   5 000
　　贷：固定资产   50 000
　　　　应交税费——应交增值税（进项税额转出）   6 500
2) 报经批准转销，账务处理如下：
借：其他应收款   5 000

营业外支出——盘亏损失		31 500
贷：待处理财产损溢——待处理固定资产损溢		36 500

三、固定资产的期末计价

按照《企业会计准则》的规定，企业应当在资产负债表日判断资产是否存在可能发生减值的迹象，对于存在减值迹象的资产，应当进行减值测试，估计可收回金额。可收回金额低于账面价值的，应当按照可收回金额低于账面价值的金额，计提资产减值准备。

按照这一规定，施工企业应该对所使用的固定资产进行减值测试，可收回金额低于账面价值的，应当根据管理权限，按照可收回金额低于账面价值的金额，为固定资产计提资产减值准备。

思考题

1. 什么是固定资产？固定资产如何进行确认？
2. 简述自行安装制造机械设备入账价值的确定。
3. 什么是固定资产折旧？需要考虑哪些因素？
4. 简述企业因出售、转让、报废或毁损等原因处置固定资产的会计处理步骤。
5. 某施工企业2019年7月初固定资产的原值和折旧见表6-3。

表6-3 固定资产原值和折旧情况

固定资产	原值（元）	月折旧率
房屋、建筑物	240 000	2%
塔式起重机	160 000	6%
混凝土搅拌机	60 000	6%
挖土机	60 000	6%
其他施工机械	180 000	6%
其他固定资产	20 000	6%

1) 7月5日，购入3.5t自卸汽车一辆，并投入使用，购买价为35 000元，增值税税额为4 550元，使用年限为10年，预计净残值率4%。

2) 7月20日，将一台5t汽车式起重机停用，准备出售，这台起重机原值50 000元，预计使用年限15年，预计净残值率3%。

要求：

1) 编制固定资产7月份折旧的会计分录。
2) 计算8月份各类固定资产的折旧额并编制固定资产折旧的会计分录。

6. 某施工企业发生下列经济业务：

1) 2019年1月，搭建临时库房领用材料8 000元，发生人工费用2 000元，其他费用2 000元。
2) 2月初交付使用。该工程工期16个月，预计残值率2%。
3) 工程提前1个月完工，在拆除清理临时设施过程中，发生人工费300元，收价值900元的材料入库。

要求：编制各项经济业务的会计分录。

7. 2019年12月24日，某施工企业S项目部在财产清查时盘盈设备一台，该设备的市价是230 000元，估计折旧30 000元。

要求：编制固定资产盘盈、补交所得税以及调整利润分配业务的会计分录。

8. 某施工企业A项目部进行财产清查时发现丢失机器一台，账面原值为40 000元，已提折旧12 000元。报经企业管理部门批准转销相应损失。

要求：编制相关业务的会计分录。

第七章
长期股权投资及投资性房地产的会计核算

● **本章主要知识点**：长期股权投资的会计核算（长期股权投资核算的范围、长期股权投资核算的计量、长期股权投资的减值和处置）；投资性房地产的会计核算（投资性房地产的特征和范围、投资性房地产的计量、投资性房地产的财务处理）。

● **本章重点和难点**：长期股权投资的初始计量、长期股权投资的后续计量、长期股权投资核算的会计处理、长期股权投资减值损失的计量、长期股权投资减值核算应设置的账户及会计处理、投资性房地产的初始计量、投资性房地产的后续计量、投资性房地产核算的会计处理。

第一节 长期股权投资的会计核算

一、长期股权投资核算的范围

长期股权投资是指投资方对被投资方实施控制、重大影响的权益性投资，以及对其合营企业的权益性投资。对被投资方不具有控制、共同控制或重大影响的权益性投资按照《企业会计准则第 22 号——金融工具确认和计量》的规定进行确认与计量。

1. 控制

控制是指有权决定一个企业的财务和经营政策，并能据以从该企业的经营活动中享有可变回报，即对子公司的投资。达到控制的条件包括：①投资方直接拥有被投资方 50% 以上的表决权资本；②投资方虽然拥有被投资方 50% 以下的表决权资本，但对被投资方具有实质控制权。

2. 共同控制

共同控制是指按合同约定对某项经济活动所共有的控制，并且该活动必须经过分享控制权的参与方一致同意后才能决策，即对合营企业的投资。共同控制仅指共同控制实体，不包括共同控制经营、共同控制财产等。共同控制实体，是指由两个或多个投资方共同投资建立的实体，该被投资方的财务和经营政策必须由投资双方或若干方共同决定。

3. 重大影响

重大影响是指投资方能够对被投资方的财务和生产经营政策有参与决策的权力，但并不能控制或与其他方一起控制这些政策的制定，即对联营企业投资。当投资方直接或通过子公司间接拥有被投资方 20% 以上但低于 50% 的表决权资本时，一般认为对被投资方具有重大影响。

此外，投资方直接拥有被投资方 20% 以下的表决权资本，但符合下列情况之一的，也应确认为对被投资方具有重大影响。

1) 在被投资方的董事会或类似的权力机构中派有代表。
2) 参与被投资方的政策制定过程。
3) 与被投资方之间发生重要交易。
4) 向被投资方派出管理人员。
5) 被投资方依赖投资方的技术资料。
6) 其他足以证明投资方对被投资方具有重大影响的情形。

二、长期股权投资核算的计量

（一）长期股权投资的初始计量

施工企业在取得长期股权投资时，应当按照初始投资成本入账。长期股权投资的初始计量是长期股权投资初始投资成本的计量，应区分两种情况，即企业合并形成的长期股权投资初始成本的计量和其他方式取得的长期股权投资初始成本的计量。

1. 企业合并形成的长期股权投资

（1）同一控制下企业合并形成的长期股权投资　同一控制下企业合并是指参与合并的企业在合并前后均受同一方或相同的多方最终控制，且该控制并非暂时性的。同一控制下的企业合并，合并方应当在合并日按照取得被合并方所有者权益在最终控制方合并财务报表中的账面价值的份额作为长期股权投资的初始投资成本。长期股权投资的初始投资成本与合并方支付的现金、转让非现金资产或承担债务账面价值的差额，应当调整资本公积，资本公积不够冲减的调整留存收益。

【例 7-1】 施工企业 A 和 B 同为某集团的子公司，2018 年 6 月 30 日，A 企业以银行存款 22 900 万元取得 B 企业所有者权益的 90%，合并当日 B 企业所有者权益在某集团合并报表中的账面价值为 32 000 万元。A 企业应做如下会计分录：

```
借：长期股权投资                    288 000 000
    贷：银行存款                            229 000 000
        资本公积——资本（或股本）溢价        59 000 000
```

（2）非同一控制下企业合并形成的长期股权投资　非同一控制下的企业合并中，购买方应当按照确定的企业合并成本作为长期股权投资的初始投资成本。企业合并成本包括购买方付出的资产、发生或承担的负债、发行的权益性证券的公允价值以及为进行企业合并而发生的各项直接相关费用之和。通过多次交换交易，分步取得股权最终形成企业合并的，企业合并成本为每一单项交换交易的成本之和。

【例 7-2】 2018 年 1 月 21 日，甲施工企业以一套生产设备和银行存款 230 万元向 B 公司投资，且甲施工企业和 B 公司为不属于同一控制下的两家企业。甲施工企业取得的股权占 B 公司注册资本的 80%，用于投资的生产设备的账面原价为 6 000 万元，已计提折旧 1 000 万元，已计提固定资产减值准备 150 万元，公允价值为 5 800 万元。不考虑其他相关税费。做如下会计分录：

长期股权投资的初始投资成本＝5 800 万元＋230 万元＝6 030 万元

借：固定资产清理	48 500 000
累计折旧	10 000 000
固定资产减值准备	1 500 000
贷：固定资产	60 000 000
借：长期股权投资	60 300 000
贷：固定资产清理	48 500 000
银行存款	2 300 000
资产处置损益	9 500 000

2. 除企业合并以外以其他方式取得的长期股权投资

（1）以支付现金方式取得的长期股权投资　企业以支付现金方式取得的长期股权投资，应当按照实际支付的全部价款（包括支付的税费、手续费等相关费用）作为初始投资成本；实际支付的价款中包含已宣告但尚未领取的现金股利的，按实际支付的价款减去已宣告但尚未领取的现金股利后的差额，作为初始投资成本。

（2）以发行权益性证券方式取得的长期股权投资　企业以发行权益性证券方式取得的长期股权投资，应当按照所发行权益性证券的公允价值作为初始投资成本，但不包括被投资单位收取的已宣告但尚未发放的现金股利或利润。

（3）投资者投入的长期股权投资　企业投资者投入的长期股权投资，应当按照投资合同或协议约定的价值作为初始投资成本，但合同或协议约定的价值不公允的除外。投资者投入的长期股权投资，是指投资者以其持有的对第三方的投资作为出资投入企业。

（二）长期股权投资的后续计量

长期股权投资在持有期间，根据投资企业对被投资单位的影响程度，分别采用成本法及权益法进行核算。

1. 成本法核算的内容

（1）成本法的适用范围　成本法是指企业持有的长期股权投资按取得成本计价的方法。该方法适用于企业持有的能够对被投资单位实施控制的长期股权投资，即投资方持有的对子公司的投资应当采用成本法核算。

（2）成本法核算的一般程序　首先，初始投资或追加投资时，按初始投资或追加投资时的投资成本增加长期股权投资的账面价值。除此之外，长期股权投资的账面价值一般应当保持不变。

其次，被投资单位宣告分派的利润或现金股利中，投资企业按应享有的部分，确认为当期投资收益。

2. 权益法核算的内容

（1）权益法的适用范围　权益法是指投资以初始投资成本计量后，在投资持有期间，根据被投资方所有者权益的变动，投资企业按应享有（或应分担）被投资企业所有者权益的份额调整其投资账面价值的方法。

对被投资方具有共同控制或重大影响时，长期股权投资应采用权益法核算，即对合营企业的投资及对联营企业的投资，应当采用权益法核算。

当投资企业对被投资方因追加投资导致原持有的对合营企业投资或对联营企业投资转变为对子公司的投资的，应中止采用权益法，改按成本法核算。

（2）权益法核算的一般程序

第一步：初始投资或追加投资时，按照初始投资或追加投资时的投资成本增加长期股权投资的账面价值。

第二步：比较初始投资成本与投资时应享有被投资单位可辨认净资产公允价值的份额，对于取得投资时初始投资成本与应享有被投资单位可辨认净资产公允价值份额之间的差额，应分以下情况处理：

1）如果初始投资成本大于取得投资时应享有被投资方可辨认净资产公允价值份额的，该部分差额是投资企业在取得投资过程中通过作价体现出的与所取得股权份额相对应的商誉，这种情况下不要求对长期股权投资的成本进行调整。

2）如果初始投资成本小于取得投资时应享有被投资方可辨认净资产公允价值份额的，两者之间的差额体现为双方在交易作价过程中转让方的让步，该部分经济利益流入应作为收益处理，计入取得投资当期的营业外收入，同时调整增加长期股权投资的账面价值。

第三步：持有投资期间，随着被投资方所有者权益的变动相应调整增加或减少长期股权投资的账面价值，并分以下情况处理。

1）当被投资方当年实现净利润而影响所有者权益变动时，投资企业应按所持表决权资本比例计算应享有的份额，增加长期股权投资的账面价值，并确认为当期投资收益。

2）当被投资方当年发生净亏损而影响所有者权益变动时，投资方确认承担被投资方发生的净亏损，应以长期股权投资的账面价值以及其他实质上构成对被投资方净投资的长期权益（通常是指长期应收项目）减记至零为限。按照投资合同或协议约定负有承担额外损失义务的，还应按照应承担的损失义务进一步确认损失。比如，企业对被投资方的长期债权，该债权没有明确的清收计划且在可预见的未来期间不准备收回，实质上构成对被投资单位的净投资。应予说明的是，该类长期权益不包括投资企业与被投资方之间因销售商品、提供劳务等日常活动所产生的长期债权。

投资方在确认应分担被投资方发生的亏损时，首先应减记长期股权投资的账面价值。其次在长期股权投资的账面价值减记至零的情况下，考虑是否有其他实质上构成对被投资方净投资的长期权益项目，如果有，则以其他长期权益的账面价值为限，继续确认投资损失，冲减长期应收项目等的账面价值。最后按照投资合同或协议约定，投资方仍需要承担额外损失弥补等义务的，应按预计将承担的义务金额确认预计负债，计入当期投资损失。

被投资方在以后期间实现盈利的，应按以上相反顺序分别减记已确认的预计负债，恢复其他长期权益及长期股权投资的账面价值，同时确认投资收益。

需要强调的是，投资方按被投资方实现的净利润或发生的净亏损，计算应享有或应分担的份额时，应以取得被投资方股权后发生的净损益为基础，投资前被投资方实现的净损益不包括在内。

3）被投资方确认的其他综合收益及其变动，也会影响被投资方所有者权益总额，进而影响投资方应享有被投资方所有者权益的份额。因此，当被投资方其他综合收益发生变动时，投资方应当按照归属于本企业的部分，相应调整长期股权投资账面价值，同时增加或减少其他综合收益。

4) 如果投资方对于被投资方除净损益以外所有者权益的其他变动，在持股比例不变的情况下，应按照持股比例与被投资方除净损益以外所有者权益的其他变动中归属于本企业的部分，相应调整长期股权投资的账面价值，同时增加或减少资本公积。

第四步：被投资方宣告分派利润或现金股利时，投资方按持股比例计算应分得的部分，一般应冲减长期股权投资的账面价值。

(3) 权益法下投资损益的确认　需要强调的是，采用权益法核算的长期股权投资，在确认应享有或应分担被投资方的净利润或净亏损时，在被投资方账面净利润的基础上，应考虑以下因素的影响进行适当调整：

1) 被投资方采用的会计政策及会计期间与投资企业不一致的，应按投资方的会计政策及会计期间对被投资方的财务报表进行调整，在此基础上确定应分享的被投资方的收益或应承担的被投资方的损失。

2) 以取得投资时被投资单位固定资产、无形资产的公允价值为基础计提的折旧额或摊销额，以及以取得投资时被投资方有关资产的公允价值为基础计算确定的资产减值准备金额等对被投资方净利润产生的影响。

如果无法合理确定取得投资时被投资方各项可辨认资产等的公允价值，或投资时被投资方可辨认资产的公允价值与其账面价值两者之间的差额较小，不具重要性的，或其他原因导致无法取得被投资方的有关资料，不能对被投资方的净损益进行调整的，投资方可以被投资方的账面净利润为基础，计算确认投资损益，同时应在附注中说明不能按照《企业会计准则》的规定进行核算的原因。

3. 长期股权投资成本法与权益法的转换

(1) 成本法转为权益法　因处置投资导致对被投资单位的影响能力下降，由控制转为具有重大影响或者与其他投资方一起实施共同控制的情况下，首先应按处置或收回投资的比例结转应终止确认的长期股权投资成本。

在此基础上，应当比较剩余的长期股权投资成本与按照剩余持股比例计算原投资时应享有被投资单位可辨认净资产公允价值的份额，属于投资作价中体现的商誉部分的，不调整长期股权投资的账面价值；属于投资成本小于原投资时应享有被投资方可辨认净资产公允价值份额的，在调整长期股权投资成本的同时，应调整留存收益。

对于原取得投资后至处置投资时（转变为权益法核算）之间被投资方实现净损益中应享有的份额，应当调整长期股权投资的账面价值，同时对于原取得投资时至处置投资当期期初被投资单位实现的净损益（扣除已宣告发放的现金股利和利润）中应享有的份额，调整留存收益，对于处置投资当期期初至处置投资之日被投资方实现的净损益中享有的份额，调整当期损益；如减值等其他原因导致被投资方所有者权益变动中应享有的份额，在调整长期股权投资账面价值的同时，应当记入"资本公积——其他资本公积"账户。

(2) 公允价值计量或权益法转换为成本法　因追加投资导致原持有的，分类为以公允价值计量且其变动计入当期损益的金融资产、非交易性权益工具投资分类为公允价值计量且其变动计入其他综合收益的金融资产、对联营企业或合营企业的投资转变为对子公司投资的，购买日应对长期股权投资账面价值进行调整，将长期股权投资的账面余额调整至最初取得成本，并加上购买日新支付对价的公允价值作为长期股权投资的成本。除此之外，因减少投资导致长期股权投资的核算由权益法转换为成本法（投资企业对被投资方不具有共同控制或重大影响，并且在活跃市场中没有报价，公允价值不能可靠计量的长期股权投资）的，应以转换时长期股权投资的账面价值作为按照成本法核算的基础。

4. 长期股权投资的处置

企业由于各方面的考虑，决定将所持有的对被投资方的股权全部或部分对外出售时，应相应结转与所售股权相对应的长期股权投资的账面价值，出售所得价款与处置长期股权投资账面价值之间的差额，应确认为处置损益。

采用权益法核算的长期股权投资，原记入"资本公积"或"其他综合收益"账户中的金额，在处置时也应进行结转，将与所出售股权相对应的部分在处置时自资本公积或其他综合收益转入当期损益。

（三）长期股权投资核算应设置的账户

1."长期股权投资"账户

"长期股权投资"账户核算企业长期股权投资的增减变化情况。该账户借方登记取得股权时的初始投资成本；权益法下长期股权投资的初始投资成本小于投资时应享有被投资方可辨认净资产公允价值份额的差额；权益法下资产负债表日，企业根据被投资方实现的净利润或经调整的净利润计算享有的份额及根据被投资方实现的净利润及净损益以外的其他所有者权益变动，按持股比例调增的长期股权投资账面价值的金额。贷方登记长期股权投资处置时转销的账面余额；权益法下企业根据被投资方发生的亏损计算分担的份额及根据被投资方发生的净亏损及净损益以外的其他所有者权益变动及其他综合收益的变动，按持股比例调减的长期股权投资账面价值的金额。本账户期末借方余额反映企业持有的长期股权投资的价值。本账户应按被投资方设置明细账进行核算。

采用权益法核算的企业，还应在本账户下分别设置"成本""损益调整""其他综合收益"和"其他权益变动"明细账进行核算。

2."投资收益"账户

"投资收益"账户核算企业投资发生的收益或损失。仅就长期股权投资而言，本账户核算企业持有以及处置长期股权投资的投资损益。其贷方登记长期股权投资的投资收益，若长期股权投资采用成本法核算，按被投资方宣告发放的现金股利或利润中应由本企业享有的部分，以及处置长期股权投资时实际收到的价款大于长期股权投资账面价值的差额登记本账户；若长期股权投资采用权益法核算，按资产负债表日根据被投资方实现的净利润或经调整的净利润计算应享有的份额登记本账户。借方登记长期股权投资的投资损失，长期股权投资采用权益法核算下被投资方发生净亏损时企业应分担的损失，以及处置长期股权投资时实际收到的价款小于长期股权投资账面价值的差额。

3."其他综合收益"账户

在权益法核算下，被投资方确认的其他综合收益及其变动，也会影响被投资方所有者权益总额，进而影响投资方应享有被投资方所有者权益的份额。因此，当被投资方其他综合收益发生变动时，投资方应当按照归属于本企业的部分相应地调整长期股权投资的账面价值，同时增加或减少其他综合收益。此外，投资方在长期股权投资核算中还涉及"长期股权投资减值准备"账户。

（四）长期股权投资核算的会计处理

1. 成本法下长期股权投资的核算

（1）企业取得投资时

1）同一控制下企业合并形成长期股权投资时：

借：长期股权投资（享有被合并方所有者权益在最终控制方合并财务报表中的账面价值的份额）

　　应收股利（实际支付的款项中包含已宣告但尚未领取的现金股利）

　　负债类账户（抵减负债的账面价值）

　贷：资产类账户（支付资产的账面价值）

　　　资本公积——资本（或股本）溢价（差额）

2）非同一控制下企业合并形成长期股权投资时，分以下情况处理：

情况一：以银行存款、固定资产等作为对价的长期股权投资时：

借：长期股权投资（合并成本）

　　应收股利（实际支付的款项中包含已宣告但尚未领取的现金股利）

　贷：资产类账户（账面价值）

　　　资产处置损益（资产的公允价值与账面价值的差额）

　　　银行存款（发生的直接相关费用）

情况二：以发行权益性证券取得的长期股权投资时：

借：长期股权投资（合并成本）

　贷：股本（股票面值）

　　　资本公积——资本（或股本）溢价

　　　银行存款（发生的直接相关费用）

（2）被投资单位宣告发放现金股利或利润分配时：

借：应收股利

　贷：投资收益

（3）实际领取现金股利或利润时：

借：银行存款

　贷：应收股利

（4）如果被投资单位无力支付股利，企业不做任何会计处理。

（5）企业处置股权投资时：

借：银行存款等（实际取得的价款）

　　长期股权投资减值准备（已计提的减值准备）

　　投资收益（发生的处置净损失）

　贷：长期股权投资（股权投资的账面余额）

　　　应收股利（尚未领取的现金股利或利润）

　　　投资收益（实现的处置净收益）

【例 7-3】 某施工企业于 2018 年 2 月 10 日自公开市场买入甲公司 75% 的股份，实际支付价款 14 500 万元。另外，在购买过程中支付手续费等相关费用 300 万元。该施工企业取得该部分股权后能够对甲公司的生产经营决策进行控制。该施工企业应做如下会计处理。

借：长期股权投资——甲公司　　　　　　　　　　　　148 000 000
　　贷：银行存款　　　　　　　　　　　　　　　　　　　　148 000 000

2. 权益法下长期股权投资的核算

1）企业取得投资时：

借：长期股权投资——成本
　　贷：银行存款

2）若取得投资时初始投资成本高于企业应享有被投资方可辨认净资产公允价值的份额，不调整长期股权投资的初始投资成本。

3）若取得投资时初始投资成本低于企业应享有被投资方可辨认净资产公允价值的份额，其差额应计入当期损益，同时调整长期股权投资的成本。

借：长期股权投资——成本
　　贷：营业外收入

4）在会计期末被投资方实现净利润时，投资企业应当以取得投资时被投资方各项可辨认资产等的公允价值为基础对被投资方的净利润进行调整后，再按照持股比例进行确认应享有的份额。

借：长期股权投资——损益调整
　　贷：投资收益

5）在会计期末被投资方发生净亏损时，投资方应当按调整后的净亏损金额与企业的持股比例确认企业应分担的数额，首先冲减长期股权投资的账面价值，如长期股权投资的账面价值不足冲减的，应以其他实质上构成对被投资方净投资的长期权益账面价值为限继续确认投资损失。

借：投资收益
　　贷：长期股权投资——损益调整

或

借：投资收益
　　贷：长期应收款

6）被投资方宣告分派现金股利或利润时，企业按持股比例计算应享有的份额。

借：应收股利
　　贷：长期股权投资——损益调整

7）实际收到被投资方分来的现金股利或利润时：

借：银行存款
　　贷：应收股利

8）对于被投资方分派的股票股利，投资方不做会计处理，但应于除权日注明所增加的股数，以反映股份的变化情况。

9）被投资方确认的其他综合收益及其变动也会影响被投资方的所有者权益总额，进而影响投资方应享有被投资方所有者权益的份额。因此，当被投资方其他综合收益发生变动时，投资方应当按照相应比例，调整长期股权投资的账面价值，同时增加或减少其他综合收益。

　　借：长期股权投资——其他综合收益
　　　　贷：其他综合收益

或做相反的分录。

10）在持股比例不变的情况下，被投资方除净损益、其他综合收益以及利润分配以外所有者权益的其他变动，做如下会计分录：

　　借：长期股权投资——其他权益变动
　　　　贷：资本公积——其他资本公积

11）企业处置长期股权投资时：

　　借：银行存款等（实际取得的价款）
　　　　长期股权投资减值准备（已计提的减值准备）
　　　　投资收益（发生的处置净损失）
　　　　贷：长期股权投资（股权投资的账面余额）
　　　　　　应收股利（尚未领取的现金股利或利润）
　　　　　　投资收益（实现的处置净收益）

权益法下，企业处置长期股权投资时原计入其他综合收益、资本公积的金额也要进行结转，将与所售股权相对应的部分自其他综合收益和资本公积转入当期损益，借记或贷记"其他综合收益"和"资本公积——其他资本公积"账户，贷记或借记"投资收益"账户。

【例7-4】 某施工企业于2018年3月1日至2020年3月2日发生与长期股权投资有关的经济业务如下：于2018年3月1日购入甲公司30%的股权并准备长期持有，能够对甲公司施加重大影响，因此采用权益法进行核算。实际支付款项9 000万元（含已宣告但尚未发放的现金股利240万元），另支付相关税费35万元，甲公司当日的可辨认净资产公允价值为29 500万元。

1）2018年3月1日取得投资时，做如下会计分录：

　　长期股权投资的初始投资成本 = 9 000万元 − 240万元 + 35万元 = 8 795万元

　　借：长期股权投资——甲公司（成本）　　　　　　　87 950 000
　　　　应收股利　　　　　　　　　　　　　　　　　　2 400 000
　　　　贷：银行存款　　　　　　　　　　　　　　　　90 350 000

　　　　　　29 500万元 × 30% − 8 795万元 = 55万元

　　借：长期股权投资——甲公司（成本）　　　　　　　550 000
　　　　贷：营业外收入　　　　　　　　　　　　　　　550 000

2）2018年4月1日收到现金股利时，做如下会计分录：

　　借：银行存款　　　　　　　　　　　　　　　　　　2 400 000
　　　　贷：应收股利　　　　　　　　　　　　　　　　2 400 000

3）2018年3月1日至12月31日，甲公司由于投资性房地产的公允价值变动导致其他综合收益增加900万元，做如下会计分录：

　　借：长期股权投资——甲公司（其他综合收益）　　　2 700 000
　　　　贷：其他综合收益　　　　　　　　　　　　　　2 700 000

4）2018年甲公司3月—12月实现净利润1 845万元，假定甲公司除一台设备外，其他资产的公允价值与账面价值相等。该设备2018年3月1日的账面价值为1 800万元，公允价值为2 340万元，采用年限平均法计提折旧，预计尚可使用年限为10年，不考虑所得税影响。做如下账务处理：

甲公司的净利润按固定资产公允价值调整后 = 1 845万元 - (2 340 - 1 800)万元 ÷ 10 × 10 ÷ 12 = 1 800万元

该施工企业应享有的净利润份额 = 1 800万元 × 30% = 540万元

借：长期股权投资——甲公司（损益调整）   5 400 000
    贷：投资收益   5 400 000

5）2019年3月8日甲公司宣告分派现金股利450万元，做如下账务处理：

应确认的应收股利 = 450万元 × 30% = 135万元

借：应收股利   1 350 000
    贷：长期股权投资——甲公司（损益调整）   1 350 000

6）2019年甲公司全年实现净利润2 754万元，做如下账务处理：

甲公司的净利润按固定资产公允价值调整后 = 2 754万元 - (2 340 - 1 800)万元 ÷ 10 = 2 700万元

该施工企业应享有的净利润份额 = 2 700万元 × 30% = 810万元

借：长期股权投资——甲公司（损益调整）   8 100 000
    贷：投资收益   8 100 000

7）2020年1月2日，该施工企业将持有的甲公司5%的股份对外转让，收到款项1 755万元存入银行。转让后该施工企业持有甲公司25%的股份，仍对其具有重大影响。做如下账务处理：

长期股权投资转让部分的账面余额 = (8 795 + 55 + 270 + 540 - 135 + 810)万元 × 1 ÷ 6 = 1 722.5万元

成本明细科目余额 = (8 795 + 55)万元 × 1 ÷ 6 = 1 475万元

损益调整明细科目余额 = (540 - 135 + 810)万元 × 1 ÷ 6 = 202.5万元

其他综合收益明细科目余额 = 270万元 × 1 ÷ 6 = 45万元

借：银行存款   17 550 000
    贷：长期股权投资——甲公司（成本）   14 750 000
          ——甲公司（损益调整）   2 025 000
          ——甲公司（其他综合收益）   450 000
      投资收益   325 000
借：其他综合收益   450 000
    贷：投资收益   450 000

长期股权投资核算采用权益法，在企业的账面上能够充分地反映企业与接受投资单位之间的经济关系。施工企业与其他单位之间相互参股和控股的情况会越来越多，这将成为施工企业的投资渠道，使施工企业的投资主体多元化。

3. 长期股权投资成本法与权益法的转换

（1）**成本法转换为权益法** 施工企业因减持股份能够对被投资方实施共同控制或重大

影响但不构成控制的，应该将成本法改成权益法，应以成本法下长期股权投资的账面价值作为按照权益法核算的初始投资成本，并在此基础上比较该初始投资成本与应享有被投资方可辨认净资产公允价值的份额，确定是否需要对长期股权投资的账面价值进行调整。

施工企业因处置投资使长期股权投资的核算由成本法转为权益法时，首先应按处置或收回投资的比例结转应终止确认的长期股权投资成本。

1）比较剩余的长期股权投资成本与按照剩余持股比例计算的原投资时应享有被投资方可辨认净资产公允价值的份额，属于投资作价中体现的商誉部分，不调整长期股权投资的账面价值；属于投资成本小于按照剩余持股比例计算的原投资时应享有被投资方可辨认净资产公允价值份额的，会计分录为：

借：长期股权投资
　　贷：盈余公积
　　　　利润分配——未分配利润

2）对于从原取得投资后至转变为权益法核算之间被投资方实现净损益中应享有的份额，会计分录为：

借：长期股权投资
　　贷：盈余公积
　　　　利润分配——未分配利润
　　　　投资收益

对于其他原因导致被投资方所有者权益变动中应享有的份额，会计分录为：

借：长期股权投资
　　贷：资本公积——其他资本公积
　　　　其他综合收益

（2）权益法转换为成本法　因追加投资使长期股权投资的核算由权益法转换为成本法时：

1）结转权益法下长期股权投资的账面价值。

借：长期股权投资
　　贷：长期股权投资——成本
　　　　　　　　　　——损益调整
　　　　　　　　　　——其他权益变动
　　　　　　　　　　——其他综合收益

2）对追加投资的成本进行确认。

借：长期股权投资
　　贷：银行存款

转换日原始投资的账面价值，加上购买日新支付对价的公允价值作为追加投资日长期股权投资的初始投资成本。

【例7-5】某施工企业于2018年7月1日以6 300万元取得甲公司60%的股权，能够对甲公司进行控制。当日甲公司可辨认净资产的账面价值为9 800万元，公允价值为10 000万元。2020年1月1日该施工企业以2 500万元出售甲公司20%的股权，剩余40%的股权当日的公允价值为4 700万元，出售股权后该施工企业对甲公司不再具有控制权，但具有重大影响。甲公司2018年7月1日至2020年1月1日实现净利润1 070万元和其他综合收益120万元，无所有者权益的其他变动，分配现金股利500万元。

该施工企业按净利润的10%提取法定盈余公积。

（1）出售甲公司20%股权做如下账务处理：

借：银行存款　　　　　　　　　　　　　　　　　　　　　25 000 000
　　贷：长期股权投资（63 000 000×20%÷60%）　　　　　　21 000 000
　　　　投资收益　　　　　　　　　　　　　　　　　　　 4 000 000

（2）剩余40%股权追溯调整为权益法

1）剩余股权初始投资成本的追溯调整。剩余部分长期股权投资的购买日成本为4 200（6 300-2 100）万元，大于应享有的被投资单位可辨认净资产公允价值份额4 000（10 000×40%）万元，不调整长期股权投资成本。

2）剩余股权"损益调整"的追溯调整。2018年7月1日至2020年1月1日期间甲公司调整后留存收益增加570（1 070-500）万元。

借：长期股权投资——损益调整（5 700 000×40%）　　　　2 280 000
　　贷：盈余公积　　　　　　　　　　　　　　　　　　　　228 000
　　　　利润分配——未分配利润　　　　　　　　　　　　 2 052 000

3）剩余股权"其他综合收益"的追溯调整。

借：长期股权投资——其他综合收益　　　　　　　　　　　480 000
　　贷：其他综合收益　　　　　　　　　　　　　　　　　　480 000

剩余40%的股权在2020年1月1日的账面价值 = 6 300万元 - 2 100万元 + 228万元 + 48万元 = 4 476万元

三、长期股权投资的减值和处置

（一）长期股权投资减值的确认条件

1. 有市价的长期投资

对施工企业有市价的长期投资，存在下列迹象的应计提减值准备：

1）市价持续2年低于账面价值。
2）该项投资暂停交易1年或1年以上。
3）被投资方当年发生严重亏损。
4）被投资方持续2年发生亏损。
5）被投资方进行清理整顿、清算或出现其他不能持续经营的迹象。

2. 无市价的长期投资

对施工企业无市价的长期投资，存在下列迹象的应计提减值准备。

1）影响被投资方经营的环境的变化，如税收、贸易等法规的颁布或修订，可能导致被投资单位出现巨额亏损。

2）被投资方提供的商品或劳务因产品过时或消费者偏好改变而使市场的需求发生变化，从而导致其财务状况严重恶化。

3) 被投资方所在行业的生产技术等发生重大变化，被投资方已失去竞争能力，从而导致其财务状况严重恶化，如进行清理整顿、清算等。

4) 有证据表明该项投资实质上已经不再给企业带来经济利益的其他情形。

（二）长期股权投资减值损失的计量

长期股权投资在按照规定进行核算确定其账面价值的基础上，如果存在减值迹象，应当按照会计准则的规定计提减值准备。其中对子公司、联营企业及合营企业的投资，应当按照《企业会计准则第8号——资产减值》的规定确定其可收回金额及应计提的减值准备；企业持有的对被投资方不具有共同控制或重大影响、在活跃市场中没有报价、公允价值不能可靠计量的长期股权投资，应当按照《企业会计准则第22号——金融工具确认和计量》的规定确定其可收回金额及应予计提的减值准备。上述有关长期股权投资的减值准备在提取以后，均不允许转回。

长期股权投资中对子公司、联营企业及合营企业的投资，应当估计其可收回金额，然后将所估计的资产可收回金额与其账面价值相比较，以确定资产发生的减值损失。

资产可收回金额的估计，应当根据其公允价值减去处置费用后的净额与资产预计未来现金流量的现值之间较高者确定；企业持有的对被投资方不具有共同控制或重大影响、在活跃市场中没有报价、公允价值不能可靠计量的长期股权投资，应当将该长期股权投资的账面价值与按照类似金融资产当时市场收益率对未来现金流量折现确定的现值之间的差额，确认为减值损失，计入当期损益。

（三）长期股权投资减值核算应设置的账户及会计处理

1. "长期股权投资减值准备"账户

为了核算企业提取的长期股权投资减值准备，施工企业应设置"长期股权投资减值准备"账户。其贷方登记期末长期股权投资预计可收回金额低于其账面价值的差额；借方登记处置长期股权投资时，应同时结转的已计提的长期股权投资减值准备。期末贷方余额反映企业已提取的长期股权投资减值准备。长期股权投资的减值损失一经确定，在以后会计期间不得转回。以前会计期间计提的长期股权投资的减值准备，需等到对应资产处置时才可转出。

本账户应当按照被投资方进行明细核算。

2. 长期股权投资减值的会计处理

借：资产减值损失——长期股权投资减值损失
　　贷：长期股权投资减值准备

【例7-6】 某施工企业2018年年末"长期股权投资"的账面余额为980 000元，经过对长期股权投资进行减值测试，发现被投资单位财务状况恶化，估计该项投资的可收回金额为660 000元，做如下会计分录：

借：资产减值损失——长期股权投资减值损失　　　　　　　　　　320 000
　　贷：长期股权投资减值准备　　　　　　　　　　　　　　　　　　320 000

此外，为了真实反映长期股权投资减值对企业财务状况、经营成果的影响，该施工企业一般应在财务报告中披露与长期股权投资减值有关的信息。

(四) 长期股权投资的处置

按照《企业会计准则第 2 号——长期股权投资》的规定，对联营企业或合营企业的权益性投资全部或部分分类为持有待售资产的，应当停止权益法核算；对于未划分为持有待售类别的剩余权益性投资，应当在划分为持有待售的那部分权益性投资出售前继续采用权益法进行会计处理。原权益法核算的其他综合收益等应当在持有待售资产终止确认时，按照《企业会计准则第 2 号——长期股权投资》有关处置长期股权投资的规定进行会计处理。

施工企业对联营企业或合营企业的权益性投资全部或部分分类为持有待售资产的，应比照固定资产、无形资产处置进行核算和会计处理。施工企业处置长期股权投资时，应按实际收到的金额，借记"银行存款"等科目；原已计提减值准备的，借记"长期股权投资减值准备"科目；按其账面余额，贷记"长期股权投资"科目；按尚未领取的现金股利或利润，贷记"应收股利"科目；按其差额，贷记或借记"投资收益"科目。

处置采用权益法核算的长期股权投资时，应当采用与被投资单位直接处置相关资产或负债相同的基础，对相关的其他综合收益进行会计处理。按照上述原则可以转入当期损益的其他综合收益，应按结转的长期股权投资的投资成本比例结转原记入"其他综合收益"科目的金额，借记或贷记"其他综合收益"科目，贷记或借记"投资收益"科目。

处置采用权益法核算的长期股权投资时，还应按结转的长期股权投资的投资成本比例结转原记入"资本公积——其他资本公积"科目的金额，借记或贷记"资本公积——其他资本公积"科目，贷记或借记"投资收益"科目。

第二节 投资性房地产的会计核算

一、投资性房地产的特征和范围

(一) 投资性房地产的特征

投资性房地产是指为赚取租金或资本增值，或者两者兼有而持有的房地产，包括已出租的土地使用权、持有并准备增值后转让的土地使用权以及已出租的建筑物。投资性房地产应当能够单独计量和出售。

房地产中的土地是指土地使用权。房屋是指固着在土地上的建筑物和构筑物。企业将房屋和土地使用权出租，是投资性房地产的主要形式，其实质属于一种让渡资产使用权的行为。房地产租金就是让渡资产使用权取得的使用费收入。投资性房地产的另一种形式是持有并准备增值后转让的土地使用权，尽管其增值收益通常与市场供求、经济发展等因素有关，但目的是增值后转让以赚取增值收益。因此，企业出租房地产、转让土地使用权均视为一种经营活动，是企业为完成其经营目标所从事的经营性活动以及与之相关的其他活动形成的经济利益总流入。就施工企业而言，投资性房地产属于与经营性活动相关的其他经营活动，形成的租金收入或转让增值收益构成企业的其他业务收入。

【特别提示】 根据税法的规定，企业取得的房地产租赁收入或土地使用权转让收益应当缴纳增值税，增值税税率为 9%。按照国家有关规定认定的闲置土地，不属于持有并准备增值后转让的土地使用权。在我国，实际情况是持有并准备增值后转让土地使用权的情况较少。

(二) 投资性房地产的核算范围

施工企业已出租的土地使用权、持有并准备增值后转让的土地使用权、已出租的建筑物，属于投资性房地产的核算范围。

1. 已出租的土地使用权

已出租的土地使用权，是指企业通过出让或转让方式取得的、以经营租赁方式出租的土地使用权。

对于租入土地使用权再转租给其他单位的，不能确认为投资性房地产。企业计划用于出租但尚未出租的土地使用权，也不属于投资性房地产的核算范围。例如，某施工企业将其持有使用权的一块土地出租给甲公司以赚取租金，为期5年；甲公司又将这块土地出租给丙公司以赚取租金差价，为期3年。假设其他条件都符合国家相关规定，则该施工企业自租赁期开始日起，将该土地的使用权确认为投资性房地产。甲公司不能将该土地的使用权确认为投资性房地产。

【特别提示】 土地使用权转让行为在《中华人民共和国增值税法（征求意见稿）》中规定的适用税率为9%。

2. 持有并准备增值后转让的土地使用权

持有并准备增值后转让的土地使用权，是指企业通过出让或转让方式取得的、准备增值后转让的土地使用权，这类土地使用权很可能给企业带来资本增值收益。例如，企业厂址搬迁，致使土地使用权停止自用，企业管理层决定继续持有这部分土地使用权，待其增值后转让以赚取增值收益。

3. 已出租的建筑物

已出租的建筑物，是指企业拥有产权并出租的建筑物，包括自行建造或开发活动完成后用于出租的建筑物。例如，某施工企业将其拥有的某栋办公楼整体出租给乙公司，租赁期为2年。对于该施工企业而言，自租赁期开始日起，该栋办公楼属于投资性房地产。企业在判断和确认已出租的建筑物时，应当把握以下要点：

1) 用于出租的建筑物是指企业拥有产权的建筑物。

2) 已出租的建筑物是企业已经与其他方签订了租赁协议，约定以经营租赁方式出租的建筑物。

3) 企业将建筑物出租，按租赁协议向承租人提供的相关辅助服务在整个租赁协议中不重大的，应当将该建筑物确认为投资性房地产。

4. 不属于投资性房地产的项目

（1）企业自用房地产 自用房地产是指为生产商品、提供劳务或者经营管理而持有的房地产。例如，企业自用办公大楼属于固定资产，企业生产经营用的土地使用权属于无形资产。自用房地产的特征是服务于企业自身的生产经营，其价值会随着房地产的使用而逐渐转移到企业的产品或服务中，通过销售商品或提供服务为企业带来经济利益，在产生现金流量的过程中与企业持有的其他资产密切相关。

（2）作为存货的房地产 作为存货的房地产通常是指房地产开发企业在正常经营过程中销售或为销售而正在开发的土地和商品房。这部分房地产属于房地产开发企业的存货，其生产、销售构成企业的主营业务活动，产生的现金流量也与企业的其他资产密切相关，因此，具有存货性质的房地产不属于投资性房地产。施工企业不涉及作为存货的房地产。

在实务中,存在某项房地产部分用于生产商品、提供劳务或者经营管理,或者直接作为存货出售,部分用于赚取租金或资本增值的情形。其中,用于赚取租金或资本增值的部分,如果能够单独计量和出售,应当确认为投资性房地产;如果不能够单独计量和出售,应当与自用部分一起确认为固定资产或无形资产。例如,甲施工企业建造了一栋写字楼,一部分用于出租,已签订经营租赁合同;一部分作为自己的办公楼。在这种情况下,如果出租部分能够单独计量和出售,应当确认为甲施工企业的投资性房地产,其余自用部分作为甲施工企业的固定资产。

二、投资性房地产的计量

(一) 投资性房地产的初始计量

企业取得的投资性房地产,应当按照取得时的成本进行初始计量。施工企业投资性房地产的取得方式主要是外购和自行建造,因此主要介绍这两种方式的初始计量。

1. 外购的投资性房地产

外购的投资性房地产的成本,应当按照取得时的实际成本进行初始计量,包括购买价款和可直接归属于该资产的其他支出。另外,根据《财政部、国家税务总局关于全面推开营业税改征增值税试点的通知》的规定,可以抵扣的增值税进项税额单独核算。这里首先应明确何种情况属于外购的投资性房地产。企业购入的房地产,只有在购入的同时(购入日和租赁开始日相同或相近)即对外出租或用于资本增值的,才能称为外购的投资性房地产。

如果企业购入房地产,先自用之后再出租或者用于资本增值的,应当在购入时先将房地产确认为固定资产或无形资产,自租赁开始日或用于资本增值日起,再从固定资产或无形资产转为投资性房地产。企业购入的房地产,部分用于出租(或资本增值),部分自用,用于出租(或资本增值)的部分应当予以单独确认的,应按照不同部分的公允价值占公允价值总额的比例,将成本在不同部分之间进行合理分配。

2. 自行建造的投资性房地产

企业自行建造投资性房地产的成本,由建造该项投资性房地产达到预定可使用状态前所发生的必要支出构成,包括土地开发费、建筑安装成本、应予以资本化的借款费用、支付的其他费用和分摊的间接费用等。建造过程中发生的非正常性损失直接计入当期损益,不计入建造成本。企业只有在自行建造的房地产达到预定可使用状态的同时开始对外出租或用于资本增值,才能将自行建造的房地产确认为投资性房地产。同样值得注意的是,自行建造的投资性房地产也涉及增值税进项税额抵扣的问题。

企业自行建造的房地产达到预定可使用状态后,并没有立即对外出租或用于资本增值,应先将该房地产确认为固定资产或无形资产。在其后对外出租或用于资本增值时,再从租赁开始日或用于资本增值日起,从固定资产或无形资产转为投资性房地产。

(二) 投资性房地产的后续计量

投资性房地产应当按照取得时的成本进行初始确认和计量。而投资性房地产的后续计量具有两种模式,即成本模式和公允价值模式。企业在后续计量时,通常应当采用成本模式,如果满足特定条件时也可以采用公允价值模式。同一企业只能采用一种模式对所有投资性房地产进行后续计量。

1. 采用成本模式计量的投资性房地产

采用成本模式进行后续计量的投资性房地产，其会计处理比较简单，可比照固定资产或无形资产的有关规定，按期（月）计提折旧或摊销。投资性房地产存在减值迹象的，还应当按照资产减值的有关规定处理。经减值测试后确定发生减值的，应当计提减值准备。如果已经计提减值准备的投资性房地产的价值又得以恢复，不得转回。

2. 采用公允价值模式计量的投资性房地产

企业只有在存在确凿证据表明投资性房地产的公允价值能够持续可靠取得的情况下，才可以对投资性房地产采用公允价值模式进行后续计量。企业一旦选择公允价值模式，就应当对其所有投资性房地产均采用公允价值模式进行后续计量。采用公允价值模式计量的投资性房地产，应当同时满足以下条件，缺一不可：

1）投资性房地产所在地有活跃的房地产交易市场。

2）企业能够从房地产交易市场上取得同类或类似房地产的市场价格及其他相关信息，从而对投资性房地产的公允价值做出合理的估计。

企业可以参照活跃市场上同类或类似房地产的现行市场价格（市场公开报价）来确定投资性房地产的公允价值；无法取得同类或类似房地产现行市场价格的，可以参照活跃市场上同类或类似房地产的最近交易价格，并考虑交易情况、交易日期、所在区域等因素予以确定。

采用公允价值模式计量的投资性房地产，不对其计提折旧或摊销，应当以资产负债表日投资性房地产的公允价值为基础调整其账面价值，公允价值与原账面价值之间的差额计入当期损益。

企业对投资性房地产的计量模式一经确定，不得随意变更。从成本模式转为公允价值模式，视为会计政策变更，应当根据相关规定进行会计处理。已采用公允价值模式计量的投资性房地产，不得从公允价值模式转换为成本模式。

（三）投资性房地产的后续支出

1. 资本化的后续支出

与投资性房地产有关的后续支出，满足投资性房地产确认条件的应当计入投资性房地产成本。例如，企业为了提高投资性房地产的使用效能，往往需要对投资性房地产进行改建、扩建使其更加坚固、耐用，或者通过装修改善其室内装潢，改扩建或装修支出满足确认条件的，应当将其资本化。企业对某项投资性房地产进行改建、扩建等再开发且将来仍作为投资性房地产的，在开发期间应继续将其作为投资性房地产，在开发期间不计提折旧或摊销。

2. 费用化的后续支出

与投资性房地产有关的后续支出，不满足投资性房地产确认条件的，应当在发生时计入当期损益，或计入其他业务成本。

（四）投资性房地产的转换和处置

1. 投资性房地产的转换

房地产的转换，实质上是因房地产用途发生改变而对房地产进行的重新分类。企业必须有确凿证据表明房地产用途发生改变，才能将投资性房地产转换为非投资性房地产或者将非投资性房地产转换为投资性房地产。这里的确凿证据包括两个方面：①企业管理当局应当就改变房地产用途形成正式的书面决议；②房地产因用途改变而发生实际状态上的改变，如从自用状态改为出租状态。

施工企业有确凿证据表明房地产用途发生改变，并满足下列条件之一的，应当将投资性房地产转换为其他资产或者将其他资产转换为投资性房地产：

1) 投资性房地产开始自用。
2) 自用土地使用权停止自用，用于赚取租金或资本增值。
3) 自用建筑物停止自用，改为出租。

在成本模式下，施工企业将原本用于赚取租金或资本增值的房地产改用于生产商品、提供劳务或者经营管理时，应于转换日将相应的投资性房地产转换为固定资产或无形资产。例如，施工企业将出租的办公楼收回，改为本企业自用。在这种情况下，转换日为房地产达到自用状态、施工企业开始将房地产用于经营管理的日期。施工企业将原本用于经营管理的房地产改用于出租，应于租赁期开始日将相应的固定资产或无形资产转换为投资性房地产，将房地产转换前的账面价值作为转换后的入账价值。

在公允价值模式下，施工企业将投资性房地产转换为自用房地产时，应当以其转换当日的公允价值作为自用房地产的账面价值，公允价值与原账面价值的差额计入当期损益。施工企业将自用房地产转换为采用公允价值模式计量的投资性房地产时，投资性房地产按照转换当日的公允价值计价，转换当日的公允价值小于原账面价值的，其差额计入当期损益；转换当日的公允价值大于原账面价值的，其差额计入所有者权益中的其他综合收益。待该项投资性房地产处置时，因转换计入其他综合收益的部分应转入当期的其他业务收入。

2. 投资性房地产的处置

施工企业可以通过对外出售或转让的方式处置投资性房地产，取得投资收益。对于那些由于使用而不断磨损直到最终报废，或者由于遭受自然灾害等非正常损失发生毁损的投资性房地产也应当及时进行清理。此外，施工企业因其他原因，如非货币性交易等而减少投资性房地产也属于投资性房地产的处置。施工企业出售、转让、报废投资性房地产或者发生投资性房地产毁损，应当将处置收入扣除其账面价值和相关税费后的金额计入当期损益。

三、投资性房地产的账务处理

（一）投资性房地产核算应设置的账户

为了核算投资性房地产的增加、转换、处置以及减值情况，施工企业应设置"投资性房地产""投资性房地产累计折旧（摊销）""投资性房地产减值准备""公允价值变动损益""资产减值损失"等相关的会计账户。

1."投资性房地产"账户

"投资性房地产"账户核算企业投资性房地产的价值，包括采用成本模式计量的投资性房地产和采用公允价值模式计量的投资性房地产。

本账户借方登记采用成本模式计量或者采用公允价值模式计量的企业从不同渠道取得的投资性房地产的初始成本；将自用土地使用权或建筑物转换为采用成本模式计量的投资性房地产在转换日的原价或者采用公允价值模式计量的投资性房地产在转换日的公允价值；投资性房地产进行改良或装修时的公允价值变动；资产负债表日，投资性房地产的公允价值高于其账面余额的差额；将采用公允价值模式计量的投资性房地产转为自用时结转的前期已确认的公允价值变动损失；出售投资性房地产时结转的前期已确认的公允价值变动损失；投资性房地产改建、扩建支出中属于资本化的后续支出等，以及出售投资性房地产时转出的累计公允价值变动损失。贷方登记采用成本模式计量或者采用公允价值模式计量的企业处置投资性房地产的账面余额；投资性房地产进行改良或装修时的成本和公允价值变动；资产负债表日，投资性房地产的公允价值低于其账面余额的差额；将采用公允价值模式计量的投资性房地产转为自用时结转的成本和公允价值变动收益；出售投资性房地产时转销的成本和公允价值变动收益的账面余额。期末借方余额反映企业投资性房地产的价值。

企业应当按照投资性房地产的类别和项目及"成本"和"公允价值变动"科目进行明细核算。

2. "投资性房地产累计折旧（摊销）"账户

"投资性房地产累计折旧（摊销）"账户核算企业在成本模式计量下，作为投资性房地产的建筑物因使用而损耗掉的价值，以及土地使用权因出租使用而摊销的价值。

本账户贷方登记企业按月计提的投资性房地产的累计折旧和因增加投资性房地产而转入的已计提累计折旧，以及按月计提的投资性房地产累计摊销。借方登记企业因各种原因减少投资性房地产而相应转出的账面已提累计折旧和账面已提累计摊销。期末贷方余额反映企业提取的投资性房地产折旧累计数和摊销累计数。本账户应按建筑物和土地使用权项目进行明细核算，分别核算投资性房地产累计折旧和投资性房地产累计摊销的价值。

3. "投资性房地产减值准备"账户

"投资性房地产减值准备"账户核算企业在成本模式计量下提取的投资性房地产减值准备。本账户贷方登记期末投资性房地产可收回金额低于其账面价值的差额；借方登记转让、处置投资性房地产时转出的投资性房地产减值准备数。期末贷方余额反映企业已提取的投资性房地产减值准备。

（二）投资性房地产核算的会计处理

1. 采用成本模式计量的外购或自行建造的投资性房地产

1）企业外购取得投资性房地产时：
借：投资性房地产（实际成本）
　　应交税费——应交增值税（进项税额）
　　贷：银行存款

2）企业自行建造取得投资性房地产时：
借：投资性房地产（实际成本）
　　贷：在建工程等

3）按期（月）对投资性房地产计提折旧或进行摊销时：
借：其他业务成本
　　贷：投资性房地产累计折旧（摊销）

4）取得租金收入时：
借：银行存款
　　贷：其他业务收入
　　　　应交税费——应交增值税（销项税额）

5）投资性房地产存在减值迹象，经测试后发生减值时：
借：资产减值损失

贷：投资性房地产减值准备

【例 7-7】 2018 年 3 月，甲施工企业购入一块土地的使用权，并在该块土地上开始自行建造三栋小型办公楼。2018 年 8 月，甲施工企业预计办公楼即将完工，与乙公司签订了经营租赁合同，将其中的两栋办公楼租赁给乙公司使用。租赁合同约定，该办公楼于完工（达到预定可使用状态）时开始出租。2018 年 8 月 20 日，三栋办公楼同时完工。该块土地使用权的成本为 300 万元；三栋办公楼的造价均为 800 万元，能够单独出售。甲施工企业应做如下会计分录：

计入投资性房地产的土地使用权价值为 = 300 万元 ×（1 600÷2 400）= 200 万元

　　借：投资性房地产——办公楼　　　　　　　　　　　　　　　16 000 000
　　　　贷：在建工程　　　　　　　　　　　　　　　　　　　　　16 000 000
　　借：投资性房地产——土地使用权　　　　　　　　　　　　　　2 000 000
　　　　贷：无形资产——土地使用权　　　　　　　　　　　　　　 2 000 000

2. 采用公允价值模式计量的外购或自行建造的投资性房地产

1）企业外购取得投资性房地产时：

　　借：投资性房地产——成本（实际成本）
　　　　应交税费——应交增值税（进项税额）
　　　　贷：银行存款

2）企业自行建造取得投资性房地产时：

　　借：投资性房地产——成本（实际成本）
　　　　贷：在建工程等

3）资产负债表日，投资性房地产的公允价值高于其账面余额时：

　　借：投资性房地产——公允价值变动
　　　　贷：公允价值变动损益（投资性房地产公允价值高于其账面余额的差额）

4）资产负债表日，投资性房地产的公允价值低于其账面余额时：

　　借：公允价值变动损益（投资性房地产的公允价值低于其账面余额的差额）
　　　　贷：投资性房地产——公允价值变动

【例 7-8】 2018 年 6 月，甲施工企业（增值税一般纳税人）计划购入一栋房屋用于对外出租。6 月 8 日，甲施工企业与乙企业签订了经营租赁合同，约定自房屋购买日起将这栋房屋出租给乙企业，为期 3 年。6 月 10 日，甲施工企业实际购入房屋，收到的增值税专用发票上注明的房屋价款金额为 9 900 万元，增值税税额为 891 万元（增值税税率为 9%），增值税专用发票已通过认证。假设 2018 年 12 月 31 日该房屋的公允价值为 12 150 万元。甲施工企业做如下会计分录：

1）2018 年 6 月 10 日购入时：

　　借：投资性房地产——成本（房屋）　　　　　　　　　　　　99 000 000
　　　　应交税费——应交增值税（进项税额）　　　　　　　　　　 8 910 000
　　　　贷：银行存款　　　　　　　　　　　　　　　　　　　　 107 910 000

2）2018 年 12 月 31 日时：

　　借：投资性房地产——公允价值变动（房屋）　　　　　　　　　22 500 000

　　　　贷：公允价值变动损益　　　　　　　　　　　　　　22 500 000
假设 2018 年 12 月 31 日该房屋的公允价值为 9 000 万元。
　　借：公允价值变动损益　　　　　　　　　　　　　　 9 000 000
　　　　贷：投资性房地产——公允价值变动（房屋）　　　 9 000 000

3. 成本模式下投资性房地产的转换

1）经营性自用建筑物转换为投资性房地产时：
借：投资性房地产
　　累计折旧（原已计提的累计折旧）
　　固定资产减值准备（原已计提的减值准备）
　　贷：固定资产（账面余额）
　　　　投资性房地产累计折旧
　　　　投资性房地产减值准备

2）自用土地使用权转换为投资性房地产时：
借：投资性房地产
　　累计摊销（原已计提的累计摊销）
　　无形资产减值准备（原已计提的减值准备）
　　贷：无形资产（账面余额）
　　　　投资性房地产累计摊销
　　　　投资性房地产减值准备

3）投资性房地产转换为经营性自用建筑物时：
借：固定资产
　　投资性房地产累计折旧（原已计提的累计折旧）
　　投资性房地产减值准备（原已计提的减值准备）
　　贷：投资性房地产（账面余额）
　　　　累计折旧
　　　　固定资产减值准备

4）投资性房地产转换为自用土地使用权时：
借：无形资产
　　投资性房地产累计摊销（原已计提的累计摊销）
　　投资性房地产减值准备（原已计提的减值准备）
　　贷：投资性房地产（账面余额）
　　　　累计摊销
　　　　无形资产减值准备

【例 7-9】 甲施工企业拥有一栋办公楼，用于本企业集团办公。2018 年 1 月甲施工企业与乙企业签订了经营租赁协议，将这栋办公楼整体出租给乙企业使用，租赁期开始日为 2018 年 2 月 1 日，为期 5 年。2018 年 1 月 31 日，这栋办公楼的账面余额为 20 000 万元，已计提折旧 1 500 万元。甲施工企业应做如下会计分录：

　　借：投资性房地产——办公楼　　　　　　　　　　　200 000 000

累计折旧	15 000 000
贷：固定资产	200 000 000
投资性房地产累计折旧	15 000 000

【例7-10】 2018年7月初，甲施工企业（增值税一般纳税人）购入一栋办公楼，将其作为投资性房地产，取得的增值税专用发票上注明办公楼价款金额为16 000万元，增值税税额为1 440万元，增值税专用发票已通过认证。办公楼预计尚可使用年限为40年，办公楼的预计净残值为0，假设采用直线法按年计提折旧。同时，甲施工企业与乙企业签订租赁协议，将该办公楼整体出租给乙企业，租期为2.5年，合同约定：

2018年租金425万元（不含税）于租赁当日收取，并于每年年初收取当年租金850万元（不含税）。租赁期满后，甲施工企业将办公楼转为自用办公楼。甲施工企业采用成本模式对投资性房地产进行后续计量，适用的增值税税率为9%。甲施工企业应做如下会计分录：

1) 2018年7月购入房地产时：

借：投资性房地产——办公楼	160 000 000
应交税费——应交增值税（进项税额）	14 400 000
贷：银行存款	174 400 000

2) 7月初收到租金时：

借：银行存款	4 632 500
贷：其他业务收入	4 250 000
应交税费——应交增值税（销项税额）	382 500

3) 按年对投资性房地产计提折旧时：

每年应计提的折旧额 = 160 000 000元 ÷ 40 = 4 000 000元

每月应计提的折旧额 = 4 000 000元 ÷ 12 = 333 333.33元

计提2018年8月折旧时

借：其他业务成本	333 333.33
贷：投资性房地产累计折旧	333 333.33

4) 租赁期满后，将办公楼转为自用办公楼时：

办公楼已计提的累计折旧额 = 160 000 000元 ÷ 40 × 2.5 = 10 000 000元

借：固定资产	160 000 000
投资性房地产累计折旧	10 000 000
贷：累计折旧	10 000 000
投资性房地产——办公楼	160 000 000

4. 公允价值模式下投资性房地产的转换

1) 经营性自用建筑物转换为投资性房地产时：

借：投资性房地产——成本

　　累计折旧（原已计提的累计折旧）

　　固定资产减值准备（原已计提的减值准备）

　　公允价值变动损益（转换日公允价值小于账面价值的差额）

　贷：固定资产（账面余额）

其他综合收益（转换日公允价值大于账面价值的差额）
2）自用土地使用权转换为投资性房地产时：
借：投资性房地产——成本
　　累计摊销（原已计提的累计摊销）
　　无形资产减值准备（原已计提的减值准备）
　　公允价值变动损益（转换日公允价值小于账面价值的差额）
　　贷：无形资产（账面余额）
　　　　其他综合收益（转换日公允价值大于账面价值的差额）
3）投资性房地产转换为经营性自用建筑物时：
借：固定资产（投资性房地产转换日的公允价值）
　　投资性房地产——公允价值变动（投资性房地产的累计公允价值变动损失）
　　公允价值变动损益（转换日公允价值小于账面价值的差额）
　　贷：投资性房地产——成本
　　　　　　　　　　——公允价值变动（投资性房地产累计公允价值变动收益）
4）投资性房地产转换为自用土地使用权时：
借：无形资产（投资性房地产转换日的公允价值）
　　投资性房地产——公允价值变动（投资性房地产的累计公允价值变动损失）
　　贷：投资性房地产——成本（账面余额）
　　　　　　　　　　——公允价值变动（投资性房地产的累计公允价值变动收益）
　　　　公允价值变动损益（转换日公允价值大于账面价值的差额）

【例 7-11】 甲施工企业计划搬迁，准备将原办公楼出租以赚取租金收入。2018 年 2 月，甲施工企业完成搬迁工作，原办公楼停止自用。2018 年 3 月，甲施工企业与丁企业签订租赁协议，将其原办公楼租赁给丁企业使用，租赁期开始日为 2018 年 4 月 1 日，租赁期限为 3 年。2018 年 4 月 1 日，该办公楼的公允价值为 162 000 万元，其原价为 180 000 万元，已计提折旧 36 000 万元。甲施工企业应当于租赁期开始日（2018 年 4 月 1 日）将自用房地产转换为投资性房地产，甲施工企业应做如下会计分录：

借：投资性房地产——成本（办公楼）　　　　　　　　1 620 000 000
　　累计折旧　　　　　　　　　　　　　　　　　　　　360 000 000
　　贷：固定资产　　　　　　　　　　　　　　　　　　1 800 000 000
　　　　其他综合收益　　　　　　　　　　　　　　　　　180 000 000

【例 7-12】 2018 年 3 月 10 日，甲施工企业因租赁期满，将出租的房屋收回作为经营性自用。2018 年 3 月 31 日，该办公楼正式启用，当日的公允价值为 1 600 万元。该项房屋在转换前采用公允价值模式计量，原账面价值为 1 050 万元，其中成本为 1 000 万元，公允价值变动为增值 50 万元。甲施工企业应做如下会计分录：

借：固定资产　　　　　　　　　　　　　　　　　　　　16 000 000
　　贷：投资性房地产——成本　　　　　　　　　　　　10 000 000
　　　　　　　　　　——公允价值变动　　　　　　　　　　500 000
　　　　公允价值变动损益　　　　　　　　　　　　　　5 500 000

5. 与投资性房地产有关的后续支出

1）采用成本模式计量的投资性房地产转入改良或装修时：

借：投资性房地产（在建）
　　投资性房地产累计折旧（摊销）
　　　贷：投资性房地产

2）采用公允价值模式计量的投资性房地产转入改良或装修时：

借：投资性房地产（在建）
　　投资性房地产——公允价值变动（投资性房地产的累计公允价值变动损失）
　　　贷：投资性房地产——成本
　　　　　　　　　　——公允价值变动（投资性房地产的累计公允价值变动收益）

3）支付可资本化的工程费用时：

借：投资性房地产（在建）
　　　贷：银行存款等

4）改良或装修完工时：

借：投资性房地产
　　　贷：投资性房地产（在建）

5）投资性房地产进行日常维修时：

借：其他业务成本
　　　贷：银行存款等

【例7-13】甲施工企业与乙企业的一项房屋经营租赁合同即将到期，该房屋按照成本模式进行后续计量，账面余额为2 400万元，已计提折旧600万元。为了提高房屋的租金收入，甲施工企业决定在租赁期满后对房屋进行扩建和重新装修，并与丙企业签订了新的经营租赁合同，约定房屋完工后将其出租给丙企业。2018年5月，与乙企业的租赁合同到期，房屋随即进入扩建、装修工程。8月1日，房屋扩建、装修工程完工，共发生可资本化的工程费用240万元（支付扩建工程款未取得增值税专用发票），即日按照租赁合同出租给丙企业。甲施工企业应做如下会计分录：

1）2018年5月，投资性房地产转入扩建装修工程时：

借：投资性房地产——房屋（在建）　　　　　　　　　　18 000 000
　　投资性房地产累计折旧　　　　　　　　　　　　　　 6 000 000
　　　贷：投资性房地产——房屋　　　　　　　　　　　　　　　　24 000 000

2）支付工程费用时：

借：投资性房地产——房屋（在建）　　　　　　　　　　 2 400 000
　　　贷：银行存款等　　　　　　　　　　　　　　　　　　　　　 2 400 000

3）2018年8月1日，工程完工时：

借：投资性房地产——房屋　　　　　　　　　　　　　　20 400 000
　　　贷：投资性房地产——房屋（在建）　　　　　　　　　　　　20 400 000

【例7-14】2018年6月，某施工企业对其某项投资性房地产进行日常维修，用银行存款支付维修工程费45 000元（支付维修工程款未取得增值税专用发票）。该施工企业应做如下会计分录：

借：其他业务成本　　　　　　　　　　　　　　　　　45 000
　　贷：银行存款　　　　　　　　　　　　　　　　　　　　45 000

6. 投资性房地产的处置

（1）成本模式下投资性房地产处置的会计处理

1）实际收到金额时：

借：银行存款
　　贷：其他业务收入
　　　　应交税费——应交增值税（销项税额）

2）结转账面价值时：

借：其他业务成本（账面价值）
　　投资性房地产累计折旧（摊销）（原已计提的折旧或摊销）
　　投资性房地产减值准备（原已计提的减值准备）
　　贷：投资性房地产（账面余额）

（2）公允价值模式下投资性房地产处置的会计处理

1）实际收到金额时：

借：银行存款
　　贷：其他业务收入
　　　　应交税费——应交增值税（销项税额）

2）结转账面价值时：

借：其他业务成本（账面余额）
　　投资性房地产——公允价值变动（累计公允价值变动损失）
　　贷：投资性房地产——成本
　　　　　　　　　　——公允价值变动（累计公允价值变动收益）

3）结转累计公允价值变动时：

借：公允价值变动损益
　　贷：其他业务收入

或

借：其他业务收入
　　贷：公允价值变动损益

4）结转原转换日计入其他综合收益的金额时：

借：其他综合收益
　　贷：其他业务收入

【例7-15】 2018年6月，甲施工企业（增值税一般纳税人）将其出租的一栋旧写字楼确认为投资性房地产，采用成本模式计量。租赁期届满后，甲施工企业将该栋写字楼出售给乙公司，合同价款为405 000万元，开具的增值税专用发票上注明的增值税税额为36 450万元，乙公司已用银行存款付清。出售时，该栋写字楼的成本为378 000万元，已计提折旧31 500万元。甲施工企业应做如下会计分录：

借：银行存款	4 414 500 000
贷：其他业务收入	4 050 000 000
应交税费——应交增值税（销项税额）	364 500 000
借：其他业务成本	3 465 000 000
投资性房地产累计折旧	315 000 000
贷：投资性房地产——写字楼	3 780 000 000

施工企业应当在年报附注中披露与投资性房地产有关的下列信息：投资性房地产的种类、金额和计量模式；采用成本模式的，披露投资性房地产的折旧或摊销，以及减值准备的计提情况；采用公允价值模式的，说明公允价值的确定依据和方法，以及公允价值变动对损益的影响；房地产转换情况、理由，以及对损益或所有者权益的影响；当期处置的投资性房地产及其对损益的影响等。

思考题

1. 如何理解长期股权投资中的重大影响？
2. 简述长期股权投资成本法和权益法的使用范围。
3. 简述长期股权投资成本法与权益法的转换。
4. 简述投资性房地产的核算范围。
5. 简述投资性房地产的初始计量。
6. 简述投资性房地产的后续计量。
7. 甲施工企业与乙公司股权投资的相关资料如下：

1) 2018年1月1日，甲施工企业以银行存款1 600万元作为对价，取得乙公司40%的有表决权股份，能对乙公司施加重大影响。当日乙公司可辨认净资产公允价值为6 000万元，账面价值为5 700万元，差额是存货公允价值高于账面价值300万元导致的。

2) 2018年3月16日，乙公司宣告分派现金股利480万元。

3) 2018年5月7日，甲施工企业收到乙公司分派的现金股利，款项收存银行。

4) 2018年度，乙公司实现净利润1200万元，因投资性房地产转换增加其他综合收益150万元，除净损益、其他综合收益及利润分配以外其他所有者权益增加80万元。

5) 截至2018年12月31日，投资时乙公司公允价值与账面价值不一致的存货对外出售40%，剩余部分未发生减值。期末，该项长期股权投资的可收回金额为2 000万元。

6) 2019年1月10日，甲施工企业以2 150万元的价格将对乙公司的投资全部出售。

不考虑相关税费等其他因素，假定甲施工企业和乙公司会计期间及采用的会计政策相同，甲施工企业无其他子公司，不需要编制合并财务报表。

要求：

1) 计算确定甲施工企业长期股权投资的初始投资成本。

2) 编制2018年度甲施工企业与上述业务相关的会计分录，并计算2018年年末长期股权投资的账面价值。

3) 计算2019年甲施工企业处置投资应确认的投资收益，并编制相关会计分录。

8. 2018年7月1日，甲施工企业将一项按照成本模式进行后续计量的投资性房地产转换为固定资产。该资产在转换前的账面原价为4 000万元，已计提折旧200万元，已计提减值准备100万元。

要求：根据上述资料编制相应的会计分录。

9. 2018年3月，甲施工企业以2 700万元的成本在B地购入一块土地的使用权，用于自行建造3栋写字楼。2018年8月，甲施工企业预计写字楼可达到预定可使用状态，与C公司签订了经营租赁合同，将其中的两栋写字楼租给C公司使用。租赁合同约定，该写字楼于完工（达到预定可使用状态）时开始起租。2018年8月20日，3栋写字楼同时完工（达到预定可使用状态），3栋写字楼的造价均为4 000万元，可以单独出售。

要求：根据上述资料编制甲施工企业相应的会计分录。

10. 2018年6月，甲施工企业（增值税一般纳税人）计划购入一栋办公楼用于对外出租。6月8日，甲施工企业与乙公司签订了经营租赁合同，约定自办公楼购买日起将这栋办公楼出租给乙公司，为期3年。6月10日，甲施工企业实际购入办公楼，开具的增值税专用发票上注明办公楼价款为9 900万元，增值税税额为891万元（增值税税率为9%），增值税专用发票已得到认证。假设2018年12月31日，该办公楼的公允价值为12 150万元。

要求：根据上述资料编制甲施工企业相应的会计分录。

第八章 其他非流动资产的会计核算

● **本章主要知识点**：无形资产的会计核算（无形资产概述、无形资产的计量、无形资产核算应设置的账户及其会计处理）；临时设施的会计核算（施工企业临时设施概述、临时设施取得的会计核算、临时设施摊销与减少的会计核算、临时设施的清查和列报）；非货币性资产交换（非货币性资产交换的认定、非货币性资产交换的确认和计量、非货币性资产交换的会计处理）；资产减值的会计核算（资产减值概述、资产可回收金额的计量、资产减值准备的计提和会计处理、资产组减值的会计处理）。

● **本章重点和难点**：无形资产的计量；无形资产核算应设置的账户及其会计处理；临时设施取得的核算；临时设施摊销与减少的核算；非货币性资产交换的确认和计量；资产减值准备的计提和会计处理；资产组减值的会计处理。

第一节 无形资产的会计核算

一、无形资产概述

（一）无形资产的概念及特征

1. 无形资产的概念和内容

无形资产是指企业拥有或者控制的没有实物形态的可辨认非货币性资产。施工企业的无形资产主要包括专利权、商标权、著作权、自然资源使用权、非专利技术、其他权益性无形资产等。

（1）专利权 专利权是指国家专利主管机关依法授予发明创造专利申请人，对其发明创造在法定期限内所享有的专有权利，包括发明专利权、实用新型专利权和外观设计专利权。专利权并不保证一定能给持有者带来经济利益，有的专利可能无经济价值或具有很小的经济价值，有的专利会被另外更有经济价值的专利所淘汰等。因此，作为企业无形资产予以确认的专利权，必须具备其产生的经济利益很可能流入企业这项基本条件。

（2）商标权 商标是用来辨认特定的商品或劳务的标记。商标权是指专门在某类指定的商品或产品上使用特定的名称或图案的权利。商标权包括独占使用权和禁止权两个方面。能够给企业带来获利能力的商标，常常是通过多年的广告宣传和其他传播商标名称的手段以及客户的信赖而建立起来的，因此，企业自创商标一般不作为无形资产核算。根据《中华人民共和国商标法》的规定，注册商标可以转让，但受让人应当保证使用该注册商标的产品质量。

（3）著作权　著作权即版权，是指作者对其创作的文学、科学和艺术作品依法享有的某些特殊权利。著作权包括精神权利（人身权利）和经济权利（财产权利）两个方面。

（4）自然资源使用权　自然资源使用权，包括土地使用权等。

企业取得土地使用权有以下方式：①企业原先通过行政划拨获得土地使用权，没有入账时不能作为无形资产进行核算，只有在将土地使用权有偿转让、出租、抵押、作价入股和投资时，才需按规定将补交的土地出让价款予以资本化，作为无形资产入账核算；②企业以支付出让金方式获取土地使用权，此时企业应将取得时所发生的一切支出计入土地使用权成本，作为无形资产核算；③接受投资者投入的土地使用权。

【特别提示】　企业已出租的土地使用权和持有并准备增值后转让的土地使用权并不作为企业的无形资产核算，而是作为企业的投资性房地产核算。

（5）非专利技术　非专利技术又称专有技术，是指不为外界所知、在生产经营活动中已采用、不享有法律保护、可以带来经济效益的各种技术和诀窍。非专利技术一般包括工业专有技术、商业贸易专有技术、管理专有技术等。非专利技术和专利技术一样能增强企业的竞争能力，给企业带来经济利益。但非专利技术没有专门法律予以保护，其技术内容是不公开的，且没有规定的期限。

【特别提示】　经纳税人所在地省级科技主管部门进行认定，报主管税务机关备查，对符合免征条件的纳税人提供技术转让、技术开发和与之相关的技术咨询、技术服务，免征增值税。

（6）其他权益性无形资产　其他权益性无形资产，包括基础设施资产经营权、公共事业特许权、配额、经营权（有特许经营权、连锁经营权）、经销权、分销权、代理权、会员权、席位权、网络游戏虚拟道具、域名、名称权、肖像权、冠名权、转会费等。

【特别提示】　根据营改增相关规定，纳税人购进其他权益性无形资产，无论是专用于简易方法计税项目、免征增值税项目、集体福利或者个人消费，还是兼用于上述本不允许抵扣项目的，均可以抵扣进项税额。

2. 无形资产的特征

（1）无形资产不具有实物形态　无形资产通常表现为某种权利、某项技术或某种获取超额利润的综合能力。它们不具有实物形态，这是无形资产区别于其他资产的特征之一。

（2）无形资产具有可辨认性　某项资产符合以下条件之一的，认为其具有可辨认性：

1）能够从企业中分离或者划分出来，并能单独用于出售或转让等，而不需要同时处置在同一获利活动中的其他资产。

2）产生于合同性权利或其他法定权利，无论这些权利是否可以从企业或其他权利和义务中转移或者分离。

（3）无形资产属于非货币性资产　非货币性资产是指企业持有的货币资金和将以固定或可确定的金额收取的资产以外的其他资产。

（4）无形资产在创造经济利益方面具有较大的不确定性　无形资产创造经济利益的能力受企业内外诸多因素的影响，在未来提供的经济效益一般是很难确定的。因此，对无形资产进行核算时应持更加谨慎的态度。

(二) 无形资产的分类

无形资产可按不同的标准进行分类，通常按取得方式、存在形式或预计收益期进行分类。

1. 按取得方式分类

无形资产按取得方式不同可分为外部取得的无形资产和内部自创的无形资产两大类。其中，外部取得的无形资产又可分为外购的无形资产、投资者投入的无形资产、通过债务重组取得的无形资产、通过非货币性交易取得的无形资产、接受捐赠取得的无形资产等；内部自创的无形资产是指企业自行研究与开发取得的无形资产。

2. 按存在形式分类

无形资产按存在形式分为法定权利类无形资产和合同约定权利类无形资产。法定权利类无形资产是一种独占权利，是指该类无形资产是法律或法规所赋予的一种特殊权利，如专利权、著作权、商标权等；合同约定权利类无形资产是根据企业间、企业与政府间签订的合同所赋予的一种独占权利，如特许经营权、土地使用权等。

3. 按预计收益期分类

无形资产按预计收益期可分为收益期确定的无形资产和收益期不确定的无形资产。收益期确定的无形资产是指在有关法律中规定有最长有效期限的无形资产，如专利权、商标权、著作权、土地使用权和特许经营权等；收益期不确定的无形资产是指法律上没有规定有效期限，其收益期难以预先正确估计的无形资产，如非专利技术等。

二、无形资产的计量

(一) 无形资产的初始计量

无形资产通常是按实际成本计量，即以取得（包括以直接购买、接受捐赠、接受投资入股、自创以及抵债等各种形式）无形资产并使之达到预定用途而发生的全部支出作为无形资产的成本。对于不同来源取得的无形资产，其初始成本的构成不尽相同。

【特别提示】 2016年5月1日我国全面实行营改增之后，企业取得无形资产时允许抵扣增值税进项税额。《营业税改增值税试点、实施方法》第二十七条规定：下列项目的进项税额不得从销项税额中抵扣：

1）用于简易计税方法计税项目、免征增值税项目、集体福利或者个人消费的购进货物、加工修理修配劳务、服务、无形资产和不动产。其中涉及的固定资产、无形资产、不动产，仅指专用于上述项目的固定资产、无形资产（不包括其他权益性无形资产）、不动产。纳税人的交际应酬消费属于个人消费。

2）非正常损失的购进货物，以及相关的加工修理修配劳务和交通运输服务。

3）非正常损失的在产品、产成品所耗用的购进货物（不包括固定资产）、加工修理修配劳务和交通运输服务。

4）非正常损失的不动产，以及该不动产所耗用的购进货物、设计服务和建筑服务。

5）非正常损失的不动产在建工程所耗用的购进货物、设计服务和建筑服务。纳税人新建、改建、扩建、修缮、装饰不动产，均属于不动产在建工程。

6）购进的贷款服务、餐饮服务、居民日常服务和娱乐服务。

7）财政部和国家税务总局规定的其他情形。

2018年5月1日起增值税税率发生变化，其中除转让土地使用权适用10%的税率之外，其余无形资产销售适用6%的税率。2019年4月1日起增值税税率再次发生变化，转让土地使用权适用税率由原来的10%调整为9%。

1. 外购的无形资产成本

外购的无形资产，其初始成本包括购买价款、相关税费以及直接归属于使该项无形资产达到预定用途所发生的其他支出。其中，直接归属于使该项无形资产达到预定用途所发生的其他支出包括使无形资产达到预定用途所发生的专业服务费用、测试无形资产是否能够正常发挥作用的费用等，但不包括为引入新产品进行宣传发生的广告费、管理费用及其他间接费用，也不包括在无形资产达到预定用途以后发生的费用。

企业采用分期付款方式购买无形资产，购买无形资产的价款超过正常信用条件延期支付（如付款期在3年以上），实际上具有融资性质的，无形资产的成本应为购买价款的现值。这是因为企业在发生这项业务的过程中，实际上可以将这项业务区分为两项业务：一项业务是购买无形资产；另一项业务实质上是向销售方借款。因此，所支付的货款必须考虑货币的时间价值，根据《企业会计准则第6号——无形资产》的规定，要采用现值计价的模式，无形资产的成本为购买价款的现值。

2. 投资者投入的无形资产成本

投资者投入的无形资产成本，应当按照投资合同或协议约定的价值确定其初始成本，在投资合同或协议约定的价值不公允的情况下，应按无形资产的公允价值入账。纳税人以无形资产向其他单位或个体工商户进行投资，需缴纳增值税。

3. 土地使用权的特殊处理

企业取得的土地使用权通常应确认为无形资产。用于自行开发建造厂房等地上建筑物时，土地使用权的账面价值不与地上建筑物合并计算其成本，而仍作为无形资产进行核算，土地使用权与地上建筑物分别进行摊销和计提折旧。但下列情况除外：企业外购的房屋建筑物，实际支付的价款中包括土地以及建筑物的价值，则应当对支付的价款按照合理的方法（如公允价值）在土地和地上建筑物之间进行分配；如果确实无法在地上建筑物与土地使用权之间进行合理分配的，应当全部作为固定资产核算。

企业改变土地使用权的用途，将其作为用于出租或增值目的时，应将其转为投资性房地产。

此外，企业还可能因接受捐赠而取得无形资产，通过非货币性资产交换取得无形资产，通过债务重组取得无形资产，通过合并取得无形资产等。

（二）企业内部研究开发费用的确认和计量

为了对企业内部自行研究开发而取得的无形资产成本进行计量，企业应将无形资产的形成过程划分为研究阶段和开发阶段，以便有效区分研发过程中应予以资本化和费用化的支出。

1. 无形资产形成阶段的划分

（1）研究阶段　研究活动包括：为获取知识而进行的活动；研究成果或其他知识的应用研究、评价和最终选择；材料、设备、产品、工序、系统或服务替代品的研究，以及新的或经改进的材料、设备、产品、工序、系统或服务的可能替代品的配制、设计、评价和最终选择。无形资产的研究阶段具有计划性和探索性的特点。从其特点看，其研究是否能在未来形成成果，即开发后是否会形成无形资产均有很大的不确定性，因此，研究阶段的有关支出在发生时应当费用化，计入当期损益。

（2）开发阶段　开发阶段是指在进行商业性生产或使用前，将研究成果或其他知识应用于某项计划或设计，以生产出新的或具有实质性改进的材料、装置、产品等。开发活动包括：生产前或使用前的原型和模型的设计、建造和测试；含新技术的工具、夹具、模具和冲模的设计；不具有商业性生产经济规模的试生产设施的设计、建造和运营；新的或改造的材料、设备、产品、工序、系统或服务所选定的替代品的设计、建造和测试等。此阶段的特点是有针对性、形成成果的可能性较大。相对于研究阶段而言，开发阶段在很大程度上具备了形成一项新产品或新技术的基本条件，此时如果企业能够证明所发生的开发支出满足无形资产的定义及相关确认条件，则可将其资本化，确认为无形资产的成本。

2. 开发阶段有关支出资本化的条件

在开发阶段，企业可将有关资本化支出计入无形资产的成本，但必须同时满足下列条件：

1）完成该无形资产以使其使用或出售在技术上具有可行性。
2）具有完成该无形资产并使用或出售的意图。
3）能够证明运用该无形资产生产的产品存在市场或无形资产自身存在市场，无形资产将在内部使用的，应当证明其有用性。
4）有足够的技术、财务资源和其他资源支持，以完成该无形资产的开发，并有能力使用或出售该无形资产。
5）归属于该无形资产开发阶段的支出能够可靠地计量。

3. 内部开发的无形资产成本的计量

企业内部研发活动形成的无形资产成本，由可直接归属于该无形资产的创造、生产并使该无形资产能够以管理层预定的方式运作的所有必要支出组成。可直接归属于成本的有：开发该无形资产时耗费的材料、劳务成本、注册费，在开发该无形资产过程中使用的其他专利权和特许权的摊销，以及按照借款费用的处理原则可资本化的利息支出。在开发无形资产过程中发生的除上述可直接归属于无形资产开发活动的其他销售费用、管理费用等间接费用、无形资产达到预定用途前发生的可辨认的无效和初始运作损失、为运行该无形资产发生的培训支出等不构成无形资产的开发成本。

【特别提示】　内部开发无形资产的成本仅包括在满足资本化条件的时点至无形资产达到预定用途前发生的支出总和，对于同一项无形资产在开发过程中达到资本化条件之前已经费用化计入损益的支出不再进行调整。

（三）无形资产的后续计量

无形资产初始确认和计量后，其后使用该项无形资产期间还会发生后续支出。

无形资产的后续支出，是指无形资产入账后，为确保该无形资产能够给企业带来预定的经济利益而发生的支出，比如相关的宣传活动支出。由于这些支出仅是为了确保已确认的无形资产能够为企业带来预定的经济利益，因而应在发生当期确认为费用。

无形资产的后续计量应以成本减去累计摊销额和累计减值损失后的余额计量，可见，无形资产累计摊销额是后续计量中的关键。要确定无形资产在使用过程中的累计摊销额，首先要估计无形资产的使用寿命，只有使用寿命有限的无形资产才需要在估计的使用寿命内采用系统、合理的方法进行摊销；对于使用寿命不确定的无形资产则不需要摊销，但每年应进行减值测试。

1. 无形资产使用寿命的确定

《企业会计准则第6号——无形资产》规定，企业应当于取得无形资产时分析判断其使用寿命。无形资产的使用寿命有限的，应当估计该使用寿命的年限或者构成使用寿命的产量等类似计量单位数量；无法预见无形资产为企业带来未来经济利益期限的，应当视为使用寿命不确定的无形资产。

企业持有的无形资产，通常来源于合同性权利或其他法定权利，且合同规定或法律规定有明确的使用年限。源自合同性权利或其他法定权利取得的无形资产，其使用寿命不应超过合同性权利或其他法定权利的期限。如果合同性权利或其他法定权利能够在到期时因续约等延续，当有如下证据表明企业续约不需要付出重大成本时，续约期才能够包括在使用寿命的估计中。

1）有证据表明合同性权利或法定权利将被重新延续，如果在延续之前需要第三方同意，则还需要有第三方将会同意的证据。

2）有证据表明为获得重新延续所必需的所有条件将被满足，以及企业为延续持有无形资产所付出的成本相对于预期从重新延续中流入企业的未来经济利益不具有重要性。

没有明确的合同或法律规定的无形资产，企业应当综合各方面情况，如聘请相关专家进行论证或与同行业的情况进行比较以及分析企业的历史经验等，来确定无形资产为企业带来未来经济利益的期限。如果经过这些努力确实无法合理确定无形资产为企业带来经济利益的期限，再将其作为使用寿命不确定的无形资产。

企业至少应当于每年年度终了对使用寿命有限的无形资产的使用寿命及摊销方法进行复核。如果有证据表明无形资产的使用寿命及摊销方法不同于以前的估计，如由于合同的续约或无形资产应用条件的改善，延长了无形资产的使用寿命，则对于使用寿命有限的无形资产，应改变其摊销年限及摊销方法并按照会计估计变更进行处理。对于使用寿命不确定的无形资产，如果有证据表明其使用寿命是有限的，则应视为会计估计变更，应当估计其使用寿命并按照使用寿命有限的无形资产的处理原则进行处理。

2. 无形资产的摊销

无形资产的摊销期自其可供使用（达到预定用途）时起至终止确认时止。

无形资产摊销存在多种方法，包括直线法、生产总量法等。无形资产的摊销金额一般应当计入当期损益。如某项无形资产包含的经济利益通过所生产的产品或其他资产实现的，其摊销金额应当计入相关资产的成本。无形资产的摊销是针对使用寿命有限的无形资产而言的，而使用寿命不确定的无形资产不需要进行摊销。对于使用寿命有限的无形资产，应在其预计的使用寿命内采用系统、合理的方法对其应摊销金额进行摊销。其中，应摊销金额是指无形资产的成本扣除残值后的金额。《中华人民共和国企业所得税法实施条例》规定，无形资产按照直线法计算的摊销费用，准予扣除。无形资产的摊销年限不得低于10年。作为投资者或者受让的无形资产，有关法律规定或者合同约定了使用年限的，可以按照规定或约定的使用年限分期摊销。外购商誉的支出，在企业整体转让或者清算时，准予扣除。

无形资产的应摊销金额为其成本扣除预计残值后的金额。已计提减值准备的无形资产，还应扣除已计提的无形资产减值准备累计金额。使用寿命有限的无形资产，其残值一般为零，除非有第三方承诺在无形资产使用寿命结束时购买该项无形资产，或是存在活跃的市场能得到无形资产预计残值信息，并且该市场在该项无形资产使用寿命结束时可能存在。

3. 无形资产减值

由于无形资产所带来的效益具有很大的不确定性，为了更好地体现谨慎性原则，企业应当定期或每期期末检查各项无形资产预计给企业带来经济利益的能力，对预计可收回金额低于其账面价值的，应当计提减值准备。

当存在下列一项或若干项情况时，企业应该计提无形资产减值准备：

1）某项无形资产已被其他新技术等所替代，使其为企业创造经济利益的能力受到重大不利影响。

2）某项无形资产的市价在当期大幅下跌，在剩余摊销年限内预期不会恢复。

3）某项无形资产已经超过了法律保护年限，但仍具有部分使用价值。

4）其他足以证明某项无形资产实质上发生减值的情形。

如果企业无形资产的账面价值超过其可收回金额，则应按超过部分确认无形资产减值准备。企业计提的无形资产减值准备记入"资产减值损失"账户。如果可收回金额高于账面价值，一般不做会计处理。无形资产减值损失一经确认，在以后会计期间不得转回。对于使用寿命有限的无形资产，在计提完减值损失后，应重新计算每期的应摊销金额；对于使用寿命不确定的无形资产，无论是否存在减值迹象，都应当在每个会计期间进行减值测试。

在资产负债表中，无形资产项目应当按照期末余额减去无形资产累计摊销和减值准备后的净额反映。

4. 无形资产处置

企业处置无形资产的形式主要包括无形资产出售转让、对外出租、对外捐赠，以及无形资产无法为企业带来未来经济利益时予以终止确认并转销。

（1）无形资产划分为持有待售资产　企业将无形资产划分为持有待售类别时，按照持有待售非流动资产、处置组的相关内容进行会计处理。

（2）无形资产出售、转让　企业将无形资产出售、转让，表明企业放弃无形资产的所有权。企业出售、转让无形资产时，将所取得的价款与该无形资产账面价值及相关税费的差额计入当期损益，即记入"资产处置损益"账户。同时，出售无形资产时还应缴纳增值税。

（3）无形资产出租　各行各业都有各自的收入渠道，收入模式不同，适用的会计准则也不同。施工企业将无形资产出租给他人并收取租金，属于日常活动收入范围，在满足《企业会计准则第 21 号——租赁》规定的确认标准的情况下，应确认相关的收入及成本。企业转让无形资产使用权获得的收入，作为企业的其他业务收入处理，履行转让使用权合同所发生的费用，作为转让成本计入企业的其他业务成本。

（4）无形资产转销　如果无形资产预期不能为企业带来未来经济利益，不再符合无形资产的定义，应将其转销。比如，该无形资产已被其他新技术所替代，不能为企业带来经济利益；无形资产不再受法律保护，且不能给企业带来经济利益等。例如，某企业的某项无形资产法律保护期限已过，用其生产的产品没有市场，则说明该无形资产无法为该企业带来未来经济利益，应予以转销。无形资产报废转销产生的利得或损失计入营业外收入或营业外支出。

三、无形资产核算应设置的账户及其会计处理

(一) 无形资产核算应设置的账户

1. "无形资产"账户

施工企业的"无形资产"账户核算施工企业持有专利权、非专利技术、商标权、著作权、土地使用权等无形资产的成本。其借方登记施工企业以各种方式取得的无形资产的成本；贷方登记无形资产处置时转出的账面余额。期末借方余额反映施工企业无形资产的成本。本账户应按无形资产项目设置明细账进行明细核算。

2. "研发支出"账户

施工企业的"研发支出"账户核算施工企业进行研究与开发无形资产过程中发生的各项支出。

其借方登记施工企业自行开发无形资产发生的各种支出；贷方登记期末转出的费用化支出及研究开发项目达到预定用途而转出的资本化支出。期末借方余额反映施工企业正在进行的研究开发项目中满足资本化条件的支出。本账户应当按照研究开发项目分为"费用化支出"与"资本化支出"进行明细核算。符合条件的研发支出，可以在企业所得税前加计扣除。

3. "无形资产减值准备"账户

施工企业的"无形资产减值准备"账户核算施工企业计提的无形资产减值准备，属于"无形资产"账户的备抵调整账户。其贷方登记资产负债表日无形资产发生减值时，施工企业计提的无形资产减值准备；借方登记无形资产处置时转销的已计提无形资产减值准备。期末贷方余额反映施工企业已提取但尚未转销的无形资产减值准备。本账户应按无形资产项目设置明细账进行明细核算。

4. "累计摊销"账户

施工企业的"累计摊销"账户核算施工企业对使用寿命有限的无形资产计提的累计摊销，属于"无形资产"账户的备抵调整账户。其贷方登记施工企业按期计提的无形资产摊销；借方登记处置无形资产时转出的无形资产累计摊销。期末贷方余额反映施工企业无形资产的累计摊销额。本账户应按无形资产项目设置明细账进行明细核算。

无形资产核算还可能涉及"资产处置损益""持有待售资产"持有待售资产减值准备等账户。

(二) 无形资产核算的会计处理

1. 企业取得无形资产时：

借：无形资产（取得成本）
　　应交税费——应交增值税（进项税额）
　　贷：银行存款、实收资本等

2. 无形资产摊销时：

借：管理费用（管理用无形资产）
　　贷：累计摊销

3. 无形资产出租

确认租金收入时：

借：银行存款
    贷：其他业务收入
        应交税费——应交增值税（销项税额）

结转成本时：
借：其他业务成本
    贷：累计摊销
        银行存款等

4. 无形资产的出售

（1）持有待售的无形资产

1）企业将无形资产划分为持有待售资产时：
借：持有待售资产
    累计摊销
    贷：无形资产

2）计提资产减值损失时：
借：资产减值损失
    贷：持有待售资产减值准备

3）终止确认持有待售资产时：
借：资产处置损益
    贷：银行存款

或

借：银行存款
    持有待售资产减值准备
    贷：持有待售资产
        资产处置损益（或借方）

（2）出售、转让无形资产时：
借：银行存款
    累计摊销
    无形资产减值准备
    资产处置损益
    贷：无形资产
        应交税费——应交增值税（销项税额）
        资产处置损益（或借方）

5. 无形资产的转销

无形资产预期不能为企业带来经济利益的，应当将该无形资产的账面价值予以转销，施工企业应做如下会计分录：
借：营业外支出
    累计摊销
    无形资产减值准备
    贷：无形资产

【例 8-1】 2018 年 6 月 3 日，某施工企业（增值税一般纳税人）购入一项非专利技术，增值税专用发票注明的价款为 720 000 元，增值税税额为 43 200 元。合同规定该项非专利技术的使用年限为 10 年。该施工企业应做如下会计分录：

1) 购入时：
借：无形资产——非专利技术　　　　　　　　　　　　　720 000
　　应交税费——应交增值税（进项税额）　　　　　　　 43 200
　　贷：银行存款　　　　　　　　　　　　　　　　　　　　　763 200

2) 当月摊销时：
借：管理费用——无形资产摊销　　　　　　　　　　　　　6 000
　　贷：累计摊销　　　　　　　　　　　　　　　　　　　　　6000

【例 8-2】 2018 年 7 月 16 日，某施工企业（增值税一般纳税人）接受投资人投资的一项特许权，该特许权的账面价值为 126 000 元，双方协商定价，取得的增值税专用发票上注明的金额为 132 000 元，增值税税额为 7 920 元，发票已通过认证。假定不考虑其他相关税费。该施工企业应做如下会计分录：

借：无形资产——特许权　　　　　　　　　　　　　　　132 000
　　应交税费——应交增值税（进项税额）　　　　　　　　7 920
　　贷：实收资本　　　　　　　　　　　　　　　　　　　　　139 920

【例 8-3】 接上例，假设特许权的寿命为 10 年，每月应摊销其价值 1 100 元。施工企业应做如下会计分录：

借：管理费用——无形资产摊销　　　　　　　　　　　　　1 100
　　贷：累计摊销　　　　　　　　　　　　　　　　　　　　　1 100

【例 8-4】 2018 年 7 月 1 日，某施工企业（增值税一般纳税人）将一项专利权出租给其他单位使用，期限为 5 年，合同规定每年年初收取租金，开具的增值税专用发票上注明的每年租金金额为 600 000 元，增值税税额为 36 000 元。该专利权每年的摊销额为 120 000 元。该施工企业应做如下会计分录：

1) 收到租金时：
借：银行存款　　　　　　　　　　　　　　　　　　　　636 000
　　贷：其他业务收入　　　　　　　　　　　　　　　　　　　600 000
　　　　应交税费——应交增值税（销项税额）　　　　　　　　36 000

2) 摊销专利权时：
借：其他业务成本　　　　　　　　　　　　　　　　　　120 000
　　贷：累计摊销　　　　　　　　　　　　　　　　　　　　　120 000

【例 8-5】 2018 年 6 月 3 日，某施工企业（增值税一般纳税人）将其购买的一项专利权出售给其他企业，开具的增值税专用发票上注明的金额为 1 372 800 元，增值税税额为 82 368 元。该项专利权的成本为 1 200 000 元，已摊销 500 000 元，已计提减值准备 40 000 元。该施工企业应做如下会计分录：

借：银行存款	1 455 168	
累计摊销	500 000	
无形资产减值准备	40 000	
贷：无形资产——专利权		1 200 000
应交税费——应交增值税（销项税额）		82 368
资产处置损益		712 800

【例 8-6】 2018 年年末，某施工企业（增值税一般纳税人）外购一项专利技术，账面价值为 88 000 元。由于市场上产生了其他新技术，经企业评估，预计该专利技术可收回金额为 76 000 元，低于其账面价值。该施工企业应做如下会计分录：

借：资产减值损失	12 000	
贷：无形资产减值准备		12 000

【例 8-7】 2018 年 1 月 1 日，某施工企业（增值税一般纳税人）将一项原值 50 000 元、按 5 年计提摊销、已摊销 20 000 元的无形资产转入持有待售资产。2018 年 6 月 30 日，其公允价值为 27 000 元；2018 年 12 月 31 日上述交易未能进行，当日可收回金额为 23 000 元。该施工企业应做如下会计分录：

1) 2018 年 1 月 1 日无形资产转入持有待售资产时：

借：持有待售资产	30 000	
累计摊销	20 000	
贷：无形资产		50 000

2) 2018 年 6 月 30 日计提持有待售资产减值损失时：

持有待售资产减值损失=30 000 元-27 000 元=3 000 元

借：资产减值损失	3 000	
贷：持有待售资产减值准备		3 000

3) 2018 年 12 月 31 日持有待售资产转回无形资产时：

补提摊销=50 000 元÷5=10 000 元

借：无形资产	50 000	
管理费用	10 000	
贷：累计摊销		30 000
持有待售资产		30 000

按假定没有划归为持有待售的情况下该无形资产原应确认的摊销或减值进行调整，调整后的账面价值=50 000 元-30 000 元=20 000 元，决定不再出售之日的可收回金额为 23 000 元。该无形资产按上述金额较低者计量，将以前计提的资产减值损失予以恢复。该施工企业应做如下会计分录：

借：持有待售资产减值准备	3 000	
贷：资产减值损失		3 000

此外，为了真实、完整地反映无形资产对施工企业财务状况、经营成果的影响，体现会计核算的相关性、重要性以及成本效益原则，施工企业应当按照《企业会计准则第 6 号——无形资产》的要求在附注中披露与无形资产有关的信息。

第二节　临时设施的会计核算

一、施工企业临时设施概述

施工企业的临时设施是为了保证施工和管理的正常进行而建造的各种临时性生产、生活设施。施工队伍进入新的建筑工地时，为了保证施工的顺利进行，必须搭建一些临时设施。但在工程完工以后，这些临时设施就失去了它原来的作用，必须拆除或作其他处理。

建筑工地搭建的临时设施，通常可分为大型临时设施和小型临时设施两类。大型临时设施包括：施工人员的临时宿舍；食堂、浴室、医务室等现场临时性文化福利设施；施工单位及附属企业在现场的临时办公室；现场各种临时仓库和施工机械设备库；临时铁路专用线、轻便铁道、塔式起重机路基、临时道路、大型场区刺网、围墙等；施工过程中应用的临时给水、排水、供电、供热和管道（不包括设备）等；施工现场的混凝土构件预制厂等临时性建筑物。小型临时设施包括：现场施工和安全保障用的作业棚、机棚、休息棚、茶炉棚、化灰池、施工用不固定的水管、电线、宽3m以内的便道、临时刺网等；简易料棚、工具储藏室等保管器材用的临时设施。

二、临时设施取得的会计核算

临时设施的增加包括自建和购置。购置临时设施又分购置需要安装的临时设施和不需要安装的临时设施。自建的和购置需要安装的临时设施先通过"在建工程"科目核算，待建成和安装完成交付使用时再转入"临时设施"科目。

在投标文件的工程量清单中明确立项的临时设施，如临时道路、临时工程用地、临时供电设施、临时供水设施、承包人驻地建设等，不在"临时设施"科目核算，直接记入"合同履约成本"科目下的"临时道路""临时供电设施"等明细科目。

在投标文件的工程量清单中未明确立项的临时设施要设置卡片管理，卡片上应记载该项临时设施的原价、摊销率和实际使用年限等资料；还应登记临时设施的数量，如食堂数量、房屋面积等。

核算在投标文件的工程量清单中未明确立项的临时设施，需设置"临时设施""待分配直接费——临时设施摊销费""临时设施摊销""临时设施清理"科目。

1. 自行建造的临时设施

自行建造临时设施发生成本时，会计分录如下：

借：在建工程
　　贷：应付职工薪酬
　　　　原材料
　　　　机械作业
　　　　应付账款

临时设施达到预计可使用状态时，会计分录如下：

借：临时设施
　　贷：在建工程

临时设施交付使用时，应建立临时设施卡片。

2. 购置需要安装的临时设施时（不包括从板房厂购入并由板房厂自行到现场安装的板房，此种情况应视为不需要安装）

1) 购置时，按购入材料核算，会计分录如下：
借：材料采购
　　贷：银行存款或应付账款

2) 先点收入库，再由库房发出，会计分录如下：
借：原材料
　　贷：材料采购

由库房发出时，会计分录如下：
借：在建工程
　　贷：原材料

3) 发生安装费用时，会计分录如下：
借：在建工程
　　贷：应付职工薪酬
　　　　原材料
　　　　机械作业
　　　　应付账款

临时设施达到预计可使用状态时，会计分录如下：
借：临时设施
　　贷：在建工程

3. 购置不需要安装的临时设施时（如从板房厂购入并由板房厂自行到现场安装的板房）

1) 购置时，按购入材料核算，会计分录如下：
借：材料采购
　　贷：银行存款或应付账款

2) 先点收入库，再由库房发出，会计分录如下：
借：原材料
　　贷：材料采购

附件：点收单等。
借：临时设施
　　贷：原材料

发出同时建立临时设施卡片。

【例 8-8】 某施工企业在施工现场搭建一栋临时工人宿舍，发生的实际搭建成本为 64 240 元，其中领用材料的计划成本为 12 000 元，应负担的材料成本差异率为 2%，应付搭建人员的工资为 30 000 元，以银行存款支付其他费用为 22 000 元，搭建完工后随即交付使用。

1) 搭建过程中发生各种费用时，会计分录如下：
借：在建工程——临时宿舍　　　　　　　　　　　　　　64 240
　　贷：原材料　　　　　　　　　　　　　　　　　　　　　　12 000
　　　　材料成本差异　　　　　　　　　　　　　　　　　　　　240

应付工资	30 000
银行存款	22 000

2）临时设施搭建完工交付使用时，会计分录如下：

借：临时设施——临时宿舍　　　　　　　　　　　　　　64 240
　　　贷：在建工程——临时宿舍　　　　　　　　　　　　64 240

三、临时设施摊销与减少的会计核算

（一）临时设施摊销的会计核算

1. 摊销方法

临时设施应根据工程受益期限分期摊入工程成本，临时设施在购建完成后采用直线摊销法按季（或月）进行摊销。当月增加的临时设施，当月不摊销，从下月起开始摊销。摊销时，借记"待分配直接费——临时设施费"，贷记"临时设施摊销"科目，其计算公式如下：

某项临时设施每期摊销额=（该项临时设施实际成本-预计净残值）÷该项临时设施预计使用期限（季度数或月份数）。

会计分录为：

借：待分配直接费——临时设施费
　　　贷：临时设施摊销

【例8-9】 接上例，如临时宿舍的预计净残值率为4%，预计工期的受益期限为30个月，该临时宿舍的摊销账务处理如下：

借：合同履约成本（64 240×96%÷30=2 055.68）　　　　2 055.68
　　　贷：临时设施摊销　　　　　　　　　　　　　　　　　2 055.68

2. 临时设施的维修及其他有关费用

临时设施的维修费、租用临时设施的整修费、租赁费等都属于临时设施的开支范围，这些费用不形成实物资产，不通过"临时设施"科目核算，直接计入成本费用。

发生维修、租赁等费用时，会计分录如下：

借：待分配直接费——临时设施摊销费
　　　贷：应付职工薪酬
　　　　　银行存款
　　　　　库存材料等

（二）临时设施减少的会计核算

1. 核算方法

企业出售、拆除、报废的临时设施应转入清理。转入清理的临时设施，按临时设施账面净值，借记"临时设施清理"科目，按已摊销数，借记"临时设施摊销"科目，按其账面原值，贷记"临时设施"科目。出售、拆除过程中发生的变价收入和残料价值，借记"银行存款""原材料"科目，贷记"临时设施清理"科目，发生的清理费用，借记"临时设施清理"科目，贷记"银行存款"等科目。清理结束后，发生净损失，借记"营业外支出"科目，贷记"临时设施清理"科目，发生净收益，则计入"营业外收入"科目。当月减少

的临时设施，当月仍应摊销，从下月起不再摊销。工程完工临时设施使用期满，需出售、拆除、报废和毁损的临时设施均应转入"临时设施清理"科目，清理后的净收入转入"营业外收入"。

2. 账务处理

1）转入清理时：
借：临时设施清理
　　临时设施摊销
　　贷：临时设施

2）取得变价收入时：
借：银行存款
　　贷：临时设施清理

3）发生清理费用时：
借：临时设施清理
　　贷：库存现金或银行存款
　　　　应付职工薪酬

4）结转净收入时：
借：临时设施清理
　　贷：营业外收入

5）结转净支出时：
借：营业外支出
　　贷：临时设施清理

【例 8-10】 接上例，由于承包工程已竣工，不需再用临时宿舍，故将其拆除。临时宿舍账面累计已摊销额为 53 120 元，支付拆除人员工资 3 000 元，收回残料 2 000 元，已验收入库，清理工作结束，做如下账务处理：

1）将拆除的临时设施转入清理，注销其原值和累计已提摊销额时：

借：临时设施清理——临时宿舍　　　　　　　　　　　　　　　　11 120
　　临时设施摊销　　　　　　　　　　　　　　　　　　　　　　53 120
　　　贷：临时设施——临时宿舍　　　　　　　　　　　　　　　　　　64 240

2）分配拆除人员工资时：

借：临时设施清理——临时宿舍　　　　　　　　　　　　　　　　 3 000
　　　贷：应付职工薪酬　　　　　　　　　　　　　　　　　　　　　　 3 000

3）残料验收入库时：

借：原材料　　　　　　　　　　　　　　　　　　　　　　　　　 2 000
　　　贷：临时设施清理　　　　　　　　　　　　　　　　　　　　　　 2 000

4）结转清理后净损失时：

借：营业外支出——处置临时设施净损失（11 120+3 000-2 000＝12 120）
　　　　　　　　　　　　　　　　　　　　　　　　　　　　　　12 120
　　　贷：临时设施清理——临时宿舍　　　　　　　　　　　　　　　　12 120

第三节　非货币性资产交换的会计核算

非货币性资产是指货币性资产以外的资产，主要包括存货、长期股权投资、投资性房地产、固定资产、在建工程、工程物资、无形资产等。非货币性资产交换是一种非经常性的特殊交易行为，交易双方主要以存货、固定资产、无形资产和长期股权投资等非货币性资产进行交换。交易双方通过非货币资产交换一方面可以满足各自生产经营的需要，另一方面也可在一定程度上减少货币性资产的流出。

一、非货币性资产交换

（一）非货币性资产交换的认定

非货币性资产交换一般不涉及货币性资产，或只涉及少量货币性资产（补价）。《〈企业会计准则第7号——非货币性资产交换〉应用指南》规定，认定涉及少量货币性资产的交换为非货币性资产交换，通常以补价占整个资产交换金额的比例是否低于25%作为参考，高于25%（含25%）的，视为货币性资产交换。即支付的货币性资产占换入资产公允价值（或占换出资产公允价值与支付的货币性资产之和）的比例，或者收到的货币性资产占换出资产公允价值（或占换入资产公允价值和收到的货币性资产之和）的比例低于25%的，视为非货币性资产交换；高于25%（含25%）的，视为货币性资产交换，适用《企业会计准则第14号——收入》等相关准则的规定。

（二）非货币性资产交换不涉及的交易和事项

1. 与所有者或所有者以外方面的非货币性资产非互惠转让

非互惠转让是指企业将其拥有的非货币性资产无代价地转让给其所有者或其他企业，或由其所有者或其他企业将非货币性资产无代价地转让给企业。本章所讲的非货币性资产交换是企业之间主要以非货币性资产形式的互惠转让，即企业取得一项非货币性资产，必须以付出自己拥有的非货币性资产作为代价，而不是单方向的非互惠转让。实际操作中，与所有者的非互惠转让如以非货币性资产作为股利发放给股东等，属于资本性交易，适用《企业会计准则第37号——金融工具列报》。企业与所有者以外方面发生的非互惠转让，如政府无偿提供非货币性资产给企业建造固定资产，属于政府以非互惠方式提供非货币性资产，适用《企业会计准则第16号——政府补助》。

2. 通过企业合并、债务重组和发行股票取得的非货币性资产

在企业合并、债务重组中取得的非货币性资产，其成本确定分别适用《企业会计准则第20号——企业合并》和《企业会计准则第12号——债务重组》；企业以发行股票形式取得的非货币性资产，相当于以权益工具换入非货币性资产，其成本确定适用《企业会计准则第37号——金融工具列报》。

二、非货币性资产交换的确认和计量

（一）确认和计量原则

在非货币性资产交换的情况下，不论是一项资产换入一项资产、一项资产换入多项资产、多项资产换入一项资产，还是多项资产换入多项资产，换入资产的成本都有两种计量

基础。

1. 公允价值

非货币性资产交换同时满足下列两个条件的，应当以公允价值和应支付的相关税费作为换入资产的成本，公允价值与换出资产账面价值的差额计入当期损益。

1）该项交换具有商业实质。

2）换入资产或换出资产的公允价值能够可靠地计量。资产存在活跃市场，是资产公允价值能够可靠计量的明显证据，但不是唯一要求。属于以下三种情形之一的，公允价值视为能够可靠地计量。

① 换入资产或换出资产存在活跃市场。

② 换入资产或换出资产不存在活跃市场、但同类或类似资产存在活跃市场。

③ 换入资产或换出资产不存在同类或类似资产的可比市场交易、采用估值技术确定的公允价值满足下列的条件之一：一是采用估值技术确定的公允价值估计数的变动区间很小；二是公允价值估计数变动区间内，各种用于确定公允价值估计数的概率能够合理地确定。

换入资产和换出资产公允价值均能够可靠计量的，应当以换出资产公允价值作为确定换入资产成本的基础，一般来说，取得资产的成本应当按照所放弃资产的对价来确定，在非货币性资产交换中，换出资产就是放弃的对价，如果其公允价值能够可靠地确定，应当优先考虑按照换出资产的公允价值作为确定换入资产成本的基础；如果有确凿证据表明换入资产的公允价值更加可靠的，应当以换入资产公允价值为基础确定换入资产的成本，这种情况多发生在非货币性资产交换存在补价的情况，因为存在补价表明换入资产和换出资产公允价值不相等，一般不能直接以换出资产的公允价值作为换入资产的成本。

2. 账面价值

不具有商业实质或交换涉及资产的公允价值均不能可靠计量的非货币性资产交换，应当按照换出资产的账面价值和应支付的相关税费，作为换入资产的成本，无论是否支付补价，均不确认损益；收到或支付的补价作为确定换入资产成本的调整因素，其中收到补价方应当以换出资产的账面价值减去补价加上应支付的相关税费作为换入资本的成本；支付补价方应当以换出资产的账面价值加上补价和应支付的相关税费作为换入资产的成本。

（二）商业实质的判断

非货币性资产交换具有商业实质，是换入资产能够采用公允价值计量的重要条件之一。在确定非货币性资产交换是否具有商业实质时，企业应当重点考虑由于发生了该项非货币性资产交换预期使企业未来现金流量发生变动的程度，通过比较换出资产和换入资产预计产生的未来现金流量或其现值，确定非货币性资产交换是否具有商业实质。只有当换出资产和换入资产预计未来现金流量或其现值两者之间的差额较大时，才能表明交易的发生使企业经济状况发生了明显改变，非货币性资产交换因而具有商业实质。

1. 判断条件

企业发生的非货币性资产交换，符合下列条件之一的，视为具有商业实质：

1）换入资产未来现金流量在风险、时间和金额方面与换出资产显著不同。

2）换入资产与换出资产的预计未来现金流量现值不同，且其差额与换入资产和换出资产的公允价值相比是重大的。

2. 关联方之间交换资产与商业实质的关系

在确定非货币性资产交换是否具有商业实质时，企业应当关注交易各方之间是否存在关联方关系。关联方关系的存在可能导致发生的非货币性资产交换不具有商业实质。

三、非货币性资产交换的会计处理

（一）以公允价值计量的非货币性资产交换的会计处理

非货币性资产交换同时满足下列条件的，应当以公允价值为基础计量：①该项交换具有商业实质；②换入资产或换出资产的公允价值能够可靠地计量。

1. 单项资产交换

（1）不涉及补价的单项资产交换

1）换出资产的公允价值更加可靠的情况下的会计处理如下：

换入资产成本=换出资产的公允价值+应支付的相关税费

对于换出资产，应当在终止确认时，将换出资产的公允价值与其账面价值之间的差额计入当期损益。

① 换出资产为固定资产、在建工程、生产性生物资产、无形资产的，换出资产公允价值和换出资产账面价值的差额，计入资产处置损益。

② 换出资产为长期股权投资的，换出资产公允价值和换出资产账面价值的差额，计入投资收益。

③ 换出资产为投资性房地产的，按换出资产公允价值或换入资产公允价值确认其他业务收入，按换出资产账面价值结转其他业务成本，二者之间的差额计入当期损益。

换入资产与换出资产涉及相关税费的，按照相关税收规定计算确定。

【例8-11】 2020年3月，甲公司以作为固定资产核算的一套商住两用房交换乙公司作为无形资产核算的土地使用权，甲公司将收到的上述土地使用权作为无形资产核算，乙公司将收到的上述商住两用房作为销售部门的办公用房，有关资料如下：

1）甲公司换出的商住两用房的账面价值为1 900万元（原值为2 000万元，已计提折旧100万元），甲公司开出增值税专用发票，发票注明价款（不含税公允价值）为5 000万元，价税合计（含税公允价值）为5 450万元。

2）乙公司换出的无形资产的账面价值为3 000万元（成本3 500万元，已计提摊销额500万元），乙公司开出增值税专用发票，发票注明价款（不含税公允价值）为5 000万元，价税合计（含税公允价值）为5 450万元。

要求：编制甲公司的相关会计分录。

甲公司换入无形资产成本=换出资产不含税公允价值5 000万元。

借：固定资产清理	19 000 000
累计折旧	1 000 000
贷：固定资产	20 000 000
借：无形资产	50 000 000
应交税费——应交增值税（进项税额）	4 500 000
贷：固定资产清理	19 000 000
应交税费——应交增值税（销项税额）	4 500 000
资产处置损益（50 000 000-19 000 000=31 000 000）	31 000 000

2) 有确凿证据表明换入资产的公允价值更加可靠的情况下的会计处理如下：

换入资产成本=换入资产的公允价值+应支付的相关税费

对于换出资产，应当在终止确认时，将换入资产的公允价值与换出资产账面价值之间的差额计入当期损益。

（2）涉及补价的单项资产交换　以公允价值为基础计量的非货币性资产交换，涉及补价的，应当按照下列规定进行处理：

1）支付补价方的处理。

① 当换出资产的公允价值更加可靠时，换入资产的成本计算公式为

换入资产的成本 = 换出资产的公允价值 + 支付补价的公允价值 + 应支付的相关税费

换出资产的公允价值与其账面价值之间的差额计入当期损益。

② 有确凿证据表明换入资产的公允价值更加可靠时，换入资产的成本计算公式为

换入资产的成本 = 换入资产的公允价值 + 应支付的相关税费

换入资产的公允价值减去支付补价的公允价值，与换出资产账面价值之间的差额计入当期损益。

2）收到补价方的处理。

① 当换出资产的公允价值更加可靠时，换入资产的成本计算公式为

换入资产的成本 = 换出资产的公允价值 − 收到补价的公允价值 + 应支付的相关税费

换出资产的公允价值与其账面价值之间的差额计入当期损益。

② 有确凿证据表明换入资产的公允价值更加可靠时，换入资产的成本计算公式为

换入资产的成本 = 换入资产的公允价值 + 应支付的相关税费

换入资产的公允价值加上收到补价的公允价值，与换出资产账面价值之间的差额计入当期损益。

【归纳总结】　单项资产的交换，有确凿证据表明换入资产的公允价值更加可靠时，计算公式为

换入资产的成本 = 换入资产的公允价值 + 应支付的相关税费

换出资产的公允价值金额=换入资产的公允价值+收到补价的公允价值−支付补价的公允价值

【例8-12】　甲公司因业务发展的需要，经与乙公司协商，进行资产置换，相关资料如下：1）甲公司换出的厂房账面价值为1 000万元，公允价值为1 200万元，公允价值不可靠；2）乙公司换出的无形资产账面价值为1 000万元，公允价值为1 400万元。甲公司支付补价100万元，不考虑相关税费的影响。

对于甲公司而言，该项交换具有商业实质，且有确凿证据表明换入资产的公允价值更加可靠，甲公司应以各项换入资产的公允价值和应支付的相关税费作为各项换入资产的初始计量金额。

甲公司换入资产的成本=换入资产的公允价值1 400万元+应支付的相关税费0=1 400万元

甲公司换出资产的公允价值金额=换入资产的公允价值1 400万元+收到补价的公允价值0−支付补价的公允价值100万元=1 300万元

甲公司厂房的处置损益=1 300万元−1 000万元=300万元

【例 8-13】 甲公司和乙公司适用的相关增值税税率为 9%，计税价格等于公允价值，假定该项交换具有商业实质且其换入换出资产的公允价值能够可靠地计量。2020 年 3 月甲公司以作为固定资产的一套商住两用房交换乙公司作为无形资产的土地使用权，甲公司将收到的土地使用权作为无形资产核算，乙公司将收到的商住两用房作为销售部门的办公用房，有关资料如下：

1) 甲公司换出的商住两用房的账面价值为 1 900 万元（原值为 2 000 万元，已计提折旧 100 万元），甲公司开出增值税专用发票，发票注明价款（不含税公允价值）为 5 000 万元，价税合计（含税公允价值）为 5 450 万元。

2) 乙公司换出的无形资产的账面价值为 3 000 万元（成本 3 500 万元，已计提摊销额 500 万元），乙公司开出增值税专用发票，发票注明价款（不含税公允价值）为 5 500 万元，价税合计（含税公允价值）为 5 995 万元。

3) 乙公司收到不含税补价 500 万元（土地使用权不含税公允价值 5 500 万元-商住两用房不含税公允价值 5 000 万元）或乙公司收到银行存款 545 万元（土地使用权含税公允价值 5 995 万元-商住两用房含税公允价值 5 450 万元）。

要求：根据上述资料，分别做出甲公司和乙公司的会计处理。

甲公司应做如下账务处理（甲公司支付不含税补价）：

① 属于非货币性资产交换。理由：500÷（500+5000）= 9.09%<25%。

② 甲公司的确认资产处置损益=换出资产的公允价值 5 000 万元-账面价值 1 900 万元= 3 100 万元。

③ 甲公司换入无形资产的成本为 5 500 万元。

【提示】 甲公司换入无形资产的成本=换出资产不含税公允价值 5 000 万元+支付的不含税的补价 500 万元+应支付的相关税费（不包括增值税）0=5 500 万元，或=换出资产含税公允价值 5 450 万元+支付的银行存款 545 万元-可抵扣的增值税进项税 5 500 万元×9%+应支付的相关税费 0=5 500 万元。

甲公司的会计分录为：

借：固定资产清理 19 000 000
　　累计折旧 1 000 000
　　贷：固定资产 20 000 000
借：无形资产 55 000 000
　　应交税费——应交增值税（进项税额） 4 950 000
　　贷：固定资产清理 19 000 000
　　　　应交税费——应交增值税（销项税额） 4 500 000
　　　　资产处置损益（50 000 000-19 000 000=31 000 000） 31 000 000
　　　　银行存款 5 450 000

乙公司应做如下财务处理（乙公司收到不含税补价）：

① 属于非货币性资产交换。理由：500÷5 500=9.09%<25%。

② 乙公司确认资产处置损益=公允价值 5 500 万元-账面价值 3 000 万元=2 500 万元。

③ 乙公司取得的固定资产入账价值为 5 000 万元。

【提示】 乙公司取得的固定资产入账价值=换出资产的不含税公允价值 5 500 万元-收

到的不含税的补价 500 万元+应支付的相关税费 0=5 000 万元，或=换出资产含税公允价值 5 995 万元-收到的银行存款 545 万元-可抵扣的增值税进项税额 5 000 万元×9%+0=5 000 万元。

乙公司的会计分录为：

借：固定资产	50 000 000
应交税费——应交增值税（进项税额）	4 500 000
银行存款	5 450 000
累计摊销	5 000 000
贷：无形资产	35 000 000
应交税费——应交增值税（销项税额）	4 950 000
资产处置损益	25 000 000

2. 多项资产交换

以公允价值为基础计量的非货币性资产交换，同时换入或换出多项资产的，应当按照下列规定进行处理：

(1) 换入资产成本的确定

1) 换出资产的公允价值更加可靠的情况下的会计处理如下：

对于同时换入的多项资产，按照换入的金融资产以外的各项换入资产公允价值的相对比例，将换出资产公允价值的总额（涉及补价的，加上支付补价的公允价值或减去收到补价的公允价值）扣除换入金融资产公允价值后的净额进行分摊，以分摊至各项换入资产的金额，加上应支付的相关税费，作为各项换入资产的成本进行初始计量。

2) 有确凿证据表明换入资产的公允价值更加可靠的，以各项换入资产的公允价值和应支付的相关税费作为各项换入资产成本的初始计量金额。

(2) 换出资产损益的确定

1) 对于同时换出的多项资产，将各项换出资产的公允价值与其账面价值之间的差额，在各项换出资产终止确认时计入当期损益。

2) 有确凿证据表明换入资产的公允价值更加可靠的，按照各项换出资产的公允价值的相对比例，将换入资产的公允价值总额（涉及补价的，减去支付补价的公允价值或加上收到补价的公允价值）分摊至各项换出资产，分摊至各项换出资产的金额与各项换出资产账面价值之间的差额，在各项换出资产终止确认时计入当期损益。

【例 8-14】 甲公司为适应经营业务发展的需要，与乙公司协商进行资产置换，对于甲公司而言，该项交换具有商业实质，且有确凿证据表明换入资产的公允价值更加可靠，以各项换入资产的公允价值和应支付的相关税费作为各项换入资产的初始计量金额。资料如下：

1) 甲公司换出的相关资产为：

① 厂房，账面价值为 1 200 万元，公允价值为 1 300 万元。

② 设备，账面价值为 500 万元，公允价值为 700 万元。

公允价值合计为 2 000 万元，该公允价值不可靠，甲公司收到补价 100 万元。

2) 乙公司换出的相关资产为：

① 办公楼，公允价值为 1 000 万元。

② 无形资产，公允价值为 950 万元。

公允价值合计为 1 950 万元，乙公司支付补价 100 万元。

要求：计算甲公司厂房及设备的公允价值，并计算其资产处置损益。

甲公司换入资产的初始计量金额=换入资产的公允价值 1 950 万元+应支付的相关税费 0=1 950 万元

甲公司换出资产的公允价值金额=换入资产的公允价值 1 950 万元-支付补价的公允价值 0+收到补价的公允价值 100 万元=2 050 万元

厂房公允价值=2 050 万元×1 300÷（1 300+700）=1 332.5 万元

设备公允价值=2 050 万元×700÷（1 300+700）=717.5 万元

厂房的处置损益=1 332.5 万元-1 200 万元=132.5 万元

设备的处置损益=717.5 万元-500 万元=217.5 万元

【例 8-15】 甲公司和乙公司均为增值税一般纳税人，适用的增值税税率为 13%（销售存货）、9%（销售不动产）。甲公司为适应经营业务发展的需要，经与乙公司协商，进行资产置换。

1）甲公司换出的相关资产为：

①厂房，账面价值为 1 200 万元（成本为 1 500 万元、累计计提折旧 300 万元）；公允价值为 1 000 万元，销项税额为 90 万元。

②投资性房地产，账面价值为 500 万元（成本为 400 万元，公允价值变动为 100 万元；此外，该房地产由固定资产转换为投资性房地产时产生的其他综合收益为 100 万元）；公允价值为 600 万元，销项税额为 54 万元。

③其他权益工具投资，账面价值为 200 万元（成本为 180 万元，公允价值变动为 20 万元）；公允价值为 400 万元。

以上资产不含税公允价值合计为 2 000 万元，含税公允价值合计为 2 144 万元。

2）乙公司换出的相关资产为：

①办公楼，账面价值为 500 万元（成本为 2 000 万元，累计计提折旧 1 500 万元）；公允价值为 1 000 万元，销项税额为 90 万元。

②交易性金融资产，账面价值为 800 万元；公允价值为 950 万元。

不含税公允价值合计为 1 950 万元，含税公允价值合计为 2 040 万元。

3）甲公司收到不含税补价 50 万元，或甲公司收到补价银行存款 104 万元（含税补价）。

假定上述资产交换前后用途不变。甲公司按照 10% 的比例提取盈余公积。

要求：编制甲公司的相关会计分录。

1）判断交换性质：50÷2 000=2.5%<25%，属于非货币性资产交换。

2）计算甲公司换入资产的总成本。

换入资产的总成本=2 000 万元-50 万元+0=1 950 万元，或 2 144 万元-104 万元-90 万元+0=1 950 万元。

3）计算甲公司换入各项资产的成本。

换入的交易性金融资产的成本等于其在取得时的公允价值，即 950 万元。

换入的办公楼的成本＝1 950万元－950万元＝1 000万元。

4）编制甲公司换入各项资产的会计分录：

借：固定资产清理	12 000 000
累计折旧	3 000 000
贷：固定资产	15 000 000
借：固定资产——办公楼	10 000 000
应交税费——应交增值税（进项税额）	900 000
交易性金融资产	9 500 000
资产处置损益	2 000 000
银行存款	1 040 000
贷：固定资产清理	1 2 000 000
其他业务收入	6 000 000
其他权益工具投资	2 000 000
盈余公积	200 000
利润分配——未分配利润	1 800 000
应交税费——应交增值税（销项税额）	1 440 000
借：其他业务成本	3 000 000
公允价值变动损益	1 000 000
其他综合收益	1 000 000
贷：投资性房地产	5 000 000
借：其他综合收益	200 000
贷：盈余公积	20 000
利润分配——未分配利润	180 000

【归纳总结】 1）换入资产的成本＝换出资产的公允价值＋支付（或－收到）补价的公允价值＋应支付的相关税费。

2）换出资产的公允价值与其账面价值之间的差额计入当期损益。

（二）以账面价值计量的非货币性资产交换的会计处理

非货币性资产交换不满足以公允价值计量的条件，应当以账面价值为基础计量。

1. 不涉及补价的

换入资产的成本＝换出资产的账面价值＋应支付的相关税费

对于换出资产，终止确认时不确认损益。

2. 涉及补价的

换入资产的成本＝换出资产的账面价值＋支付补价的账面价值＋应支付的相关税费＝换出资产的账面价值－收到补价的公允价值＋应支付的相关税费

对于换出资产，终止确认时不确认损益。

3. 同时换入或换出多项资产的

对于同时换入的多项资产，按照各项换入资产的账面价值的相对比例，将换出资产的账面价值总额（涉及补价的，加上支付补价的账面价值或减去收到补价的公允价值）分摊至各项换入资产，加上应支付的相关税费，作为各项换入资产的成本的初始计量金额。换入资产的公允价值不能够可靠计量的，可以按照各项换入资产的原账面价值的相对比例或其他合理的比例对换出资产的账面价值进行分摊。

对于同时换出的多项资产，各项换出资产终止确认时均不确认损益。

【例 8-16】 甲公司和乙公司均为增值税一般纳税人，其适用的增值税税率为13%（销售设备）、6%（转让商标权）、9%（销售不动产）。假定甲公司与乙公司进行的资产交换不具有商业实质，公允价值不能可靠地计量；相关资产在交换前后用途不变；税务局核定的计税基础等于其账面价值，甲公司、乙公司已经分别开出增值税专用发票。详细资料如下：

1）甲公司换出的相关资产为：

① 设备，原值为1 200万元，已计提折旧750万元，税务局核定的增值税销项税额为58.5万元。

② 商标权，初始成本为450万元，累计摊销额为270万元，税务局核定的增值税销项税额为10.8万元。

③ 换出资产的账面价值合计为630万元。

2）乙公司换出的相关资产为：

① 在建工程，已发生的成本为525万元，税务局核定的增值税销项税额为47.25万元。

② 长期股权投资，账面余额为150万元，未计提减值准备。

③ 换出资产的账面价值合计为675万元。

3）双方商定以账面价值为基础进行交换，乙公司收取银行存款45万元。

要求：编制甲公司上述非货币性资产交换的相关会计分录。

1）计算甲公司各项换入资产的入账价值：

甲公司换入资产的总成本=换出资产的总价值630万元+换出资产增值税销项税额（58.5+10.8）万元−换入资产增值税进项税额47.25万元+支付的补价45万元=697.05万元。

换入在建工程的成本=697.05万元×525÷（525+150）=542.15万元。

换入长期股权投资的成本=697.05万元×150÷（525+150）=154.9万元。

2）编制甲公司换入各项资产的会计分录：

借：固定资产清理	4 500 000
累计折旧	7 500 000
贷：固定资产	12 000 000
借：在建工程	5 421 500
应交税费——应交增值税（进项税额）	472 500
长期股权投资	1 549 000
累计摊销	2 700 000
贷：固定资产清理	4 500 000
应交税费——应交增值税（销项税额）(585 000+108 000=693 000)	
	693 000
无形资产	4 500 000
银行存款	450 000

第四节 资产减值的会计核算

一、资产减值概述

当企业资产的可收回金额低于其账面价值时,即表明资产发生了减值,企业应当确认资产减值损失,并把资产的账面价值减记至可收回金额。

(一) 资产减值的范围

企业所有的资产在发生减值时,原则上都应当对所发生的减值损失及时加以确认和计量,因此资产减值包括所有资产的减值。但是,由于有关资产特性不同,其减值的会计处理也有所差别,因而所适用的具体准则也不尽相同。例如,存货、消耗性生物资产的减值分别适用《企业会计准则第 1 号——存货》和《企业会计准则第 5 号——生物资产》;建造合同形成的资产、递延所得税资产、融资租赁中出租人未担保余值等资产的减值,分别适用《企业会计准则第 15 号——建造合同》《企业会计准则第 18 号——所得税》和《企业会计准则第 21 号——租赁》;采用公允价值模式和成本模式后续计量的投资性房地产和由《企业会计准则第 22 号——金融工具确认和计量》所规范的金融资产的减值,分别适用《企业会计准则第 3 号——投资性房地产》和《企业会计准则第 22 号——金融工具确认和计量》。本章涉及的主要是除上述资产以外的资产,这些资产通常属于企业非流动资产,具体包括:①对子公司、联营企业和合营企业的长期股权投资;②采用成本模式进行后续计量的投资性房地产;③固定资产;④生产性生物资产;⑤无形资产;⑥商誉;⑦探明石油天然气矿区权益、矿井及相关设施。

(二) 资产减值的迹象与测试

1. 资产减值迹象的判断

企业在资产负债表日应当判断资产是否存在可能发生减值的迹象,主要可从外部信息来源和内部信息来源两方面加以判断。

从企业外部信息来源来看,如果出现了资产的市价在当期大幅度下跌,其跌幅明显高于因时间的推移或者正常使用而预计的下跌;企业经营所处的经济、技术或者法律等环境以及资产所处的市场在当期或者将在近期发生重大变化,从而对企业产生不利影响;市场利率或者其他市场投资报酬率在当期已经提高,从而影响企业计算资产预计未来现金流量现值的折现率,导致资产可收回金额大幅度降低;企业所有者权益(净资产)的账面价值远高于其市值等,均属于资产可能发生减值的迹象,企业需要据此估计资产的可收回金额,决定是否需要确认减值损失。

从企业内部信息来源来看,如果有证据表明资产已经陈旧过时或者其实体已经损坏;资产已经或者将被闲置、终止使用或者计划提前处置;企业内部报告的证据表明资产的经济绩效已经低于或者将低于预期,如资产所创造的净现金流量或者实现的营业利润远远低于原来的预算或者预计金额、资产发生的营业损失远远高于原来的预算或者预计金额、资产在建造或者收购时所需的现金支出远远高于最初的预算、资产在经营或者维护中所需的现金支出远远高于最初的预算等,均属于资产可能发生减值的迹象。

需要说明的是,企业应当根据实际情况来认定资产可能发生减值的迹象。

2. 资产减值的测试

如果有确凿证据表明资产存在减值迹象的，应当进行减值测试，估计资产的可收回金额。资产存在减值迹象是资产是否需要进行减值测试的必要前提，但是以下资产除外，即因企业合并形成的商誉和使用寿命不确定的无形资产，对于这些资产，无论是否存在减值迹象，都应当至少于每年年度终了时进行减值测试。

企业在判断资产减值迹象以决定是否需要估计资产可收回金额时，应遵循重要性原则。根据这一原则，企业资产存在下列情况的，可以不估计其可收回金额。

1）以前报告期间的计算结果表明，资产可收回金额远高于其账面价值，之后又没有发生消除这一差异的交易或者事项的，企业在资产负债表日可以不需重新估计该资产的可收回金额。

2）以前报告期间的计算与分析表明，资产可收回金额对于资产减值准则中所列示的一种或者多种减值迹象反应不敏感，在本报告期间又发生了这些减值迹象的，在资产负债表日企业可以不需要因为上述减值迹象的出现而重新估计该资产的可收回金额。

二、资产可回收金额的计量

（一）估计资产可收回金额的基本方法

企业资产存在减值迹象的，应当估计其可收回金额，然后将所估计的资产可收回金额与其账面价值相比较，以确定资产是否发生了减值，以及是否需要计提资产减值准备并确认相应的减值损失。在估计资产可收回金额时，原则上应当以单项资产为基础，如果企业难以对单项资产的可收回金额进行估计的，应当以该项资产所属的资产组为基础确定资产组的可收回金额。本章中的资产除特别指明外，既包括单项资产，也包括资产组。

资产可收回金额的估计，应当根据其公允价值减去处置费用后的净额与资产预计未来现金流量的现值两者之间较高者确定。因此，要估计资产的可收回金额，通常需要同时估计该资产的公允价值减去处置费用后的净额和资产预计未来现金流量的现值。但是在下列情况下，可以有例外或者做特殊考虑。

1）资产的公允价值减去处置费用后的净额与资产预计未来现金流量的现值，只要有一项超过了资产的账面价值，就表明资产没有发生减值，不需要再估计另一项金额。

2）没有确凿证据或者理由表明，资产预计未来现金流量现值显著高于其公允价值减去处置费用后的净额的，可以将资产的公允价值减去处置费用后的净额视为资产的可收回金额。

3）资产的公允价值减去处置费用后的净额如果无法可靠地估计的，应当以该资产预计未来现金流量的现值作为其可收回金额。

（二）资产的公允价值减去处置费用后的净额的估计

资产的公允价值减去处置费用后的净额，通常反映的是资产如果被出售或者处置时可以收回的净现金收入。其中，资产的公允价值是指市场参与者在计量日发生的有序交易中，出售一项资产所能收到或者转移一项负债所需支付的价格；处置费用是指可以直接归属于资产处置的增量成本，包括与资产处置有关的法律费用、相关税费、搬运费以及为使资产达到可销售状态所发生的直接费用等，但是财务费用和所得税费用等不包括在内。

企业在估计资产的公允价值减去处置费用后的净额时，应按照下列顺序进行：

1) 应当根据公平交易中资产的销售协议价格减去可直接归属于该资产处置费用的金额确定资产的公允价值减去处置费用后的净额。

2) 在资产不存在销售协议但存在活跃市场的情况下，应当根据该资产的市场价格减去处置费用后的金额确定。资产的市场价格通常应当按照资产的买方出价确定。

3) 在既不存在资产销售协议，又不存在资产活跃市场的情况下，企业应当以可获取的最佳信息为基础。若在资产负债表日处置资产，则根据熟悉情况的交易双方自愿进行公平交易愿意提供的交易价格减去资产处置费用后的金额，估计资产的公允价值减去处置费用后的净额。在实际操作中，该金额可以参考同行业类似资产的最近交易价格或者结果进行估计。

如果企业按照上述流程仍然无法可靠估计资产的公允价值减去处置费用后的净额，应当以该资产预计未来现金流量的现值作为其可收回金额。

（三）资产预计未来现金流量的现值的估计

资产预计未来现金流量的现值，应当按照资产在持续使用过程中和最终处置时所产生的预计未来现金流量，选择恰当的折现率对其进行折现后的金额加以确定。因此，预计资产未来现金流量的现值，主要应当综合考虑以下因素：①资产的预计未来现金流量；②资产的使用寿命；③折现率。

1. 资产未来现金流量的预计

（1）预计资产未来现金流量的基础　为了估计资产未来现金流量的现值，需要首先预计资产的未来现金流量，为此企业管理层应当在合理和有依据的基础上对资产剩余使用寿命内整个经济状况进行最佳估计，并将资产未来现金流量的预计建立在经企业管理层批准的最近财务预算或者预测数据之上。但是出于数据可靠性和便于操作等方面的考虑，建立在该预算或者预测基础上的预计现金流量最多涵盖 5 年，企业管理层如能证明更长的期间是合理的，则可以涵盖更长的期间。其原因是在通常情况下，要对期限超过 5 年的未来现金流量进行较为可靠的预测比较困难，即使可以以超过 5 年的财务预算或者预测为基础对未来现金流量进行预计，企业管理层也应当确保这些预计的可靠性，并提供相应的证明，比如根据过去的实践经验，企业有能力而且能够对超过 5 年的未来现金流量做出较为准确的预测。

如果资产未来现金流量的预计还包括最近财务预算或者预测期之后的现金流量，企业应当以该预算或者预测期之后年份稳定的或者递减的增长率为基础进行估计。但是，企业管理层如能证明递增的增长率是合理的，可以以递增的增长率为基础进行估计。同时，除了企业能够证明更高的增长率是合理的情况之外，所使用的增长率不应当超过企业经营的产品、市场、所处的行业或者所在国家或者地区的长期平均增长率、该资产所处市场的长期平均增长率。在恰当、合理的情况下，增长率可以是零或者负数。

需要说明的是，由于经济环境随时都在变化，资产的实际现金流量往往会与预计数有出入，而且预计资产未来现金流量时的假设也有可能发生变化．因此企业管理层在每次预计资产未来现金流量时，应当首先分析以前期间现金流量预计数与现金流量实际数出现差异的情况，以评判当期现金流量预计所依据的假设的合理性。通常情况下，企业管理层应当确保当期现金流量预计所依据的假设与前期实际结果相一致。

（2）资产预计未来现金流量应当包括的内容　资产预计未来现金流量应当包括下列各项内容：

1) 资产持续使用过程中预计产生的现金流入。

2) 为实现资产持续使用过程中产生的现金流入所必需的预计现金流出（包括为使资产达到预定可使用状态所发生的现金流出）。

3) 资产使用寿命结束时，处置资产所收到或者支付的净现金流量。

（3）预计资产未来现金流量应当考虑的因素　企业为了预计资产未来现金流量，应当综合考虑下列因素。

1) 以资产的当前状况为基础预计资产未来现金流量。企业资产在使用过程中有时会因为修理、改良、重组等原因而发生变化，因此在预计资产未来现金流量时，企业应当以资产的当前状况为基础，不应当包括与将来可能会发生的、尚未做出承诺的重组事项或者与资产改良有关的计划预计未来现金流量。

2) 预计资产未来现金流量不应包括筹资活动和所得税收付产生的现金流量。企业预计的资产未来现金流量，不应当包括筹资活动产生的现金流入或者流出以及与所得税收付有关的现金流量。其原因一是所筹集资金的货币时间价值已经通过折现因素予以考虑；二是折现率是要求以税前基础计算确定的，因此现金流量的预计也必须建立在税前基础之上，这样可以有效避免在资产未来现金流量现值的计算过程中可能出现的重复计算等问题，以保证现值计算的正确性。

3) 对通货膨胀因素的考虑应当和折现率相一致。企业在预计资产未来现金流量和折现率时，考虑因一般通货膨胀而导致的物价上涨的影响因素，应当采用一致的基础。如果折现率考虑了因一般通货膨胀而导致的物价上涨的影响因素，资产预计未来现金流量也应予以考虑；反之，如果折现率没有考虑因一般通货膨胀而导致的物价上涨的影响因素，资产预计未来现金流量也应当剔除这一影响因素。总之，在考虑通货膨胀因素的问题上，资产未来现金流量的预计和折现率的预计应当保持一致。

4) 内部转移价格应当予以调整。在一些企业集团里，出于集团整体战略发展的考虑，某些资产生产的产品或者其他产出可能是供其集团内部其他企业使用或者对外销售的，所确定的交易价格或者结算价格基于内部转移价格，而内部转移价格很可能与市场交易价格不同，在这种情况下，为了如实测算企业资产的价值，就不应当简单地以内部转移价格为基础预计资产未来现金流量，而应当采用在公平交易中企业管理层能够达成的最佳的未来价格估计数进行预计。

（4）预计资产未来现金流量的方法　企业预计资产未来现金流量的现值，需要先预计资产未来现金流量。预计资产未来现金流量，通常可以根据资产未来每期最有可能产生的现金流量进行预测。这种方法通常叫作传统法，它使用的是单一的未来每期预计现金流量和单一的折现率计算资产未来现金流量的现值。

【例 8-17】　建成公司有一固定资产剩余使用年限为 3 年，建成公司预计未来 3 年里在正常的情况下，该资产每年可为企业产生的净现金流量分别为 100 万元、50 万元、10 万元。该现金流量通常为最有可能产生的现金流量，建成公司应以该现金流量的预计数为基础计算资产的现值。

但在现实中，有时影响资产未来现金流量的因素较多，情况较为复杂，带有很大的不确定性，为此企业应当采用期望现金流量法预计资产未来现金流量。

【例 8-18】　沿用前例，假定利用固定资产生产的产品受市场行情波动影响大，建成公司预计未来 3 年每年的现金流量概率分布及发生情况见表 8-1。

表 8-1　各年现金流量概率分布及发生情况　　　　　　　　　　单位：万元

时间	产品行情好（30%的可能性）	产品行情一般（60%的可能性）	产品行情差（10%的可能性）
第 1 年	150	100	50
第 2 年	80	50	20
第 3 年	20	10	0

在这种情况下，采用期望现金流量法比传统法更为合理。在期望现金流量法下，资产未来现金流量应当根据每期现金流量的期望值进行预计，每期现金流量的期望值按照各种可能情况下的现金流量与其发生概率加权计算。按照表 8-1 提供的情况，企业应当预计资产每年的预计未来现金流量如表 8-2 所示。

表 8-2　各年预计现金流量　　　　　　　　　　　　　　　　　单位：万元

时间	预计现金流量（期望现金流量）
第 1 年	150×30%＋100×60%＋50×10%＝110
第 2 年	80×30%＋50×60%＋20×10%＝56
第 3 年	20×30%＋10×60%＋0×10%＝12

应当注意的是，如果资产未来现金流量的发生时间是不确定的，企业应当根据资产在每一种可能情况下的现值及其发生概率直接加权计算资产未来现金流量的现值。

2. 折现率的预计

为了资产减值测试的目的，计算资产未来现金流量现值时所使用的折现率应当是反映当前市场货币时间价值和资产特定风险的税前利率。该折现率是企业在购置或者投资资产时所要求的必要报酬率。需要说明的是，如果在预计资产的未来现金流量时已经对资产特定风险的影响作了调整的，折现率的估计不需要考虑这些特定风险。如果用于估计折现率的基础是税后的，应当将其调整为税前的折现率，以便于与资产未来现金流量的估计基础相一致。

在实务中，折现率的确定应当首先以该资产的市场利率为依据。如果该资产的利率无法从市场获得，可以使用替代利率估计。在估计替代利率时，企业应当充分考虑资产剩余寿命期间的货币时间价值和其他相关因素，比如资产未来现金流量金额及其时间的预计差异程度、资产内在不确定性的定价等，如果资产预计未来现金流量已经对这些因素做了有关调整的，应当予以剔除。

在估计替代利率时，可以根据企业加权平均资金成本、增量借款利率或者其他相关市场借款利率做适当调整后确定。调整时，应当考虑与资产预计现金流量有关的特定风险以及其他有关法律风险、货币风险和价格风险等。

估计资产未来现金流量现值，通常应当使用单一的折现率。但是，如果资产未来现金流量的现值对未来不同期间的风险差异或者利率的期间结构反应敏感的，企业应当在未来各不同期间采用不同的折现率。

3. 资产未来现金流量现值的预计

在预计了资产的未来现金流量和折现率后，资产未来现金流量的现值只需将该资产的预

计未来现金流量按照预计的折现率在预计的资产使用寿命里加以折现即可确定。其一般计算公式为

资产未来现金流量的现值 PV = $\sum$ [第 t 年预计资未来现金流量 $NCF_x / (1 + 折现率 R)^2$]

【例8-19】 建成公司于2019年年末对一建筑施工用设备进行减值测试。该设备账面价值为1.6亿元，预计尚可使用年限为8年。

该设备的公允价值减去处置费用后的净额难以确定，因此建成公司需要通过计算其未来现金流量的现值确定资产的可收回金额。假定建成公司当初购置该设备用的资金是银行长期借款资金，借款年利率为15%，建成公司认为15%是该资产的最低必要报酬率，已考虑了与该资产有关的货币时间价值和特定风险。因此，在计算其未来现金流量现值时，使用15%作为其折现率（税前）。

建成公司管理层批准的财务预算显示，建成公司将于2024年更新设备的发动机系统，预计为此发生资本性支出1 500万元，这一支出将降低设备运行油耗、提高使用效率等，因此将提高设备的运营绩效。

为了计算设备在2019年年末未来现金流量的现值，建成公司首先必须预计其未来现金流量。假定建成公司管理层批准的2019年年末的该设备预计未来现金流量如表8-3所示。

表8-3 未来现金流量预计表　　　　　　　　　　　　　　　单位：万元

年　　份	预计未来现金流量 （不包括改良的影响金额）	预计未来现金流量 （包括改良的影响金额）
2020年	2 500	
2021年	2 460	
2022年	2 380	
2023年	2 360	
2024年	2 390	
2025年	2 470	3 290
2026年	2 500	3 280
2027年	2 510	3 300

根据《企业会计准则第8号——资产减值》的规定，在2019年年末预计资产未来现金流量时，应当以资产当时的状况为基础，不应考虑与该资产改良有关的预计未来现金流量，因此尽管2024年设备的发动机系统将进行更新以改良资产绩效，提高资产未来现金流量，但是在2019年年末对其进行减值测试时，则不应将其包括在内。即在2019年年末计算该资产未来现金流量的现值时，应当以不包括资产改良影响金额的未来现金流量为基础加以计算，见表8-4所示。

因在2019年年末，设备账面价值（尚未确认减值损失）为16 000万元，其可收回金额为10 965万元，账面价值高于其可收回金额，因此，应当确认减值损失，并计提资产减值准备。应确认的减值损失为=5 035（16 000−10 965）万元。

表 8-4　现值的计算　　　　　　　　　　　　单位：万元

年份	预计未来现金流量 （不包括改良的影响金额）	以折现率为 15% 的折现系数	预计未来现金流量的现值
2020 年	2 500	0.869 6	2 174
2021 年	2 460	0.756 1	1 860
2022 年	2 380	0.675 5	1 608
2023 年	2 360	0.571 8	1 349
2024 年	2 390	0.497 2	1 188
2025 年	2 470	0.432 3	1 068
2026 年	2 500	0.375 9	940
2027 年	2 510	0.326 9	821
合计	19 570		11 008

若在 2020 年—2023 年间该设备没有发生进一步减值迹象，因此不必再进行减值测试，无须计算其可收回金额。2024 年发生了 1 500 万元的资本性支出，改良了资产绩效，导致其未来现金流量增加，但因我国资产减值准则不允许将以前期间已经确认的资产减值损失予以转回，因此；这一情况下，也不必计算其可收回金额。

4. 外币未来现金流量及其现值的预计

企业应当按照以下顺序确定资产外币未来现金流量的现值。

1) 应当以该资产所产生的未来现金流量的结算货币为基础预计其未来现金流量，并按照该货币适用的折现率计算资产的外币现值。

2) 将该外币现值按照计算资产未来现金流量现值当日的即期汇率进行折算，从而折现成按照记账本位币表示的资产未来现金流量的现值。

3) 在该现值基础上比较资产公允价值减去处置费用后的净额以及资产的账面价值，以确定是否需要确认减值损失以及确认多少减值损失。

三、资产减值准备的计提和会计处理

（一）资产减值损失确认与计量的一般原则

企业在对资产进行减值测试后，如果可收回金额的计算结果表明，资产的可收回金额低于其账面价值的，应当将资产的账面价值减记至可收回金额，减记的金额确认为资产减值损失，计入当期损益，同时计提相应的资产减值准备。资产减值损失确认后，减值资产的折旧或者摊销费用应当在未来期间做相应调整，以使该资产在剩余使用寿命内，系统地分摊调整后的资产账面价值（扣除预计净残值）。比如，固定资产计提了减值准备后，固定资产账面价值将根据计提的减值准备相应抵减，因此固定资产在未来计提折旧时，应当以新的固定资产账面价值为基础计提每期折旧。

考虑到固定资产、无形资产、商誉等资产发生减值后，一方面价值回升的可能性比较小，通常属于永久性减值；另一方面从会计信息谨慎性要求考虑，为了避免确认资产重估增值和操纵利润，资产减值损失一经确认，在以后会计期间不得转回。以前期间计提的资产减值准备，需要等到资产处置时才可转出。

(二) 资产减值损失的账务处理

为正确核算企业确认的资产减值损失和计提的资产减值准备，企业应设置"资产减值损失"科目，按资产类别进行明细核算，反映各类资产在当期确认的资产减值损失金额；同时应根据不同的资产类别，分别设置"固定资产减值准备""在建工程减值准备""投资性房地产减值准备""无形资产减值准备""商誉减值准备""长期股权投资减值准备""生产性生物资产减值准备"等科目。

当企业确定资产发生了减值时，应当根据所确认的资产减值金额，借记"资产减值损失"科目，贷记"固定资产减值准备""在建工程减值准备""投资性房地产减值准备""无形资产减值准备""商誉减值准备""长期股权投资减值准备""生产性生物资产减值准备"等科目。在期末企业应当将"资产减值损失"科目余额转入"本年利润"科目，结转后该科目没有余额。各资产减值准备科目累积每期计提的资产减值准备，直至相关资产被处置时才予以转出。

【例8-20】 沿用前例的资料，根据测试和计算结果，建成公司应确认的设备减值损失为5 035万元，账务处理如下：

借：资产减值损失——固定资产减值损失　　　　　50 350 000
　　贷：固定资产减值准备　　　　　　　　　　　　　　50 350 000

计提资产减值准备后，设备的账面价值变为10 965万元，在该设备剩余使用寿命内，建成公司应当以此为基础计提折旧。如果发生进一步减值的，再做进一步的减值测试。

四、资产组减值的会计处理

(一) 资产组的认定

根据规定，如果有迹象表明一项资产可能发生减值的，企业应当以单项资产为基础估计其可收回金额。但是，在企业难以对单项资产的可收回金额进行估计的情况下，应当以该资产所属的资产组为基础确定资产组的可收回金额。因此，资产组的认定就显得十分重要。

1. 资产组的定义

资产组是企业可以认定的最小资产组合，其产生的现金流入应当基本上独立于其他资产或者资产组。资产组应当由创造现金流入相关的资产组成。

2. 认定资产组应当考虑的因素

1) 资产组的认定，应当以资产组产生的主要现金流入是否独立于其他资产或者资产组的现金流入为依据。

2) 资产组的认定，应当考虑企业管理层对生产经营活动的管理或者监控方式（如是按照生产线、业务种类还是按照地区或者区域等）和对资产的持续使用或者处置的决策方式等。

3. 资产组认定后不得随意变更

资产组一经确定后，在各个会计期间应当保持一致，不得随意变更。即资产组的各项资产构成通常不能随意变更。比如，甲设备在2014年归属于A资产组，在无特殊情况下，该设备在2015年仍然应当归属于A资产组，而不能随意将其变更至其他资产组。

但是，如果由于企业重组、变更资产用途等原因，导致资产组构成确需变更的，企业可以进行变更，但企业管理层应当证明该变更是合理的，并应当在附注中做相应说明。

(二) 资产组减值测试

资产组减值测试的原理与单项资产是一致的，即企业需要预计资产组的可收回金额和计算资产组的账面价值，并将两者进行比较，如果资产组的可收回金额低于其账面价值的，表明资产组发生了减值损失，应当予以确认。

资产组账面价值的确定基础应当与其可收回金额的确定方式相一致。因为这样的比较才有意义，否则如果两者在不同的基础上进行估计和比较，就难以正确估算资产组的减值损失。

在确定资产组的可收回金额时，应当按照该资产组的公允价值减去处置费用后的净额与其预计未来现金流量的现值两者之间较高者确定。

资产组的账面价值则应当包括可直接归属于资产组与可以合理和一致地分摊至资产组的资产账面价值，通常不应当包括已确认负债的账面价值，但如不考虑该负债金额就无法确定资产组可收回金额的情况除外。这是因为在预计资产组的可收回金额时，既不包括与该资产组的资产无关的现金流量，也不包括与已在财务报表中确认的负债有关的现金流量。因此，为了与资产组可收回金额的确定基础相一致，资产组的账面价值也不应当包括这些项目。

资产组在处置时如要求购买者承担一项负债（如环境恢复负债等），该负债金额已经确认并计入相关资产账面价值，而且企业只能取得包括上述资产和负债在内的单一公允价值减去处置费用后的净额的，为了比较资产组的账面价值和可收回金额，在确定资产组的账面价值及其预计未来现金流量的现值时，应当将已确认的负债金额从中扣除。

(三) 资产组减值的会计处理

根据减值测试的结果，资产组的可收回金额如低于其账面价值的，应当确认相应的减值损失。减值损失金额应当按照以下顺序进行分摊：

1）抵减分摊至资产组中商誉的账面价值。
2）根据资产组中除商誉之外的其他各项资产的账面价值所占比重，按比例抵减其他各项资产的账面价值。

以上资产账面价值的抵减，应当作为各单项资产（包括商誉）的减值损失处理，计入当期损益。抵减后的各单项资产的账面价值不得低于以下三者之中最高者：该资产的公允价值减去处置费用后的净额（如可确定的）、该资产预计未来现金流量的现值（如可确定的）和零。因此而导致的未能分摊的减值损失金额，应当按照相关资产组中其他各项资产的账面价值所占比重进行分摊。

【例8-21】 建成公司有一条甲流水线，由A、B、C三部机器构成，成本分别为400 000元、600 000元、1 000 000元。使用年限为10年，净残值为零，以年限平均法计提折旧。各机器均无法单独产生现金流量，但整条流水线构成完整的产销单位，属于一个资产组。2019年甲流水线所生产的产品有替代产品上市，到年底导致建成公司该产品的销路锐减40%，因此建成公司对甲流水线进行减值测试。

2018年12月31日，A、B、C三部机器的账面价值分别为200 000元、300 000元、500 000元。估计A机器的公允价值减去处置费用后的净额为150 000元，B、C机器都无法合理估计其公允价值减去处置费用后的净额以及未来现金流量的现值。

整条流水线预计尚可使用 5 年。经估计其未来 5 年的现金流量及其恰当的折现率后，得到该流水线预计未来现金流量的现值为 600 000 元。由于建成公司无法合理估计流水线的公允价值减去处置费用后的净额，建成公司以该流水线预计未来现金流量的现值为其可收回金额。

鉴于在 2018 年 12 月 31 日该流水线的账面价值为 1 000 000 元，而其可收回金额为 600 000 元，流水线的账面价值高于其可收回金额，说明该流水线已经发生了减值，因此建成公司应当确认减值损失 400 000 元，并将该减值损失分摊到构成流水线的 3 部机器中。由于 A 机器的公允价值减去处置费用后的净额为 150 000 元，因此 A 机器分摊了减值损失后的账面价值不应低于 150 000 元。具体分摊过程见表 8-5。

表 8-5　资产组减值损失分摊表　　　　　　　　　　　　单位：万元

项　　目	A 机器	B 机器	C 机器	整个流水线（资产组）
账面价值	200 000	300 000	500 000	1 000 000
可回收金额				600 000
减值损失				400 000
减值损失分摊比例	20%	30%	50%	
分摊减值损失	50 000	120 000	200 000	370 000
分摊后账面价值	150 000	180 000	300 000	
尚未分摊的减值损失				30 000
二次分摊比例		37.50%	62.50%	
二次分摊减值损失		11 250	18 750	30 000
二次分摊后应确认减值损失总额		131 250	218 750	400 000
二次分摊后账面价值	150 000	168 750	281 250	600 000

按照分摊比例，A 机器应当分摊减值损失 80 000（400 000×20%）元，但由于 A 机器的公允价值减去处置费用后的净额为 150 000 元，因此 A 机器最多只能确认减值损失 50000（200 000-150 000）元，未能分摊的减值损失 30 000（80 000-50 000）元，应当在 B 机器和 C 机器之间进行再分摊。

根据上述计算和分摊结果，构成甲流水线的 A 机器、B 机器和 C 机器应当分别确认减值损失 50 000 元、131 250 元和 218 750 元，做如下账务处理：

```
借：资产减值损失        ——A 机器                    50 000
                       ——B 机器                   131 250
                       ——C 机器                   218 750
    贷：固定资产减值准备——A 机器                    50 000
                       ——B 机器                   131 250
                       ——C 机器                   218 750
```

思考题

1. 简述无形资产的概念、内容及特征。

2. 简述无形资产的初始计量。
3. 简述施工企业临时设施的范围。
4. 简述非货币性资产交换的认定。
5. 简述资产减值的范围。
6. 简述资产组的定义和认定应考虑的因素。
7. 某施工企业（增值税一般纳税人）2019 年有关无形资产发生如下业务：

1）2019 年 1 月 1 日购入一项管理用无形资产，取得的增值税专用发票注明的价款 1 800 万元（适用的增值税税率为 6%）。该无形资产的预计使用年限为 6 年，采用直线法进行摊销，无残值。

要求：计算 2019 年无形资产的摊销金额，并编制相关会计分录。

2）2019 年 12 月 31 日，与该无形资产相关的经济因素发生不利变化，使其发生减值，企业估计可收回金额为 1 000 万元。

要求：计算 2019 年 12 月 31 日计提无形资产减值准备的金额，并编制相关会计分录。

8. 某施工企业（增值税一般纳税人）将其购买的一项特许经营权转让给甲公司，该特许经营权的成本为 1 500 000 元，预计使用寿命为 10 年，已使用 4 年，开具的增值税专用发票上注明的金额为 800 000 元，增值税税额为 48 000 元，所有款项已存入银行。

要求：根据上述经济业务编制有关的会计分录。

9. 某施工企业（增值税一般纳税人）在施工现场搭建临时办公室，实际使用 4 年后，因承包的工程已经竣工，将其拆除，账面原值为 960 000 元，其账面累计已提摊销额为 320 000 元，应付拆除人员的工资为 10 000 元，收回残料价值 8 000 元，已验收入库，清理工作已结束。

要求：

1）编制将临时设施转入清理时的会计分录。
2）编制分配拆除人员工资时的会计分录。
3）编制将收回的残料验收入库时的会计分录。
4）编制结转清理净损失时的会计分录。

第九章 成本费用的会计核算

●**本章主要知识点**：成本费用概述（工程成本的基本概念和分类、工程成本项目的内容、工程成本核算的重要作用、工程成本核算的基本要求）；工程成本核算的组织与程序（工程成本核算的对象、工程成本核算的组织体制、工程成本核算应设置的账户、工程成本核算的一般程序）；成本费用的归集和分配（工程成本中材料费的归集和分配、工程成本中人工费和机械使用费的归集和分配、工程成本中辅助生产费用的归集和分配、间接费用的归集和分配）；工程成本结算（月度工程成本结算、未完工程成本的计算、已完工程实际成本的计算、已完工程预算成本的计算）；期间费用的会计核算（管理费用、销售费用、财务费用）。

●**本章重点和难点**：工程成本核算应设置的账户，工程成本的会计核算，工程成本结算，期间费用的会计核算。

第一节 成本费用概述

一、工程成本的基本概念和分类

1. 工程成本的概念

施工企业为进行某一项工程的施工所发生的直接人工、直接材料、机械使用费、其他直接费用和间接费用的总和，构成了施工企业的工程成本。施工企业在施工过程中消耗一定数量的人力、物力和财力，这些消耗的货币表现，即为施工费用。费用包括工程成本和期间费用两部分。

一般而言，工程成本是依据配比性原则，可以和某一项工程的施工收入相联系配比的，而期间费用很难和某一项工程的施工收入相联系配比，它作为施工企业整体的支出，作为企业当期的一项成本耗费，从当期的总收入中扣除。

2. 工程成本的分类

根据建筑安装工程的特点和工程成本管理的要求，工程成本可分为：

1) 工程预算成本：施工企业根据施工图确定的建筑安装工程实物量和国家或地区制定的预算定额、预算单价以及有关收费标准计算确定的工程成本。

2) 工程计划成本：施工企业以工程预算为基础，根据确定的一定时期降低成本的目标，结合工程实际情况，在充分考虑可以达到的实际能力前提下，计算得出的工程成本。

3) 工程实际成本：施工企业为了完成特定的建筑安装工程任务，按照确定的工程成本核算对象和成本项目归集的实际成本。

二、工程成本项目的内容

建筑安装工程成本，是指施工企业在生产经营过程中，为完成一定数量的建筑工程和安装工程所发生的费用总和，是全面反映施工企业经营管理工作质量的综合指标。

建筑承包商的建造工程合同成本应当包括从合同签订开始至合同完成终止所发生的、与执行合同有关的直接费用和间接费用。建造工程合同成本在施工企业通常称为建筑安装工程成本。具体内容如下：

1. 直接费用

（1）材料费用　材料费用是指在施工过程中所耗用的、构成工程实体或有助于工程形成的各种主要材料、外购结构件（包括内部独立核算附属工业企业供应的结构件）的费用，以及周转材料的摊销及租赁费用。

（2）人工费用　人工费用是指在施工过程中向各类管理人员、操作人员支付的工资，福利费等费用。

（3）机械使用费用　机械使用费用是指建筑安装工程施工过程中使用施工机械所发生的费用（包括机械操作人员人工费、燃料、动力费、机械折旧、修理费、替换工具及部件费、润滑及擦拭材料费，安装、拆卸及辅助设施费、养路费、牌照税、使用外单位施工机械的租赁费，保管机械而发生的保管费等）和按照规定支付的施工机械进出场费等。

（4）其他直接费用　其他直接费用是指直接费用以外的施工过程中发生的其他费用，其他直接费用具有较大弹性。包括设计有关的技术援助费用、施工现场材料的二次搬运费、生产工具和用具使用费、检验试验费。工程定位复测费、工程点交费用、场地清理费用等也属于其他直接费用。

2. 间接费用

间接费用是指企业下属的施工单位或生产单位为组织和管理施工生产活动所发生的费用。包括临时设施摊销费用和施工生产单位管理人员工资、奖金、职工福利费、劳动保护费；固定资产折旧费及修理费；物料消耗费、低值易耗品摊销费、取暖费、水电费、办公费、差旅费、财产保险费、工程保修费、排污费等。

间接费用应当在期末按照合理的方法分摊计入合同成本，与合同有关的零星收益，如合同完成后处置残余物资取得的收益，应当冲减合同成本。

三、工程成本核算的重要作用

1）通过工程成本核算，将各项生产费用按照用途和一定程序，直接计入或分配计入各项工程，正确算出各项工程的实际成本，将实际成本与预算成本进行比较，可以检查预算成本的执行情况，为施工企业制定经营战略提供依据。

2）可以及时了解施工过程中人力、物力、财力的耗费，检查各项费用的耗用情况和间接费用定额的执行情况，分析成本升降的原因，挖掘降低工程成本的潜力，发挥竞争优势，增强施工企业核心竞争力。

3）可以计算施工企业各个施工单位的经济效益和各项承包工程合同的盈亏，分清各个施工单位的成本责任，在施工企业内部实行经济责任制，以便资源的优化配置。

4）可以为各种不同类型的工程积累经济技术资料，为修订预算定额、施工定额提供依据，使施工企业成本的定量化管理有了科学的依据。

由此可见，工程成本既属于价值范畴，又是一个反映施工企业经济效益的综合性指标。正确地组织工程成本核算，科学地计算和确定工程成本对于促进施工企业加强经济核算、改善经济管理、进行经济预测和参与经济决策等都有着十分重要的作用。

四、工程成本核算的基本要求

（一）严格遵守国家规定的工程成本开支范围与标准

根据《企业会计制度》的规定，成本是指企业为生产产品、提供劳务而发生的各种耗费。凡不属于上述开支，均不得计入企业的成本费用。在审核过程中，对于符合国家财务管理制度和企业计划、定额，有利于企业发展生产的费用开支，要积极支持；否则就要尽量削减。

企业应按规定的成本项目，汇集生产经营过程中发生的各项支出。要通过成本核算加强成本管理，在成本发生之前就加强审核和控制。严格遵守成本费用开支范围，正确组织成本费用核算。

根据《企业会计准则》的规定，建筑工程成本项目包括人工费、材料费、机械使用费、其他直接费用和间接费用；管理费用、财务费用单独核算，直接从当期损益中扣除，不计入施工成本。

（二）正确划分各种费用的界限

1. 正确划分资本性支出与收益性支出的界限

凡支出的效益涉及几个会计年度的，应作为资本性支出，如购建固定资产和购入无形资产的支出均属于资本性支出，应做增加资产处理，在以后使用过程中再逐渐通过折旧和摊销方式计入成本。凡支出的效益仅涉及本年度的，应作为收益性支出，如各种直接费用、间接费用及期间费用均属收益性支出。直接费用与间接费用构成企业生产经营成本，期间费用不计入成本，单独核算。直接费用与间接费用的支出全部由当期收益抵偿。企业要严格划分资本性支出与收益性支出的界限，坚决杜绝将资本性支出列为收益性支出的做法。

2. 正确划分生产费用及期间费用的界限

按照成本核算的要求，生产费用计入产品的成本，期间费用不能计入产品的成本，只能列入当期损益，因此，为了正确核算成本，必须将生产费用和期间费用严格划分开。

3. 正确划分成本计算期的费用界限

按照权责发生制原则，企业在核算成本费用的过程中，凡应由本期负担而尚未支出的费用，应作为预提费用计入本期成本费用；凡已经支付，应由本期和以后各期负担的费用，应作为待摊费用，分期摊入成本费用；本期发生的费用要全部在本期入账，不应延至下期或提前入账。只有按照权责发生制原则，正确划分本期费用，正确计算待摊费用与预提费用并按合同完工进度准确计量成本，才能正确计算各期产品、工程成本。企业不能利用任意多提或少提待摊费用和预提费用的办法调节各月产品、工程成本。

4. 正确划分各项工程的费用界限

为了分别考核和分析各项工程（一般是单项合同或单位工程）的成本计划完成情况，企业还必须将应由本期工程成本负担的生产费用，在各项工程之间进行划分。凡能分清应由哪个产品、哪项工程负担的直接费用，应直接计入该产品、该项工程的成本。对于由几项工程共同耗用，分不清应由哪个工程负担的间接费用，要采用适当的分配方法，分配计入各个产品、各项工程成本。分配的方法要合理、简便，各项工程之间不允许任意增减费用以保"重点"、以盈补亏。

5. 正确划分已完工程和未完工程的界限

月末，将各项生产费用计入各项工程的成本以后，如果某项工程已全部完工（竣工），则各项费用之和，就是该项工程本月完成部分的成本。如果工程尚未完工，还必须将计入该项工程的生产费用，在本月已完工程（即已完成预算定额规定的全部工序、可向客户办理结算的分部分项工程）和月末未完工程（又称未完施工）之间进行分配，以便计算本月已完工程和月末未完工程成本。所采用的分配方法也要合理简便。企业不允许通过任意提高或降低月末未完工程、在产品的成本，人为地调节已完工程的成本。

（三）健全企业内部成本核算制度的其他工作

1. 按季计算工程成本

有条件的企业应当按月计算工程成本。内部独立核算的工业企业、机械施工和运输单位以及材料供应部门，按月计算的产品、作业和材料成本的材料消耗和费用开支，应与工程、产品、作业量和材料采购数量的起讫日期一致，不得提前或延后。

2. 坚持实际成本

企业必须根据计算期内已完成工程、已完作业和采购材料的数量、实际消耗以及实际价格，计算工程、作业和材料的实际成本。不得以估计成本、预算成本或计划成本代替实际成本。

3. 计算口径一致

企业进行实际成本核算时，其实际成本的会计核算范围、项目设置和计算口径，应与国家有关财务制度、施工图预算、施工预算或成本计划保持一致。投标承包和投标包干的工程，其实际成本的会计核算范围、项目设置和计算口径，应与按中标价或合同编制的施工预算保持一致。

4. 账册齐全，核算依据合规

企业及其内部独立核算单位对施工、生产经营过程中所发生的各项费用，必须设置必要的账册，以审核无误、手续齐全的原始凭证为依据，按照成本核算对象、成本项目、费用项目和单位进行核算，做到真实、准确、完整、及时。

5. 会计处理方法一致

企业成本核算的各种会计处理方法，包括材料的计价、材料成本差异的调整、周转材料和低值易耗品的摊销、费用的分配、已完工程和未完工程的计算等，前后各期必须一致，不得任意变更。如需变更，需报经主管部门批准，并将变更的原因及其对成本和财务状况的影响，在当期的财务报告中加以说明。

第二节　工程成本核算的组织与程序

一、工程成本核算的对象

针对工程项目不同的情况，工程成本核算的对象主要有以下几种：

1）一般情况下，每一独立编制施工图预算的单位作为一个成本核算对象。
2）本单位同时开展的，由同一个业主所有的，同一施工地点、开竣工日期接近的多个工程项目，可以合并作为一个成本核算对象。

3) 工业设备安装工程，按单位工程或专业项目，如机械设备、管道、通风设备、消防设备的安装等作为工程成本核算对象。变电所、配电站、锅炉房等可按所、站、房等安装工程作为成本核算对象。

4) 改建、扩建零星工程，开竣工时间相接近、属于同一个工程项目的，可以合并作为一个成本核算对象。

5) 土石方工程、打桩工程，根据实际情况和管理需要，以一个单位工程成本为核算对象，或将同一施工地点的若干个工程量较小的单位工程合并作为一个成本核算对象。

6) 规模大、工期长的单位工程，以分部工程作为成本核算对象。

7) 一个单位工程由几个施工单位共同施工时，以同一单位工程成本为核算对象，各自核算自行完成的部分。

需要注意的是，工程成本核算的对象一经确定，在一定期限内不能随意更改，若要更改应及时通知施工企业内部相关部门，以统一工程成本的核算口径，减少因此造成的成本分析和考核上的潜在矛盾。为了集中反映各个工程成本核算对象的成本发生情况，财务部门应当为每一个成本核算对象分别设置工程成本明细账（卡），并按照成本项目设置专栏来组织核算。另外，所有的原始记录都必须按照规定的成本核算对象写清楚，以便于归集和分配成本费用。

二、工程成本核算的组织体制

（1）三级核算体制 在实行总公司、分公司、项目经理部（或施工队）三级管理体制的企业，一般可以把工程成本计算工作划归分公司，实行总公司汇总企业的生产成本，分公司计算工程成本，项目经理部计算本项目发生的工料等直接费用的三级核算体制。

（2）二级核算体制 在实行公司、项目经理部两级管理体制的企业，一般可在项目经理部计算工程成本，公司进行全面的成本核算工作，汇总核算全部工程、作业的实际生产成本。项目经理部核算工程、作业的直接费用及现场管理费用，及时向公司提供成本核算资料。

三、工程成本核算应设置的账户

1."合同履约成本"账户

本账户核算企业为履行当前或预期取得的合同所发生的、按照《企业会计准则第14号——收入》应当确认为一项资产的成本。企业因履行合同而产生的毛利不在本账户核算。本账户可按合同，分别"服务成本""工程施工"等进行明细核算。

合同履约成本的主要账务处理：企业发生上述合同履约成本时，借记"合同履约成本"科目，贷记"银行存款""应付职工薪酬""原材料"等科目；对合同履约成本进行摊销时，借记"主营业务成本""其他业务成本"等科目，贷记"合同履约成本"科目。涉及增值税的，还应进行相应的处理。

2."合同取得成本"账户

本账户核算企业取得合同发生的、预计能够收回的增量成本。本账户可按合同进行明细核算。

合同取得成本的主要账务处理：企业发生上述合同取得成本时，借记"合同取得成本"科目，贷记"银行存款""其他应付款"等科目；对合同取得成本进行摊销时，按照其相关性借记"销售费用"等科目，贷记"合同取得成本"科目。涉及增值税的，还应进行相应的处理。

除上述科目外，企业如果有附属内部独立核算的工业企业（如预制构件厂、机械加工厂等），为满足施工工程需要进行产品（包括代制品、代修品）生产并发生各种生产费用，可单设"生产成本——工业生产成本"科目进行核算。企业非独立核算的辅助生产部门为工程施工、产品生产、机械作业、专项工程等生产材料和提供劳务（如设备维修，构件的现场制作，铁木件加工，固定资产清理，供应水、电、气，施工机械安装、拆卸的辅助设备的搭建工程等）所发生的各项费用，可单设"生产成本——辅助生产成本"科目核算。

四、工程成本核算的一般程序

（一）工程成本总分类核算的程序

1）在会计期末，将本期发生的各项施工费用，按其用途归集到有关成本，费用科目。

2）在会计期末，将归集在"生产成本——辅助生产成本"科目中的辅助生产费用，按照受益对象和受益数量，经分配后，转入"合同履约成本""机械作业"等科目。

3）在会计期末，将归集在"待摊费用"科目中的各项费用，按照一定的标准，分摊计入"合同履约成本""机械作业"等科目。

4）在会计期末，将应由本月成本负担的"预提费用"，转入有关成本、费用科目。

5）在会计期末，将归集在"机械作业"科目中的各项费用，按照受益对象和受益数量进行分配，计入"合同履约成本"科目。

6）在会计期末，对合同履约成本进行摊销时，借记"主营业务成本""其他业务成本"等科目，贷记"合同履约成本"科目。

（二）工程成本明细分类核算的程序

施工企业应当按照成本核算对象设置"工程成本明细账（卡）"，按照施工机械或运输设备的种类设置"机械作业明细账"，按照费用的种类或项目设置"待摊费用明细账""间接费用明细账"等，用于归集和分配各项施工生产费用。工程成本明细分类核算的程序如下：

1）根据各种费用的原始凭证和有关费用分配计算表，将本期发生的施工费用，按照用途分别计入"工程成本明细账（卡）""机械作业明细账""待摊费用明细账""预提费用明细账""间接费用明细账"等。

2）根据"待摊费用明细账"，编制"待摊费用计算表"，按照一定的标准分配计入"工程成本明细账（卡）""机械作业明细账""间接费用明细账"等。

3）编制"预提费用计算表"，预提应当由本期承担的工程成术，分别计入"工程成本明细账（卡）""机械作业明细账""间接费用明细账"等。

4）根据"机械作业明细账"和"机械使用台账"，编制"机械使用分配表"，将应当由成本核算对象承担的机械使用费分别计入"工程成本明细账（卡）"。

5）根据"间接费用明细账"编制"间接费用明细表"，将归集在"工程施工——合同成本（间接费用）"下的间接费用，分别计入各成本核算对象的"工程成本明细账（卡）"。

6）在会计期末，各项施工费用全部计入"工程成本明细账（卡）"后，计算各个成本核算对象的本期已经完工工程的实际成本，并编制"工程成本表"，将已经完工的"工程成本明细账（卡）"抽出归档保管。

第三节 工程成本的会计核算

一、工程成本中材料费的归集和分配

（一）材料费的概念及内容

工程成本中的"材料费"项目，包括在施工过程中耗用、构成工程实体或有助于工程形成的各种主要材料、结构件的实际成本及周转材料的摊销及租赁费用。

（二）材料费的会计核算方法及其归集

材料费具体的归集方法如下：

情况一：能点清数量和分清用料对象的，如能直接用于工程的材料，如钢材、木材、水泥等。通常按成本核算对象直接计入各工程成本的材料费用项目中。

情况二：能点清数量、集中配料或统一下料的，如油漆、玻璃、木材等。在领料凭证上注明"工程集中配料"字样，月末由材料管理员或领用部门根据用料情况，结合消耗定额，编制"集中配料耗用分配表"，在各成本核算对象之间分配。

情况三：不能点清数量，也很难立即分清用料对象的，多个工程单位共同使用的一些大堆材料，如砖、瓦、白灰、砂石等，先由材料员或领料部门验收保管，月末实地盘点结存数量，然后根据月初结存数量与本月进料数量，倒挤本月实际数量，结合材料耗用定额，编制"大堆材料耗用计算单"，据以计入各成本核算对象的成本。

情况四：其他不能点清数量，用于辅助生产部门、机械作业部门的各种材料，应分别计入"辅助生产""机械作业"账户的借方。

情况五：实行材料节约奖，将节约的材料费分配给个人的，应按材料节约的数额，直接计入各成本核算对象。

情况六：成本计算期内已办理领料手续，但没有全部耗用的材料，应在期末进行盘点，填制"退料单"，作为办理退料的凭证以冲减本期材料费。工程施工后的剩余材料，应填制"退料单"，办理退料手续。施工过程中发生的残次料和包装物等应尽量回收利用，并填制"废料交库单"估价入账，冲减工程材料费。

情况七：周转材料，应根据各个工程成本核算对象在用的数量，按照规定的摊销方法计提当月的摊销额，并编制各种"周转材料摊销计算表"。

月末，财会部门必须严格审核各种领退料凭证，并根据各种领退料凭证及材料成本差异，编制"材料费分配表"，计算受益对象应分配的材料费。

(三) 材料费的分配

材料费的分配，就是定期地将审核后的领料凭证，按材料的用途归类，并将应计入工程成本的材料费计入工程成本，将不应计入工程成本的材料费计入各自费用项目。

周转材料应按受益的工程项目采用适当的方法计算摊销额计入各工程成本的材料费项目。租用周转材料的租赁费，应直接计入受益工程项目。

低值易耗品的摊销可直接计入工程成本，应计入"合同履约成本——工程施工""机械作业"等账户的借方，如摊销数额较大，则应先计入"待摊费用"账户，分期计入上述各账户。

材料费的分配一般是根据各种领料凭证按各个成本计算对象汇总编制"耗用材料分配表"，汇总计算各成本计算对象耗用材料的计划成本和分摊的材料成本差异，据以记入各项工程成本的材料费项目。

【例 9-1】 2019 年 5 月，某建筑工程公司第一工程处根据审核无误的各种材料凭证、大堆材料耗用分配表、周转材料摊销分配表等汇总编制的"材料费用分配表"，见表 9-1。

表 9-1 材料费用分配表

单位：第一工程处　　2019 年 5 月　　　　　　　　　　　　　　　　　单位：元

核算对象	主要材料								水泥预制件		其他材料		合计		
	钢材		水泥		其他主要材料		合计								
	计划成本	成本差异 -1%	计划成本	成本差异 2%	计划成本	成本差异 -4%	计划成本	成本差异 -0.5%	计划成本	成本差异 -1%	计划成本	成本差异 5%	计划成本	成本差异 超支	节约
甲工程	120 000	-1 200	50 000	1 000	15 000	-600	185 000	-800	350 000	-3 500	8 000	400	543 000		-3 900
乙工程	90 000	-900	30 000	600	12 000	-480	132 000	-780	70 000	-700	3 000	150	205 000		-1 330
合计	210 000	-2 100	80 000	1 600	27 000	-1 080	317 000	-1 580	420 000	-4 200	11 000	550	748 000		-5 230

根据"表 9-1 材料费用分配表"，做如下会计分录：

1）确认甲工程应承担的各种材料费时：

借：合同履约成本——工程施工（甲工程材料费）　　　　543 000
　　贷：原材料——主要材料　　　　　　　　　　　　　　185 000
　　　　原材料——水泥预制件　　　　　　　　　　　　　350 000
　　　　原材料——其他材料　　　　　　　　　　　　　　　8 000

2）对甲工程应该承担的材料成本差异进行调整时：

借：合同履约成本——工程施工（甲工程材料费）　　　　　　400
　　贷：材料成本差异——其他材料　　　　　　　　　　　　　400
借：材料成本差异——水泥预制件　　　　　　　　　　　3 500
　　材料成本差异——主要材料　　　　　　　　　　　　　800
　　贷：工程施工——甲工程材料费　　　　　　　　　　　4 300

3）确认乙工程应承担的各种材料费时：

借：合同履约成本——工程施工（乙工程材料费）	205 000	
贷：原材料——主要材料		132 000
原材料——水泥预制件		70 000
原材料——其他材料		3 000

4）对乙工程应该承担的材料成本差异进行调整时：

借：合同履约成本——工程施工（乙工程材料费）   150
  贷：材料成本差异——其他材料   150
借：材料成本差异——水泥预制件   700
  材料成本差异——主要材料   780
    贷：合同履约成本——工程施工（乙工程材料费）   1 480

二、工程成本中人工费和机械使用费的归集和分配

（一）工程成本中人工费的归集和分配

1. 人工费的概念和内容

工程成本中的人工费，是指在施工过程中直接参加施工生产的建筑安装工人以及在施工现场直接为工程制作结构件和运料、配料等辅助生产工人的工资、工资性津贴、职工福利费和劳动保护费等，具体内容有：

1）基本工资，包括：基础工资、职务工资和工龄津贴。

2）经常性奖金，是指对完成和超额完成工作量以及有关经济技术指标的职工而支付的各种奖励性报酬。如超产奖、质量奖、安全（无事故）奖、考核各项经济技术指标的综合奖、提前竣工奖、年终奖、节约奖、劳动竞赛奖等。

3）津贴，是指为了补偿职工额外或特殊的劳动消耗，鼓励职工安心于劳动强度大、条件艰苦的工作岗位而支付给职工的各种津贴。如高空津贴、井下津贴、野外津贴、夜班津贴和技术性津贴等。

4）补贴，是指为了保证职工的工资水平不受物价的影响而支付给职工的各种物价补贴。

5）加班加点工资，是指按规定支付给职工的加班工资和加点工资。

6）特殊情况下支付的工资，是指根据国家法律、法规和政策的规定，在非工作时间内支付给职工的工资等。

2. 人工费的归集与分配

（1）计件工资制人工费的受益对象容易确定，根据"工程任务单"和"工程结算汇总表"，将所归集的人工费直接计入工程成本中。借记"工程施工——合同成本（×工程人工费）"，贷记"应付职工薪酬"。

（2）计时工资制 在能够正确区分工人劳动的服务对象或建筑安装工人同时为多项工程工作时，采用计时工资制。

1）能够正确区分工人劳动的服务对象时，可以采用和计件工资制度下同样的方法，直接将人工费计入"工程施工"科目中。

2）如果建筑安装工人同时为多项工程工作，则需要将发生的工资在各个核算对象之间

进行分配。分配的方法是按照当月工资总额和工人的出勤日计算出日平均工资，然后乘以各工程当月实际用工数就可求得。分配人工费的计算公式为

工人日平均工资 = 当月全部计时工资总额 ÷ 安装工人实际出勤日数

应负担的人工费 = 该成本核算对象当月实际耗费的工作日数 × 日平均工资

【例 9-2】 2019 年 5 月，某建筑工程公司第一工程处本年度有甲、乙两个单位工程（分别耗用 5t 和 3t 折弯钢筋件），分别计算工程成本。本月发生的人工资料如下：

1) 本月为折弯钢筋件支付的计件工资为 24 000 元。

工资分配标准 = 24 000 元 ÷ (3+5) t = 3 000 元/t。

计件工资可以明确的归属到甲乙两个工程中，人工费分配见表 9-2。

表 9-2 人工费分配表（计件工资）

单位：第一工程处　　　　　2019 年 5 月　　　　　　金额单位：元

计件工资项目	甲 工 程	乙 工 程
钢筋折弯工资	15 000	9 000
合计	15 000	9 000

2) 本月发生计时工资 60 000 元，其中甲工程耗用 2 200 工时，乙工程耗用 1 800 工时。计时工资分配见表 9-3。

表 9-3 人工费分配表（计时工资）

单位：第一工程处　　　　　2019 年 5 月　　　　　　金额单位：元

成本核算对象	耗用工时	平均工时工资	分配人工费
甲工程	2 200	15	33 000
乙工程	1 800		27 000
合计	4 000		60 000

注：表中，平均工时工资 = 60 000 元 ÷ (2 200+1 800) 工时 = 15 元/工时。

根据上述"人工费分配表"，做如下会计分录：

借：合同履约成本——工程施工（甲工程人工费）　　48 000
　　合同履约成本——工程施工（乙工程人工费）　　36 000
　　贷：应付职工薪酬——职工工资　　　　　　　　　84 000

（二）机械使用费的归集和分配

工程成本项目中的"机械使用费"，是指建筑安装工程施工过程中使用施工机械所发生的费用（包括机上操作人员人工费、燃料、动力费、机械折旧、修理费、替换工具及部件费、润滑及擦拭材料费，安装、拆卸及辅助设施费，养路费、牌照税，使用外单位施工机械的租赁费，以及保管机械而发生的保管费等）和按照规定支付的施工机械进出场费等。

1. 施工机械的分类

施工企业使用的施工机械可分为租赁（包括向企业外部和向企业内部独立核算的机械供应站租赁）的和自行管理的两种，它们的会计核算方法不同。对于施工企业各工程项目租赁施工机械而支出的租赁和进出场费，应根据结算账单直接计入有关各工程成本"机械

使用费"项目,不通过"机械作业"账户,账务处理见如下:
借:工程施工——合同成本(××工程机械使用费)
  贷:银行存款

对于自有施工机械,其使用过程中发生的费用应首先按机组或单机归集,计算每台班的实际成本,然后根据各个成本核算对象使用台班数,确定应计入各成本核算对象的机械使用费。进行机械作业所发生的各项费用的归集和分配,通过"机械作业"账户进行,并按照机械设备的类别设置明细账,按规定的成本项目归集费用。费用项目的确定通常应和机械台班预算定额的构成内容一致,以便计算出来的台班实际成本与定额相比较,费用发生计入该账户的借方;月末根据归集的费用和设备作业时间计算各类机械的台班成本或按适当的标准分配计入各项工程成本的"机械使用费"项目,同时计入"机械作业"账户的贷方。

2. 机械使用费的内容

1)人工费:施工设备操作人员的工资和职工福利费。

2)燃料、动力费:施工机械耗用的燃料,动力费。

3)材料费:施工机械耗用的润滑材料和擦拭材料等。

4)折旧修理费:对施工机械计提的折旧费、大修理费用摊销和发生的经常修理费,以及租赁施工机械的租赁费。

5)替换工具、部件费:施工机械上使用的传动带、轮胎、橡胶管、钢丝绳、变压器、开关、电线、电缆等替换工具和部件的摊销和维修费。

6)运输装卸费:将施工机械运到施工现场、远离施工现场(若运往其他现场,运出费用由其他施工现场的工程成本负担)和在施工现场范围内转移的运输、安装、拆卸及试车等费用。

7)辅助设施费:为使用施工机械而建造或铺设基础、底座、工作台、行走轨道等的费用。施工机械的辅助设施费,如果数额较大,也应先记入"待摊费用""递延资产"或"长期待摊费用"科目,然后按照在现场内施工的期限,分次从"待摊费用""递延资产"或"长期待摊费用"科目转入"机械作业"或"生产成本——机械作业成本"科目,摊入各月工程成本。

8)养路费、牌照税:为施工运输机械(如铲车等)缴纳的养路费和牌照税。

9)间接费:机械施工单位组织机械施工、保管机械发生的费用和停机棚的折旧,维修费等。如果是内部独立核算单位,应设置间接费用明细分类账,进行明细分类核算。

至于施工机械所加工的各种材料,如搅拌混凝土时所用的水泥、砂、石等,应记入工程成本的"材料费"项目;为施工机械担任运料、配料和搬运成品的工人的工资,应记入工程成本的"人工费"项目。

3. 机械使用费的分配方法

1)按施工机械的实际台时(或完成工程量)分配机械使用费。月末,根据各类机械明细账借方发生额及实际作业台班数计算台班成本,编制"机械使用费分配表"并计入"合同履约成本——工程施工"账户借方,同时记入"机械作业"账户贷方;当月"机械作业"账户发生的费用一般当月分配完毕,月末没有余额。

【例9-3】 2019年6月,泰山建筑工程公司第一工程处的一台起重机和一台铲车分别对本公司的甲、乙两处工程进行了机械作业。"机械作业——吊车机械使用费"明细账户的借方发生额为47 380元，起重机实际作业情况为甲工程132h，乙工程68h。"机械作业——铲车机械使用费"明细账户的借方发生额为60 000元，铲车实际作业情况为甲工程90h，乙工程160h。机械使用费分配表见表9-4。

表9-4 机械使用费分配表

单位：第一工程处　　　　　　　　　　　　　　　　　　2019年6月

受益对象	吊车			铲车			合计（元）
	台班数	每台班成本（元）	金额（元）	台班数	每台班成本（元）	金额（元）	
甲工程	132		31 270.80	90		21 600.00	52 870.80
乙工程	68	236.90	16 109.20	160	240	38 400.00	54 509.20
合计	200		47 380.00	250		60 000.00	107 380.00

1) 依据机械使用费分配表，对甲工程应分摊的机械使用费做如下账务处理：
借：合同履约成本——工程施工（甲工程）　　　52 870.80
　　贷：机械作业——吊车　　　　　　　　　　　31 270.80
　　　　机械作业——铲车　　　　　　　　　　　21 600.00

2) 依据机械使用费分配表，对乙工程应分摊的机械使用费做如下账务处理：
借：合同履约成本——工程施工（乙工程）　　　54 509.20
　　贷：机械作业——吊车　　　　　　　　　　　16 109.20
　　　　机械作业——铲车　　　　　　　　　　　38 400.00

2）先按机械的计划台时费对机械使用费进行分配，然后依据计划机械使用费与实际机械使用费之间的比值调整为实际机械使用费。为了简化计算手续，对于各种中型施工机械的机械使用费，可在月度终了先根据"机械使用月报"中各种机械的工作台时（或完成工程量）合计和该种机械台时费计划数，算出当月按台时费计划数计算的机械使用费合计，再计算实际发生的机械使用费占按台时费计划数计算的机械使用费计划数合计的百分比，然后将各个成本计算对象按算得的百分比加以调整，公式如下：

按台时费计划数计算的机械使用费合计 = Σ（某机械工作台时数×该机械台时费计划数）

某项工程应分配的机械使用费 = Σ（该项工程使用机械的工作台时×机械台时费计划数）×（实际发生的机械使用费÷按台时费计划数计算的机械使用费合计）

机械使用费操作步骤如下：
① 确定各种施工机械的台时费计划数。
② 求出各种施工机械按台时费计划数计算的机械使用费合计。
③ 这根据"机械作业明细分类账"汇总计算实际发生的机械使用费。
④ 计算机械使用费实际数占按台时费计划数计算的百分比。
⑤ 将各成本计算对象按台时费计划数计算的机械使用费，按算得的百分比加以调整。

⑥ 做出相关机械使用费分配的会计分录。

【例 9-4】 某建筑工程公司机械施工的情况见表 9-5，2019 年 6 月该建筑工程公司"机械作业明细分类账"汇总计算实际发生的机械使用费为 37 560 元。

表 9-5　机械使用费资料
2019 年 6 月份

施工机械名称	单位计划台时费（元）①	本期实际使用台时（台时）②	合计（元）③=①×②	实际机械施工费（元）
履带挖掘机	50	380 台时（其中：甲工程 280 台时，乙工程 70 台时，丙工程 30 台时）	19 000	23 600
混凝土搅拌机	15	180 台时（其中：甲工程 90 台时，乙工程 40 台时，丙工程 50 台时）	2 700	2 500
起重机	80	120 台时（其中：甲工程 80 台时，乙工程 40 台时，丙工程 0 台时）	9 600	11 460
合计			31 300	37 560

依据以上的数据，先按机械的计划台时费对机械使用费进行分配，然后依据计划机械使用费与实际机械使用费之间的比值调整为实际机械使用费，并进行相应的账务处理，步骤如下：

①各种施工机械按台时费计划数计算的机械使用费合计为 31 300 元。

②该建筑工程公司"机械作业明细分类账"汇总计算实际发生的机械使用费为 37 560 元。

③机械使用费实际数占按台时费计划数计算的百分比＝37 560÷31 300＝1.20。

④各成本计算对象按台时费计划数计算的机械使用费，按算得的百分比加以调整后的结果见表 9-6。

表 9-6　机械使用费分配表
2019 年 6 月

工程名称	履带挖掘机			混凝土搅拌机			吊车			按计划数计算的机械使用费总额（元）	调整比例	调整后的机械使用费（元）
	计划数（元/台）	实际工时（台时）	总费用（元）	计划数（元/台）	实际工时（台时）	总费用（元）	计划数（元/台）	实际工时（台时）	总费用（元）			
甲工程	50	280	14 000	15	90	1 350	80	80	6 400	21 750	1.2	26 100
乙工程	50	70	3 500	15	40	600	80	40	3 200	7 300	1.2	8 760
丙工程	50	30	1 500	15	50	750	80	0	0	2 250	1.2	2 700
										0		0
合计		380	19 000		180	2 700		120	9 600	31 300		37 650

根据表 9-5 和表 9-6，机械用费分配的会计分录为

借：工程施工——甲工程　　　　　　　　　　　　　　　　26 100
　　　工程施工——乙工程　　　　　　　　　　　　　　　　8 760

工程施工——丙工程	2 700
贷：机械作业——挖掘机	23 600
机械作业——搅拌机	2 500
机械作业——吊车	11 460

三、工程成本中辅助生产费用的归集和分配

施工企业一般都设置若干个非独立核算的辅助生产部门。辅助生产部门主要为工程施工服务（机修车间、木工车间、供水站、供电站、混凝土搅拌站、运输队等）或为工程施工、管理部门和企业内部其他部门提供产品（材料、构件、水、电等）和劳务（设备维修、安装）等。

辅助生产部门所发生的各项费用的归集和分配，首先通过"生产成本——辅助生产"账户进行记录，并按辅助生产车间、单位和产品、劳务的品种设置三级明细账，按规定的成本项目归集费用。

辅助生产费用发生时记入该账户的借方，月末根据归集的费用计算产品、劳务的总成本和单位成本，然后再按各工程和部门的受益数量分配计入各项工程成本、机械作业成本以及其他费用项目中，同时记入"生产成本——辅助生产"账户贷方。期末若有借方余额，为在产品实际成本。

辅助生产费用常用的分配方法有：直接分配法、一次交互分配法、计划成本分配法和代数分配法等。由于施工企业辅助生产单位一般规模较小，生产品种比较单一，各辅助生产单位之间相互服务数量也较少，因此，多采用直接分配法。

所谓直接分配法，就是将各辅助生产单位所实际发生的全部费用，直接分配给辅助生产单位以外的各受益单位，而不考虑各辅助生产单位之间相互服务情况的一种分配方法。

【例 9-5】 某建筑工程公司运输队本月发生各种费用共 786 270 元，已根据有关凭证登记入账，见表 9-7。

表 9-7 辅助生产费用明细账

类别：运输费　　　　　　　　　　2019 年 6 月　　　　　　　　　　单位：元

| 日期 | | 凭证及摘要 | 借方 | | | | | | 贷方 |
月	日		人工费	燃料及动力费	折旧及修理费	其他直接费	间接费用	合计	
6	30	材料分配表		387 600		15 090		402 690	
		折旧计算表			53 000			53 000	
		修理费			96 000			96 000	
		低值易耗品摊销			2 980			2 980	
		工资分配表	228 000					228 000	
		分配制造费用						0	
		分配运输费					3 600	3 600	
		合计	228 000	387 600	151 980	15 090	3 600	786 270	786 270

该公司发生辅助生产费用时，进行的账务处理如下：
借：生产成本——辅助生产　　　　　　　　　　　　　　　　786 270
　　贷：原材料　　　　　　　　　　　　　　　　　　　　　387 600
　　　　应付职工薪酬　　　　　　　　　　　　　　　　　　228 000
　　　　累计折旧　　　　　　　　　　　　　　　　　　　　151 980
　　　　工程施工——其他直接费　　　　　　　　　　　　　 15 090
　　　　制造费用　　　　　　　　　　　　　　　　　　　　 3 600

月末，根据各辅助生产明细账借方发生额及实际提供的产品、劳务数量，编制"辅助生产费用分配表"，见表9-8。

表9-8　辅助生产费用分配表

类别：运输费　　　　　　　　　　2019年6月

受益对象	受益数量/t·km	分配系数	金额（元）
甲项目部	32 160	5	160 800
乙项目部	15 440		77 200
其中：1号工程	6 800		34 000
2号工程	8 640		43 200
公司总部	24 609		123 045
合计	72 209		361 045

根据分配表进行的账务处理如下：
借：工程施工——甲项目部　　　　　　　　　　　　　　　160 800
　　工程施工——乙项目部　　　　　　　　　　　　　　　 77 200
　　管理费用　　　　　　　　　　　　　　　　　　　　　123 045
　　贷：生产成本——辅助生产　　　　　　　　　　　　　361 045

其他直接费用是指在预算定额以外，施工现场发生的材料二次搬运费、临时设施摊销费、生产工具用具使用费、检验试验费、工程定位复测费、工程点交费及场地清理费等。

施工企业发生的其他直接费，凡是能分清成本核算对象的，应直接计入各受益的工程成本核算对象下的"其他直接费用"项目中。当几个工程共同发生，不能直接确定成本核算对象的其他直接费用，可以先行在"其他直接费用"明细账中汇总归集，并按照定额用量预算费用或以工程的工料成本作为分配基数，月末或竣工时编制"其他直接费用分配表"分配计入各成本核算对象。

【例9-6】某建筑公司第一工程处，本月发生其他直接费用19 000元。其中分配给1号工程12 000元，2号工程7 000元。账务处理程序如下：
借：合同履约成本——工程施工（1号工程）　　　　　　　 12 000
　　合同履约成本——工程施工（2号工程）　　　　　　　 7 000

　　　　贷：合同履约成本——工程施工（其他直接费用）　　　　　　　　19 000

四、间接费用的归集和分配

（一）间接费用的内容

　　建筑安装工程成本中除了各项直接费用外，还包括企业所属各施工单位，如工程处、施工队、项目经理部为施工准备、组织和管理施工生产所发生的各项费用。这些费用不能确定其为某项工程所应负担，因而无法直接记入各个成本核算对象。为了简化核算手续，可将它们先记入"合同履约成本——工程施工（间接费用）"或"生产成本——工程施工成本（间接费用）"科目，然后按照适当分配标准，记入各项工程的成本。

　　间接费用应按有关规定分设如下明细项目：

　　（1）临时设施摊销费　该科目核算为保证施工和管理的正常进行而建造的各种临时性生产和生活设施，如临时宿舍、文化福利及公用设施，仓库、办公室、加工厂，以及规定范围内道路、水、电管线等临时设施的摊销费。

　　（2）管理人员工资　该科目核算施工单位管理人员的工资、奖金和工资性津贴。

　　（3）职工福利费　该科目核算按照施工单位管理人员工资总额的14%提取的职工福利费。

　　（4）劳动保护费　该科目核算用于施工单位职工的劳动保护用品和技术安全设施的购置、摊销和修理费，供职工保健用的解毒剂、营养品、防暑饮料、洗涤肥皂等物品的购置费或补助费，以及工地上职工洗澡、饮水的燃料费等。

　　（5）办公费　该科目核算施工单位管理部门办公用的文具、纸张、账表、印刷、邮电、书报、会议、水电、烧水和集体取暖（包括现场临时宿舍取暖）用煤等费用。

　　（6）差旅交通费　该科目核算施工单位职工因公出差期间的差旅费、住宿补助费，市内交通费和误餐补助费，职工探亲路费，劳动力招募费，职工离退休、退职一次性路费，工伤人员就医路费，工地转移费，以及现场管理使用的交通工具的油料、燃料、养路费及牌照费等。

　　（7）折旧费　该科目核算施工单位施工管理和试验部门等使用属于固定资产的房屋、设备、仪器，以及不实行内部独立核算的辅助生产单位的厂房等的折旧费。

　　（8）修理费　该科目核算施工单位施工管理和试验部门等使用的属于固定资产的房屋、设备、仪器，以及不实行内部独立核算的辅助生产单位的厂房等的经常修理费和大修理费。

　　（9）工具用具使用费　该科目核算施工单位施工管理和试验部门等使用不属于固定资产的工具、器具、家具和检验、试验、测绘、消防用具等的购置、摊销和维修费。

　　（10）保险费　该科目核算施工管理用财产、车辆的保险费，以及海上、高空、井下作业等特殊工种的安全保险费。

　　（11）工程保修费　该科目核算工程竣工交付使用后，在规定保修期以内的修理费用。应采用预提方式计入。

　　（12）其他费用　该科目核算上列各项费用以外的其他间接费用，如工程排污费等。

(二) 间接费用的归集和分配

间接费用属于共同费用，难以分清受益对象。为了归集和分配间接费用，企业应在"制造费用"账户下进行核算，汇总本期发生的各种间接费用，并按费用项目进行明细核算。

当间接费用发生时记入"制造费用"科目的借方；月末将归集的费用采用一定的标准全数分配，借记相应的工程成本项目，贷记"制造费用"科目，"制造费用"科目月末应该没有余额。其分配标准因工程类别不同而有所不同。

1) 土建工程一般应以工程成本的直接费用为分配标准。

2) 安装工程应以安装工程的人工费用为分配标准。在实际工作中，由于施工单位施工的工程往往有土建工程和安装工程，有时辅助生产单位生产的产品或劳务可能还会对外销售，所以施工单位的间接费用一般要经过两次分配，一次是在不同类的工程、劳务和作业间进行分配，另一次是在同类的工程、劳务和作业间进行分配。

间接费用的第一次分配是将发生的全部间接费用在不同类的工程、劳务和作业间进行分配。一般是以各类工程、劳务和作业中的人工费为基础进行分配，其计算公式如下：

间接费用分配率 = 间接费总额 ÷ 各类工程（劳务、作业）成本中的人工费总额 × 100%

某类工程应分配的间接费用 = 该类工程成本中的人工费 × 间接费用分配率

间接费用的第二次分配是将第一次分配到各类的工程中的间接费用再分配到本类的工程、劳务和作业中去。第二次分配是按各类工程、劳务和作业发生的直接费用或人工费为基础进行分配的，其计算公式如下：

① 土建工程：以工程的直接成本（即人工费、材料费、机械使用费、其他直接费用之和）实际发生数或已完工程直接费用预算数为标准进行分配。

间接费用分配率 = 建筑工程分配的间接费总额 ÷ 全部土建工程直接费用总额 × 100%

某土建工程应分配的间接费用 = 该土建工程直接费用 × 间接费用分配率

② 安装工程：以工程实际发生的人工费或已完工程人工费预算数作为标准分配。

间接费用分配率 = 安装工程应分配的间接费总额 ÷ 各安装工程人工费总额 × 100%

某安装工程应分配的间接费用 = 该安装工程人工费 × 间接费用分配率

另外，在实际核算工作中，对于间接费用的分配，若已给出间接费用定额，也可采用先计算本月实际发生的间接费用与按间接费用定额计算的间接费用的比值，再将各项建筑安装工程按定额计算的间接费用进行调整。即

某项工程本月应分配的间接费用 = 该项工程本月实际发生的直接费用或人工费 × 该项工程规定的间接费用定额 × 本月实际发生的间接费用

÷ Σ（各项工程本月实际发生的直接费用或人工费 × 各项工程规定的间接费用定额）

【例9-7】 某建筑公司道路工程处在2019年6月只有甲、乙两处建筑工程，没有安装工程和劳务。本月间接费用的发生情况见表9-9，该公司的间接费用采用直接分配法，按照各个工程项目所耗费的直接费用为依据进行分配，本月甲工程发生直接费用1 500 000元，乙工程发生直接费用1 300 000元。请编制间接费用分配表，并进行相应的会计处理。

第九章　成本费用的会计核算

表 9-9　间接费用明细账

单位名称：道路工程处　　　　　　2019 年 6 月　　　　　　　　　　单位：元

日期		凭证及摘要	借方									贷方
月	日		工作人员工资	奖金	职工福利费	办公费差旅费	固定资产及工具使用费	劳动保护费	工程保修费	财产保险费	其他	合计	
6	9	工资汇总分配表	25 800	32 500								58 300	
6	12	以银行存款支付费用				12 000	9 290	12 600	7 465		1 700	43 055	
6	15	以现金支付费用				6 825		4 394	12 806			24 025	
6	30	折旧计算表					6 800					6 800	
6	30	低耗品摊销表						1 620				1 620	
6	30	材料汇总分配表					6 200					6 200	
6	30	分配间接费用											140 000
		合计	25 800	32 500	0	18 825	13 000	15 304	25 406	7 465	1 700	140 000	140 000

间接费用分配表见表 9-10。

表 9-10　间接费用分配表

单位名称：道路工程处　　　　2019 年 6 月份　　　　　　　金额单位：元

工程项目	直接费用	分配系数	金额
甲工程	1 500 000	0.05	75 000
乙工程	1 300 000		65 000
合计	2 800 000		140 000

分配系数 = 140 000 ÷ 2 800 000 = 0.05
根据分配表做如下会计分录：
借：工程施工——甲工程　　　　　　　　　　　　75 000
　　工程施工——乙工程　　　　　　　　　　　　65 000
　　贷：制造费用　　　　　　　　　　　　　　　　　　140 000

第四节　工程成本结算

一、月度工程成本结算

施工企业的各项生产费用，按上节所述在各成本核算对象之间进行归集和分配以后，应计入本月各成本核算对象的生产费用，全部归集在"工程施工——合同成本"账户的借方和有关的成本计算单中。

月末，对于已经竣工的工程，自开工到竣工计入该工程成本的全部生产费用，就是该工程的竣工成本；对于尚未竣工或正在施工的工程，还应将本月发生的生产费用和月初结转的上月末未完施工的生产费用之和，在本月已完工程和月末未完施工的成本之间进行分配。

月初未完工程成本＋本月生产费用＝本月已完工程成本＋月末未完工程成本

二、未完工程成本的计算

施工企业的已完工程，从理论上来说，应指在企业范围内全部竣工，不再需要进行任何施工活动的工程，即竣工工程。但是由于建筑安装工程施工周期长，如果等到工程竣工之后再结算工程成本，就不能发挥成本计算在企业管理中的作用，也就满足不了企业管理的需要。因此，为了有利于企业成本核算、加速资金周转、及时检查成本计划、考核经济效果，现行制度规定：凡是已经完成预算定额所规定的全部工序，在本企业不需要再进行任何加工的分部分项工程，称为已完工程（或已完施工）。分部分项工程虽不具有完整的使用价值，也不是竣工工程，但是由于在企业内已完成全部施工活动，已可确定工程数量和工程质量，故可将其视为已完工程，计算其预算成本和预算价值，向客户收取工程价款。对虽已投入人工、材料进行施工，但尚未完成预算定额规定的全部工程内容的一部分工序，则称为未完施工（或未完工程），不能据以收取工程价款。例如砖墙抹石灰砂浆工程，按工程预算定额规定的工程内容为修整表面、清扫、抹灰、抹平、罩面、压光、作护角等工序。如果某房屋砖墙抹石灰砂浆工程在月末时已完成了上述全部工序，就应作为"已完工程"计算；如果只完成其中一部分工序，则应算作"未完施工"。

未完工程成本的计算，通常是由统计人员月末到施工现场实地丈量盘点未完施工实物量，并按其完成施工的程度折合为已完工程数量，根据预算单价计算未完工程成本。计算公式如下：

未完工程成本 ＝ 未完施工实物量 × 完工程度 × 预算单价

期末未完工程成本一般不负担管理费。如果未完工程量占当期全部工程量的比重很小或期初与期末数量相差不大，可以不计算未完工程成本。

根据计算结果填制"未完施工盘点单"，并计入"工程成本计算单"，即可据以结转已完工程实际成本。

【例 9-8】 某建筑工程有限公司承包的一处学校的建筑工程（甲工程）中，包括一项 3 000m² 的风雨操场工程，该分部分项工程包括平整、硬化和铺设塑胶等三道工序。目前前两道工序已经完成，约等于已完工程量70%，折合已完工程量为

折合已完工程量 ＝ 3 000m² × 70% ＝ 2 100m²

设每平方米涂料工程预算单价为220.00元，其中，人工费为33元，材料费为176元，机械费为11元。3 000m² 的风雨操场已完工程成本为

2 100m² × 220 元/m² ＝ 462 000 元

再按预算单价所含工、料、费比例进一步分解计算出人工费、材料费等。编制"未完施工盘点单"见表9-11。

表 9-11　未完施工盘点单

编制：项目部　　　　　　　　　　　2019 年 6 月份

单位工程名称	分部分项工程		已完工序				其中			
	名称	预算单价	工序名称或内容	占分部分项工程比率	工程量	折合分部分项工程量	预算成本	人工费	材料费	机械费	其他直接费用
甲工程	塑胶风雨操场	220 元/m²	已完成硬化	70%	3 000m²	2 100m²	462 000 元	69 300 元	369 600 元	23 100 元	
小计							462 000 元	69 300 元	369 600 元	23 100 元	

三、已完工程实际成本的计算

月末未完工程成本确定后，即可根据下列公式确定当月各个成本核算对象已完工程的实际成本。

已完工程实际成本 = 月初未完工程成本 + 本月生产费用 − 月末未完工程成本

根据各成本核算对象的"成本计算单"的实际成本，填入"已完工程成本表"中实际成本栏，据此结转本月已完工程的实际成本，将已完工程的实际成本从"工程施工——合同成本"账户的贷方转入"主营业务成本"账户的借方。

四、已完工程预算成本的计算

已完工程实际成本确定以后，为了对比考察成本的升降情况和与客户进行结算，还要计算当月已完工程的预算成本和预算价值。

已完工程预算成本是根据已完工程实物量，预算单价和间接费定额进行计算的，其计算公式如下：

已完工程预算成本 = ∑(实际完成工程量×预算单价)(1+间接费定额)

已完安装工程预算成本 = ∑(实际完成安装工程量×预算单价)+(已完安装工程人工费×间接费定额)

在实际工作中，通常是由统计部门于月末先行实地丈量已完工程实物量，再根据预算定额中预算单价和间接费定额，在"已完工程结算表"或"已完工程月报表"中计算已完工程预算成本的。

"已完工程结算表"反映的是当月已完工程的预算总价值，由直接费用、间接费用、计划利润和税金四部分组成。直接费用包括按预算单价计算的人工费、材料费、机械使用费、其他直接费用。间接费用包括按间接取费率计算的管理费和临时设施费、劳动保险费等构成的其他间接费用。由于"已完工程结算表"中所提供的预算成本项目所包含内容和实际成本不完全一致，为了和工程实际成本的各个项目进行对比，就须根据"已完工程结算表"将属于预算成本范围的项目进行分解调整，具体要求如下：

1）必须分别测算出公司机关管理费和施工单位管理费各自所占比重，将按综合取费率计算的间接费用分开。

2）包括在其他间接费用中的临时设施费，已列入工程实际成本的其他直接费用，其对应的预算成本也应做相应调整。

3）预算成本中包括的综合性取费项目，如冬雨季施工增加费、夜间施工增加费等，应按所含工、料、费比重分解为人工、材料费等项目，分别计入预算成本的相应项目。

第五节　期间费用的会计核算

一、管理费用

1. 管理费用的含义

管理费用是指企业为组织和管理生产经营活动而发生的各种费用。

2. 管理费用的内容

企业在筹建期间发生的开办费、董事会和行政管理部门在企业的经营管理中发生的或者应由企业统一负担的公司经费（包括行政管理部门的职工薪酬、物料消耗、低值易耗品摊销、办公费、差旅费）、工会经费、董事会费（包括董事会成员津贴、会议费和差旅费等）、聘请中介机构费、咨询费（含顾问费）、诉讼费、业务招待费、房产税、车船使用税、土地使用税、印花税、技术转让费、矿产资源补偿费、研究费用、排污费以及企业生产车间（部门）和行政管理部门发生的固定资产修理费等。

3. "管理费用"科目

该科目核算管理费用的发生和结转情况，借方登记企业发生的各项管理费用，贷方登记期末转入"本年利润"科目的管理费用，结转后科目应无余额。该科目应按管理费用的费用项目进行明细核算。

【例 9-9】　某企业行政部 9 月份共发生费用 224 000 元，其中，行政人员薪酬 150 000 元，行政部专用办公设备折旧费 45 000 元，行政人员报销差旅费 21 000 元（假定报销人均未预借差旅费，报销款用现金支付），其他办公、水电费 8 000 元（用银行存款支付）。会计分录如下：

　　借：管理费用　　　　　　　　　　　　　　　　　　　　224 000
　　　　贷：应付职工薪酬　　　　　　　　　　　　　　　　　150 000
　　　　　　累计折旧　　　　　　　　　　　　　　　　　　　 45 000
　　　　　　库存现金　　　　　　　　　　　　　　　　　　　 21 000
　　　　　　银行存款　　　　　　　　　　　　　　　　　　　　8 000

二、销售费用

1. 销售费用的含义

销售费用是指企业在销售商品和材料、提供劳务过程中发生的各项费用。

2. 销售费用的内容

企业在销售商品过程中发生的包装费、保险费、展览费和广告费、商品维修费、预计产品质量保证损失、运输费、装卸费等费用，及企业发生的为销售本企业商品而专设的销售机构的职工薪酬、业务费、折旧费、固定资产修理费等费用。

3. "销售费用"科目

该科目核算销售费用的发生和结转情况,借方登记企业所发生的各项销售费用,贷方登记期末结转入"本年利润"科目的销售费用,结转后科目应无余额。该科目应按销售费用的费用项目进行明细核算。

【例 9-10】 某公司销售部 8 月份共发生费用 220 000 元,其中,销售人员薪酬 100 000 元,销售部专用办公设备折旧费 5 000 元,业务招待费 70 000 元(均用银行存款支付)。会计分录如下:

借:销售费用　　　　　　　　　　　　　　　　　　　220 000
　　贷:应付职工薪酬　　　　　　　　　　　　　　　　　100 000
　　　　累计折旧　　　　　　　　　　　　　　　　　　　 50 000
　　　　银行存款　　　　　　　　　　　　　　　　　　　 70 000

三、财务费用

1. 财务费用的含义

财务费用是指企业为筹集生产经营所需资金等而发生的筹资费用。

2. 财务费用的内容

利息支出(利息收入记入贷方)、汇兑损益以及相关的手续费、企业发生的现金折扣或收到的现金折扣等。

3. "财务费用"科目

该科目核算财务费用的发生和结转情况,借方登记企业发生的各项财务费用,贷方登记期末结转入"本年利润"科目的财务费用,结转后科目应无余额。该科目应按财务费用的费用项目进行明细核算。

【例 9-11】 某企业于 2019 年 1 月 1 日向银行借入生产经营用短期借款 360 000 元,借款期限 6 个月,年利率 5%,借款本金到期后一次归还,利息分月预提,按季支付。假定 1 月份其中 120 000 元暂时作为闲置资金存入银行,并获得利息收入 400 元。所有利息均不符合利息资本化条件。1 月份相关利息的会计处理如下:

1)1 月末,预提当月份应计利息。

当月应计利息 = 360 000 元 × 5% ÷ 12 = 1 500 元

借:财务费用　　　　　　　　　　　　　　　　　　　　1 500
　　贷:应付利息　　　　　　　　　　　　　　　　　　　 1 500

2)当月取得的利息收入 400 元应冲减财务费用。

借:银行存款　　　　　　　　　　　　　　　　　　　　　400
　　贷:财务费用　　　　　　　　　　　　　　　　　　　　 400

思考题

1. 什么是工程成本?它有哪些分类?

2. 简述工程成本项目的内容。
3. 工程成本核算中，应正确划分哪些费用的界限？
4. 简述健全企业内部成本核算应进行的工作。
5. 简述成本核算的主要对象。
6. 简述工程成本中材料费的归集方法。
7. 某施工单位自有隧道掘进机 2 台，2009 年 8 月共发生下列费用：
1) 1 日，领用燃料，实际成本为 1 000 元。
2) 15 日，用银行存款支付购买润滑剂价款 300 元，增值税 39 元。
3) 26 日，支付掘进机修理费 800 元，增值税 104 元。
4) 31 日，计提掘进机折旧额 1 200 元。
5) 31 日，计算应付掘进机司机的工资 3 000 元。
6) 31 日，计算出机械作业应分摊管理人员的职工福利费为 1 280 元。
7) 31 日，采用机械台班分配法分配机械作业费，其中甲、乙两工程使用数量分别为 10 台班和 15 台班。

要求：编制相关业务的会计分录，并登记"机械作业"明细账。

8. 某项目部 2009 年 8 月份发生下列经济业务：
1) 以银行存款支付工地燃料费 2 600 元，支付劳保用品修理费 500 元；增值税进项税额共计为 403 元；
2) 计提工地现场固定资产折旧费 5 000 元。
3) 根据"工资分配表"，计算应付项目部管理人员工资 55 000 元。
4) 报销项目部管理人员差旅费 3 000 元，以现金支付。
5) 领用一次性摊销的工具 300 元，劳保用品 100 元。
6) 交通班车领用油料 1 300 元。
7) 本月该项目部工程项目资料见表 9-12。

表 9-12 工程项目资料   单位：元

工程类别	工程项目	直接成本	其中：人工费成本
铁路施工	101 隧道	1 000 000	94 000
	102 路基	800 000	50 000
	103 大桥	600 000	46 000
	104 线路	500 000	32 000

要求：
1) 根据上述资料，编制间接费用发生的会计分录。
2) 登记"施工间接费用明细账"，并计算发生额和余额。
3) 根据上述资料分配施工间接费用，编制相关会计分录。

第十章
负债及所有者权益的会计核算

●**本章主要知识点**：负债的会计核算（负债概述、流动负债的会计核算、非流动负债的会计核算）；所有者权益的会计核算（所有者权益概述、实收资本和其他权益工具的会计核算、资本公积和其他综合收益的会计核算、留存收益的会计核算）。

●**本章重点和难点**：流动负债的会计核算；非流动负债的会计核算；实收资本和其他权益工具的会计核算；资本公积和其他综合收益的会计核算；留存收益的会计核算。

第一节 负债的会计核算

一、负债概述

根据《企业会计准则——基本准则》的规定，负债是指企业过去的交易或者事项形成的、预期会导致经济利益流出企业的现时义务。负债按照偿还期限的长短可以分为流动负债和非流动负债。

（一）流动负债

流动负债是指将在一年内（含一年）或者超过一年的一个营业周期内偿还的债务。施工企业的流动负债包括短期借款、交易性金融负债、应付票据、应付账款、合同负债、应付职工薪酬、应交税费、应付利息、应付股利、其他应付款或有负债等。

流动负债除具备负债的一般特征外，还具有如下特点：

1) 流动负债的偿还期限为债权人提出要求时即期偿付，或者作为一年内或超过一年的一个营业周期内必须履行的义务，即自资产负债表日起一年内到期并予以清偿，或者预计在超过一年的一个正常营业周期内清偿的债务。

2) 流动负债作为义务主要用企业的流动资产或新的负债来清偿。

3) 主要为交易目的而持有。

4) 企业无权自主地将清偿推迟至资产负债表日后一年以上。

【**特别提示**】 有些流动负债，如应付账款、应付职工薪酬等，属于企业正常营业周期中使用的营运资金的一部分。尽管这些负债项目有时在资产负债表日后超过一年才到期清偿，但是它们仍应划分为流动负债。

由于流动负债偿还期限短，到期值与现值差距不大，因此，基于重要性原则，并且为了简化账务处理，各项流动负债一般按照到期值或面值记账。

(二) 非流动负债

非流动负债是指偿还期在一年或者超过一年的一个营业周期以上的负债，包括长期借款、应付债券和长期应付款等。与流动负债相比，非流动负债具有数额较大、偿还期限较长等特点。适量举借外债有利于企业降低资金成本，获得财务杠杆收益。因此，非流动负债成为企业筹资的一种重要方式。

施工企业对各项非流动负债应当分别进行核算，并在资产负债表中分项目反映。将于一年内到期偿还的非流动负债，在资产负债表中应当作为一项流动负债单独反映。

二、流动负债的会计核算

(一) 短期借款的会计核算

1. 短期借款核算的内容

施工企业的短期借款是指施工企业向银行或其他金融机构等借入的期限在一年以下（含一年）的各种借款。施工企业借入短期借款后，无论用于哪方面，均构成施工企业的一项流动负债。

施工企业归还短期借款时，除了归还借入的本金以外，还应按规定支付利息。其利息支出作为期间费用，在借款收益期间计入财务费用。由于施工企业的短期借款利息一般是按季度结算支付的，为了保证会计核算准确，施工企业应按月或按季确认应负担的财务费用。施工企业的应计利息可通过"应付利息"账户进行核算。另外，借款利息也涉及增值税进项税额的问题，但根据《营业税改增值税试点实施办法》的规定，增值税一般纳税人购进的旅客运输服务、贷款服务、餐饮服务、居民日常服务和娱乐服务等费用，其进项税额不得从销项税额中抵扣。因此，支付的借款利息中的进项税额不得抵扣。

2. 短期借款核算应设置的账户及其会计处理

为了核算和监督短期借款的借入和归还情况，施工企业应设置"短期借款"账户。其贷方登记借入的各种短期借款，借方登记偿还的各种短期借款，期末贷方余额反映企业尚未偿还的短期借款。本账户应按借款种类、贷款人和币种设置明细账进行核算。

【例 10-1】 2019 年 6 月，某施工企业（增值税一般纳税人）向银行借入流动资金 20 000 000 元，为期半年，借款利率为月息 6‰，按季计息（不考虑增值税）。该施工企业应做如下会计分录：

1) 借入款项时：

借：银行存款　　　　　　　　　　　　　　　　20 000 000
　　贷：短期借款　　　　　　　　　　　　　　　　　　20 000 000

2) 按月计提利息时：

借：财务费用　　　　　　　　　　　　　　　　　　120 000
　　贷：应付利息　　　　　　　　　　　　　　　　　　　120 000

3) 按季支付利息时：

借：应付利息　　　　　　　　　　　　　　　　　　360 000
　　贷：银行存款　　　　　　　　　　　　　　　　　　　360 000

4) 归还借款本金时：

借：短期借款	20 000 000	
贷：银行存款		20 000 000

(二) 交易性金融负债的会计核算

1. 交易性金融负债的核算内容

交易性金融负债，是指企业采用短期获利模式进行融资所形成的负债，比如应付短期债券。符合以下条件之一的金融负债，企业应当划分为交易性金融负债：

1）承担金融负债的目的主要是近期内出售或回购。
2）金融负债是企业采用短期获利模式进行管理的金融工具投资组合中的一部分。
3）属于衍生金融工具。

企业公允价值能够可靠计量的金融负债符合以下条件之一的，可以在初始确认时将其直接指定为交易性金融负债：

1）该指定可以消除或明显减少该金融负债在计量方面存在较大不一致的情况。
2）企业风险管理或投资策略的书面文件已载明，该金融负债是以公允价值为基础进行管理和评价并向关键管理人员报告的。

2. 交易性金融负债核算应设置的账户及其会计处理

（1）"交易性金融负债"账户　"交易性金融负债"账户核算企业所承担的以交易为目的而持有的交易性金融负债的公允价值。其贷方登记企业形成交易性金融负债时的公允价值，以及资产负债表日交易性金融负债公允价值高于其账面余额的差额；借方登记处置交易性金融负债的账面余额以及在资产负债表日交易性金融负债的公允价值低于其账面余额的差额；期末余额在贷方，反映企业持有的交易性金融负债的公允价值。本账户可按交易性金融负债的类别和品种，分别以"本金""公允价值变动"等进行明细核算。企业持有的指定为以公允价值计量且其变动计入当期损益的金融负债，可在本科目下单设指定类明细科目核算。

（2）"公允价值变动损益"账户　"公允价值变动损益"账户核算以公允价值计量且其变动计入当期损益的金融资产、金融负债公允价值变动形成的应计入当期损益的利得或损失。仅就交易性金融负债而言，该账户核算交易性金融负债公允价值变动形成的应计入当期损益的利得或损失。其借方登记在资产负债表日交易性金融负债公允价值高于其账面余额的差额和处置交易性金融负债时转出原记入该账户的公允价值变动实现的利得；贷方登记在资产负债表日交易性金融负债公允价值低于其账面余额的差额和处置交易性金融负债时转出原记入该账户的公允价值变动发生的损失。期末应将该账户的余额结转至"本年利润"账户，结转后本账户没有余额。

（3）"投资收益"账户　"投资收益"账户核算企业各项投资发生的收益或损失。仅就交易性金融负债而言，该账户的借方登记形成交易性金融负债时发生的交易费用、处置交易性金融负债时实际收到金额小于其账面余额的差额、在交易性金融负债持有期间的资产负债表日按分期付息一次还本债券投资的票面利率计算的利息，以及转销该项金融负债投资公允价值变动的损失；贷方登记处置交易性金融负债时实际收到金额大于其账面余额的差额以及转销该项金融负债公允价值变动的利得。期末应将该账户的余额结转至"本年利润"账户，结转后该账户没有余额。该账户应按照投资项目进行明细核算。

(三) 应付账款与应付票据的会计核算

1. 应付账款的会计核算

(1) 应付账款的核算内容　施工企业的应付账款是指施工企业因购买材料、商品和接受劳务供应等而应付给供应单位的款项、因出包工程而应付给其他单位的工程价款,以及需要支付的增值税税款等,在核算上具体包括应付购货款的核算和应付工程款的核算。应付账款是施工企业流动负债的重要组成部分。

1) 应付账款入账时间的确定。应付账款一般应以所购买物资所有权有关的风险和报酬已经转移或劳务已经接受为标志来确定,但在实际工作中,应区别以下情况进行处理:在货物与发票账单同时到达的情况下,应付账款往往待货物验收入库以后,才按发票账单登记入账;在货物与发票不是同时到达的情况下,由于应付账款要根据发票账单登记入账,有时货物已到而发票账单要间隔较长时间才能到达。为真实反映企业所拥有的资产和已经承担的负债,在实际工作中往往采用在月份终了入账的办法,即在月份终了对已发生的债务按暂估价入账,待下月初用红字冲回,直到发票账单到达再按实际数额入账。

2) 应付账款入账金额的确定。应付账款一般应按到期应付金额入账,而不按到期应付金额的现值入账。如果购入的资产在形成一笔应付账款时带有折扣,应付账款入账金额的确定应采用总价法,在这种核算方法下,应按发票上记载的全部应付金额,借记有关科目,贷记"应付账款"科目,获得的现金折扣冲减财务费用。

3) 应付账款的支付。应付账款一般在较短期限内支付,但在实际工作中可能会出现应付账款无法支付的情况,对于确实无法支付的应付账款,直接转入营业外收入。

(2) 应付账款核算应设置的账户及其会计处理　为了核算应付购货款和应付工程款的发生及归还情况,施工企业应设置"应付账款"账户。其贷方登记施工企业因购入材料物资、接受供应单位劳务而发生的应付款项,以及施工企业与承包单位结算工程价款时,根据经审核的承包单位提出的"工程价款结算账单"结算的应付已完工工程价款和应支付的增值税税款;借方登记支付的应付购货款和支付给承包单位的工程款、施工企业开出、承兑商业汇票抵付的应付账款,以及因债务重组而发生的应付账款的减少数。期末贷方余额表示施工企业应付而尚未支付的购货款、应付承包单位的已完工工程价款,金额包括应付的增值税进项税款。该账户应按应付账款类别设置明细账户,并分别根据供应单位和承包单位设置明细账进行核算。

【例10-2】　2019年6月18日,某施工企业(增值税一般纳税人)购买钢材一批,已验收入库但发票账单未到,货款尚未支付。该施工企业应做如下会计分录:

1) 6月末,按钢材暂估价(假设钢材暂估价为1 900 000元,不需要暂估增值税进项税额)入账时:

借:原材料　　　　　　　　　　　　　　　　　　　　　　　　1 900 000
　　贷:应付账款　　　　　　　　　　　　　　　　　　　　　　　1 900 000

2) 7月初冲账时:

借:应付账款　　　　　　　　　　　　　　　　　　　　　　　1 900 000
　　贷:原材料　　　　　　　　　　　　　　　　　　　　　　　　1 900 000

3) 企业收到发票账单时(假设取得的增值税专用发票上注明的货款金额为4 000 000

元，增值税税额为 520 000 元，且该增值税专用发票已得到认证）：
  借：原材料   4 000 000
    应交税费——应交增值税（进项税额）   520 000
    贷：应付账款   4 520 000
 4）企业支付货款时：
  借：应付账款   4 520 000
    贷：银行存款   4 520 000

【例 10-3】 某施工企业发生确实无法支付的应付账款 120 000 元，会计分录如下：
  借：应付账款   120 000
    贷：营业外收入   120 000

2. 应付票据的会计核算

（1）应付票据核算的内容 施工企业的应付票据是指施工企业在商品购销活动中由于采用商业汇票结算方式而发生的、由收款人（或承兑申请人）签发、承兑人承兑的票据，包括商业承兑汇票和银行承兑汇票。按照我国《支付结算办法》的规定，商业汇票的付款期限最长不得超过 6 个月（电子商业汇票为 1 年）。因此，施工企业应将应付票据归于流动负债进行管理和核算。

应付票据按是否带息分为带息应付票据和不带息应付票据两种。如为带息应付票据，应于期末按照确定的利率按期计提利息，计入当期损益；到期不能支付的带息应付票据，在转入"应付账款"账户核算后，期末不再计提利息。

（2）应付票据核算应设置的账户 为了核算和监督购买材料、商品和接受劳务供应等而开出、承兑的商业汇票的实际情况，施工企业应设置"应付票据"账户。其贷方登记施工企业开出承兑商业汇票或以承兑商业汇票抵付应付账款时的金额；借方登记票据到期支付的金额或票据到期无力支付而转为应付账款的金额。期末贷方余额反映施工企业尚未到期的应付票据本息。

施工企业还应设置"应付票据备查簿"，详细登记每一笔应付票据的种类、号数、签发日期、到期日、票面金额、票面利率、合同交易号、收款人姓名或单位名称，以及付款日期和金额等详细资料。应付票据到期结清时，应在备查簿内逐笔注销。

（3）应付票据核算的会计处理
1）施工企业开出承兑商业汇票采购或以商业汇票抵付应付账款时：
  借：材料采购
    应交税费——应交增值税（进项税额）
    贷：应付票据
 或
  借：应付账款
    贷：应付票据
2）支付银行承兑汇票的手续费时：
  借：财务费用
    贷：银行存款

3）带息票据期末计算应付利息时：

借：财务费用

　　贷：应付票据

4）到期偿还票据时：

借：应付票据

　　财务费用（带息票据未计提的利息）

　　贷：银行存款

5）施工企业开出并承兑的银行承兑汇票如果不能按期支付，承兑银行除凭票向持票人无条件付款外，对出票人尚未支付的汇票金额按天计收利息并转作逾期贷款处理，施工企业应做如下会计分录：

借：应付票据

　　贷：短期借款

6）对于带息商业承兑汇票，到期如果不能按期支付，施工企业应做如下会计分录：

借：应付票据

　　贷：应付账款

【例 10-4】 2019 年 6 月 20 日，某施工企业（一般纳税人）开出一张半年期的商业承兑汇票，用于购进一批木材，增值税专用发票上注明的材料金额为 3 600 000 元，增值税税款为 468 000 元，该增值税专用发票已得到认证。该施工企业应做如下会计分录：

1）开出票据时

借：材料采购	3 600 000	
应交税费——应交增值税（进项税额）	468 000	
贷：应付票据		4 068 000

2）票据到期承兑时：

借：应付票据	4 068 000	
贷：银行存款		4 068 000

3）票据到期，企业无力支付时：

借：应付票据	4 068 000	
贷：应付账款		4 068 000

【例 10-5】 2018 年 6 月，某施工企业（增值税一般纳税人）开出并承兑一张面值为 800 000 元，票面利率为 6%，半年期的银行承兑汇票，用于抵偿以前所欠应付账款。该施工企业应做如下会计分录：

1）开出票据时：

借：应付账款	800 000	
贷：应付票据		800 000

2）按月计提利息时：

每月应计提的利息 = 800 000 元 × 6% ÷ 12 = 4 000 元

借：财务费用	4 000	
贷：应付票据		4 000

3）票据到期承兑时：
借：应付票据　　　　　　　　　　　　　　　824 000
　　贷：银行存款　　　　　　　　　　　　　　　　824 000
4）票据到期，企业无力支付时：
借：应付票据　　　　　　　　　　　　　　　824 000
　　贷：短期借款　　　　　　　　　　　　　　　　824 000

（四）合同负债的会计核算
1. 合同负债核算的内容

合同负债是指企业已收或者应收客户的对价而应向客户转让商品的义务，如企业在转让承诺的商品之前已收取款项，则应确认相应的合同负债。按照《财政部、税务总局关于建筑服务等营改增试点政策的通知》的规定，《营业税改征增值税试点实施办法》第四十五条第（二）项修改为"纳税人提供租赁服务采取预收款方式的，其纳税义务发生时间为收到预收款的当天"。纳税人提供建筑服务取得预收款，应在收到预收款时，以取得的预收款扣除支付的分包款后的余额按照规定的预征率预缴增值税，按照现行规定应在建筑服务发生地预缴增值税的项目，纳税人收到预收款时在建筑服务发生地预缴增值税；按照现行规定无须在建筑服务发生地预缴增值税的项目，纳税人收到预收款时在机构所在地预缴增值税。

适用一般计税方法计税的项目预征率为2%，适用简易计税方法计税的项目预征率为3%。因此，一般纳税人施工企业收取的预收款项，应当在预收款的当月，按照9%的适用税率或3%的征收率，区分一般计税和简易计税项目，分别按照2%和3%的预征率在建筑服务发生地或机构所在地计算预缴增值税。

2. 合同负债核算应设置的账户

为了核算和监督在转让承诺的商品之前已收取的款项，施工企业应设置"合同负债"账户。其贷方登记施工企业在向客户转让商品之前，客户已经支付的合同对价或施工企业已经取得无条件收取合同对价权利时，在客户实际支付款项与到期应支付款项孰早时点已收或应收的金额；借方登记施工企业向客户转让相关商品时扣还的金额。期末贷方余额反映施工企业尚未扣还的款项。本账户应按预收账款的类别设置明细账，如"预收销货款""预收工程款"等，并分别按预收账款的单位或个人进行明细核算。

3. 合同负债核算的会计处理

1）收到预收备料款和预收工程款，且合同已成立时：
借：银行存款
　　贷：合同负债
2）预收款预缴增值税时：
借：应交税费——预交增值税（或简易计税）
　　贷：银行存款
3）收到发包单位拨来材料抵预付工程款时：
借：原材料
　　应交税费——应交增值税（进项税额）

　　　　贷：合同负债
4）扣还预收的备料款（发包方预付款）和工程款时：
借：合同负债
　　　　贷：应收账款
5）退还多收的预收备料款（发包方预付款）和预收工程款时：
借：合同负债
　　　　贷：银行存款

【例 10-6】 2019 年 7 月，某施工企业（一般纳税人）跨县市区承包项目，采取一般计税方法，在转让承诺的承包项目之前已收取发包单位拨付的工程款 5 994 000 元（含税）和抵作备料款的材料 4 068 000 元（含税，增值税税率为 13%）。取得的增值税专用发票已得到认证，应预缴的增值税已通过银行支付，会计分录如下：

1）预收工程款和钢材时：

借：银行存款	5 994 000
原材料	3 600 000
应交税费——应交增值税（进项税额）	4 68 000
贷：合同负债——预收工程款	10 062 000

2）在项目地预缴增值税时：
10 062 000 元 ÷（1 + 9%）× 2% = 184 623.85 元

借：应交税费——预交增值税	184 623.85
贷：银行存款	184 623.85

【例 10-7】 接上例，上述工程竣工验收合格后，施工企业与发包单位办理竣工结算手续，按合同规定的结算价格 13 080 000 元（含税）进行结算。会计分录如下：

1）结算工程价款时：
13 080 000 元 ÷（1 + 9%）× 9% = 1 080 000 元
13 080 000 元 - 1080 000 元 = 12 000 000 元

借：应收账款	13 080 000
贷：合同结算——价款结算	12 000 000
应交税费——应交增值税（销项税额）	1 080 000

2）扣还预收工程款时：

借：合同负债——预收工程款	10 062 000
贷：应收账款	10 062 000

3）收到发包单位交来的欠付工程款 3 018 000 元时：

借：银行存款	3 018 000
贷：应收账款	3 018 000

（五）应付职工薪酬的会计核算

1. 职工薪酬的定义

职工薪酬是企业为获得职工提供的服务或解除劳动关系而给予的各种形式的报酬或补

偿。从薪酬的涵盖时间和支付形式来看，职工薪酬包括企业在职工在职期间和离职后给予的所有货币性薪酬和非货币性福利；从薪酬的支付对象来看，职工薪酬包括企业提供给职工本人及其配偶、子女或其他被赡养人的福利，比如支付给因公伤亡职工的配偶、子女或其他被赡养人的抚恤金。总之，企业与职工之间因职工提供服务形成的关系，大多数构成企业的现时义务，将导致企业未来经济利益的流出，从而形成企业的一项负债。

2. 职工薪酬核算的内容

根据《企业会计准则第9号——职工薪酬》的规定，职工薪酬主要包括短期薪酬、离职后福利、辞退福利和其他长期职工福利。

（1）短期薪酬　短期薪酬是指企业在职工提供相关服务的年度报告期间结束后12个月内需要全部予以支付的职工薪酬，因解除与职工的劳动关系给予的补偿除外。短期薪酬具体包括：

1）职工工资、奖金、津贴和补贴，是指按照国家统计局的规定构成工资总额的计时工资、计件工资、支付给职工的超额劳动报酬等的劳动报酬，为了补偿职工特殊或额外的劳动消耗和因其他特殊原因支付给职工的津贴，以及为了保证职工工资水平不受物价影响而支付给职工的物价补贴等。

2）职工福利费，是指企业向职工提供的生活困难补助、丧葬补助费、抚恤费、职工异地安家费、防暑降温费等职工福利支出。

3）医疗保险费、工伤保险费和生育保险费等社会保险费，是指企业按照国家规定的基准和比例计算，向社会保险经办机构缴存的医疗保险费、工伤保险费和生育保险费等。

4）住房公积金，是指企业按照国家规定的基准和比例计算，向住房公积金管理机构缴存的住房公积金。

5）工会经费和职工教育经费，是指企业为了改善职工文化生活、为职工学习先进技术，提高文化水平和业务素质，用于开展工会活动和职工教育及职业技能培训等相关支出。

6）短期带薪缺勤，是指企业支付工资或提供补偿的职工缺勤，包括年休假、病假、婚假、产假、丧假、探亲假等。长期带薪缺勤属于其他长期职工福利。

7）短期利润分享计划，是指因职工提供服务而与职工达成的基于利润或其他经营成果提供薪酬的协议。长期利润分享计划属于其他长期职工福利。

8）非货币性福利以及其他短期薪酬，是指除上述薪酬以外的其他为获得职工提供的服务而给予的短期薪酬。

（2）离职后福利　离职后福利，是指企业为获得职工提供的服务而在职工退休或与企业解除劳动关系后提供的各种形式的报酬和福利，属于短期薪酬和辞退福利的除外。离职后福利计划，是指企业与职工就离职后福利达成的协议，或者企业为向职工提供离职后福利制定的规章或办法等。离职后福利计划按照企业承担的风险和义务情况，可以分为设定提存计划和设定受益计划。设定提存计划，是指企业向独立的基金缴存固定费用后，不再承担进一步支付义务的离职后福利计划；设定受益计划，是指除设定提存计划以外的离职后福利计划。

（3）辞退福利　辞退福利，是指企业在职工劳动合同到期之前解除与职工的劳动关系，或者为鼓励职工自愿接受裁减而给予职工的补偿。辞退福利主要包括：

1）在职工劳动合同尚未到期前，不论职工本人是否愿意，企业决定解除与职工的劳动关系而给予的补偿。

2）在职工劳动合同尚未到期前，为鼓励职工自愿接受裁减而给予的补偿，职工有权选择继续在职或接受补偿离职。

（4）其他长期职工福利　其他长期职工福利，是指除短期薪酬、离职后福利、辞退福利之外的职工薪酬，包括长期带薪缺勤、长期残疾福利、长期利润分享计划等。

3. 职工薪酬的确认和计量

（1）短期薪酬的确认和计量　根据《企业会计准则第9号——职工薪酬》的规定，企业应当在职工为其提供服务的会计期间，将实际发生的短期薪酬确认为负债，并计入当期损益，其他会计准则要求或允许计入资产成本的除外。

1）职工工资、奖金、津贴和补贴。企业应当根据职工提供服务情况和工资标准计算应计入职工薪酬的工资总额，按受益对象计入当期损益或相关资产成本。

2）职工福利费。企业发生的职工福利费，应当在实际发生时根据实际发生额计入当期损益或相关资产成本。职工福利费为非货币性福利的，应当按照公允价值计量。

【特别提示】　按照营改增的相关规定，企业将购进货物、加工修理修配劳务、服务、无形资产（不包括其他权益性无形资产）和不动产，用于简易计税方法计税项目、免征增值税项目、集体福利或者个人消费的，其进项税额不得抵扣。

3）社会保险费、住房公积金、工会经费和职工教育经费。企业为职工缴纳的医疗保险费、工伤保险费、生育保险费等社会保险费和住房公积金，以及按规定提存的工会经费和职工教育经费，应当在职工为其提供服务的会计期间，根据规定的计提基础和计提比例计算确定相应的职工薪酬金额，并确认相应负债，计入当期损益或相关资产成本。

其中，关于工会经费和职工教育经费，企业应当按照规定的比例计提。

4）带薪缺勤。企业可能对因各种原因产生的缺勤进行补偿，比如年休假、生病、短期伤残、婚假、产假、丧假、探亲假等。

5）短期利润分享计划。利润分享计划同时满足下列条件的，企业应当确认相关的应付职工薪酬。

① 企业因过去事项导致现在具有支付职工薪酬的法定义务或推定义务。

② 因利润分享计划所产生的应付职工薪酬义务金额能够可靠地估计（在财务报告批准报出之前企业已确定应支付的薪酬金额；该短期利润分享计划的正式条款中包括确定薪酬金额的方式；过去的惯例为企业确定推定义务金额提供了明显证据）。

（2）离职后福利的确认和计量

1）设定提存计划。企业应当在职工为其提供服务的会计期间，将根据设定提存计划计算的应缴存金额确认为负债，并计入当期损益或相关资产成本。

2）设定受益计划。在设定受益计划下，企业的义务是为现在及以前的职工提供约定的福利，它可能是不注入资金的，或者可能是全部或部分地由企业（有时由其职工）向法律上独立于报告主体的企业或基金，以缴纳提存金形式注入资金，并由其向职工支取福利。到期时已注资福利的支付不仅取决于基金的财务状况和投资业绩，而且取决于企业补偿基金资产短缺的能力和意愿，故其中的精算风险和投资风险实质上是由企业来承担的。

设定受益计划的核算涉及以下四个步骤：

1）确定设定受益义务现值和当期服务成本。设定受益义务的现值，是指企业在不扣除任何计划资产的情况下，为履行当期和以前期间职工服务产生的义务所需的预期未来支付额的现值。企业应当通过预期累计福利单位法确定其设定受益义务的现值、相关的当期服务成本和过去的服务成本。在预期累计福利单位法下，每一服务期间会增加一个单位的福利权利，并且需要对每一个单位单独计量，以形成最终义务。企业应当将福利归属于提供设定受益计划的义务发生的期间，并计入当期损益或相关资产成本。

2）确定设定受益计划净负债或净资产。设定受益计划存在资产的，应当将设定受益计划义务现值减去设定受益计划资产公允价值所形成的赤字或盈余确认为一项设定受益计划净负债或净资产。设定受益计划存在盈余的，企业应当以设定受益计划的盈余和资产上限两项孰低者计量设定受益计划净资产。其中，资产上限，是指企业可从设定受益计划退款或减少未来对设定受益计划缴存资金而获得的经济利益的现值。

3）确定应当计入当期损益的金额。

4）确定应当计入其他综合收益的金额。

报告期末，企业应当将设定受益计划产生的职工薪酬成本确认为下列组成部分：

1）服务成本，包括当期服务成本、过去服务成本和结算利得或损失。其中，当期服务成本，是指职工当期提供服务所导致的设定受益计划义务现值的增加额；过去服务成本，是指设定受益计划修改所导致的与以前期间职工服务相关的设定受益计划义务现值的增加或减少。

2）设定受益计划净负债或净资产的利息净额，包括计划资产的利息收益、设定受益计划义务的利息费用以及资产上限影响的利息。

3）重新计量设定受益计划净负债或净资产所产生的变动。除非其他会计准则要求或允许职工福利成本计入资产成本，上述第1）项和第2）项应计入当期损益。其中，企业应当在下列日期中的最早日将过去服务成本确认为当期费用：修改设定受益计划时、企业确认相关重组费用或辞退福利时。第3）项应计入其他综合收益，并且在后续会计期间不允许转回至损益，但企业可以在权益范围内转移这些在其他综合收益中确认的金额。

（3）辞退福利的确认和计量　辞退福利通常包括解除劳动关系时一次性支付补偿、提高退休后养老金或其他离职后福利的标准，在职工不再为企业带来经济利益后，将职工工资支付到辞退后未来某一期间等实现方式。需要强调的是，辞退福利与正常退休养老金应当区分对待。

1）辞退福利的确认。同时满足下列条件的，应当确认因解除与职工的劳动关系给予补偿而产生的职工薪酬负债，并计入当期管理费用：

① 企业已经制订正式的解除劳动关系计划或提出自愿裁减建议，并即将实施。

正式的解除劳动关系计划应当经过董事会或类似权力机构的批准；即将实施是指辞退工作一般应当在一年内实施完毕，但因付款程序等原因使部分付款推迟到一年后支付的，视为符合辞退福利职工薪酬负债确认条件。

② 企业不能单方面撤回解除劳动关系计划或裁减建议。如果企业能够单方面撤回解除劳动关系计划或裁减建议，则表明未来经济利益流出不是很可能，因而不符合负债确认条件。

2）辞退福利的计量。企业应当根据《企业会计准则第9号——职工薪酬》和《企业会计准则第13号——或有事项》，严格按照辞退计划条款的规定，合理预计并确认辞退福利产生的负债。

（4）其他形式职工薪酬的确认和计量　除上述短期薪酬、离职后福利和辞退福利等常规薪酬外，实务中，企业还存在长期带薪缺勤以及递延酬劳等职工薪酬形式，这里不详细叙述。

4. 职工薪酬核算应设置的账户

为了核算根据有关规定应付给职工的各种薪酬，施工企业应设置"应付职工薪酬"账户。其贷方登记月份终了企业根据职工提供服务的受益对象分配实际发生的职工薪酬；借方登记实际支付给职工的薪酬。本账户可以设置"工资""职工福利""社会保险费""住房公积金""工会经费""职工教育经费""非货币性福利""辞退福利""股份支付"等明细科目进行核算。本账户期末贷方余额反映企业应付未付的职工薪酬。

（1）工资及职工福利费核算应设置的账户　为了核算和监督企业应付给职工的工资总额，施工企业应设置"应付职工薪酬——工资"明细账户。其贷方登记月份终了按职工工作部门和服务对象分配本月应发放的工资；借方登记实际支付给职工的工资。本账户期末一般应无余额，如果企业本月实发工资是按上月考勤记录计算的，实发工资与按本月考勤记录计算的应付工资的差额，即为本账户的期末余额。如果企业实发工资与应付工资相差不大，也可以按本月实发工资作为应付工资进行分配，这样本账户期末即无余额。如果不是由于上述原因引起的应付工资大于实发工资的，期末贷方余额反映企业的应付工资结余。企业应设置应付工资明细账，按照职工类别分设账页，按照工资的组成内容分设专栏，根据工资单或工资汇总表进行明细核算。

（2）职工福利核算应设置的账户　为了核算和监督职工福利费使用情况，施工企业应设置"应付职工薪酬——职工福利"明细账户。其贷方登记本月实际发生的应付职工福利费的情况，即应付职工福利费的分配数；借方登记本月实际支付的职工福利费；期末贷方余额反映企业尚未支付的应付职工福利费的结余，资产负债表日该明细账户应无余额。职工福利费应单独设置备查簿进行管理。

（3）辞退福利核算应设置的账户　为了核算企业因辞退福利产生的负债，施工企业应设置"应付职工薪酬——辞退福利"明细账户。该账户贷方登记应当支付的辞退福利；借方登记实际支付的辞退福利。期末贷方余额反映应付未付的辞退福利。

5. 应付职工薪酬核算的会计处理

1）企业发生应付职工工资和福利费等时，应根据部门或者产生原因，借记相关账户，贷记"应付职工薪酬"账户：

借：合同履约成本——工程施工
　　管理费用
　　在建工程
　　未确认融资费用（辞退福利支付超过一年）
　　　贷：应付职工薪酬

2）企业发放、支付货币性福利时：

借：应付职工薪酬——工资
　　　　　　　　——职工福利
　　　　　　　　——社会保险费

　　　　——住房公积金
　　　　——工会经费
　　　　——职工教育经费
　　贷：银行存款
　　　　库存现金
3）企业将拥有的房屋等资产无偿提供给职工使用时：
借：应付职工薪酬——非货币性福利
　　贷：累计折旧
同时，如果该企业拥有的房屋在取得时已抵扣进项税额，在转用职工福利时，应按不动产净值及适用税率计算转出。
借：固定资产
　　贷：应交税费——应交增值税（进项税额转出）
4）企业租赁住房供员工无偿使用时：
借：应付职工薪酬——非货币性福利
　　贷：其他应付款
同时，如果该企业所租赁的住房取得的进项税额已抵扣，在提供给员工无偿使用时，应将租赁时取得的进项税额予以转出。
借：管理费用
　　贷：应交税费——应交增值税（进项税额转出）
5）因解除与职工的劳动关系，各期支付辞退福利款项时：
借：应付职工薪酬——辞退福利
　　贷：银行存款
同时
借：财务费用
　　贷：未确认融资费用

【例 10-8】 某施工企业提取现金 880 000 元以备发工资。月份终了，分配本月应付的工资总额，其中工程施工现场人员工资 500 000 元，企业行政管理人员工资 80 000 元，改建、扩建工程人员工资 300 000 元，做如下会计分录：

1）从银行提取现金时：
借：库存现金　　　　　　　　　　　　　　　　　　　　880 000
　　贷：银行存款　　　　　　　　　　　　　　　　　　880 000
2）月份终了分配工资时：
借：合同履约成本——工程施工　　　　　　　　　　　　500 000
　　　管理费用　　　　　　　　　　　　　　　　　　　 80 000
　　　在建工程　　　　　　　　　　　　　　　　　　　300 000
　　贷：应付职工薪酬——工资　　　　　　　　　　　　880 000
3）发放工资时：
借：应付职工薪酬——工资　　　　　　　　　　　　　　880 000

　　　　贷：库存现金　　　　　　　　　　　　　　　　　　　　　　880 000

　　4）企业预计该月应承担的职工福利费义务金额为职工工资总额 880 000 元的 14%，做如下会计分录：

　　　　借：合同履约成本——工程施工　　　　　　　　　　　　　70 000
　　　　　　管理费用　　　　　　　　　　　　　　　　　　　　　11 200
　　　　　　在建工程　　　　　　　　　　　　　　　　　　　　　42 000
　　　　　　贷：应付职工薪酬——职工福利　　　　　　　　　　 123 200

【例 10-9】 某施工企业根据辞退计划，将某施工队的 6 名员工辞退，每人补偿 80 000 元，做如下会计分录：

　　　　借：管理费用　　　　　　　　　　　　　　　　　　　　 480 000
　　　　　　贷：应付职工薪酬——辞退福利　　　　　　　　　　 480 000

（六）其他应付款的会计核算

1. 应付股利的会计核算

（1）应付股利的会计核算内容　　应付股利，是指企业在实现利润之后，按照税法及有关法规的规定缴纳相关税费后应给予投资者的回报，也是作为投资者应该分享的所得税后的利润分配而取得的投资收益。应付股利具体包括经董事会或类似机构决议确定分配的应付国家的投资利润、应付其他单位的投资利润和应付个人的投资利润以及应支付给投资者个人的现金股利（个人部分需按照 20% 的税率代扣个人所得税）等。施工企业的应付利润和现金股利在尚未实际支付给投资者之前，构成了施工企业的一项流动负债。

（2）应付股利核算应设置的账户　　为了核算和监督企业对投资者分配的现金股利或利润情况，施工企业应设置"应付股利"账户。其贷方登记企业根据通过的股利或利润分配方案计算的应支付给投资者的现金股利或利润；借方登记企业实际支付的现金股利或利润。期末贷方余额反映企业尚未支付的现金股利或利润。

（3）应付股利核算的会计处理　　施工企业计算出应支付给投资人的现金股利或利润时，借记"利润分配——应付现金股利或利润"账户，贷记"应付股利"账户；企业实际支付现金股利或利润时，借记"应付股利"账户，贷记"银行存款"等账户。

【例 10-10】 假设某施工企业 2019 年实现净利润 4 800 000 元，按规定分配普通股股利 240 000 元，做如下会计分录：

　　1）分配时：
　　　　借：利润分配——应付现金股利或利润　　　　　　　　　 240 000
　　　　　　贷：应付股利　　　　　　　　　　　　　　　　　　 240 000
　　2）支付时：
　　　　借：应付股利　　　　　　　　　　　　　　　　　　　　 240 000
　　　　　　贷：银行存款　　　　　　　　　　　　　　　　　　 240 000

2. 应付利息的会计核算

应付利息是指企业按照合同约定应支付的利息，包括分期付息、到期还本的长期借款和企业债券等应支付的利息。

(1) 应付利息核算应设置的账户　为了正确核算按照合同约定应支付的利息，施工企业应设置"应付利息"账户。其贷方登记施工企业发生的各种应付利息；借方登记实际支付的各项利息。期末贷方余额反映施工企业应付未付的利息。本账户可按存款人或债权人设置明细账进行核算。

(2) 应付利息核算的会计处理

1) 资产负债表日，按摊余成本和实际利率计算确定利息费用时：

借：在建工程
　　财务费用
　　研发支出
　　贷：应付利息（按合同利率计算确定的应付未付利息）

合同利率与实际利率差异较小的，也可以采用合同利率计算确定利息费用。

2) 实际支付利息时：

借：应付利息
　　贷：银行存款

3. 其他应付款的会计核算

(1) 其他应付款核算的内容　施工企业的其他应付款，是指施工企业除应付票据、应付账款、预收账款、应付职工薪酬、应付利息、应付股利、应交税费等以外的其他各项应付、暂收的款项。具体包括以下内容：

1) 应付租入固定资产和包装物的租金。
2) 职工未按期领取的工资。
3) 存入保证金（如收取包装物押金等）。
4) 应付、暂收所属单位或个人的款项。
5) 其他应付、暂收款项。

(2) 其他应付款核算应设置的账户及其会计处理　为了核算和监督其他应付款的应付、暂收及支付情况，施工企业应设置"其他应付款"账户。其贷方登记施工企业发生的各种应付、暂收款项，施工企业采用售后回购方式融入资金的实际收到金额，按照回购价格与原销售价格之间的差额在售后回购期间按期计提的利息费用等；借方登记实际支付的各种其他应付款项，以及按照合同约定购回售后回购商品时实际支付的金额。期末贷方余额反映施工企业应付但尚未支付的各种其他应付款项。本账户应按应付或暂收款项的类别和单位或个人设置明细账进行核算。

【例 10-11】　2018 年 5 月，某施工企业代扣当月职工应交的水电费 9 200 元，做如下会计分录：

1) 代扣水电费时：

借：应付职工薪酬——工资　　　　　　　　　　　　　　　　　　9 200
　　贷：其他应付款——应付水电费　　　　　　　　　　　　　　　　9 200

2) 实际支付时：

借：其他应付款——应付水电费　　　　　　　　　　　　　　　　9 200
　　贷：银行存款　　　　　　　　　　　　　　　　　　　　　　　9 200

【例10-12】 2018年6月,某施工企业(一般纳税人)租入施工设备(属于有形动产租赁服务),取得的增值税专用发票上注明的应付经营租入固定资产金额为135 000元,增值税税额为17 550元,发票已得到认证,做如下会计分录:

1)发生时:
借:合同履约成本——工程施工　　　　　　　　　　　　135 000
　　应交税费——应交增值税(进项税额)　　　　　　　　17 550
　　贷:其他应付款——应付租入固定资产租金　　　　　　　　152 550

2)支付时:
借:其他应付款——应付租入固定资产租金　　　　　　　152 550
　　贷:银行存款　　　　　　　　　　　　　　　　　　　　　152 550

(七)或有负债的会计核算

1. 或有负债核算的内容

(1) 或有负债的概念及特点　或有负债,是指过去的交易或事项形成的潜在义务,其存在须通过未来不确定事项的发生或不发生予以证实,或者过去的交易或事项形成的现时义务,履行该义务不是很可能导致经济利益流出企业或该义务的金额不能可靠地计量。其中,"很可能"是指,发生的可能性大于50%但小于或等于95%。金额不能可靠地计量,是指该现时义务导致经济利益流出企业的金额难以预计。或有负债具有以下特点:

1) 或有负债由过去的交易或事项产生。

2) 或有负债的结果具有不确定性。或有负债涉及两项义务:一是潜在义务,是指结果取决于不确定未来事项的可能义务。也就是说,潜在义务最终是否转变为现时义务,由某些未来不确定事项的发生或不发生决定。或有负债作为一项潜在义务,其结果只能由未来不确定事项的发生或不发生来证实。二是现时义务,是指企业在现行条件下已承担的义务。或有负债作为现时义务,其特征在于,该现时义务的履行不是很可能导致经济利益流出企业,或者该现时义务的金额不能可靠地计量。

3) 或有负债的结果须由未来事项决定。

(2) 或有负债的表现形式　在我国的会计实务中,或有负债主要表现在以下几个方面:

1) 已贴现商业承兑汇票形成的或有负债。

2) 未决诉讼、仲裁形成的或有负债。

3) 为其他单位提供债务担保形成的或有负债。

4) 产品质量保证形成的或有负债。

5) 亏损合同形成的或有负债。

6) 重组义务形成的或有负债。

2. 预计负债的确认

与或有事项相关的义务同时满足下列条件的,应当确认为预计负债:

1) 该义务是企业承担的现时义务,即与或有事项相关的义务是在企业当前条件下已承担的义务,企业没有其他现实的选择,只能履行该现时义务。这里所指的义务包括法定义务和推定义务。

2) 履行该义务很可能导致经济利益流出企业,即履行与或有事项相关的现时义务时,导致经济利益流出企业的可能性超过50%，但小于或等于95%。

3) 该义务的金额能够可靠地计量，即与或有事项相关的现时义务的金额能够合理地估计。由于或有事项具有不确定性，且或有事项产生的现时义务的金额也具有不确定性，所以需要估计。要对或有事项确认一项预计负债，相关现时义务的金额应当能够可靠地估计。

3. 预计负债的计量

预计负债的计量主要涉及两个问题：①最佳估计数的确定；②预期可获得补偿的处理。

（1）最佳估计数的确定 预计负债应当按照履行相关现时义务所需支出的最佳估计数进行初始计量。最佳估计数的确定应当分以下两种情况处理：

1) 所需支出存在一个连续范围（或区间），且该范围内各种结果发生的可能性相同，则最佳估计数应当按照该范围内的中间值即上下限金额的平均数确定。

2) 所需支出不存在一个连续范围，或者虽然存在一个连续范围，但该范围内各种结果发生的可能性不相同，那么，如果或有事项涉及单个项目，最佳估计数按照各种可能结果及相关概率计算确定。

（2）预期可获得的补偿 企业清偿预计负债所需支出全部或部分预期由第三方补偿的，补偿金额只有在基本确定能够收到时才能作为资产单独确认。确认的补偿金额不应当超过预计负债的账面价值。

企业预期从第三方获得的补偿，是一种潜在资产，企业能否收到这项补偿具有较大的不确定性，企业只能在基本确定能够收到补偿时才对其进行确认。根据资产和负债不能随意抵销的原则，预期可获得的补偿在基本确定能够收到时应当确认为一项资产，而不能作为预计负债金额的扣减。

企业应当在资产负债表日对预计负债的账面价值进行复核。有确凿证据表明该账面价值不能真实反映当前最佳估计数的，应当按照当前最佳估计数对该账面价值进行调整。

企业应当按照规定的项目以及确认标准，合理地计提各项预计负债。

4. 或有负债核算应设置的账户

为了核算施工企业确认的对外提供担保、未决诉讼、产品质量保证、重组义务、亏损性合同等而可能发生的各项预计负债，施工企业应设置"预计负债"账户。其贷方登记企业按规定的预计项目和预计金额确认的预计负债；借方登记实际偿付的负债；期末贷方余额反映企业已预计但尚未支付的债务。本账户可按形成预计负债的交易或事项设置明细账户进行核算。

5. 或有负债核算的会计处理

1) 确认预计负债金额时：

借：管理费用
　　财务费用
　　营业外支出
　　　贷：预计负债

2) 实际偿付负债时：

借：预计负债
　　　贷：银行存款

3）根据确凿证据需要对已确认的预计负债进行调整时：
借：有关账户
　　贷：预计负债（调整增加的预计负债）
或
借：预计负债（调整减少的预计负债）
　　贷：有关账户

（八）持有待售负债的会计核算

为了核算持有待售的处置组中的负债，施工企业应设置"持有待售负债"账户，本账户按照负债类别进行明细核算。施工企业将相关处置组划分为持有待售类别时，按相关负债的账面余额，借记"应付账款""应付职工薪酬"等账户，贷记"持有待售负债"账户。本账户期末贷方余额反映企业持有待售的处置组中负债的账面余额。

三、非流动负债的会计核算

非流动负债主要包括长期借款、应付债券和长期应付款等。

（一）长期借款的会计核算

1. 长期借款核算的内容

长期借款，是指企业向银行或其他金融机构借入的期限在一年以上（不含一年）的各项借款。长期借款应当以实际发生额入账。

长期借款核算时应注意以下问题：

1）长期借款利息在所购建的固定资产达到预定可使用状态前发生的，应当予以资本化，计入所购建固定资产的成本；在所购建的固定资产达到预定可使用状态后所发生的，应于当期直接计入财务费用。

2）企业发生的除与固定资产购建有关的借款费用（包括利息、汇兑损失等），属于筹建期间的计入长期待摊费用；属于生产经营期间的计入财务费用。

3）长期借款利息的计算目前有单利和复利两种方法。

4）企业划转出去的长期借款，或者无须偿还的长期借款，直接转入营业外收入。

2. 长期借款核算应设置的账户

为了核算和监督长期借款的借入、计提利息和归还本息的情况，施工企业应设置"长期借款"账户。本账户应按贷款单位和贷款种类进行明细核算，应设置如下明细账户：

（1）"长期借款——本金"账户　"长期借款——本金"账户核算企业向银行或其他金融机构借入和归还的长期借款本金数额。其贷方登记企业借入的长期借款本金数额；借方登记企业偿还的本金数额。期末贷方余额反映企业尚未偿还的本金数额。

（2）"长期借款——利息调整"账户　企业借入的长期借款分为溢价和折价两种情况。"长期借款——利息调整"账户核算企业实际收到的资金数额与本金之间的差额。

当企业折价借入长期借款时，"长期借款——利息调整"账户借方登记本金与实际收到的借款之间的差额，即折价金额；贷方登记每期按实际利率法计算的利息调整摊销额。期末借方余额反映企业尚未摊销的利息调整数额。长期借款到期后，该账户无余额。

当企业溢价借入长期借款时，"长期借款——利息调整"账户贷方登记本金与实际收到的借款之间的差额，即溢价金额；借方登记每期按实际利率法计算的利息调整摊销额。期末贷方余额反映企业尚未摊销的利息调整数额。长期借款到期后，该账户无余额。

(3)"长期借款——应计利息"账户 "长期借款——应计利息"账户核算企业在到期一次还本付息的情况下每期计提的利息。其贷方登记每期按借款本金和合同规定的利率计算、确定的利息数额；借方登记长期借款到期时利息的偿还数额。长期借款到期后，该账户无余额。

3. 长期借款核算的会计处理

(1) 企业借入长期借款时

借：银行存款（实际收到的金额）
　　长期借款——利息调整（借贷双方的借方差额）
　　贷：长期借款——本金
　　　　　　　——利息调整（借贷双方的贷方差额）

(2) 每期计提利息时

1) 对于分期付息、到期还本的长期借款，企业应按照长期借款的摊余成本和实际利率计算、确定利息，按照本金和合同规定的利率计算、确定应付未付的利息，两者的差额记入"利息调整"明细账户。

① 企业计提利息时：

借：财务费用、在建工程等（长期借款摊余成本×实际利率）
　　长期借款——利息调整
　　贷：应付利息（本金×合同利率）
　　　　长期借款——利息调整

② 偿还利息时：

借：应付利息
　　贷：银行存款

2) 对于到期一次还本付息的长期借款，其会计处理方法与分期付息、一次还本的长期借款基本相同，只是把"应付利息"账户改为"长期借款——应计利息"账户，其他会计处理不变。

(3) 长期借款到期时

1) 采用分期付息、一次还本方式的会计处理为

借：长期借款——本金
　　应付利息
　　贷：银行存款（当期计提的利息+本金）

2) 采用到期一次还本付息方式的会计处理为

借：长期借款——本金
　　　　　　——应计利息
　　贷：银行存款（长期借款存续期间的利息+本金）

【例10-13】 某企业向银行借入 28 800 000 元、期限为 3 年的借款，用于购建固定资产。借款年利率为 5%，每年计息一次，按复利计算，到期一次归还本息。该项固定资产于第二年年末达到预定可使用状态。假设实际利率和合同利率相差很小，做如下会计分录。

1) 取得借款时：
借：银行存款 28 800 000
　　贷：长期借款——本金 28 800 000
2) 第一年按月计息时：
第一年应计利息=28 800 000 元×5%=1 440 000 元
第一年每月应计利息=1 440 000 元÷12=120 000 元
借：在建工程 120 000
　　贷：长期借款——应计利息 120 000
3) 第二年按月计息时：
第二年应计利息=（28 800 000+1 440 000）元×5%=1 512 000 元
第二年每月应计利息=1 512 000 元÷12=126 000 元
借：在建工程 126 000
　　贷：长期借款——应计利息 126 000
4) 第三年每月计息时：
第三年应计利息=（28 800 000+1 440 000+1 512 000）元×5%=1 587 600 元
第三年每月应计利息=1 587 600 元÷12=132 300 元
借：财务费用 132 300
　　贷：长期借款——应计利息 132 300
5) 借款到期，归还本息时：
借：长期借款——本金 28 800 000
　　　　　　——应计利息 4 539 600
　　贷：银行存款 33 339 600

（二）应付债券的会计核算

1. 应付债券核算的会计内容

（1）应付债券的发行价格　　应付债券是指企业为筹集长期资金而实际发行的债券及应付的利息。它是施工企业筹集长期资金的一种重要方式，属于其他金融负债。

（2）应付债券的初始计量　　应付债券初始确认时，应当按照公允价值计量，相关交易费用应当计入初始确认金额，构成实际利息的组成部分。在债券的后续计量期间按实际利率法计算其摊余成本、期利息调整和利息费用。

实际利率法是以债券发行时的实际利率乘以各期期初债券的账面价值作为各期的利息费用。当期以实际利率法计算的利息费用与按票面利率计算的应计利息的差额，即为该期的利息调整。由于债券各期的账面价值不同，因此计算出来各期的利息费用也就不同。

2. 应付债券核算应设置的账户

为了核算和监督企业为筹集长期资金而实际发行的债券及应付的利息，应设置"应付债券"账户，并在该账户下设置"面值""利息调整""应计利息"等明细账户。发行方对于归类为金融负债的金融工具在"应付债券"账户核算。"应付债券"账户应当按照发行的金融工具种类进行明细核算。当企业发行可转换公司债券时，应在"应付债券"账户下设置"可转换公司债券"明细账户。期末贷方余额反映企业尚未偿还的债券本息数。本账户还应按债券种类进行明细核算。

另外，企业在准备发行债券时，应将待发行债券的票面金额、票面利率、还本期限与方式、发行总额、发行日期和编号、委托代售部门、转换股份等在备查簿中逐笔登记。债券到期时，应在备查簿中逐笔注销。

3. 应付债券核算的会计处理

（1）企业发行债券时

借：银行存款（实际收到的金额）
　　应付债券——利息调整（实际收到的金额与债券的票面金额之间的差额）
　　贷：应付债券——面值（债券的票面金额）
　　　　　　——利息调整（实际收到的金额与债券的票面金额之间的差额）

（2）资产负债表日，企业根据计息方式不同分别计算各期的利息费用

1）对于分期付息、一次还本的债券。

借：财务费用、在建工程等（摊余成本×实际利率）
　　应付债券——利息调整（两者差额）
　　贷：应付利息（面值×票面利率）
　　　　应付债券——利息调整（两者差额）

2）对于到期一次还本付息的债券。到期一次还本付息的债券，其会计处理方法与分期付息、一次还本的债券基本相同，只是按票面利率计算应付未付利息时应贷记"应付债券——应计利息"账户，其他账户不变。

（3）应付债券到期的会计处理

1）采用债券到期一次还本、分期付息方式时：

借：应付债券——面值
　　应付利息
　　贷：银行存款

2）采用债券到期一次还本付息方式时：

借：应付债券——面值
　　　　　　——应计利息
　　贷：银行存款

【例 10-14】 2018 年 1 月 1 日，某施工企业（增值税一般纳税人）发行 3 年期的面值总额为 144 000 000 元的债券，票面利率为 9%，款项已收到并存入银行；该施工企业按年计提债券利息，不计复利；发行的债券用于购建固定资产，固定资产于 2019 年 6 月 30 日达到预定可使用状态；债券于 2020 年 12 月 31 日偿还本金和利息。该施工企业应做如下会计分录：

1）发行债券时：

借：银行存款　　　　　　　　　　　　　　　　　　　　　144 000 000
　　贷：应付债券——面值　　　　　　　　　　　　　　　　　　144 000 000

2）2018 年年底计提债券利息时：

应计债券利息 = 144 000 000 元 × 9% = 12 960 000 元

借：在建工程　　　　　　　　　　　　　　　　　　　　　12 960 000

贷：应付债券——应计利息	12 960 000

3）2019年6月30日计提债券利息时：

应计债券利息＝144 000 000元×9%÷12×6＝6 480 000元

借：在建工程	6 480 000
贷：应付债券——应计利息	6 480 000

4）2019年年底计提债券利息时：

借：财务费用	6 480 000
贷：应付债券——应付利息	6 480 000

5）2020年年底计提债券利息时：

借：财务费用	12 960 000
贷：应付债券——应计利息	12 960 000

6）归还本息时：

借：应付债券——面值	144 000 000
——应计利息	38 880 000
贷：银行存款	182 880 000

（三）长期应付款的会计核算

1. 长期应付款核算的内容

长期应付款，是指企业除长期借款和应付债券以外的其他各种长期应付款项，包括应付补偿贸易引进设备款、采用分期付款方式购入固定资产和无形资产发生的应付账款、应付长期租入固定资产租赁费等。

【特别提示】 根据营改增的有关规定，租赁服务需要缴纳增值税。有形动产租赁服务的增值税税率为13%，不动产租赁服务的增值税税率为9%。

2. 长期应付款核算应设置的账户

为了核算长期应付款的发生和归还情况，以及长期租入固定资产所发生的未实现融资费用，施工企业应设置以下有关的会计账户：

（1）"长期应付款"账户 "长期应付款"账户核算和监督企业长期应付款的发生和归还情况。其贷方登记应支付的长期应付款；借方登记实际支付的长期应付款；期末贷方余额反映企业尚未支付的各种长期应付款。本账户应按长期应付款的种类和债权人设置明细账进行核算。

（2）"未确认融资费用"账户 "未确认融资费用"账户核算企业长期租入固定资产所发生的未实现融资费用。其借方登记租赁开始日租赁资产的公允价值和最低租赁付款额的现值的较低者与最低租赁付款额之间的差额；贷方登记"未确认融资费用"按照实际利率法在各个期间分摊的金额。期末借方余额反映企业未实现融资费用的摊余价值。

3. 长期应付款核算的会计处理

（1）企业购入资产超过正常信用条件延期支付价款

1）企业购入有关资产超过正常信用条件延期支付价款，实质上具有融资的性质的，在购入固定资产时：

借：固定资产（或在建工程）（购买价款的现值）

未确认融资费用

应交税费——应交增值税（进项税额或待抵扣进项税额）

贷：长期应付款（购买时支付的价款和税款）

2）按期支付价款时：

借：长期应付款

　　贷：银行存款

3）分摊未确认融资费用时：

借：财务费用（长期应付款摊余成本×实际利率）

　　贷：未确认融资费用

(2) 租入固定资产　关于租入固定资产的知识点见本书第六章第二节相关内容，本章不再重复介绍。

第二节　所有者权益的会计核算

一、所有者权益概述

所有者权益又称股东权益，是指企业资产扣除负债后由所有者享有的剩余权益，实质上是指所有者在企业资产中享有的经济利益，其金额为资产减去负债后的余额。所有者权益既可以反映所有者投入资本的保值增值情况，又体现了保护债权人权益的理念。

（一）所有者权益的基本特征

(1) 所有者权益的实质　所有者权益是所有者在某个企业所享有的一种财产权利，包括对投入财产的所有权、使用权和收益分配权，但只是一种剩余权益。

(2) 所有者权益是一种权利　这种权利来自所有者投入的可供企业长期使用的资源。任何企业的设立都需要有一定的由所有者投入的资本金。

(3) 所有者权益的构成要素　所有者权益包括所有者的投入资本、其他权益工具、其他综合收益和企业的资产增值及经营利润。所有者的投入资本是企业实收资本的唯一来源，也是资本公积最主要的来源。

（二）所有者权益的来源

所有者权益根据其核算的内容和要求，可分为实收资本（股本）、其他权益工具、资本公积、其他综合收益、盈余公积和未分配利润等。其中，盈余公积和未分配利润统称为留存收益。

1. 实收资本

按照我国有关法律规定，投资者设立企业首先必须投入资本。实收资本是投资者投入资本形成的法定资本价值，无须偿还，可以长期周转使用。实收资本的构成比例即投资者的出资比例或股东的股份比例，通常是确定所有者在企业所有者权益中所占的份额和参与企业财务经营决策的基础，也是企业进行利润分配或股利分配的依据，同时还是企业清算时确定所有者对净资产要求权的依据。

2. 其他权益工具

其他权益工具，是指企业发行的除普通股以外，按照金融负债和权益工具区分原则分类为权益工具的其他权益工具，如企业发行的分类为权益工具的优先股、永续债等。企业发行权益工具收到的对价扣除交易费用后，应当增加所有者权益；回购自身权益工具支付的对价和交易费用，应当减少所有者权益。

3. 资本公积

资本公积是指企业收到投资者的超出其在企业注册资本（或股本）中所占份额的投资，以及直接计入所有者权益的利得和损失等。资本公积包括资本溢价（或股本溢价）和其他资本公积。资本溢价（或股本溢价）是企业收到投资者的超出其在企业注册资本（或股本）中所占份额的投资。形成资本溢价（或股本溢价）的原因有溢价发行股票、投资者超额投入资本等。其他资本公积，是指除资本溢价（或股本溢价）项目以外的资本公积。

4. 其他综合收益

其他综合收益是指企业未在当期损益中确认的各项利得和损失，包括以后会计期间不能重分类计入损益的其他综合收益和以后会计期间满足规定条件时将重分类进损益的其他综合收益两类。

5. 留存收益

留存收益是指企业历年实现的净利润留存在企业的部分，主要包括累计计提的盈余公积和未分配利润。盈余公积包括从企业当年实现的净利润中计提的法定盈余公积和任意盈余公积。未分配利润是企业留待以后年度进行分配的结存利润。

二、实收资本和其他权益工具的会计核算

实收资本是指投资者按照法律的规定，实际投入企业的资本，包括货币资金、实物和无形资产等。投资者向企业投入的资本，在一般情况下不需要偿还，并可以长期周转使用。企业筹集的资本金，按投资主体分为国家资本金、法人资本金、个人资本金和外商资本金等。其他权益工具反映企业发行的除普通股以外的归类为权益工具的各种金融工具。

（一）实收资本核算的内容

1. 一般企业实收资本的核算原则

《中华人民共和国企业法人登记管理条例》明确规定，企业申请开业，必须具备符合国家规定并与其生产经营和服务规模相适应的注册资金数额。

我国目前实行的是注册资本制度，要求企业的实收资本与其注册资本相一致。企业资本（或股本）除下列情况外，不得随意变动：

1）符合增资条件，并经有关部门批准增资的，在实际取得投资者的出资时登记入账。

2）企业按法定程序报经批准减少注册资本的，在实际归还投资时登记入账。采用收购本企业股票方式减资的，在实际购入本企业股票时登记入账。

企业投资人可以用现金投资，也可以用实物、知识产权、土地使用权等可以用货币估价并可以依法转让的非货币财产作价出资。企业收到投资时，按以下原则确定入账价值：

1）投资者以现金投入的资本，应当以实际收到或者存入企业开户银行的金额作为实收资本入账。实际收到或者存入企业开户银行的金额超过其在该企业注册资本中所占份额的部分，计入资本公积。

2）投资者以非现金资产投入的资本，按照投资合同或协议约定的价值确定，但合同或协议约定价值不公允的除外。取得增值税进项扣税凭证的，可以抵扣进项税额。在对非现金

资产依法完成资产转移手续后，可以作为实收资本入账。若首次发行股票时接受投资者投入无形资产，应按该项无形资产在投资方的账面价值和其进项税额的合计数入账。

3）初建有限责任公司时，各投资者按照合同、协议或公司章程投入公司的资本，应全部记入"实收资本"账户，公司的实收资本应等于公司的注册资本。在公司增加资本时，如果有新的投资者介入，新介入的投资者缴纳的出资额大于按约定比例计算的其在注册资本中所占的份额部分，不记入"实收资本"账户，而作为资本公积，记入"资本公积"账户。

2. 股份有限公司股本的核算原则

1）股份有限公司是指依据《中华人民共和国公司法》设立，全部资本分为等额股份，股东以其所持股份为限对公司承担责任，公司以其全部资产对公司的债务承担责任的企业法人。公司的股份采取发行股票的形式，股票是股份有限公司签发的证明股东所持股份的凭证。股份有限公司通过发行股票筹集资本，公司的注册资本为公司在登记机关登记的实收股本总数，由等额股份构成；股票的面值与股份总数的乘积为股本，股本应等于企业的注册资本。

2）股份有限公司采取发起设立方式设立的，注册资本为在公司登记机关登记的全体发起人认购的股本总额。在发起人认购的股份缴足前，不得向他人募集股份。股份有限公司采取募集方式设立的，注册资本为在公司登记机关登记的实收股本总额。

法律、行政法规以及国务院决定对股份有限公司注册资本实缴、注册资本最低限额另有规定的，从其规定。

3）股份有限公司的股本应当在核定的股本总额及核定的股份总额的范围内发行股票取得。

股份有限公司发行的股票，按其面值作为股本，超过面值发行取得的收入作为股本溢价，记入"资本公积"账户。

3. 实收资本核算应设置的账户

为了核算和监督投资者实收资本的增减变化情况，施工企业应设置"实收资本"或"股本"账户。股份有限公司投资者投入的资本应当用"股本"账户进行核算。其贷方登记施工企业收到投资人投入的各种资产的价值和施工企业用资本公积、盈余公积等转增资本的数额以及可转换公司债券按规定转为股本时的股票面值总额；借方登记按规定程序减少注册资本的数额。期末贷方余额反映施工企业实有的资本或股本数额。本账户应按投资人设置明细账进行核算。

另外，投资者按规定转让出资的，应于有关的转让手续办理完毕时，将出让方所转让的股份，在股东账户有关明细账及备查记录中转到受让方名下；施工企业应当将因减资而使股份发生变动的情况，在"股本"账户的有关明细账及备查簿中详细记录。

4. 实收资本核算的会计处理

（1）有限责任公司在收到资本时的会计处理

借：银行存款、固定资产、无形资产等

  应交税费——应交增值税（进项税额或待抵扣进项税额）

  贷：实收资本

（2）股份有限公司股本核算的会计处理　股份有限公司应在核定的股本总额及核定的股份总额的范围内发行股票。在我国，股票的发行价格可以按股票票面金额发行，即面值发行,也可以超过股票票面金额发行,即溢价发行,但不得低于股票票面金额发行,即折价发行。公司在采用溢价发行股票时,所得溢价款列入公司的资本公积。因此,股份有限公司溢价发行的股票,在收到现金等资产时,按实际收到的金额,借记"库存现金""银行存款"等账户;按股票面值和核定的股份总额的乘积计算的金额,贷记"股本"账户;按其差额扣除股票发行支付的手续费、佣金等,贷记"资本公积"账户。按面值发行的股票,则将发行收入全部记入"股本"账户;支付的发行股票费用以及溢价不足以支付的部分,应借记"资本公积"账户;资本公积(溢价)不足冲减的,冲减留存收益。

股份有限公司在账务处理时有时还会涉及"库存股"账户。库存股是指已公开发行的股票但发行公司通过购入、赠予或其他方式重新获得可再行出售或注销的股票。

库存股股票既不分配股利,也不附投票权。在公司资产负债表上,库存股不能列为公司资产,而是以负数形式列为一项股东权益。借方表示增加,贷方表示减少。

股份有限公司因减少注册资本而回购本公司股份的,按实际支付的金额,借记"库存股"账户,贷记"银行存款"等账户;注销股份时,按面值借记"股本"账户,按注销库存股的账面余额贷记"库存股"账户,按其差额借记"资本公积"账户;回购价格超过上述"股本"及"资本公积"账户的部分,依次借记"盈余公积""利润分配——未分配利润"等账户。如果回购价格低于所回购股份的面值,所注销库存股的账面余额与所冲减股本的差额作为增加股本溢价处理。

【特别提示】 库存股属于所有者权益备抵项,回购库存股时,所有者权益减少;注销库存股时,为所有者权益内部变动,不影响所有者权益总额。

【例10-15】 2018年5月6日,某施工企业(增值税一般纳税人)收到投资人投入的材料一批,按照双方协商定价,取得的增值税专用发票上注明材料的金额为550 000元;同时收到一台不需要安装的设备,按照双方协商定价,该项设备账面原值为86 000元,累计折旧9 000元,取得的增值税专用发票上注明的设备价款为84 000元,投入的材料和设备的增值税税额合计为82 420元,取得的增值税专用发票已通过认证。该施工企业应做如下会计分录:

借:原材料　　　　　　　　　　　　　　　　　　　　550 000
　　固定资产　　　　　　　　　　　　　　　　　　　　84 000
　　应交税费——应交增值税(进项税额)　　　　　　82 420
　贷:实收资本　　　　　　　　　　　　　　　　　　　716 420

【例10-16】 2020年5月30日,某施工企业(增值税一般纳税人)收到投资人投入货币资金255 000元,存入银行;同时收到无形资产一项,按照双方协商定价,取得的增值税专用发票上注明的无形资产金额为45 000元,增值税税额为2 700元,取得的增值税专用发票已通过认证。该施工企业应做如下会计分录:

借:银行存款　　　　　　　　　　　　　　　　　　　255 000
　　无形资产　　　　　　　　　　　　　　　　　　　　45 000
　　应交税费——应交增值税(进项税额)　　　　　　　2 700
　贷:实收资本　　　　　　　　　　　　　　　　　　　302 700

【例 10-17】 2018 年 1 月 15 日,某施工企业按照规定程序报经批准后,将盈余公积金 180 000 元转作资本。该施工企业应做如下会计分录:

借:盈余公积 180 000
  贷:实收资本 180 000

【例 10-18】 某施工企业是股份有限公司,2018 年 1 月 23 日发行股票 9 000 000 股,每股面值为 1 元,发行价格为每股 9 元,实收价款为 81 000 000 元,已存入银行。该施工企业应做如下会计分录:

借:银行存款 81 000 000
  贷:股本 9 000 000
    资本公积 72 000 000

【例 10-19】 某施工企业是股份有限公司,2018 年 12 月 31 日的股本为 300 000 股,每股面值为 1 元,资本公积(股本溢价)为 20 000 元,盈余公积为 30 000 元。经股东大会批准,该施工企业以现金回购本公司股票 10 000 股并注销。假定该施工企业以每股 2 元回购股票。该施工企业应做如下会计分录:

借:库存股 20 000
  贷:银行存款 20 000
借:股本 10 000
  资本公积 10 000
  贷:库存股 20 000

(二) 其他权益工具核算的内容

1. 其他权益工具会计核算的基本原则

企业发行的其他权益工具应当按照《企业会计准则第 37 号——金融工具列报》进行初始确认和计量;其后,于每个资产负债表日,对于归类为权益工具的金融工具,无论其名称中是否包含"债",其利息支出或股利分配都应当作为企业的利润分配,其回购、注销等作为权益的变动处理;对于归类为金融负债的金融工具,无论其名称中是否包含"股",其利息支出或股利分配原则上按照借款费用进行处理,其回购或赎回产生的利得或损失等计入当期损益。

企业发行金融工具,其发生的手续费、佣金等交易费用,如分类为债务工具且以摊余成本计量,应当计入所发行工具的初始计量金额;如分类为权益工具,应当从权益(其他权益工具)中扣除。

2. 其他权益工具核算应设置的账户

为了核算施工企业发行的除普通股以外的归类为权益工具的各种金融工具,施工企业应设置"其他权益工具"账户,贷方登记施工企业实际收到的优先股、永续债等其他权益工具的账面价值,金融负债重分类为权益工具的账面价值,以及施工企业发行的复合金融工具实际收到的金额扣除负债成分的公允价值后的金额;借方登记权益工具重分类为金融负债的账面价值,施工企业按合同条款约定将发行的除普通股以外的金融工具转换为普通股的账面价值,以及施工企业按合同条款约定赎回所发行的除普通股以外的分类为权益工具的账面价值。期末贷方余额反映施工企业实际拥有的其他权益工具的公允价值。本账户应按发行金融工具的种类等进行明细核算，如优先股、永续债、认股权证等。

3. 其他权益工具核算的会计处理

1）施工企业发行的金融工具归类为权益工具的，按实际收到的金额借记"银行存款"等账户，贷记"其他权益工具——优先股""其他权益工具——永续债"等账户。在存续期间分派股利的，借记"利润分配——应付优先股股利""利润分配——应付永续债利息"等账户，贷记"应付股利——优先股股利""应付股利——永续债利息"等账户。

2）施工企业发行的金融工具为复合金融工具的，应按实际收到的金额借记"银行存款"等账户；按金融工具的面值贷记"应付债券——优先股""应付债券——永续债（面值）"账户；按负债成分的公允价值与金融工具面值之间的差额借记或贷记"应付债券——优先股""应付债券——永续债（利息调整）"账户；按实际收到的金额扣除负债成分的公允价值后的金额贷记"其他权益工具——优先股""其他权益工具——永续债"账户。

3）权益工具与金融负债重分类的会计分录如下：

① 权益工具重分类为金融负债时：

借：其他权益工具——优先股、永续债等（账面价值）
　　贷：应付债券——优先股、永续债等（面值）
　　　　　　——优先股、永续债等（利息调整）（或借方）
　　　　资本公积——资本溢价（或股本溢价）（或借方）

② 金融负债重分类为权益工具时：

借：应付债券——优先股、永续债等（面值）
　　　　　——优先股、永续债等（利息调整）（利息调整余额）（或贷方）
　　贷：其他权益工具——优先股、永续债等

4）施工企业按合同条款约定赎回所发行的除普通股以外的分类为权益工具的金融工具的会计分录如下：

① 回购时：

借：库存股——其他权益工具
　　贷：银行存款

② 注销时：

借：其他权益工具（账面价值）
　　贷：库存股——其他权益工具
　　　　资本公积——资本溢价（或股本溢价）（或借方）

5）企业按合同条款约定将发行的除普通股以外的金融工具转换为普通股的金融工具的会计分录如下：

借：应付债券（账面价值）
　　其他权益工具（账面价值）
　　贷：实收资本（或股本）（面值）
　　　　资本公积——资本溢价（或股本溢价）（差额）
　　　　银行存款

三、资本公积和其他综合收益的会计核算

(一) 资本公积核算的内容

1. 资本(或股本)溢价

(1) 资本溢价 资本溢价是指企业在筹集资金的过程中,投资人的投入资本超过其注册资金的数额。所有制单一的企业,不存在资本溢价问题。而在由两个以上的投资者合资经营的企业(非股份有限公司),则会有资本溢价发生。企业发生资本溢价的原因主要有以下方面:

1) 相同数量的投资,由于出资时间不同,对企业的影响程度也不同。企业在创立初期进行的投资具有较高的风险性,且资本利润率很低,而企业在正常生产经营以后,一般情况下,资本利润率要高于企业初创阶段。这时,如果有新的投资者加入,为了维护原有投资者的权益,新加入的投资者要付出大于原有投资者的出资额才能取得与原有投资者相同的投资比例。

2) 企业通过经营积累了留存收益,使原有投资不仅从质量上而且从数量上均发生了变化。新加入的投资者将与原有投资者共同享有企业所积累的盈余公积和未分配利润。因此,新加入的投资者要付出大于原有投资者的出资额才能取得与原有投资者相同的投资比例。

投资者投入的资本应等于按其投资比例计算的出资额,并作为实收资本;大于实收资本的部分作为资本溢价进行核算。

(2) 股本溢价 股本溢价是股份有限公司按溢价发行股票时,公司所取得的股票发行收入超过股票面值的数额。股本溢价归股份有限公司全体股东所有。

境外上市公司以及在境内发行外资股的公司,按确定的人民币股票面值和核定的股份总额的乘积计算的金额,作为股本入账;收到的投资款当日的汇率折合的人民币金额与按人民币计算的股票面值总额的差额,作为资本公积处理。

2. 其他资本公积

其他资本公积,是指除资本溢价(或股本溢价)以外所形成的资本公积,包括以权益结算的股份支付以及采取权益法核算的长期股权投资涉及的业务。

3. 资本公积核算应设置的账户

为了核算收到投资者出资额超出其在注册资本或股本中所占份额的部分,以及直接计入所有者权益的利得和损失取得的各项资本公积,施工企业应设置"资本公积"账户,并在本账户下设置"资本溢价"(或"股本溢价")和"其他资本公积"两个明细账户。其贷方登记施工企业取得的各项资本公积;借方登记施工企业按规定用途转出的资本公积。期末贷方余额反映施工企业实有的资本公积。本账户应按资本公积形成的类别进行明细核算。

4. 资本公积核算的会计处理

资本公积核算的会计处理在前面各章节中已有所涉及,其主要会计处理如下:

(1) 资本溢价(或股本溢价)的会计处理

1) 企业收到投资者投入的资金时:

借:银行存款(按实际收到的金额)

固定资产等（按照确定的价值）
　　贷：实收资本（按实际投入资本在注册资本中所占的份额）
　　　　资本公积——资本溢价（按实际投入资本与其在注册资本中所占份额的差额）
2）股份有限公司溢价发行股票时：
借：库存现金
　　银行存款（按实际收到的金额）
　　贷：股本（按股票面值和核定的股份总额相乘计算的金额）
　　　　资本公积——股本溢价（溢价部分）
3）资本公积转增资本时：
借：资本公积——资本溢价（或股本溢价）
　　贷：实收资本（或股本）
(2) 其他资本公积的会计处理
1）采用权益法核算的长期股权投资。
① 被投资单位除净损益、其他综合收益和利润分配以外的所有者权益的其他变动，投资方按持股比例计算应享有的份额，做如下会计分录：
借：长期股权投资——其他权益变动
　　贷：资本公积——其他资本公积（或做相反会计分录）
② 处置采用权益法核算的长期股权投资时：
借：资本公积——其他资本公积
　　贷：投资收益（或相反会计分录）
2）企业以权益结算的股份支付换取职工或其他方提供服务的，在权益工具授予日及行权日，会涉及与其相关的其他资本公积和资本溢价（或股本溢价）。
① 以权益结算的股份支付换取职工或其他方提供的服务时：
借：管理费用
　　贷：资本公积——其他资本公积
② 行权日：
借：资本公积——其他资本公积（按实际行权的权益工具数量计算确定的金额）
　　贷：实收资本（或股本）
　　　　资本公积——资本溢价（或股本溢价）（按差额）
3）资本公积转增资本（或股本）的会计处理为：
借：资本公积
　　贷：实收资本（或股本）

(二) 其他综合收益核算的内容

1. 其他综合收益核算应设置的账户

为了核算和监督其他综合收益的增减变化情况，施工企业应设置"其他综合收益"账户。其贷方登记施工企业取得的各项其他综合收益；借方登记施工企业按规定用途转出的其他综合收益；期末贷方余额反映施工企业实有的其他综合收益。本账户应按资本公积形成的类别进行明细核算。

2. 其他综合收益核算的内容及其会计处理

其他综合收益包括以后会计期间满足规定条件时将重分类进损益的其他综合收益和以后会计期间不能重分类进损益的其他综合收益两类。

（1）以后会计期间满足规定条件时将重分类进损益的其他综合收益项目

1）以公允价值计量且其变动计入其他综合收益的金融资产（债务工具）产生的其他综合收益。符合《企业会计准则第22号——金融工具确认和计量》的规定，同时符合以下两个条件的金融资产应当分类为以公允价值计量且其变动计入其他综合收益：

① 企业管理该金融资产的业务模式既以收取合同现金流量为目标又以出售该金融资产为目标。

② 该金融资产的合同条款规定，在特定日期产生的现金流量，仅为对本金和以未偿付本金金额为基础的利息的支付。

2）按照《企业会计准则第22号——金融工具确认和计量》的规定，对金融资产重分类可以将原计入其他综合收益的利得或损失转入当期损益的部分。

3）采用权益法核算的长期股权投资。

① 被投资单位其他综合收益增加，投资方按持股比例计算应享有的份额时：

借：长期股权投资——其他综合收益
  贷：其他综合收益（被投资单位其他综合收益减少做相反的会计分录）

② 处置采用权益法核算的长期股权投资时：

借：其他综合收益（可转损益的其他综合收益）
  贷：投资收益（或做相反会计分录）

4）存货或自用房地产转换为投资性房地产。

① 企业将作为存货的房地产转为采用公允价值模式计量的投资性房地产，转换日其公允价值大于账面价值时：

借：投资性房地产——成本（转换日的公允价值）
  存货跌价准备
  贷：合同履约成本——工程施工等
    其他综合收益（按差额）

② 企业将自用房地产转为采用公允价值模式计量的投资性房地产，转换日其公允价值大于账面价值时：

借：投资性房地产——成本（转换日的公允价值）
  累计折旧
  固定资产减值准备
  贷：固定资产
    其他综合收益（按差额）

③ 处置该项投资性房地产时，因转换计入其他综合收益的金额应转入当期其他业务成本。

借：其他综合收益
  贷：其他业务成本

（2）以后会计期间不能重分类进损益的其他综合收益项目　以后会计期间不能重分类

进损益的其他综合收益项目包括：①重新计量设定受益计划净负债或净资产导致的变动。②按照权益法核算因被投资单位重新计量设定受益计划净负债或净资产变动导致的权益变动，投资企业按持股比例计算确认的该部分其他综合收益项目。③在初始确认时，企业将非交易权益工具指定为以公允价值计量且其变动计入其他综合收益的金融资产，该指定后不得撤销，即当该类非交易性权益工具终止确认时原计入其他综合收益的公允价值变动不得重分类进损益。

【例 10-20】 某施工企业计划将一座自用的办公楼出租以赚取租金。2018 年 2 月 1 日，该施工企业与 A 企业签订了租赁协议，将办公楼租赁给 A 企业使用，租赁开始日为 2018 年 2 月 10 日，租赁期为 2 年。2018 年 2 月 10 日，办公楼的公允价值为 36 000 万元，原值为 24 000 万元，已提折旧 1 800 万元，计提减值准备 450 万元。该施工企业应于租赁期开始日（2018 年 2 月 10 日）将办公楼由固定资产转换为投资性房地产。该施工企业应做如下会计分录：

借：投资性房地产——成本　　　　　　　　　　　360 000 000
　　累计折旧　　　　　　　　　　　　　　　　　 18 000 000
　　固定资产减值准备　　　　　　　　　　　　　　4 500 000
　贷：固定资产　　　　　　　　　　　　　　　　240 000 000
　　　其他综合收益　　　　　　　　　　　　　　142 500 000

四、留存收益的核算

施工企业的留存收益，是指通过施工企业的施工生产经营活动而形成的，从历年实现的利润中提取或留存于施工企业内部的积累，即施工企业经营所得净收益的积累，包括施工企业的盈余公积和未分配利润。

（一）留存收益核算的内容

1. 盈余公积

盈余公积是指企业按照规定从净利润中提取的累积资金。企业的盈余公积可以用于弥补亏损、转增资本（或股本）、分配利润或现金股利。企业的盈余公积一般包括：

（1）法定盈余公积　法定盈余公积是指企业按照规定的比例从净利润中提取的盈余公积。企业分配当年税后利润时，应当提取其中的 10% 作为法定盈余公积。当法定盈余公积累计金额达到企业注册资本 50% 以上时，可以不再提取。

（2）任意盈余公积　任意盈余公积是指企业经股东大会或类似机构批准按照规定的比例从净利润中提取的盈余公积。

（3）其他规定　外商投资企业的盈余公积通常包括储备基金、企业发展基金、利润归还投资和职工奖励及福利基金。

用盈余公积转增资本时，转增后留存的盈余公积数额不得少于转增前注册资本的 25%。符合规定条件的企业，也可以用盈余公积分派现金股利或利润。支付股利或分配利润后，留存的法定盈余公积不得低于此前注册资本的 25%。

2. 未分配利润

未分配利润，是指企业历年累积的留待以后年度进行分配的结存利润。企业实现的净利润大致有两种分配去向：①分配给投资者；②留在企业内。净利润属于所有者权益范畴，净利润中留在企业的部分包括盈余公积和未分配利润。而未分配利润是指未作分配的净利润，它有两层含义：这部分净利润没有分给企业投资者；这部分净利润没有指定用途。

（二）盈余公积核算应设置的账户

为了核算和监督施工企业盈余公积的提取和使用情况，施工企业应设置"盈余公积"账户，并在该账户下设置"法定盈余公积""任意盈余公积""储备基金""企业发展基金""利润归还投资"五个明细账户。其贷方登记施工企业按照净利润的一定比例提取的盈余公积；借方登记施工企业按规定转增资本（或股本）、弥补亏损或发放现金股利等减少的盈余公积。期末贷方余额反映施工企业提取的盈余公积余额。施工企业应按盈余公积的种类设置明细账进行核算。

（三）留存收益核算的会计处理

留存收益的核算与利润分配的核算密切相关，留存收益中的未分配利润是利润分配的结果，有关未分配利润核算的会计处理详见本书第十三章第五节"利润分配的核算"。这里主要介绍盈余公积的会计处理方法。

1）企业提取盈余公积时：
借：利润分配——提取法定盈余公积
　　　　　　——提取任意盈余公积
　贷：盈余公积——法定盈余公积
　　　　　　——任意盈余公积

2）企业用盈余公积弥补亏损时：
借：盈余公积
　贷：利润分配——盈余公积补亏

3）股份有限公司用盈余公积派送新股时：
借：盈余公积（按派送新股计算的金额）
　贷：股本（按股票面值和派送新股总数计算的金额）
　　　资本公积——股本溢价（按差额）

4）股份有限公司用盈余公积分配现金股利或利润时：
借：盈余公积
　贷：应付股利

5）企业用盈余公积分配股票股利或转增资本时：
借：盈余公积
　贷：实收资本（或股本）

6）企业用盈余公积弥补亏损时：
借：盈余公积
　贷：利润分配——盈余公积补亏

【例 10-21】 某施工企业 2018 年度实现净利润总额 1 500 000 元，以 10% 的比例提取法定盈余公积，并按 10% 的比例提取任意盈余公积，该施工企业应做如下会计分录：

借：利润分配——提取法定盈余公积　　　　　　　　　　　　　　150 000

　　　　——提取任意盈余公积　　　　　　　　　　　　150 000
　　　贷：盈余公积——法定盈余公积　　　　　　　　　　　　150 000
　　　　　　　　——任意盈余公积　　　　　　　　　　　　　150 000

【例 10-22】　某施工企业 2018 年度发生的亏损尚有 105 000 元未弥补，经股东大会决议以盈余公积来弥补，该施工企业应做如下会计分录：
　　　借：盈余公积　　　　　　　　　　　　　　　　　　105 000
　　　　贷：利润分配——盈余公积补亏　　　　　　　　　　　105 000

【例 10-23】　2018 年 1 月 21 日，某施工企业以结余的任意盈余公积 270 000 元，报经股东大会批准后转增资本，该施工企业应做如下会计分录：
　　　借：盈余公积——任意盈余公积　　　　　　　　　　　270 000
　　　　贷：股本　　　　　　　　　　　　　　　　　　　　270 000

思考题

1. 什么是流动负债？它有何特点。
2. 如何界定企业的交易性金融负债？
3. 简述或有负债的概念及特点。
4. 简述或有负债的表现形式。
5. 简述长期借款核算时应注意的问题。
6. 什么是所有者权益？它有何特点？其来源是什么？
7. 某施工企业（增值税一般纳税人）2020 年发生如下经济业务：

1）1 月 1 日，向银行借入流动资金 42 000 000 元，为期一年，借款年利率为 6%。

2）4 月 1 日，购买钢材，原材料连同增值税发票同时到达，已验收入库，发票上载明该批材料金额 180 000 元、增值税税额为 23 400 元，货款已经支付。

3）5 月 12 日，开出并承兑一张面值 1 200 000 元，票面利率 5%，半年期的商业承兑汇票，用于抵付前欠应付账款，该汇票年末无力支付，转为短期借款。

4）6 月 30 日，提取现金 2 250 000 元，以备发工资。月份终了，分配本月应付的工资总额，其中工程施工现场人员工资 1 500 000 元，企业行政管理人员工资 90 000 元，改建、扩建工程人员工资 660 000 元。

5）6 月 30 日，确认上半年建造合同收入 72 000 000 元，确认合同费用 40 000 000 元。

6）7 月 23 日，购买印花税票 9 000 元。

已知该施工企业适用增值税税率为 9%，取得的增值税专用发票均已得到认证。

要求：

1）根据上述资料第 1）至 4）项，编制相关的会计分录。

2）根据上述资料第 5）至 6）项，计算本期该施工企业应缴纳的各项税费（城市维护建设税税率为 7%），并编制相关的会计分录。

8. 2018 年 6 月 1 日，某施工企业（增值税一般纳税人）为建造一栋自用办公大楼，借入期限为两年的长期专门借款 18 000 000 元，款项已存入银行；借款利率为 7%，每年付息一次，期满后一次还清本金。2018 年 6 月 1 日，以银行存款支付工程价款共计 10 800 000 元（含增值税），2019 年 6 月 1 日又以银行存款支付工程费用 7 200 000 元（含增值税）。取得的增值税专用发票已得到认证，适用的增值税税率为 9%。该办公大楼于 2020 年 2 月底完工，达到预定可使用状态。

要求：根据上述业务编制有关的会计分录。
9. 甲施工企业 2020 年发生如下业务：
1) 2020 年实现税后利润 1 800 000 元。
2) 按税后利润的 10% 计提法定盈余公积。
3) 决定用资本公积 900 000 元、盈余公积 300 000 元转增资本。
要求：根据上述经济业务编制相关的会计分录。

第十一章
收入和利税的会计核算

● **本章主要知识点**：收入的会计核算（收入概述、建造工程合同收入的会计核算、其他业务收入的会计核算、工程价款结算的会计核算）；施工企业税费的会计核算（施工企业所需缴纳税种、增值税的会计核算、企业所得税的会计核算）；利润的会计核算（利润的构成、其他业务的会计核算、营业外收支的会计核算、政府补助的会计核算、本年利润的会计核算）。

● **本章重点和难点**：建造工程合同收入的会计核算、其他业务收入的会计核算、工程价款结算的会计核算；增值税的会计核算、企业所得税的会计核算；其他业务的会计核算、营业外收支的会计核算、本年利润的会计核算。

第一节 收入的会计核算

一、收入概述

收入是指企业在日常活动中形成的、会导致所有者权益增加的、与所有者投入资本无关的经济利益的总流入。

收入主要包括企业为完成其经营目标所从事的经常性活动实现的收入，如建筑企业承包工程、工业企业生产并销售产品、商业企业销售商品、咨询公司提供咨询服务、保险公司签发保单、租赁公司出租资产等实现的收入。另外，企业发生的与经常性活动相关的其他活动，如利用闲置资金对外投资、对外转让无形资产使用权等所形成的经济利益的总流入也构成收入。企业处置固定资产、无形资产等活动应当确认为营业外收入。

（一）建造合同收入

1. 建造合同的分立与合并

（1）合同分立 资产建造有时虽然形式上只签订了一项合同，但其中各项资产在商务谈判、设计施工、价款结算等方面都是可以相互分离的，实质上是多项合同，在会计上应当作为不同的核算对象。

一项包括建造数项资产的建造合同，同时满足下列条件的，每项资产应当分立为单项合同：①每项资产均有独立的建造计划；②与客户就每项资产单独进行谈判，双方能够接受或拒绝与每项资产有关的合同条款；③每项资产的收入和成本可以单独辨认。

【例11-1】 甲建筑公司与客户签订一项合同，为客户建造一栋宿舍楼和一座食堂。在签订合同时，甲建筑公司与客户分别就所建宿舍楼和食堂进行谈判，并达成一致意见：宿舍楼的工程造价为 4 000 000 元，食堂的工程造价为 1 500 000 元，宿舍楼和食堂均有独立的施工图预算，宿舍楼的预计总成本为 3 700 000 元，食堂的预计总成本为 1 300 000 元。

本例中，宿舍楼和食堂均有独立的施工图预算，因此符合条件①；在签订合同时，甲建筑公司与客户分别就所建宿舍楼和食堂进行谈判，并达成一致意见，因此符合条件②；宿舍楼和食堂均有单独的造价和预算成本，因此符合条件③。基于上述分析，甲建筑公司应将建造宿舍楼和食堂分立为两个单项合同进行会计处理。

如果不同时满足上述三个条件，则不能将合同分立，而应将其作为一个合同进行会计处理。上例中，如果没有明确规定宿舍楼和食堂各自的工程造价，而是以 5 500 000 元的总金额签订了该项合同，也未做出各自的预算成本，则不符合条件③，甲建筑公司不能将该项合同分立为两个单项合同进行会计处理。

（2）合同合并　有的资产建造虽然形式上签订了多项合同，但各项资产在设计、技术、功能、最终用途上是密不可分的，实质上是一项合同，在会计上应当作为一个核算对象。

一组合同无论对应单个客户还是多个客户，同时满足下列条件时，应当合并为单项合同：①该组合同按一揽子交易签订；②该组合同密切相关，每项合同实际上已构成一项综合利润率工程的组成部分；③该组合同同时或依次履行。

【例 11-2】　乙建筑公司与客户签订了三项一揽子合同，分别建造一个选矿车间、一个冶炼车间和一个工业污水处理系统，以建造一个冶炼厂。根据合同规定，这三个工程将由乙建筑公司同时施工，并根据整个项目的施工进度办理价款结算。

本例中，这三项合同是一揽子签订的，符合条件①；对客户而言，只有这三项合同全部完工交付使用时，该冶炼厂才能投料生产，发挥效益；对建造承包商而言，这三项合同的各自完工进度直接关系到整个建设项目的完工进度和价款结算，并且建筑公司对工程施工人员和工程用料实行统一管理。因此，该组合同密切相关，已构成一项综合利润率工程项目，符合条件②；该组合同同时履行，符合条件③。基于上述分析，乙建筑公司应将该组合同合并为一个合同进行会计处理。

（3）追加资产的建造　追加资产的建造，满足下列条件之一的，应当作为单项合同：①该追加资产在设计、技术或功能上与原合同包括的一项或数项资产存在重大差异；②议定该追加资产的造价时，不需要考虑原合同价款。

【例 11-3】　丙建筑公司与客户签订了一项建造合同。合同规定，丙建筑公司为客户设计并建造一栋教学楼，教学楼的工程造价（含设计费用）为 5 000 000 元，预计总成本为 4 600 000 元。合同履行一段时间后，客户决定追加建造一座地上车库，并与丙建筑公司协商一致，变更了原合同内容。

本例中，该地上车库在设计、技术和功能上与原合同包括的教学楼存在重大差异，符合条件①，因此该追加资产的建造应当作为单项合同进行会计处理。

2. 建造合同收入和成本的内容

（1）建造合同收入　建造合同收入包括合同规定的初始收入以及因合同变更、索赔、奖励等形成的收入两部分。

1）合同规定的初始收入，即建造承包商与客户签订的合同中最初商定的合同总金额，它构成合同收入的基本内容。

2）因合同变更、索赔、奖励等形成的收入。这部分收入并不构成合同双方在签订合同时已在合同中商定的合同总金额，而是在执行合同过程中由于合同变更、索赔、奖励等原因而形成的收入。建造承包商不能随意确认这些收入，只有在符合以下规定条件时才能确认合同收入：

① 客户能够认可因变更而增加的收入。
② 收入能够可靠地计量。

【例 11-4】 甲建筑公司与客户签订了一项建造图书馆的合同，建设期为 3 年。第 2 年，客户要求将原设计中采用的铝合金门窗改为塑钢门窗，并同意增加合同造价 500 000 元（合同变更收入）。

本例中，甲建筑公司可以在第 2 年将因合同变更而增加的 500 000 元认定为合同收入的组成部分。但是，如果甲建筑公司认为此项变更应增加造价 500 000 元，双方最终只达成增加造价 400 000 元的协议，则甲建筑公司只能将 400 000 元认定为合同收入的组成部分。

① 根据谈判情况，预计对方能够同意这项索赔。
② 对方同意接受的金额能够可靠地计量。

【例 11-5】 乙建筑公司与客户签订了一份金额为 10 000 000 元的建造合同，建造一座电站。合同规定的建设期为 2017 年 12 月 1 日至 2019 年 12 月 1 日。同时，合同还规定发电机由客户采购，于 2019 年 9 月 1 日前交付建筑公司安装。在合同执行过程中，客户并未在合同规定的时间将发电机交付建筑公司。根据双方谈判的情况，客户同意向乙建筑公司支付延误工期款 800 000 元（索赔收入）。

本例是索赔款形成收入的情形。根据索赔款形成收入的确认条件，乙建筑公司可以在 2019 年将因索赔而增加的收入 800 000 元确认为合同收入的组成部分，即 2019 年该项建造合同的总收入应为 10 800 000 元。但是，假如客户只同意支付延误工期款 400 000 元，则只能将 400 000 元计入该项合同总收入，即 2019 年该项建造合同总收入为 10 400 000 元。假如客户不同意支付任何延误工期款，则不能将索赔款计入合同总收入。

① 根据合同目前的完成情况，足以判断工程进度和工程质量能够达到或超过规定的标准。
② 奖励金额能够可靠地计量。

【例 11-6】 丙建筑公司与客户签订了一项合同金额为 90 000 000 元的建造合同，建造一座跨海大桥，合同规定的建设期为 2017 年 12 月 20 日至 2019 年 12 月 20 日。该合同在执行中于 2019 年 8 月主体工程基本完工，工程质量符合设计标准，并有望提前 3 个月完工。客户同意向丙建筑公司支付提前竣工奖 1 000 000 元（奖励收入）。

本例是发生奖励款的情形，它是工程达到或超过规定的标准时，客户同意支付给建筑公司的额外款项。根据奖励款所形成收入的确认条件，丙建筑公司可以确认奖励款形成的收入 1 000 000 元，即 2019 年该项建造合同的总收入应为 91 000 000 元。

（2）建造合同成本　建造合同成本包括从合同签订开始至合同完成止所发生的、与执行合同有关的直接费用和间接费用。

1）直接费用是指为完成合同所发生的、可以直接计入合同成本核算对象的各项费用支出。直接费用包括四项费用：耗用的材料费用、耗用的人工费用、耗用的机械使用费、其他直接费用。

2）间接费用是指企业下属的施工单位或生产单位为组织生产和管理施工生产活动所发生的费用，包括临时设施摊销费用和施工、生产单位管理人员薪酬、固定资产折旧费及修理费、物料消耗、低值易耗品摊销、水电费、办公费、差旅费、财产保险费、工程保修费、排污费等。

直接费用在发生时直接计入合同成本；间接费用应在资产负债表日按照系统、合理的方法分摊计入合同成本。常见的用于间接费用分摊的方法有人工费用比例法和直接费用比例法。

因订立合同而发生的有关费用，如差旅费、投标费等，能够单独区分和可靠地计量且合同很可能订立的，应当予以归集，待取得合同时计入合同成本；未满足相关条件的，应当直接计入当期损益。

合同完成后处置残余物资取得的收益等与合同有关的零星收益，应当冲减合同成本。

合同成本不包括应当计入当期损益的管理费用、销售费用和财务费用等期间费用，如企业行政管理部门为组织和管理生产经营活动所发生的管理费用、船舶等制造企业的销售费用、企业为建造合同借入款项所发生的、不符合借款费用资本化条件的借款费用等。

（二）其他业务收入

施工企业的其他业务收入是指施工企业从事主营业务收入以外的其他业务活动所取得的收入，是施工企业营业收入的一个组成部分。施工企业除从事建筑安装工程施工等主营业务外，往往还从事产品、材料销售以及提供机械作业、运输作业等其他业务活动。按照有关规定，施工企业因开展非经常性、兼营业务交易所产生的收入，如产品销售收入、机械作业收入、材料销售收入、无形资产使用权转让收入、固定资产出租收入等，都应记入"其他业务收入"科目。

1. 产品销售收入

企业的产品包括企业为销售而生产的产品和为转售而购进的产品。产品销售收入同时满足下列条件的，才能予以确认：

1）企业已将产品所有权上的主要风险和报酬转移给购货方。

2）企业既没有保留通常与所有权相联系的继续管理权，也没有对已售出的产品实施有效控制。

3）收入的金额能够可靠地计量。

4）相关的经济利益很可能流入企业。

5）相关的已发生或将发生的成本能够可靠地计量。

2. 提供劳务收入

企业在资产负债表日提供劳务交易的结果能够可靠估计的，应当采用完工百分比法确认提供劳务收入。

1）提供劳务交易的结果能够可靠估计是指同时满足下列条件：

① 收入的金额能够可靠地计量，即提供劳务收入的总额能够合理地估计。随着劳务的不断提供，企业可能会根据实际情况增加或减少已收或应收的合同或协议价款，此时企业应及时调整提供劳务收入总额。

② 相关的经济利益很可能流入企业，即提供劳务收入总额收回的可能性大于不能收回的可能性。

③ 交易的完工进度能够可靠地确定，即交易的完工进度能够合理地估计。企业确定提供劳务交易的完工进度，可以选用下列方法：

a. 由专业测量师对已经提供的劳务进行测量，并按一定方法计算确定提供劳务交易的完工程度。

b. 已经提供的劳务占对应提供劳务总量的比例。

c. 已经发生的成本占估计总成本的比例。

④ 交易中已发生和将发生的成本能够可靠地计量，即交易中已经发生和将要发生的成本能够合理地估计。

2）完工百分比法是指按照提供劳务交易的完工进度确认收入和费用的方法。

企业应当在资产负债表日按照提供劳务收入总额乘以完工进度扣除以前会计期间累计已确认提供劳务收入后的金额，确认当期的提供劳务收入；同时，按照提供劳务估计总成本乘以完工进度扣除以前会计期间累计已确认劳务成本后的金额，结转当期的劳务成本。

本期确认的收入＝劳务总收入×本期期末止劳务的完工进度－以前期间已确认的收入

本期确认的费用＝劳务总成本×本期期末止劳务的完工进度－以前期间已确认的费用

3. 让渡资产使用权收入

让渡资产使用权收入主要包括：①使用费收入，主要是指企业转让无形资产等资产的使用权形成的使用费收入；②租赁收入，主要是指企业对外出租资产收取的租金。

让渡资产使用权收入同时满足下列条件的，才能予以确认：①相关的经济利益很可能流入企业；②收入的金额能够可靠地计量。

二、建造工程合同收入的会计核算

（一）建造合同结果能够可靠估计时的处理

在确认和计量建造合同收入和费用时，首先应当判断建造合同的结果在资产负债表日能否可靠地估计。

在资产负债表日，建造合同的结果能够可靠地估计的，应当根据完工百分比法确认合同收入和合同费用。完工百分比法是指根据合同完工进度确认收入与费用的方法。采用完工百分比法确认合同收入和合同费用，能够为报表使用者提供有关合同进度及本期业绩的有用信息。

建造合同的结果能够可靠估计是企业采用完工百分比法确认合同收入和合同费用的前提条件。企业应当区分固定造价合同和成本加成合同，分别判断建造合同结果是否能够可靠地估计。

（1）固定造价合同的结果能够可靠地估计的条件　固定造价合同的结果能够可靠地估计是指同时满足下列条件。

1）合同总收入能够可靠地计量。合同总收入一般根据建造承包商与客户签订的合同中的合同总金额来确定,如果在合同中明确规定了合同总金额,且订立的合同是合法有效的,则合同总收入能够可靠地计量;反之,合同总收入不能可靠地计量。

2) 与合同相关的经济利益很可能流入企业。企业能够收到合同价款,表明与合同相关的经济利益很可能流入企业。建造承包商的合同价款能否收回,取决于客户与建造承包商双方是否都能正常履行合同。如果客户与建造承包商有一方不能正常履行合同,则表明建造承包商可能无法收回工程价款,不满足经济利益很可能流入企业的条件。

3) 实际发生的合同成本能够清楚地区分和可靠地计量。实际发生的合同成本能否清楚地区分和可靠地计量,关键在于建造承包商能否做好建造合同成本核算的各项基础工作和准确计算合同成本。如果建造承包商能够做好建造合同成本核算的各项基础工作,准确核算实际发生的合同成本,划清当期成本与下期成本的界限、不同成本核算对象之间成本的界限、未完合同成本与已完合同成本的界限,则说明实际发生的合同成本能够清楚地区分和可靠地计量;反之,则说明实际发生的合同成本不能够清楚地区分和可靠地计量。

4) 合同完工进度和为完成合同尚需发生的成本能够可靠地确定。合同完工进度能够可靠地确定,要求建造承包商已经正在为完成合同而进行工程施工,并已完成了一定的工程量,达到了一定的工程完工进度,对将要完成的工程量也能够做出科学、可靠的测定。如果建造承包商尚未动工或刚刚开工,尚未形成一定的工程量,对将要完成的工程量不能够做出科学、可靠的测定,则表明合同完工进度不能可靠地确定。

为完成合同尚需发生的成本能否可靠地确定,关键在于建造承包商是否已经建立了完善的内部成本核算制度和有效的内部财务预算及报告制度,能否对为完成合同尚需发生的合同成本做出科学、可靠的估计。如果建造承包商已经建立了完善的内部成本核算制度和有效的内部财务预算及报告制度,并对为完成合同尚需发生的合同成本能够做出科学、可靠的估计,则表明建造承包商能够可靠地确定为完成合同尚需发生的成本;反之,则表明建造承包商不能可靠地确定为完成合同尚需发生的成本。

(2) 成本加成合同的结果能够可靠估计的条件　成本加成合同的结果能够可靠估计是指同时满足下列条件。

1) 与合同相关的经济利益很可能流入企业。
2) 实际发生的合同成本能够清楚地区分和可靠地计量。

对成本加成合同而言,合同成本的组成内容一般已在合同中进行了相应的规定,合同成本是确定合同造价的基础,也是确定完工进度的重要依据,因此要求实际发生的合同成本能够清楚地区分和可靠地计量。

(3) 完工进度的确定　企业确定合同完工进度可以选用下列方法。

1) 累计实际发生的合同成本占合同预计总成本的比例,这是确定合同完工进度比较常用的方法。用计算公式表示如下:

合同完工进度 = 累计实际发生的合同成本 ÷ 合同预计总成本 × 100%

其中,累计实际发生的合同成本是指形成工程完工进度的工程实体和工作量所耗用的直接费用和间接费用,不包括下列内容:

① 与合同未来活动相关的合同成本,包括施工中尚未安装、使用或耗用的材料费用。材料从仓库运抵施工现场,如果尚未安装、使用或耗用,则没有形成工程实体。因此,为保证确定完工进度的可靠性,不应将这部分成本计入累计实际发生的合同成本中来确

定完工进度。

【例 11-7】 甲建筑公司承建 A 工程，工期两年，A 工程的预计总成本为 10 000 000 元。第 1 年，甲建筑公司的"工程施工——工程"账户的实际发生额为 6 800 000 元。其中，人工费为 1 500 000 元，材料费为 3 800 000 元，机械作业费为 1 000 000 元，其他直接费和工程间接费为 500 000 元。经查明，A 工程领用的材料中有一批虽已运到施工现场但尚未使用，尚未使用的材料成本为 800 000 元。根据上述资料，甲建筑公司计算第 1 年的完工进度如下：

合同完工进度 =（6 800 000 − 800 000）÷ 10 000 000 × 100% = 60%

② 在分包工程的工作量完成之前预付给分包单位的款项。对总承包商来说，分包工程是其承建的总体工程的一部分，分包工程的工作量也是其总体工程的工作量。总承包商在确定总体工程的完工进度时，应考虑分包工程的完工进度。在分包工程的工作量完成之前预付给分包单位的款项虽然是总承包商的一项资金支出，但是该项支出并没有形成相应的工作量，因此不应将这部分支出计入累计实际发生的合同成本中来确定完工进度。但是，根据分包工程进度支付的分包工程进度款，应构成累计实际发生的合同成本。

【例 11-8】 甲建筑公司与客户签订了一揽子建造合同，承建 A、B 两项工程。该项合同的 A、B 两项工程密切相关，客户要求同时施工，一起交付，工期为两年。合同规定的总金额为 11 000 000 元。甲建筑公司决定 A 工程由自己施工，B 工程以 4 000 000 元的合同金额分包给乙建筑公司承建。甲建筑公司已与乙建筑公司签订了分包合同。

第 1 年，甲建筑公司自行施工的 A 工程实际发生工程成本 4 500 000 元，预计为完成 A 工程尚需发生工程成本 1 500 000 元；甲建筑公司根据乙建筑公司分包的 B 工程的完工进度，向乙建筑公司支付了 B 工程的进度款 2 500 000 元，并向乙建筑公司预付了下年度备料款 500 000 元。根据上述资料，甲建筑公司计算确定该项建造合同第 1 年的完工进度如下：

合同完工进度 =（4 500 000 + 2 500 000）÷（4 500 000 + 1 500 000 + 4 000 000）× 100%
= 70%

2) 已经完成的合同工作量占合同预计总工作量的比例。该方法适用于合同工作量容易确定的建造合同，如道路工程、土石方挖掘工程、砌筑工程等。用计算公式表示如下：

合同完工进度 = 已经完成的合同工作量 ÷ 合同预计总工作量 × 100%

3) 实际测定的完工进度。该方法是在无法根据上述两种方法确定合同完工进度时所采用的一种特殊的技术测定方法，适用于一些特殊的建造合同，如水下施工工程等。需要指出的是，这种技术测定并不是由建造承包商自行随意测定，而应由专业人员现场进行科学测定。

(4) 完工百分比法的运用 采用完工百分比法确认合同收入和合同费用时，收入和相关费用应按以下公式计算：

本期确认的合同收入 = 合同总收入 × 完工进度 − 以前会计期间累计已确认的合同收入

本期确认的合同成本 = 合同预计总成本 × 完工进度 − 以前会计期间累计已确认的合同费用

对于当期完成的建造合同，应当按照实际合同总收入扣除以前会计期间累计已确认的合同收入后的金额，确认为当期合同收入；同时，按照累计实际发生的合同成本扣除以前会计期间累计已确认的合同费用后的金额，确认为当期合同费用。

【例 11-9】 丙建筑公司签订了一项合同总金额为 10 000 000 元的固定造价合同，合同规定的工期为 3 年。假定经计算，第 1 年完工进度为 30%，第 2 年完工进度已达 80%，经测定，前两年的合同预计总成本均为 8 000 000 元。第 3 年工程全部完成，累计实际发生合同成本 7 500 000 元。丙建筑公司的账务处理如下：

(1) 第 1 年的账务处理

1) 第 1 年确认的合同收入 = 10 000 000 元×30% = 3 000 000 元
2) 第 1 年确认的合同成本 = 8 000 000 元×30% = 2 400 000 元

借：合同履约成本	2 400 000
贷：库存现金、工程物资、应付职工薪酬等	2 400 000
借：合同资产	3 000 000
贷：主营业务收入	3 000 000
借：主营业务成本	2 400 000
贷：合同履约成本	2 400 000

(2) 第 2 年的账务处理

1) 第 2 年确认的合同收入 =（10 000 000×80%）元 - 3 000 000 元 = 5 000 000 元
2) 第 2 年确认的合同成本 = 8 000 000 元×80% - 2 400 000 元 = 4 000 000 元

借：合同履约成本	4 000 000
贷：库存现金、工程物资、应付职工薪酬等	4 000 000
借：合同资产	5 000 000
贷：主营业务收入	5 000 000
借：主营业务成本	4 000 000
贷：合同履约成本	4 000 000

(3) 第 3 年的账务处理

1) 第 3 年确认的合同收入 = 10 000 000 元 -（3 000 000 + 5 000 000）元 = 2 000 000 元
2) 第 3 年确认的合同成本 = 7 500 000 元 - 2 400 000 元 - 4 000 000 元 = 1 100 000 元

借：合同履约成本	1 100 000
贷：库存现金、工程物资、应付职工薪酬等	1 100 000
借：合同资产	2 000 000
贷：主营业务收入	2 000 000
借：主营业务成本	1 100 000
贷：合同履约成本	1 100 000

（二）建造合同结果不能够可靠估计时的处理

如果建造合同的结果不能可靠地估计，则不能采用完工百分比法确认和计量合同收入和费用，而应区别以下两种情况进行会计处理：

1) 合同成本能够收回的，合同收入根据能够收回的实际合同成本予以确认，合同成本在其发生的当期确认为合同费用。

2) 合同成本不可能收回的，应在发生时立即确认为合同费用，不确认合同收入。

【例 11-10】 丁建筑公司与客户签订了一项总金额为 1 000 000 元的建造合同。第 1 年实际发生工程成本 400 000 元，双方均能履行合同规定的义务，但丁建筑公司在年末时对该项工程的完工进度无法可靠确定。

本例中，丁建筑公司不能采用完工百分比法确认收入。由于客户能够履行合同，当年发生的成本均能收回，所以丁建筑公司可将当年发生的成本金额同时确认为当年的收入和费用，当年不确认利润。丁建筑公司账务处理如下：

借：合同履约成本　　　　　　　　　　　　　　　　　400 000
　　贷：库存现金、工程物资、应付职工薪酬等　　　　　　400 000
借：合同资产　　　　　　　　　　　　　　　　　　　400 000
　　贷：主营业务收入　　　　　　　　　　　　　　　　400 000
借：主营业务成本　　　　　　　　　　　　　　　　　400 000
　　贷：合同履约成本　　　　　　　　　　　　　　　　400 000

如果丁建筑公司当年实际发生的工程成本 400 000 元不可能收回，这种情况下，应将 400 000 元确认为当年的成本费用，不确认收入。丁建筑公司账务处理如下：

借：合同履约成本　　　　　　　　　　　　　　　　　400 000
　　贷：库存现金、工程物资、应付职工薪酬等　　　　　　400 000
借：资产减值损失　　　　　　　　　　　　　　　　　400 000
　　贷：合同履约成本减值准备　　　　　　　　　　　　400 000

如果建造合同的结果不能可靠估计的不确定因素不复存在，就不应再按照上述规定确认合同收入和费用，而应转为按照完工百分比法确认合同收入和费用。

【例 11-11】 沿用前例，如果到第 2 年，完工进度无法可靠确定的因素消除。第 2 年实际发生成本为 300 000 元，预计为完成合同尚需发生的成本为 200 000 元，丁建筑公司的账务处理如下：

第 2 年合同的完工进度 =（400 000 + 300 000）÷（400 000 + 300 000 + 200 000）× 100% = 77.78%

第 2 年确认的合同收入 = 1 000 000 元 × 77.78% = 777 800 元

第 2 年确认的合同成本 =（400 000 + 300 000 + 200 000）元 × 77.78% − 400 000 元 = 300 020 元

借：合同履约成本　　　　　　　　　　　　　　　　　300 020
　　贷：库存现金、工程物资、应付职工薪酬等　　　　　　300 020
借：合同资产　　　　　　　　　　　　　　　　　　　777 800
　　贷：主营业务收入　　　　　　　　　　　　　　　　777 800
借：主营业务成本　　　　　　　　　　　　　　　　　300 020
　　合同履约成本减值准备　　　　　　　　　　　　　400 000
　　贷：合同履约成本　　　　　　　　　　　　　　　　700 020

(三) 合同预计损失的处理

建造承包商正在建造的资产，类似于工业企业的在产品，性质上属于建造承包商的存货,期末应当对其进行减值测试。如果建造合同的预计总成本超过合同总收入,则形成合同预计损失,应提取合同资产减值准备,并计入当期损益。合同完工时,将已提取的合同资产减值准备冲减合同费用。

【例11-12】 甲造船企业签订了一项总金额为5 800 000元的固定造价合同,为乙客户承建一艘船舶,合同完工进度按照累计实际发生的合同成本占合同预计总成本的比例确定。工程已于2017年2月开工,预计2019年8月完工。最初预计的工程总成本为5 500 000元,到2018年年底,由于材料价格上涨等因素调整了预计总成本,预计工程总成本已为6 000 000元。该造船企业于2019年6月提前两个月完成了造船合同,工程质量优良,乙客户同意支付奖励款200 000元。建造该艘船舶的其他有关资料如表11-1所示。

表11-1 建造船舶的其他有关资料 单位:元

项 目	2017年	2018年	2019年
累计实际发生的成本	1 540 000	4 800 000	5 950 000
预计完成合同尚需发生的费用	3 960 000	1 200 000	—
应结算合同内价款	1 740 000	2 960 000	1 300 000
实际收到价款	1 700 000	2 900 000	1 400 000

甲造船企业对本项建造合同的有关账务处理如下(为简化起见,会计分录以汇总数反映,有关纳税业务的会计分录略):

(1) 2017年

1) 实际发生合同成本时:

借:合同履约成本——工程施工(××船舶) 1 540 000
　　贷:原材料、应付职工薪酬、机械作业等 1 540 000

2) 应结算合同价款时:

借:应收账款——乙客户 1 740 000
　　贷:合同资产——××船舶 1 740 000

3) 实际收到合同价款时:

借:银行存款 1 700 000
　　贷:应收账款——乙客户 1 700 000

4) 确认计量当年的收入和成本时:

2017年的完工进度 = 1 540 000 ÷ (1 540 000 + 3 960 000) × 100% = 28%

2017年确认的合同收入 = 5 800 000元 × 28% = 1 624 000元

2017年确认的合同成本 = (1 540 000 + 3 960 000)元 × 28% = 1 540 000元

借:合同资产 1 624 000
　　贷:主营业务收入——××船舶 1 624 000

借:主营业务成本——××船舶 1 540 000
　　贷:合同履约成本——工程施工(××船舶) 1 540 000

(2) 2018年

1) 实际发生合同成本时:

借：合同履约成本——××船舶 3 260 000
　　贷：原材料、应付职工薪酬、机械作业等 3 260 000
2）应结算合同价款时：
借：应收账款——乙客户 2 960 000
　　贷：合同资产——××船舶 2 960 000
3）实际收到合同价款时：
借：银行存款 2 900 000
　　贷：应收账款——乙客户 2 900 000
4）确认计量当年的合同收入和费用时：
2018年的完工进度 = 4 800 000 ÷ (4 800 000 + 1 200 000) × 100% = 80%
2018年确认的合同收入 = 5 800 000元 × 80% - 1 624 000元 = 3 016 000元
2018年确认的合同成本 = (4 800 000 + 1 200 000)元 × 80% - 1 540 000元 = 3 260 000元
2018年确认的合同预计损失 = (4 800 000 + 1 200 000 - 5 800 000)元 × (1 - 80%) = 40 000元

注：在2018年年底，由于该合同预计总成本（6 000 000元）大于合同总收入（5 800 000元），预计发生损失总额为200 000元，由于已在利润中反映了 - 160 000（4 800 000 - 4 640 000）元的亏损，因此应将剩余的、为完成工程将发生的预计损失40 000元确认为当期费用。

借：合同资产 3 016 000
　　贷：主营业务收入——××船舶 3 016 000
借：主营业务成本——××船舶 3 260 000
　　贷：合同履约成本——工程施工（××船舶） 3 260 000
借：资产减值损失——××船舶 40 000
　　贷：合同资产减值准备——××船舶 40 000

(3) 2019年
1）实际发生合同成本时：
借：合同履约成本——××船舶 1 150 000
　　贷：原材料、应付职工薪酬、机械作业等 1 150 000
2）应结算合同价款时：
借：应收账款——乙客户 1 300 000
　　贷：合同资产——××船舶 1 300 000
3）实际收到合同价款时：
借：银行存款 1 400 000
　　贷：应收账款——乙客户 1 400 000
4）确认计量当年的合同收入和费用时：
2019年确认的合同收入 = 合同总金额 - 至目前止累计已确认的收入
= (5 800 000 + 200 000)元 - (1 624 000 + 3 016 000)元 = 1 360 000元
2019年确认的合同成本 = 5 950 000元 - 1 540 000元 - 3 260 000元 = 1 150 000元
借：合同资产 1 360 000

  贷：主营业务收入——××船舶   1 360 000
借：主营业务成本——××船舶   1 150 000
  贷：合同履约成本——工程施工（××船舶）   1 150 000
5）2019年工程全部完工，应将"合同资产减值准备"相关余额冲减"主营业务成本"：
借：合同资产减值准备——××船舶   40 000
  贷：主营业务成本——××船舶   40 000

三、其他业务收入的会计核算

（一）产品销售收入的账务处理

  确认产品销售收入时，企业应按已收或应收的合同或协议价款，加上应收取的增值税额，借记"银行存款""应收账款""应收票据"等科目，按确定的收入金额，"其他业务收入"（对于施工企业而言）等科目，按应收取的增值税额，贷记"应交税费——应交增值税（销项税额）"科目。

1. 通常情况下销售产品

借：银行存款（应收账款、应收票据）
  贷：其他业务收入
    应交税费——应交增值税（销项税额）

2. 销售产品涉及现金折扣、商业折扣、销售折让

1）现金折扣是指债权人为鼓励债务人在规定的期限内付款而向债务人提供的债务扣除，应当按照扣除现金折扣前的金额确定销售产品金额，会计分录如下：
借：应收账款
  贷：其他业务收入
    应交税费——应交增值税（销项税额）
在约定折扣期限内及时收到货款，现金折扣金额计入财务费用，会计分录如下：
借：银行存款
  财务费用
  贷：应收账款

2）商业折扣是指企业为促进产品销售而在产品标价上给予的价格扣除。企业销售产品涉及商业折扣的，应按照扣除商业折扣后的金额确定产品销售收入金额。

3）销售折让是指企业因售出产品的质量不合格等原因而在售价上给予的减让，已确认收入的售出产品发生销售折让的，通常应当在发生时冲减当期产品销售收入；已确认收入的销售折让属于资产负债表日后事项的，应当按照有关资产负债表日后事项的相关规定进行处理。

3. 销售退回及附有销售退回条件的销售

1）销售退回是指企业售出的产品由于质量、品种不符合要求等原因而发生的退货。对于未确认收入的售出产品发生销售退回的，会计分录如下：
借：库存商品
  贷：发出商品

对于已确认收入的售出产品发生销售退回的，应冲减当期产品销售收入和成本，并调整当期应交增值税和财务费用（发生现金折扣的），会计分录如下：

借：其他业务收入
　　应交税费——应交增值税（销项税额）
　　　贷：银行存款
　　　　　财务费用
借：库存商品
　　　贷：主营业务成本

2）附有销售退回条件的产品销售是指购买方依照协议有权退货的销售方式。企业根据以往经验能够合理估计退货可能性且确认与退货相关负债的，通常应在发生产品时确认收入；企业不能合理估计退货可能性的，通常应在售出产品退货期满时确认收入。

4. 具有融资性质的分期收款发出商品

企业销售产品，有时会采取分期收款方式，如分期收款发出商品。如果延期收取的货款具有融资性质，其实质是企业向购货方提供信贷时，企业应当按照应收的合同或协议价款的公允价值确定收入金额，公允价值应当按照其未来现金流量现值或产品现销价格计算确定。

应收的合同或协议价款与其公允价值之间的差额，应当在合同或协议期间内，按照应收款项的摊余成本和实际利率计算确定的金额进行摊销，作为财务费用的抵减处理。其中，实际利率是指具有类似信用等级的企业发行类似工具的现时利率，或者将应收的合同或协议价款折现为产品现销价格时的折现率等。应收的合同或协议价款与其公允价值之间的差额，按照实际利率法摊销与直线法摊销结果相差不大的，也可以采用直线法进行摊销。

1）收入实现时，会计分录如下：
借：长期应收款
　　银行存款
　　　贷：其他业务收入
　　　　　应交税费——应交增值税（销项税额）
　　　　　未实现融资收益

2）收取货款时，会计分录如下：
借：银行存款
　　　贷：长期应收款

3）结转财务费用时，会计分录如下：
借：未实现融资收益
　　　贷：财务费用

【例 11-13】 甲公司在 2019 年 6 月 1 日向乙公司销售一批未用的建筑材料，开出的增值税专用发票上注明的销售价格为 800 000 元，增值税税额为 104 000 元，款项尚未收到；该批材料成本为 640 000 元。6 月 30 日，乙公司在验收过程中发现材料外观上存在瑕疵，但基本上不影响使用，要求甲公司在价格上（不含增值税税额）给予 5% 的减让。假定甲公司已确认收入；已取得红字增值税专用发票。甲公司的账务处理如下：

1）2019 年 6 月 1 日销售实现时：

借：应收账款——乙公司	904 000
贷：主营业务收入——销售××商品	800 000
应交税费——应交增值税（销项税额）	104 000
借：主营业务成本——销售××商品	640 000
贷：库存商品——××商品	640 000

2）2019年6月30日发生销售折让，取得红字增值税专用发票时：

借：主营业务收入——销售××商品	40 000
应交税费——应交增值税（销项税额）	5 200
贷：应收账款——乙公司	45 200

3）2019年收到款项时：

借：银行存款	858 800
贷：应收账款——乙公司	858 800

（二）提供劳务收入

1. 提供劳务交易结果能够可靠计量

在采用完工百分比法确认提供劳务收入的情况下，企业应按计算确定的提供劳务收入金额，借记"应收账款""银行存款"等科目，贷记"其他业务收入"科目。结转提供劳务成本时，借记"主营业务成本"科目，贷记"合同履约成本——劳务成本"科目。

【例11-14】 A公司于2019年12月2日接受一项安装任务，安装期为两个月，合同总收入1 500 000元，至年底已预收安装费1 100 000元，实际发生安装费用为700 000元（假定均为安装人员薪酬），估计还会发生安装费用300 000元。假定甲公司按实际发生的成本占估计总成本的比例确定劳务的完工进度。

会计处理如下：

实际发生的成本占估计总成本的比例 = 700 000 ÷ (700 000 + 300 000) = 70%

2019年12月31日确认劳务收入 = 1 500 000元 × 70% = 1 050 000元

2019年12月31日确认劳务成本 = (700 000 + 300 000)元 × 70% = 700 000元

1）实际发生劳务成本时：

借：合同履约成本——劳务成本	700 000
贷：应付职工薪酬	700 000

2）预收劳务款时：

借：银行存款	1 100 000
贷：合同负债	1 100 000

3）2019年12月31日确认劳务收入并结转劳务成本时：

借：合同负债	1 050 000
贷：其他业务收入	1 050 000
借：主营业务成本	700 000
贷：合同履约成本——劳务成本	700 000

2. 提供劳务交易结果不能可靠估计

企业在资产负债表日提供劳务交易结果不能可靠估计的，不能采用完工百分比法确认提供劳务收入。此时,企业应正确预计已经发生的劳务成本能够得到补偿和不能得到补偿,分别进行会计处理:①已经发生的劳务成本预计全部能够得到补偿的,应按已收回或预计能够收回的金额确认提供劳务收入,并结转已经发生的劳务成本;②已经发生的劳务成本预计部分能够得到补偿的,应按能够得到补偿的劳务成本金额确认提供劳务收入,并结转已经发生的劳务成本;③已经发生的劳务成本预计全部不能得到补偿的,应将已经发生的劳务成本计入当期损益,不确认提供劳务收入。

【例 11-15】 甲公司于 2018 年 12 月 12 日接受乙公司委托,为其提供劳务,劳务期为 6 个月,2019 年 1 月 1 日开工。协议约定,乙公司应向甲公司支付的劳务费总额为 90 000 元,分 3 次等额支付,第一次在开工时预付,第二次在 2019 年 3 月 1 日支付,第三次在劳务结束时支付。

2019 年 1 月 1 日,乙公司预付第一次劳务费。至 2019 年 2 月 28 日,甲公司发生成本 40 000 元(假定均为薪酬)。2019 年 3 月 1 日,甲公司得知乙公司经营发生困难,后两次劳务费能否收回难以确定。

甲公司账务处理如下:
1) 2019 年 1 月 1 日收到乙公司预付的劳务费时:
借:银行存款　　　　　　　　　　　　　　　　　　　　30 000
　　贷:合同负债　　　　　　　　　　　　　　　　　　30 000
2) 实际发生劳务支出 40 000 元时:
借:合同履约成本——劳务成本　　　　　　　　　　　　40 000
　　贷:应付职工薪酬　　　　　　　　　　　　　　　　40 000
3) 2019 年 2 月 28 日确认劳务收入并结转劳务成本时:
借:合同负债　　　　　　　　　　　　　　　　　　　　30 000
　　贷:其他业务收入　　　　　　　　　　　　　　　　30 000
借:主营业务成本　　　　　　　　　　　　　　　　　　40 000
　　贷:合同履约成本——劳务成本　　　　　　　　　　40 000
4) 2019 年 3 月 1 日,乙公司经营发生困难,因甲公司未产生劳务费用,则不做账务分录。

(三)让渡资产使用权收入

1. 使用费收入

使用费收入应当按照有关合同或协议约定的收费时间和方法计算确定。如果合同或协议规定一次性收取使用费,且不提供后续服务的,应当视同销售该项资产一次性确认收入;提供后续服务的,应在合同或协议约定的有效期内分期确认收入。如果合同或协议规定分期收取使用费的,应按合同或协议规定的收款时间和金额或规定的收费方法计算确定的金额分期确认收入。

【例 11-16】 甲公司向乙公司转让其商品的商标使用权,约定乙公司每年年末按年销售收入的 5% 支付使用费,使用期为 5 年。第 1 年乙公司实现销售收入 3 000 000 元;第 2 年乙公司实现销售收入 4 000 000 元。假定甲公司均于每年年末收到使用费,不考虑其他因素。

甲公司的账务处理如下：

1）第 1 年年末确认使用费收入时：

借：银行存款　　　　　　　　　　　　　　　　　　　　　　　150 000
　　贷：其他业务收入　　　　　　　　　　　　　　　　　　　　　150 000

使用费收入金额 = 3 000 000 元 × 5% = 150 000 元

2）第 2 年年末确认使用费收入时：

借：银行存款　　　　　　　　　　　　　　　　　　　　　　　200 000
　　贷：其他业务收入　　　　　　　　　　　　　　　　　　　　　200 000

使用费收入金额 = 4 000 000 元 × 5% = 200 000 元

2. 租赁收入

（1）租赁的定义　租赁，是指在一定期间内，出租人将资产的使用权让渡给承租人以获取对价的合同。如果合同一方让渡了在一定期间控制一项或多项已识别资产使用的权利以换取对价，则该合同为租赁或者包含租赁合同。一项合同要被分类为租赁合同，必须要满足三个要素：①存在一定期间；②存在已识别资产；③资产供应方向客户转移对已识别资产使用权的控制。在合同中，"一定期间"也可以表述为已识别资产的使用量，例如，某项设备的产出量。如果客户有权在部分合同期间控制已识别资产的使用，则合同包含一项在该部分合同期间的租赁。

（2）出租人使用的相关会计科目

1）"融资租赁资产"。本科目核算租赁企业作为出租人为开展融资租赁业务取得资产的成本（说明：租赁业务不多的企业，也可通过"固定资产"等科目核算）。租赁企业和其他企业对于融资租赁资产在未融资租赁期间的会计处理遵循固定资产准则或其他适用的会计准则。本科目可按租赁资产类别和项目进行明细核算。本科目期末借方余额，反映企业融资租赁资产的成本。主要账务处理如下：

① 出租人购入和以其他方式取得融资租赁资产的，借记本科目，贷记"银行存款"等科目。

② 在租赁期开始日，出租人应当按尚未收到的租赁收款额，借记"应收融资租赁款——租赁收款额"（"应收融资租赁款"可为"长期应收款"的二级科目）科目，按预计租赁期结束时的未担保余值，借记"应收融资租赁款——未担保余值"科目，按已经收取的租赁款，借记"银行存款"等科目。按融资租赁方式租出资产的账面价值，贷记本科目；融资租赁方式租出资产的公允价值与账面价值的差额，借记或贷记"资产处置损益"科目；按发生的初始直接费用，贷记"银行存款"等科目；差额贷记"应收融资租赁款——未实现融资收益"科目。

2）"应收融资租赁款"。本科目核算出租人融资租赁产生的租赁投资净额。可分别设置"租赁收款额""未实现融资收益""未担保余值"等进行明细核算。租赁业务较多的，出租人还可以在"租赁收款额"明细科目下进一步设置明细科目核算。本科目的期末借方余额，反映未担保余值和尚未收到的租赁收款额的现值之和。本科目余额在资产负债表的"长期应收款"项目中填列，其中，自资产负债表日起一年内（含一年）到期的部分在"一年内到期的非流动资产"中填列。出租业务较多的出租人，也可在"长期应收款"项目下单独列示为"其中：应收融资租赁款"。主要账务处理如下：

① 在租赁期开始日，出租人应当按尚未收到的租赁收款额，借记"应收融资租赁款——租赁收款额"科目，按预计租赁期结束时的未担保余值，借记"应收融资租赁款——未担保余值"科目，按已经收取的租赁款，借记"银行存款"等科目，按融资租赁方式租出资产的账面价值，贷记"融资租赁资产"等科目，按融资租赁方式租出资产的公允价值与其账面价值的差额，借记或贷记"资产处置损益"科目，按发生的初始直接费用，贷记"银行存款"等科目，差额贷记"应收融资租赁款——未实现融资收益"科目。

企业认为有必要对发生的初始直接费用进行单独核算的，也可以按照发生的初始直接费用的金额，借记"应收融资租赁款——初始直接费用"科目，贷记"银行存款"等科目；然后借记"应收融资租赁款——未实现融资收益"科目，贷记"应收融资租赁款——初始直接费用"科目。

② 出租人在确认租赁期内各个期间的利息收入时，应当借记"应收融资租赁款——未实现融资收益"科目，贷记"租赁收入——利息收入""其他业务收入"等科目。

③ 出租人收到租赁收款额时，应当借记"银行存款"科目，贷记"应收融资租赁款——租赁收款额"科目。

3) "应收融资租赁款减值准备"。本科目核算应收融资租赁款的减值准备。本科目期末贷方余额，反映应收融资租赁款的累计减值准备金额。主要账务处理如下：应收融资租赁款的预期信用损失，按应减记的金额，借记"信用减值损失"科目，贷记本科目。转回已计提的减值准备时，做相反的会计分录。

4) "租赁收入"。本科目核算租赁企业作为出租人确认的融资租赁和经营租赁的租赁收入。一般企业根据自身业务特点确定租赁收入的核算科目，例如"其他业务收入"等。本科目可按租赁资产类别和项目进行明细核算。期末，应将本科目余额转入"本年利润"科目，结转后本科目无余额。主要账务处理如下：

① 出租人在经营租赁的情况下，将租赁收款额采用直线法或其他系统合理的方法在租赁期内进行分摊确认时，应当借记"银行存款""应收账款"等科目，贷记"租赁收入——经营租赁收入"科目。

出租人在融资租赁的情况下，在确认租赁期内各个期间的利息收入时，应当借记"应收融资租赁款——未实现融资收益"科目，贷记"租赁收入——利息收入""其他业务收入"等科目。出租人为金融企业的，在融资租赁的情况下，在确认租赁期内各个期间的利息收入时，应当借记"应收融资租赁款——未实现融资收益"科目，贷记"利息收入"等科目。

② 租人确认未计入租赁收款额的可变租赁付款额时，应当借记"银行存款""应收账款"等科目，贷记"租赁收入——可变租赁付款额"科目。

对于日常经营活动为租赁的企业，其利息收入和租赁收入可以作为营业收入列报。

【例11-17】 2019年12月28日，宜城公司（承租方）与长江公司（出租方）签订了一份租赁合同。合同主要条款如下：①租赁标的物为生产设备。②租赁期开始日为租赁物运抵宜城公司生产车间之日（即2020年1月1日）。③租赁期为从租赁期开始日算起36个月（即2020年1月1日—2022年12月31日）。④租金支付方式为自租赁期开始日起每年年末支付租金100万元。⑤该设备在2020年1月1日在长江公司账面的价值和公允价值均为260万元。⑥承租人增量借款年利率为8%，(P/A,8%,3)=2.5771。⑦该设备为全新设备，预计使用年限为5年。⑧2021年和2022年两年，宜城公司每年按该设备所生产产品的年销售收入的1%向长江公司支付经营分享收入（宜城公司2021年、2022年分别实现销售收入1 000万元和1 500万元）。2022年12月31日，长江公司收回该生产设备。另外，长江公司（出租方）发生初始直接费用10万元。

要求：按年编制出租人长江公司的会计分录。

1）判断租赁类型：

出租人租赁收款额现值1 000 000×(P/A,R,3)+未担保余值的现值0=租赁资产公允价值2 600 000+出租人初始直接费用100 000

用插值法计算，租赁内含利率$R=5.46\%$。

租赁收款额的现值=1 000 000元×(P/A,5.46%,3)=2 700 000元，几乎相当于租赁资产公允价值2 600 000元，因此，长江公司应当将该项租赁分类为融资租赁。

租赁收款额的现值2 700 000元+未担保余值的现值0=2 700 000元

借：应收融资租赁款   2 700 000
  贷：融资租赁资产   2 600 000（转销余额）
    银行存款   100 000（初始直接费用）

2）收到租金并确认利息收入：

2020年12月31日，收到第一期租金时：
借：银行存款   1 000 000
  贷：应收融资租赁款   1 000 000
借：应收融资租赁款（2 700 000×5.46%=147 420） 147 420
  贷：租赁收入   147 420

2021年12月31日，收到第二期租金时：
借：银行存款   1 000 000
  贷：应收融资租赁款   1 000 000

2021年期初摊余成本=2 700 000元－1 000 000元+147 420元=1 847 420元
借：应收融资租赁款（1 847 420×5.46%=100 869.13） 100 869.13
  贷：租赁收入   100 869.13

2022年12月31日，收到第三期租金时：
借：银行存款   1 000 000
  贷：应收融资租赁款   1 000 000
借：应收融资租赁款   51 710.87（转销余额）
  贷：租赁收入   51 710.87（倒挤）

3）可变租赁付款额的处理：

2021年12月31日，根据合同规定应向宜城收取经营分享收入100 000元时：
借：应收账款——宜城公司   100 000
  贷：租赁收入   100 000

2022年12月31日，根据合同规定应向宜城收取经营分享收入150 000元时：

借：应收账款——宜城公司　　　　　　　　　　　　　　　150 000
　　　贷：租赁收入　　　　　　　　　　　　　　　　　　　　　150 000

4）2022年12月31日，租赁期届满时，将该设备从宜城公司收回，做备查登记。

四、工程价款结算的会计核算

（一）工程价款结算的办法

工程价款结算是指施工企业因承包建筑安装工程，按照承包合同的规定向发包单位移交已完工程、收取工程价款的结算行为。

1. 工程价款结算的依据

按照财政部、建设部2004年颁布的《建设工程价款结算暂行办法》的规定，工程价款结算应按合同约定办理，合同未做约定或约定不明的，发、承包双方应依照下列规定与文件协商处理：①国家有关法律、法规和规章制度；②国务院建设行政主管部门、省、自治区、直辖市或有关部门发布的工程造价计价标准、计价办法等有关规定；③建设项目的合同、补充协议、变更签证和现场签证，以及经发、承包人认可的其他有效文件；④其他可依据的材料。

2. 工程预付款的预付及抵扣方式

根据建筑安装过程建设周期长、造价高的特点，施工企业往往难以垫支施工期间所需的流动资金。因此，施工单位在签订承包工程合同时，可与发包单位商定预（付）收一定数量的工程款和备料款。

按照《建设工程价款结算暂行办法》的规定，包工包料工程的预付款按合同约定拨付，原则上预付比例不低于合同金额的10%，不高于合同金额的30%，对重大工程项目，按年度工程计划逐年预付。预付的工程款必须在合同中约定抵扣方式，并在工程进度款中进行抵扣。凡是没有签订合同或不具备施工条件的工程，发包人不得预付工程款，不得以预付款为名转移资金。

一般情况下，采用按月结算工程价款的施工企业，可在月中预收上半月的工程款；采用分段结算工程价款或竣工后一次结算工程价款的企业，可按月预收当月工程款。施工企业在预收工程价款时，应根据实际工程进度，填制"工程价款预收账单"，分送发包单位和经办银行办理预收款手续。

"工程价款预收单"的格式见表11-2。

表11-2　工程价款预收单

发包单位名称：××公司　　2019年6月30日　　　　　　　　　　　　　　　　单位：元

单项工程项目名称	合同造价	上半月完成数	预收上半月工程款	预收当月工程款	应扣预售款项	实收款项	备注
办公楼工程	1 925 000	260 000	260 000	（分段结算、竣工后一次结算按月预收式填列）		260 000	

施工企业：××建筑公司　　　　　　　　　　　　　　　　　　　　　　　　财务负责人：

工程主要建筑材料由施工企业采购储备，可在签订工程承包合同时，与发包单位商定预收一定数额的备料款。在这种情况下，施工企业在月中或按月预收的工程价款，应在结算工程价款时，从应收工程款中扣除，并在"工程价款结算账单"中列出应扣除的预收工程款。

从理论上讲，备料款的需要额取决于工程结构类型、主要材料储备期和施工期等几种因素，但在实际工作中，为了简化核算手续和便于统一管理，工程备料款额度通常由各地区根据工程性质和规模以及施工期等因素，分类加以规定。建筑工程一般不得超过当年建筑工程（包括水、电、暖、卫等）总值的25%，大量采用预制构件的工程，可以适当加大比例，安装工程的预付备料款一般不得超过安装工程当年总值的10%，安装材料用量加大的工程，可以适当增加。

3. 工程价款的结算时间与比例

按照《建设工程价款结算暂行办法》的规定，根据确定的工程计量结果，承包人向发包人提出支付进度款申请的，14天内发包人应按不低于工程价款的60%，不高于工程价款的90%向承包人支付工程进度款。

4. 工程进度款结算方式

工程进度款结算方式主要包括三种：①按月结算与支付，即实行按月支付进度款，竣工后清算的办法。合同工期跨两个年度以上的工程，在年终进行工程盘点，办理年度结算。②分段结算与支付，即当年开工且当年不能竣工的工程按照工程进度，划分不同阶段支付工程进度款。③竣工后一次性结算，即施工单位与发包单位在工程竣工验收合格后一次结算工程价款。具体划分办法应在合同中说明。

5. 工程价款结算的原始凭证

施工企业与发包单位办理工程价款结算时，不论是采用竣工后一次结算还是按月结算或分段结算，都应填制"工程价款结算账单"，经发包单位审核后，送交开户银行办理结算。采用按月结算或分段结算办法的工程，递交"工程价款结算账单"还应随附"已完工程月报表"，其一般格式见表11-3和表11-4。

表11-3 已完工程月报表

发包单位名称：××公司　　　　2019年6月30日

单项工程项目名称	合同造价	建筑面积	开竣工日期		实际完成数		备注
			开工日期	竣工日期	至上期止已完工程累计（元）	本期已完工程（元）	
办公楼工程	1 925 000元	3 650m²	××/4/1	—	870 0000	534 000	

施工企业：××建筑公司　编制日期：2019年7月1日

表11-4 工程价款结算账单

发包单位名称：××公司　2019年6月30日　　　　　　　　　　　　单位：元

单项工程项目名称	合同造价	本期应收工程款	应扣款项			本期实收工程款	备料款余额	累计已收工程款	备注
			合计	预收工程款	预收备料款				
办公楼工程	1 925 000	532 000	372 000	260 000	112 000	162 000		1 404 000	

施工企业：××建筑公司　编制日期：2019年7月1日

（二）工程价款结算会计处理

为了总括地核算和监督与发包单位的工程价款结算情况，施工企业除设置"主营业务收入"账户外,还应设置"应收账款""预收账款"账户。

【例 11-18】 宏达建筑公司承建一项土石方工程,开工前施工项目部按工程承包合同的规定,收到发包单位通过银行转账拨付的工程备料款 30 万元。月中宏达建筑公司填列工程价款预支账单,向发包单位预收上半月的工程进度款 10 万元。月末宏达建筑公司以工程价款结算账单与发包单位办理工程价款结算:本月已完工程价款 19 万元,按规定应扣还预收工程款 10 万元、预收备料款 6 万元。宏达建筑公司收到发包单位支付的工程价款 3 万元。

宏达建筑公司相关账务处理如下:
1) 开工前预收工程备料款时:
借:银行存款　　　　　　　　　　　　　　　　　　　300 000
　　贷:预收账款——预收备料款　　　　　　　　　　　　　　　300 000
2) 月中预收工程款时:
借:银行存款　　　　　　　　　　　　　　　　　　　100 000
　　贷:预收账款——预收工程款　　　　　　　　　　　　　　　100 000
3) 月末办理结算时:
借:应收账款——应收工程款　　　　　　　　　　　　190 000
　　贷:合同资产　　　　　　　　　　　　　　　　　　　　　190 000
借:预收账款——预收工程款　　　　　　　　　　　　100 000
　　　　　　——预收备料款　　　　　　　　　　　　600 00
　　贷:应收账款——应收工程款　　　　　　　　　　　　　　　160 000
4) 收到发包单位支付的工程价款 3 万元时:
借:银行存款　　　　　　　　　　　　　　　　　　　30 000
　　贷:应收账款——应收工程款　　　　　　　　　　　　　　　30 000

【例 11-19】 宏达建筑公司承建某大学园区建设工程,将其中一座 3 层实验楼的建造工程分包给另一施工企业,发生与分包工程结算有关的业务及会计处理如下:
1) 根据预付备料款额度,通过银行向分包单位预付备料款 276 000 元。
借:预付账款——预付分包备料款　　　　　　　　　276 000
　　贷:银行存款　　　　　　　　　　　　　　　　　　　　　276 000
2) 与发包单位办好手续,由发包单位拨给分包单位主要材料一批,计价 5 万元,抵作预付备料款。
借:预付账款——预付分包备料款　　　　　　　　　50 000
　　贷:预收账款——预收备料款　　　　　　　　　　　　　　　50 000
3) 按照工程分包合同,于月中根据工程进度预付分包单位工程款 11 万元。
借:预付账款——预付分包工程款　　　　　　　　　110 000
　　贷:银行存款　　　　　　　　　　　　　　　　　　　　　110 000
4) 月末根据经审核的分包单位"工程价款结算账单",结算应付分包单位已完工程价款 226 000 元。
借:合同履约成本——工程施工　　　　　　　　　　226 000
　　贷:应付账款——应付分包工程款　　　　　　　　　　　　　226 000

5) 根据工程合同规定，从应付分包工程款中扣回预付备料款 8 万元，预付工程款 11 万元。

借：应付账款——应付分包工程款　　　　　　　　　　　190 000
　　贷：预付账款——预付分包工程款　　　　　　　　　　10 000
　　　　　　　　　——预付分包备料款　　　　　　　　　　80 000

6) 以银行存款支付分包单位已完工程价款 36 000 元。

借：应付账款——应付分包工程款　　　　　　　　　　　　36 000
　　贷：银行存款　　　　　　　　　　　　　　　　　　　　36 000

（三）未执行建造合同企业的工程价款收入的核算（营改增）

1. 应设置的会计账户

(1) "主营业务收入"账户　本账户核算企业承包工程实现的工程价款结算收入，包括已完工程价款收入、索赔款、合同变更收入和奖励款。企业按规定向发包单位收取的除工程价款以外列作营业收入的各种款项，如临时设施费、劳动保险费、施工机构调迁费等也在本账户核算。企业实现的工程价款收入和应向发包单位收取的列作营业收入的款项，借记"应收账款""银行存款"等账户，贷记本账户。相应的增值税销项税额应该在"应交税费——应交增值税（销项税额）"科目单独列示。

(2) "主营业务成本"账户　本账户核算企业已办理工程价款结算的已完工程实际成本。实行合同完成后一次结算办法的合同工程，其本期已结算工程的工程成本是指合同执行期间发生的累计合同工程成本。实行按月或分段结算办法的合同工程，其本期已结算工程的工程成本，应根据期末未结算工程成本累计减期末未完工程成本进行计算。未完工程成本是指期末尚未办理价款结算的工程成本，可采用"估量法"或"估价法"计算确定。月份终了，企业应根据本月已办理工程价款结算的已完工程实际成本，借记本账户，贷记"工程施工"账户。

(3) "税金及附加"账户　本账户核算企业因从事建筑安装生产活动取得工程价款结算收入而按规定应缴纳的城市维护建设税以及教育费附加等。月末企业按规定计算出应由建筑安装工程价款结算收入负担的城市维护建设税以及教育费附加，借记本账户，贷记"应交税费"等账户。

期末应将"主营业务收入"账户余额全部转入"本年利润"贷方，同时将"主营业务成本""税金及附加"账户的余额转入本年利润借方，结转后，以上账户应无余额。

2. 工程价款收入的确认

企业应当根据收入的性质，按收入确认的原则，合理地确认和计量各项收入。对于施工企业，其工程施工和提供劳务、作业，以出具的"工程价款结算清单"经发包单位签订后，确认为营业收入的实现。由于施工企业与发包单位在办理工程价款结算时往往采用多种不同的结算方式，所以工程价款收入的确认应区别情况做以下不同的处理：

1) 实行完成合同后（竣工）一次结算工程价款办法的工程项目，应于合同完成、施工企业与客户进行工程价款结算时，确认工程结算收入的实现，实现的收入额为承、发包双方结算的合同价款总额。

2) 实行旬末或月中预支、月终结算、竣工后清算办法的工程项目，应分期确认工程结算收入的实现，即各月份终了与客户进行已完工程价款结算时，确认合同已完工部分工程结算收入的实现。本期收入额为月终结算的已完工程价款的金额。

3）实行按工程进度划分不同阶段、分段结算工程价款办法的工程项目，应按合同规定的进度分次确认已完阶段工程结算收入的实现，即应于完成合同规定的工程进度或工程阶段、与客户进行已完工程价款结算时，确认已完工程收入的实现。本期实现的收入额为本期已结算的分段工程价款的金额。

【例 11-20】 宏达建筑公司承建万通公司办公楼建造工程，合同规定按月结算工程价款。宏达建筑公司发生与工程价款结算有关的经济业务及会计处理如下：

1）工程开工前，根据合同规定，向万通公司收取工程备料款 112 000 元。

借：银行存款　　　　　　　　　　　　　　　　　　　112 000
　　贷：预收账款——预收备料款　　　　　　　　　　　　　112 000

2）月中，按上半月实际工程进度填列"工程价款预支账单"，向万通公司预收工程款 26 万元。

借：银行存款　　　　　　　　　　　　　　　　　　　260 000
　　贷：预收账款——预收工程款　　　　　　　　　　　　　260 000

3）月末，确认收入 500 000 元，并结转已完工程实际成本 418 000 元。

借：合同资产　　　　　　　　　　　　　　　　　　　500 000
　　贷：主营业务收入　　　　　　　　　　　　　　　　　　500 000
借：主营业务成本　　　　　　　　　　　　　　　　　418 000
　　贷：合同履约成本　　　　　　　　　　　　　　　　　　418 000

4）月末，根据"工程价款结算账单"结算当月工程款，并经发包单位签字确认：已完工程价款 500 000 元，开出增值税专用发票，税率为 9%，销项税额为 45 000 元，按规定扣完预收工程款 260 000 元，预收备料款 112 000 元。

借：应收账款——应收工程款　　　　　　　　　　　　173 000
　　预收账款——预收工程款　　　　　　　　　　　　　260 000
　　　　　　——预收备料款　　　　　　　　　　　　　112 000
　　贷：合同资产　　　　　　　　　　　　　　　　　　　　500 000
　　　　应交税费——应交增值税（销项税额）　　　　　　　　45 000

实际收到万通公司支付的工程价款时：

借：银行存款　　　　　　　　　　　　　　　　　　　173 000
　　贷：应收账款——应收工程款　　　　　　　　　　　　　173 000

第二节　施工企业税费的会计核算

一、施工企业所需缴纳税种

《营业税改增值税试点有关事项的规定》规定："一般纳税人跨省（自治区、直辖市或者计划单列市）提供建筑服务或者销售、出租取得的与机构所在地不在同一省（自治区、直辖市或者计划单列市）的不动产，在机构所在地申报纳税时，计算的应纳税额小于已预缴税额，且差额较大的，由国家税务总局通知建筑服务发生地或者不动产所在地省级税务机关，在一定时期内暂停预缴增值税。"关于纳税地点也做了有关规定："属于固定业户的试点纳税人，总分支机构不在同一县（市），但在同一省（自治区、直辖市、计划单列市）范围内的，经省（自治区、直辖市、计划单列市）财政厅（局）和国家税务局批准，可以由总机构汇总向总机构所在地的主管税务机关申报缴纳增值税。"

针对试点前发生的应税行为，有如下特别规定：

1）试点纳税人发生应税行为，按照国家有关营业税政策规定差额征收营业税的，因取得的全部价款和价外费用不足以抵减允许扣除项目金额，截至纳入营改增试点之日前尚未扣除的部分，不得在计算试点纳税人增值税应税销售额时抵减，应当向原主管地税机关申请退还营业税。

2）试点纳税人发生应税行为，在纳入营改增试点之日前已缴纳营业税，营改增试点后因发生退款减除营业额的，应当向原主管地税机关申请退还已缴纳的营业税。

3）试点纳税人纳入营改增试点之日前发生的应税行为，因税收检查等原因需要补缴税款的，应按照营业税政策规定补缴营业税。

二、增值税的会计核算

《营业税改增值税试点实施办法》第四十条规定："一项销售行为如果既涉及服务又涉及货物，为混合销售。从事货物的生产、批发或者零售的单位和个体工商户的混合销售行为，按照销售货物缴纳增值税；其他单位和个体工商户的混合销售行为，按照销售服务缴纳增值税。"

本条所称从事货物的生产、批发或者零售的单位和个体工商户，包括以从事货物的生产、批发或者零售为主，并兼营销售服务的单位和个体工商户在内。

《国家税务总局关于进一步明确营改增有关征管问题的公告》规定："纳税人销售活动板房、机器设备、钢结构件等自产货物的同时提供建筑、安装服务，不属于《营业税改征增值税试点实施办法》第四十条规定的混合销售，应分别核算货物和建筑服务的销售额，分别适用不同的税率或者征收率。"

"一般纳税人销售电梯的同时提供安装服务，其安装服务可以按照甲供工程选择适用简易计税方法计税。纳税人对安装运行后的电梯提供的维护保养服务，按照'其他现代服务'缴纳增值税。"

"应交税费——应交增值税"科目是所有会计科目中反映信息量最大的科目之一，这里重点介绍视同销售等几个方面增值税的会计核算。

（一）小规模纳税人的增值税核算

小规模纳税人只需要设置"应交增值税"二级科目，不需要设置三级科目。小规模纳税人进货环节缴纳增值税一律进成本。

每月终了，只需要按照应税收入计算当月的应纳增值税税额，借记"税金及附加"科目，贷记"应交税费——应交增值税"科目。

（二）一般纳税人的增值税核算

一般纳税人需在"应交税费"科目下设置"01应交增值税"和"02未交增值税"科

目。在"01应交增值税"科目下，设置以下三级明细科目："01进项税额""02已交税金""03转出未交增值税""04减免税款""05销项税额""06出口退税""07进项税额转出""08出口抵减内销产品应纳税额""09转出多交增值税"。

（1）"进项税额"核算　一般纳税人的进项税额抵扣凭证有：专用发票、完税凭证、购进农产品和废旧物资的收购凭证、运费结算单。

一般纳税人进货环节缴纳的进项税能否抵扣，应看对方是否提供专用发票。进口货物增值税交海关，由海关开具完税凭证。

收购农产品和废旧货物。以收购价格直接乘抵扣率所得金额作为进项税额，剩余部分作为购货成本。

运费按运费结算单中的运费总额乘7%所得金额作为进项税额，另93%作为购货成本。

不予抵扣的项目有：购进固定资产的增值税进固定资产成本；购进工程物资的增值税进工程物资成本；工程领用原材料，原材料的增值税，作为进项税额转出进工程成本；集体福利领用原材料，作为进项税额转出进福利项目成本；原材料发生非常灾害，原材料进项税额和成本同时进"待处理财产损溢"。日常核算中应区分：购进时即认定，直接计入购货或者劳务成本；购进时不能直接认定的，先进入进项税额，认定的确不能抵扣时再转入"在建工程""应付职工薪酬""待处理财产损溢"等科目。

注意：产品发生非常损失的处理，只有产成品耗用的原材料部分才能有进项税额转出。

（2）"销项税额"核算　在销货环节，根据销货金额开具"增值税专用发票"，将主营业务收入和销项税额分开；若是含税价则应价税分离，并在"增值税专用发票"上反映。"增值税专用发票"上注明的销项税额，计入"销项税额"核算。

（3）缴纳税金的会计核算　缴纳增值税通过"应交税费——应交增值税"和"应交税费——未交增值税"两个科目核算。

1）当月缴纳本月实现的增值税（例如，开具专用缴纳款书预缴税款）时，借记"应交税费——应交增值税（已交税额）"，贷记"银行存款"。

2）当月缴纳上月或以前月份实现的增值税时，如常见的申报期申报纳税、补缴以前月份欠税，借记"应交税费——未交增值税"，贷记"银行存款"。

（4）月份终了的会计核算

1）月份终了，企业应将当月发生的应缴未缴增值税税额自"应交增值税"转入"未交增值税"，这样"应交增值税"明细账不出现贷方余额，会计分录如下：

借：应交税费——应交增值税（转出未交增值税）
　　贷：应交税费——未交增值税

凭证附件：当月应缴未缴增值税税额计算表。

2）月份终了，企业将本月多缴的增值税自"应交增值税"转入"未交增值税"，会计分录如下：

借：应交税费——未交增值税
　　贷：应交税费——应交增值税（转出多交增值税）

【例11-21】　月末企业进项税100元，销项税300元，已缴160元，余40元为应缴未缴增值税。

借：应交税费——应交增值税（已交税额）	160	
贷：银行存款		160
借：应交税费——应交增值税（转出未交增值税）	40	
贷：应交税费——未交增值税		40

下月初，必须补缴上月未缴税费。

借：应交税费——未交增值税　　　　　　　　　　　　　　　40
　　贷：银行存款　　　　　　　　　　　　　　　　　　　　　　　40

【例 11-22】　月末企业进项税 100 元，销项税 300 元，已缴 250 元。

借：应交税费——应交增值税（已交税金）　　　　　　　　250
　　贷：银行存款　　　　　　　　　　　　　　　　　　　　　　　250
借：应交税费——未交增值税　　　　　　　　　　　　　　　50
　　贷：应交税费——应交增值税（转出多交增值税）　　　　　　　50

（5）视同销售销项税额与进项税额转出的会计核算　　所谓视同销售指的是税法规定的八种行为，虽然没有取得销售收入，但应视同销售应税行为，征收增值税。实务中，需弄清标的物三个是否：是否结转成本、产品是否外购、风险报酬是否转移出企业。

下列行为：①将货物交付他人代销，收到代销清单时；②销售代销货物，为视同销售行为，会计上做销售处理。

下列行为：①将货物从一个分支机构移送至另一个不在同一县市的分支机构；②将自产的或委托加工的货物用于非应税项目；③将自产、委托加工或购买的货物用于投资；④将自产、委托加工的货物用于集体福利和个人消费；⑤将自产、委托加工或购买的货物无偿赠送他人，均为视同销售行为，应确认收入与销项税，同时结转成本。

视同销售的具体会计处理如下：

借：在建工程
　　长期股权投资
　　应付职工薪酬
　　营业外支出
　　贷：主营业务收入
　　　　其他业务收入
　　　　应交税费——应交增值税（销项税额）

同时，结转存货成本。

【例 11-23】　企业有一批产品成本 300 万元，计税价 500 万元，增值税税率 13%，现全部用于对外捐赠。对外捐赠时，会计分录如下：

借：营业外支出（300+500×13%＝365）　　　　　　　　　365
　　贷：库存商品　　　　　　　　　　　　　　　　　　　　　　　300
　　　　应交税费——应交增值税（销项税额）（500×13%＝65）　　65

所谓增值税进项税额转出是将那些按税法规定不能抵扣，但购进时已做抵扣的进项税额如数转出，在数额上是一进一出，进出相等。

两者的主要区别在于：视同销售销项税额根据货物增值后的价值计算，其与该项货物进项税额的差额为应交增值税。进项税额转出则仅仅是将原计入进项税额中不能抵扣的部分转出去，不考虑购进货物的增值情况。

【例11-24】 甲企业在建工程领用生产的产品一批，该产品成本为200 000元，计税价格（公允价值）为300 000元；另领用上月购进的原材料一批（已抵扣进项税额），专用发票上注明价款为120 000元。该企业适用的增值税税率为13%：

前者属于视同销售，甲企业可做如下账务处理。

借：在建工程 339 000
　　贷：主营业务收入 300 000
　　　　应交税费——应交增值税（销项税额） 39 000
借：主营业务成本 200 000
　　贷：库存商品 200 000

后者属于进项税额转出，甲企业可做如下账务处理：

借：在建工程 135 600
　　贷：原材料 120 000
　　　　应交税费——应交增值税（进项税额转出） 15 600

(6) 出口货物退免税的会计核算　按照现行税法的规定，有进出口权的企业出口商品，实行免、抵、退政策。

按照现行会计制度的规定，生产企业免抵退税的会计核算主要涉及"应交税费——应交增值税"和"其他应收款——出口退税"等科目，其会计处理如下：

1) 货物出口并确认收入实现时，根据出口销售额（离岸价）做如下会计处理：

借：应收账款（或银行存款等）
　　贷：主营业务收入（或其他业务收入等）

凭证附件：出口销售合同、出库单、发票存根联。

2) 月末根据《免抵退税申报汇总表》中计算出的"免抵退税不予免征和抵扣税额"做如下会计处理：

借：主营业务成本
　　贷：应交税费——应交增值税（进项税额转出）

3) 月末根据《免抵退税申报汇总表》中计算出的"应退税额"做如下会计处理：

借：其他应收款——应收出口退税（增值税）
　　贷：应交税费——应交增值税（出口退税）

4) 月末根据《免抵退税申报汇总表》中计算出的"免抵税额"做如下会计处理：

借：应交税费——应交增值税（出口抵减内销产品应纳税额）
　　贷：应交税费——应交增值税（出口退税）

5) 收到出口退税款时，做如下会计处理：

借：银行存款
　　贷：其他应收款——应收出口退税（增值税）

根据《免抵退税申报汇总表》计算出本月免抵退税不予免征和抵扣税额、应退税款和免抵税额时，分别用"应交税费——应交增值税（进项税额转出）、应交税费——应交增值税（出口退税）"和"应交税费——应交增值税（出口抵减内销产品应纳税额）"科目。

【例 11-25】 如某公司当月根据《免抵退税申报汇总表》计算得出本月不予免抵退税额为 1 200 元，应退税额为 33 000 元，免抵税额为 11 200 元，会计处理如下。

  借：主营业务成本   1 200
    贷：应交税费——应交增值税（进项税额转出）   1 200
  借：其他应收款——应收出口退税款   33 000
    贷：应交税费——应交增值税（出口退税）   33 000
  借：应交税费——应交增值税（出口抵减内销产品应纳税额）   11 200
    贷：应交税费——应交增值税（出口退税）   11 200

（7）对增值税会计核算的建议　①登记"应交增值税"和"未交增值税"专栏台账；②相关管理报表中增加进项税额和销项税额的详细列报内容。

三、企业所得税的会计核算

（一）企业所得税的计税基础

企业每一纳税年度的收入总额，减除不征税收入、免税收入、各项扣除以及允许弥补的以前年度亏损后的余额为应纳税所得额。

1. 收入总额

企业以货币形式和非货币形式从各种来源取得的收入为收入总额。包括：销售货物收入、提供劳务收入、转让财产收入、股息和红利等权益性投资取得的收益、利息收入、租金收入、特许权使用费收入、接受捐赠收入、其他收入（企业资产溢余收入、逾期未退包装物押金收入、确实无法偿付的应付款项、已做坏账损失处理后又收回的应收款项、债务重组收入、补贴收入、违约金收入、汇兑收益等）。

其中，货币形式的收入，包括库存现金、银行存款、应收账款、应收票据、准备持有至到期的债券投资以及债务的豁免等收入。非货币形式的收入，包括固定资产、生物资产、无形资产、股权投资、存货、不准备持有至到期的债券投资、劳务以及有关权益等。企业以非货币形式取得的收入，应当按照公允价值确定收入额。

收入总额中，下列收入为不征税收入：财政拨款；依法收取并纳入财政管理的行政事业性收费、政府性基金；国务院规定的其他不征税收入。

2. 扣除内容

1）企业实际发生的与取得收入有关的、合理的支出，包括成本、费用、税金、损失和其他支出，准予在计算应纳税所得额时扣除；企业发生的公益性捐赠支出，在年度利润总额 12% 以内的部分，准予在计算应纳税所得额时扣除；超过年度利润总额 12% 的部分，准予结转以后 3 年内在计算应纳税所得额时扣除。

2）在计算应纳税所得额时，下列支出不得扣除：向投资者支付的股息、红利等权益性投资收益款项；企业所得税税款税收滞纳金；罚金、罚款和被没收财物的损失；《企业所得税法》第九条规定以外的捐赠支出；赞助支出；未经核定的准备金支出；与取得收入无关的其他支出。

3）在计算应纳税所得额时，企业按照规定计算的固定资产折旧，准予扣除。但下列固定资产不得计算折旧扣除：房屋、建筑物以外未投入使用的固定资产；以经营租赁方式租入的固定资产；以融资租赁方式租出的固定资产；已足额提取折旧仍继续使用的固定资产；与经营活动无关的固定资产；单独估价作为固定资产入账的土地；其他不得计算折旧扣除的固定资产。

4）在计算应纳税所得额时，企业按照规定计算的无形资产摊销费用，准予扣除。但下列无形资产不得计算摊销费用扣除：自行开发的支出已在计算应纳税所得额时扣除的无形资产；自创商誉；与经营活动无关的无形资产；其他不得计算摊销费用扣除的无形资产。

5）在计算应纳税所得额时，企业发生的下列支出作为长期待摊费用，按照规定摊销的，准予扣除：已足额提取折旧的固定资产的改建支出；租入固定资产的改建支出；固定资产的大修理支出；其他应当作为长期待摊费用的支出。

6）企业对外投资期间，投资资产的成本在计算应纳税所得额时不得扣除。

7）企业使用或者销售存货，按照规定计算的存货成本，准予在计算应纳税所得额时扣除。

8）企业转让资产，该项资产的净值，准予在计算应纳税所得额时扣除。

9）企业在汇总计算缴纳企业所得税时，其境外营业机构的亏损不得抵减境内营业机构的盈利。

10）企业纳税年度发生的亏损，准予向以后年度结转，用以后年度的所得弥补，但结转年限最长不得超过5年。

3. 企业应纳税额

企业的应纳税所得额乘以适用税率，减除依照所得税法关于税收优惠的规定减免和抵免的税额后的余额，为应纳税额。

（二）所得税费用的确认

根据《中华人民共和国企业所得税法》第二十二条的规定，应纳税额的计算公式为

$$应纳税额 = 应纳税所得额 \times 适用税率 - 减免税额 - 抵免税额$$

公式中的减免税额和抵免税额，是指依照《中华人民共和国企业所得税法》和国务院的税收优惠规定减征、免征和抵免的应纳税额。

（三）与施工企业相关的税收优惠

国家对重点扶持和鼓励发展的产业和项目，给予企业所得税优惠。

企业的下列收入为免税收入：国债利息收入；符合条件的居民企业之间的股息、红利等权益性投资收益；在中国境内设立机构、场所的非居民企业从居民企业取得与该机构、场所有实际联系的股息、红利等权益性投资收益；符合条件的非营利组织的收入。

施工企业的下列所得，可以免征、减征企业所得税：从事国家重点扶持的公共基础设施项目投资经营的所得；从事符合条件的环境保护、节能节水项目的所得；符合条件的技术转让所得等。

施工企业的下列支出，可以在计算应纳税所得额时加计扣除：开发新技术、新产品、新工艺发生的研究开发费用；安置残疾人员及国家鼓励安置的其他就业人员所支付的工资。

创业投资企业从事国家需要重点扶持和鼓励的创业投资，可以按投资额的一定比例抵扣应纳税所得额。企业综合利用资源，生产符合国家产业政策规定的产品所取得的收入，可以

在计算应纳税所得额时减计收入。企业购置用于环境保护、节能节水、安全生产等专用设备的投资额，可以按一定比例实行税额抵免。

（四）所得税会计核算的账务处理

本书对所得税的会计核算，以资产负债表债务法为例，所得税对应的会计核算科目有"应交税费——所得税""所得税费用——当期所得税费用""所得税费用——递延所得税费用""递延所得税资产""递延所得税负债"。

资产负债表债务法下所得税费用核算有以下三个步骤：

第一步，计算当期（应缴）所得税。

第二步，计算暂时性差异的影响额，分别确认递延所得税资产和递延所得税负债期末余额。

暂时性差异是指资产或负债的账面价值与其计税基础之间的差额；未作为资产和负债确认的项目，按照税法规定可以确定其计税基础的，该计税基础与其账面价值之间的差额也属于暂时性差异。暂时性差异分为应纳税暂时性差异和可抵扣暂时性差异，应纳税暂时性差异形成递延所得税负债，可抵扣暂时性差异形成递延所得税资产。

第三步，计算所得税费用。

1. 计算当期所得税费用

在资产负债表日，当期所得税费用的计算公式如下：

$$当期所得税费用 = 应纳税所得额 \times 适用税率$$

会计分录如下：

1) 计算当期应缴纳所得税时：

借：所得税费用——当期所得税费用
　　贷：应交税费——应交所得税

2) 特殊行业税费返还时：

借：应交税费——应交所得税
　　贷：所得税费用——当期所得税费用

2. 递延所得税的确认

企业应在资产负债表日，分别确认递延所得税资产和递延所得税负债期末余额；对企业合并等特殊交易或事项，在确认资产、负债时分别确认递延所得税资产和递延所得税负债。

基本核算步骤如下：

第一步，确定资产、负债的账面价值。

第二步，确定资产、负债的计税基础。

第三步，比较账面价值与计税基础，确定暂时性差异。

第四步，确认递延所得税资产及负债。

第五步，确定利润表中的所得税费用（递延所得税费用）。

（1）首次确定

1) 时间为确认相关资产、负债的首个资产负债表日或企业合并的购买日。

2) 计算方法和分录如下：

① 递延所得税资产和递延所得税收益（商誉、资本公积）的计算公式如下：

$$递延所得税资产应有余额 = 可抵扣暂时性差异 \times 适用税率$$

本期应确认的递延所得税收益=递延所得税资产应有余额
做如下会计分录：
借：递延所得税资产
　　贷：所得税费用——递延所得税费用
　　或　资本公积——其他资本公积
　　或　商誉等
② 递延所得税负债和递延所得税费用（商誉、资本公积）的计算公式如下：
　　　　　　递延所得税负债应有余额 = 应纳税暂时性差异 × 适用税率
本期确认的递延所得税费用=应确认的递延所得税负债
做如下会计分录：
借：所得税费用——递延所得税费用
　　或　资本公积——其他资本公积
　　或　商誉等
　　贷：递延所得税负债
（2）递延所得税的后续调整
1）时间为后续的资产负债表日。
2）计算方法和分录如下：
① 递延所得税资产和递延所得税收益（商誉、资本公积），计算公式如下：
递延所得税资产应有余额 = 可抵扣暂时性差异 × 适用税率
本期应确认的递延所得税收益 = 递延所得税资产应有余额 − 确认前账面余额
做如下会计分录：
借：递延所得税资产
　　贷：所得税费用——递延所得税费用
　　或　资本公积——其他资本公积
　　或　商誉等
② 递延所得税负债和递延所得税费用（商誉、资本公积）的计算公式如下：
递延所得税负债应有余额 = 应纳税暂时性差异 × 适用税率
本期确认的递延所得税费用 = 递延所得税负债应有余额 − 确认前账面余额
做如下会计分录：
借：所得税费用——递延所得税费用
或　资本公积——其他资本公积
　　或　商誉等
　　　贷：递延所得税负债
（3）计算"计入当期损益"的所得税费用或收益并列入"利润表"
"计入当期损益"的所得税费用或收益
= 当期所得税费用 + 递延所得税费用(－收益)
= 当期所得税费用 +（递延所得负债期末余额 − 期初余额）−
（递延所得资产期末余额 − 期初余额）
做如下会计分录：

借：本年利润
    贷：所得税费用——当期所得税费用
            ——递延所得税费用

【例11-26】 甲公司于2019年1月设立，采用资产负债表债务法核算所得税费用，适用的所得税税率为25%，甲公司2019年利润总额为6 000万元，当年发生的交易或事项中，会计规定与税法规定存在差异的项目如下：

1）2019年12月31日，甲公司应收账款余额为5 000万元，对该应收账款计提了500万元坏账准备。税法规定，企业按照应收账款期末余额的0.5%计提了坏账准备允许税前扣除，除已税前扣除的坏账准备外，应收款项发生实质性损失时允许税前扣除。

2）按照销售合同规定，甲公司承诺对销售的X产品提供3年免费售后服务。甲公司2019年销售的X产品预计在售后服务期间将发生的费用为400万元，已计入当期损益。税法规定，与产品售后服务相关的支出在实际发生时允许税前扣除。甲公司2019年没有发生售后服务支出。

3）2019年12月31日，甲公司Y产品的账面余额为2 600万元，根据市场情况对Y产品计提跌价准备400万元，计入当期损益。税法规定，该类资产在发生实质性损失时允许税前扣除。

4）2019年4月，甲公司自公开市场购入基金，作为交易性金融资产核算。取得成本为2 000万元，2019年12月31日该基金的公允价值为4 100万元，公允价值相对账面价值的变动已计入当期损益，持有期间基金未进行分配。税法规定，该类资产在持有期间公允价值变动不计入应纳税所得额，待处置时一并计算应计入应纳税所得额的金额。

其他相关资料如下：
1）假定预期未来期间甲公司适用的所得税税率不发生变化。
2）甲公司预计未来期间能够产生足够的应纳税所得额用以抵扣可抵扣暂时性差异。

要求：
1）确定甲公司上述交易或事项中资产、负债在2019年12月31日的计税基础，同时比较其账面价值与计税基础，计算所产生的应纳税暂时性差异或可抵扣暂时性差异的金额。
2）计算甲公司2019年应纳税所得额、应交所得税、递延所得税和所得税费用。
3）编制甲公司2019年确认所得税费用的会计分录（金额单位：万元）。

参考答案：
(1) 计算暂时性差异
1) 应收账款账面价值 = 5 000万元 − 500万元 = 4 500万元
应收账款计税基础 = 5 000万元 × (1 − 0.5%) = 4 975万元
应收账款形成的可抵扣暂时性差异 = 4 975万元 − 4 500万元 = 475万元
2) 预计负债账面价值 = 400万元
预计负债计税基础 = 400万元 − 400万元 = 0
预计负债形成的可抵扣暂时性差异 = 400万元
国债利息收入形成的暂时性差异 = 0
3) 存货账面价值 = 2 600万元 − 400万元 = 2 200万元

存货计税基础 = 2 600 万元

存货形成的可抵扣暂时性差异 = 400 万元

4) 交易性金融资产账面价值 = 4 100 万元

交易性金融资产计税基础 = 2 000 万元

交易性金融资产形成的应纳税暂时性差异 = 4 100 万元 − 2 000 万元 = 2 100 万元

(2) 计算所得税费用

1) 应纳税所得额：(6 000 + 475 + 400 + 400 − 2 100) 万元 − 200 万元 = 4 975 万元

2) 应交所得税：4 975 万元 × 25% = 1 243.75 万元

3) 递延所得税：[(475 + 400 + 400) − 2 100] 万元 × 25% = − 206.25 万元

4) 所得税费用：(1 243.75 + 206.25) 万元 = 1 450 万元

(3) 会计分录

借：所得税费用——当期所得税费用　　　　　　　　　　　　1243.75
　　　　　　——递延所得税费用　　　　　　　　　　　　　　206.25
　　递延所得税资产　　　　　　　　　　　　　　　　　　　318.75
　　贷：应交税费——应交所得税　　　　　　　　　　　　　1 243.75
　　　　递延所得税负债　　　　　　　　　　　　　　　　　525

第三节　利润的会计核算

一、利润的构成

(一) 营业利润

营业利润 = 营业收入 − 营业成本 − 税金及附加 − 销售费用 − 管理费用 − 财务费用 − 资产减值损失等 + 公允价值变动收益(− 公允价值变动损失) + 投资收益(− 投资损失)

1) 营业收入，是指企业经营业务所确定的收入总额，包括主营业务收入和其他业务收入。

主营业务收入，是指企业为完成其经营目标从事的经常性活动实现的收入。如施工企业的建造合同收入、工业企业的产品销售收入、房地产企业的楼盘销售收入、勘测设计企业的勘测设计科研收入等。

其他业务收入，是指企业为完成其经营目标从事的经常性活动相关的活动实现的收入，也就是企业除主营业务收入以外的其他销售或其他业务的收入。如施工企业物资配送部门对外销售材料、设备出租等取得的收入。

施工企业在完成建造合同后出售残余物资取得的收益不计入收入，而应冲减建造合同成本。

2) 营业成本，是指企业经营业务所发生的实际成本总额，包括主营业务成本和其他业务成本。

主营业务成本，是指企业经营主营业务发生的与主营业务收入相配比的成本。

其他业务成本，是指企业除主营业务以外的其他销售或其他业务所发生的与其他业务收入相配比的成本。

3）税金及附加，是指企业经营活动发生的消费税、城市维护建设税、资源税和教育费附加等相关税费（不包含增值税、所得税等有关税费）。主营业务活动和其他经营活动发生的相关税费，均在税金及附加中核算。

4）资产减值损失，是指企业计提各项资产减值准备所形成的损失。

5）公允价值变动收益（或损失），是指企业交易性金融资产等公允价值变动形成的应计入当期损益的利得（或损失）。

6）投资收益，是指企业以各种方式对外投资所取得的收益（或发生的损失）。

（二）利润总额

$$利润总额 = 营业利润 + 营业外收入 - 营业外支出$$

其中，营业外收入（或支出）是指企业发生的与日常活动无直接关系的各项利得（或损失）。

（三）净利润

$$净利润 = 利润总额 - 所得税费用$$

其中，所得税费用是指企业确认的应从当期利润总额中扣除的所得税费用。

二、其他业务的会计核算

1. 其他业务的内容

施工企业的其他业务主要有材料销售业务、机械作业业务、出租固定资产业务、出租无形资产业务和其他经营业务等。

2. 科目设置

企业应当设置"其他业务收入""其他业务成本"和"税金及附加"科目对发生的其他业务进行核算。

3. 账务处理

1）企业发生其他业务按照收入准则确认收入实现时，会计分录如下：

借：银行存款等
　　贷：其他业务收入

2）企业确认与其他业务收入相配比的成本时，会计分录如下：

借：其他业务成本
　　贷：原材料、累计折旧、累计摊销、银行存款等

3）企业按规定计算确定的与其他业务相关的税费，会计分录如下：

借：税金及附加
　　贷：应交税费

【例11-27】甲公司是一家大型施工企业，其机械租赁中心2019年12月份对外出租机械取得租金收入70 000元存入银行，机械租赁中心担负对外出租机械的司机工资5 000元，设备折旧40 000元，油料及修理费由承租方负担，假定按照9%的税率缴纳增值税、7%的税率缴纳城建税、3%的税率缴纳教育费附加，则该机械租赁中心的账务处理如下：

1）确认取得租金收入时：

借：银行存款　　　　　　　　　　　　　　　　　　　　　76 300

    贷：其他业务收入   70 000
      应交税费——应交增值税（销项税额）(70 000×9%＝6 300) 6 300
 2）确认发生的其他业务成本时：
 借：其他业务成本   45 000
    贷：应付职工薪酬   5 000
      累计折旧   40 000
 3）计算相关税费时：
 借：税金及附加   630
    贷：应交税费——应交城市维护建设税（6 300×7%＝441）   441
        ——应交教育费附加（6 300×3%＝189）   189

三、营业外收支的会计核算

  营业外收支，是指企业发生的与日常活动无直接关系的各项收支。营业外收支虽然与企业生产经营活动没有多大的关系，但从企业主体来考虑，同样带来收入或形成企业的支出，也是增加或减少利润的因素，对企业的利润总额及净利润产生较大的影响。
  企业在进行会计核算时，应当区别营业外收入和营业外支出的核算，不得以营业外支出直接冲减营业外收入，也不得以营业外收入冲减营业外支出。

（一）营业外收入的会计核算

1. 营业外收入的内容

  营业外收入是指企业发生的与日常活动无直接关系的各项利得。营业外收入并不是由企业经营资金耗费所产生的，不需要企业付出代价，实际上是一种纯收入，不可能也不需要与有关费用进行配比。因此在会计核算上，应当严格区分营业外收入与营业收入的界限。
  营业外收入主要包括非流动资产处置利得、非货币性资产交换利得、债务重组利得、政府补助、盘盈利得、捐赠利得等。
  非流动资产处置利得包括固定资产处置利得和无形资产出售利得。固定资产处置利得是指企业出售固定资产所取得的价款或报废固定资产的材料价值和变价收入等，扣除固定资产的账面价值、清理费用、处置相关税费后的净收益；无形资产出售利得是指企业出售无形资产所取得的价款扣除出售无形资产的账面价值、出售相关税费的净收益。
  非货币性资产交换利得是指在非货币性资产交换中换出资产为固定资产、无形资产的，换入资产公允价值大于换出资产账面价值的差额，扣除相关费用后计入营业外收入的金额。
  债务重组利得是指重组债务的账面价值超过清偿债务的现金、非现金资产的公允价值、所转股份的公允价值，或者重组后债务账面价值之间的差额。
  政府补助是指企业从政府无偿取得货币性资产或非货币性资产形成的利得。政府补助按补助的内容划分，主要包括财政拨款、财政贴息、税收返还和无偿划拨非货币性资产。
  盘盈利得是指企业对于现金等清查盘点中盘盈的资产，报经批准后计入营业外收入的金额。
  捐赠利得是指企业接受捐赠产生的利得。

2. 科目设置

  企业应设置"营业外收入"科目，并按各营业外收入项目设置以下明细科目：非流动资产处置利得、非货币性资产交换利得、债务重组利得、政府补助、盘盈利得、捐赠利得、罚款净收入、赔偿金收入、违约金收入、滞纳金收入、其他。

3. 账务处理

1) 企业出售、转让、报废固定资产或发生固定资产毁损，应当将处置收入扣除账面价值和相关税费后的金额计入当期损益。固定资产清理取得的净收益，按照固定资产清理的账面余额确定，会计分录如下：

借：固定资产清理
　　贷：营业外收入——非流动资产处置利得

【例11-28】 甲公司有一台设备，因使用期满经批准报废。该设备原价为 200 000 元，累计已计提折旧 185 000 元，计提固定资产减值准备 5 000 元。在清理过程中，以银行存款支付清理费用 5 000 元，收到残料变卖收入 10 000 元，应支付相关税费 300 元。甲公司固定资产清理科目的贷方余额 = 10 000 元 -（200 000 - 185 000 - 5 000）元 - 5 000 元 - 300 元 = 5 300 元，甲公司的账务处理如下：

借：固定资产清理　　　　　　　　　　　　　　　　　　　　　　5 300
　　贷：营业外收入——非流动资产处置利得　　　　　　　　　　　　5 300

2) 企业出售无形资产时，应按实际收到的金额，做如下会计分录：

借：银行存款、累计摊销、无形资产减值准备
　　贷：应交税费、无形资产、营业外收入——非流动资产处置利得

3) 非货币性资产交换利得，按照换出资产的账面价值低于换入资产的公允价值的金额，扣除相关税费后，做如下会计分录：

借：固定资产、原材料、应交税费等
　　贷：固定资产清理、银行存款、营业外收入——非货币性资产交换利得等

4) 盘盈利得，例如现金盘盈，按照确定的价值，做如下会计分录：

借：待处理财产损溢
　　贷：营业外收入——盘盈利得

注：盘盈的固定资产作为前期差错处理，在按管理权限报经批准处理前，应先通过"以前年度损益调整"科目核算；盘盈的存货应按其重置成本作为入账价值，并通过"待处理财产损溢"科目进行会计处理，按管理权限报经批准后，冲减当期管理费用；现金短缺属于无法查明的其他原因，根据管理权限报经批准后计入"管理费用"科目。

5) 捐赠利得。企业接受捐赠，按照实际收到金额，做如下会计分录：

借：银行存款
　　贷：营业外收入——捐赠利得

6) 罚款净收入、赔偿金收入、违约金收入、滞纳金收入，按照实际发生数额，做如下会计分录：

借：银行存款
　　贷：营业外收入——罚款净收入等

7) 企业应当通过"营业外收入"科目，核算营业外收入的取得和结转情况。期末应将该科目余额转入"本年利润"科目，结转后该科目无余额。期末结转时，做如下会计分录：

借：营业外收入
　　贷：本年利润

（二）营业外支出的会计核算

1. 营业外支出的内容

营业外支出是指企业发生的与日常活动无直接关系的各项损失。营业外支出主要包括非流动资产处置损失、非货币性资产交换损失、债务重组损失、公益性捐赠支出、非常损失、盘亏损失等。

非流动资产处置损失包括固定资产处置损失、无形资产出售损失和无形资产报废损失。固定资产处置损失是指企业出售、转让固定资产所取得价款或报废、毁损固定资产的材料价值和变价收入等，不足抵补处置固定资产的账面价值、清理费用、处置相关税费后的，属于生产经营期间正常的处置净损失；无形资产出售损失是指企业出售无形资产所取得的价款，不足抵补出售无形资产的账面价值、出售相关税费的净损失。

非货币性资产交换损失是指在非货币性资产交换中换出资产为固定资产、无形资产的，换入资产公允价值小于换出资产账面价值的差额，扣除相关费用后计入营业外支出的金额。

债务重组损失是指重组债权的账面余额与受让资产的公允价值、所转股份的公允价值，或者重组后债权的账面价值之间的差额。

公益性捐赠支出是指企业对外进行公益性捐赠发生的支出。

非常损失是指企业对于因客观因素（如自然灾害等）造成的损失，在扣除保险公司或过失人赔偿后计入营业外支出的净损失。

盘亏损失是指企业对于在财产清查中盘亏固定资产的账面价值扣除保险赔偿或过失人赔偿，按管理权限报经批准后计入营业外支出的部分。

2. 科目设置

企业应设置"营业外支出"科目，并按各营业外支出项目设置以下明细科目：非流动资产处置损失、非货币性资产交换损失、债务重组损失、公益性捐赠支出、非常损失、盘亏损失、罚款支出、赔偿支出、违约金支出、滞纳金支出和其他。

3. 账务处理

1) 企业出售、转让、报废固定资产或发生固定资产毁损，应当将处置收入扣除账面价值和相关税费后的金额计入当期损益。固定资产清理完成后的净损失，属于生产经营期间正常的处置损失，会计分录如下：

借：营业外支出——非流动资产处置损失
　　贷：固定资产清理

属于生产经营期间由于自然灾害等非正常原因造成的损失，会计分录如下：

借：营业外支出——非常损失
　　贷：固定资产清理

2) 企业在财产清查中盘亏的固定资产，按管理权限报经批准后处理时，会计分录如下：

借：其他应收款
　　营业外支出——盘亏损失
　　贷：待处理财产损溢

3) 企业出售无形资产时，会计分录如下：
借：银行存款、累计摊销、无形资产减值准备、营业外支出——非流动资产处置损失
　　贷：应交税费、无形资产

4) 企业拥有的无形资产预期不能为企业带来未来经济利益，则该项无形资产不再符合无形资产定义，应将其报废并予以转销，转销时，会计分录如下：
借：累计摊销、无形资产减值准备、营业外支出——非流动资产处置损失
　　贷：无形资产

5) 企业存货发生的盘亏或毁损，按管理权限报经批准后，属于自然灾害等非常原因造成的存货毁损，应先扣除处置收入（如残料价值）、可以收回的保险赔偿和过失人赔偿，将净损失计入"营业外支出——非常损失"科目，会计分录如下：
借：银行存款、其他应收款、营业外支出——非常损失等
　　贷：待处理财产损溢

存货发生的盘亏或毁损，按管理权限报经批准后，属于计量收发差错和管理不善等原因造成的存货短缺，应先扣除残料价值、可以收回的保险赔偿和过失人赔偿，将净损失计入"管理费用"科目。

6) 企业发生固定资产的对外公益性捐赠，会计分录如下：
借：营业外支出——公益性捐赠支出、累计折旧、固定资产减值准备
　　贷：固定资产、原材料、银行存款、应交税费等

7) 非货币性资产交换利得。在非货币性资产交换中换出资产为固定资产、无形资产的，按照换出资产的账面价值大于换入资产的公允价值的金额，扣除相关税费后，会计分录如下：
借：固定资产、营业外支出——非货币性资产交换损失
　　贷：固定资产清理等

8) 罚款支出、赔偿金支出、违约金支出、滞纳金支出，按照实际发生数额，会计分录如下：
借：营业外支出——罚款支出等
　　贷：银行存款等

9) 期末将"营业外支出"科目的余额转入"本年利润"科目，结转后该科目无余额。期末结转时，会计分录如下：
借：本年利润
　　贷：营业外支出

四、政府补助的会计核算

(一) 政府补助的定义及主要形式

政府补助是指企业从政府无偿取得货币性资产或非货币性资产，但不包括政府作为企业所有者投入的资本。政府补助具有以下主要特征：①无偿性；②直接取得资产；③政府资本性投入不属于政府补助。

政府补助的主要形式有以下几种：

1. 财政拨款

财政拨款是指政府为了支持企业而无偿拨付的款项，政府在批准拨款时就规定了资金的具体用途。比如，职工再就业补贴、自然灾害补贴、工程项目取得的财政部门拨付的扶持奖励基金（或补贴）等均属于财政拨款。

2. 财政贴息

财政贴息是指政府为支持特定领域或区域的发展、根据国家宏观经济形势和政策目标，对承贷企业的银行贷款利息给予的补贴。

3. 税收返还

税收返还是指政府按照国家有关规定采取先征后返（退），即征即退等办法向企业返还的税款，属于以税收优惠形式给予的一种政府补助。

除了税收返还之外，税收优惠还包括直接减征、免征、增加计税抵扣额、抵免部分税额等形式。这类税收优惠体现了政策导向，但政府并未直接向企业无偿提供资产，因此不作为《企业会计准则第 16 号——政府补助》规范的政府补助处理。由于增值税是价外税，出口货物前道环节所含的进项税额是抵扣项目，体现为企业垫付资金的性质，增值税出口退税实质上是政府归还企业事先垫付的资金，也不属于政府补助。

4. 无偿划拨非货币性资产

属于无偿划拨非货币性资产的情况主要有无偿划拨土地使用权、天然起源的天然林等。政府补助通常为货币性资产形式，但也存在补助非货币性资产的情况。

(二) 政府补助的分类

根据《企业会计准则第 16 号——政府补助》规定，政府补助应当划分为与资产相关的政府补助和与收益相关的政府补助，这是因为两类政府补助给企业带来经济利益或者弥补相关成本或费用的形式不同，从而在具体账务处理上存在差别。

1. 与资产相关的政府补助

与资产相关的政府补助是指企业取得的、用于购建或以其他方式形成长期资产的政府补助。

2. 与收益相关的政府补助

与收益相关的政府补助是指除与资产相关的政府补助之外的政府补助。

(三) 政府补助的账务处理

企业收到的政府补助，应当采用收益法中的总额法进行确认。收益法中的总额法是指在确认政府补助时，将其全额确认为收益，而不是作为相关资产账面余额或者费用的扣减。

1. 与资产相关的政府补助

企业取得与资产相关的政府补助，不能全额确认为当期收益，应当随着相关资产的使用逐渐计入以后各期的收益。

与资产相关的政府补助通常为货币性资产形式，企业在实际收到款项时的会计分录如下：

借：银行存款等
　　贷：递延收益

将政府补助用于购建长期资产时，相关长期资产购建与企业正常的资产购建或研发处理一致，通过"在建工程""研发支出"等科目归集，完成后转为固定资产或无形资产。自相关长期资产可供使用时起，在相关长期资产计提折旧或摊销时，按照长期资产的预计使用期限，将递延收益平均分摊转入当期损益，会计分录如下：

借：递延收益
　　贷：营业外收入

相关长期资产在使用寿命结束前或结束时被处置（出售、转让、报废等），尚未分摊的递延收益余额应当一次性转入资产处置当期的收益，不再予以递延。

【例11-29】 2011年2月，甲公司需购置一台科研设备，预计价款为550万元，因资金不足，按相关规定向政府有关部门提出补助216万元的申请。2011年3月1日，政府批准了甲公司的申请并拨付甲公司216万元财政拨款（同日到账）。2011年4月30日，甲公司购入不需安装的科研设备，实际成本为540万元，使用寿命为10年，采用直线法计提折旧（假设无残值）。2019年4月，甲公司出售了这台设备，取得价款125万元（不考虑其他因素）。

甲公司的账务处理如下：

1) 2011年3月1日实际收到财政拨款时，确认政府补助：

借：银行存款　　　　　　　　　　　　　　　　　　　　　2 160 000
　　贷：递延收益　　　　　　　　　　　　　　　　　　　　　　2 160 000

2) 2011年4月30日购入设备时：

借：固定资产　　　　　　　　　　　　　　　　　　　　　5 400 000
　　贷：银行存款　　　　　　　　　　　　　　　　　　　　　　5 400 000

3) 自2011年5月起每个资产负债表日（月末）计提折旧，同时分摊递延收益：

①计提折旧时：

借：管理费用　　　　　　　　　　　　　　　　　　　　　　 45 000
　　贷：累计折旧　　　　　　　　　　　　　　　　　　　　　　　45 000

②摊递延收益（月末）时：

借：递延收益　　　　　　　　　　　　　　　　　　　　　　 18 000
　　贷：营业外收入　　　　　　　　　　　　　　　　　　　　　　18 000

4) 2019年4月出售设备，同时转销递延收益余额：

① 出售设备时：

借：固定资产清理　　　　　　　　　　　　　　　　　　　1 080 000
　　累计折旧　　　　　　　　　　　　　　　　　　　　　　4 320 000
　　贷：固定资产　　　　　　　　　　　　　　　　　　　　　　5 400 000
借：银行存款　　　　　　　　　　　　　　　　　　　　　1 250 000
　　贷：固定资产清理　　　　　　　　　　　　　　　　　　　　1 080 000
　　　　营业外收入　　　　　　　　　　　　　　　　　　　　　　170 000

② 转销递延收益时：

借：递延收益　　　　　　　　　　　　　　　　　　　　　　432 000
　　贷：营业外收入　　　　　　　　　　　　　　　　　　　　　　432 000

2. 与收益相关的政府补助

与收益相关的政府补助应当在其补偿的相关费用或损失发生的期间计入当期损益，即用于补偿企业以后期间费用或损失的，在取得时先确认为递延收益，然后在确认相关费用的期间计入当期营业外收入；用于补偿企业已发生费用或损失的，取得时直接计入当期营业外收入。

企业在日常活动中按照固定的定额标准取得的政府补助，应当按照应收金额计量，会计分录如下：

借：其他应收款
　　贷：营业外收入或递延收益

不确定的或者在非日常活动中取得的政府补助，应当按照实际收到的金额计量，会计分录如下：

借：银行存款等
　　贷：营业外收入或递延收益

涉及按期分摊递延收益的，会计分录如下：

借：递延收益
　　贷：营业外收入

【例11-30】 2019年9月，甲公司按照有关规定为其自主创新的某高新技术项目申请政府财政贴息，申报材料中表明该项目已于2019年3月启动，预计共需投入资金3 000万元，项目期两年半，已投入资金600万元。项目尚需新增投资2 400万元，其中计划贷款1 000万元，已与银行签订贷款协议，协议规定贷款年利率6%，贷款期两年。

经审核，2019年11月政府批准拨付甲公司贴息资金100万元，分别在2020年10月和2021年10月支付48万元和52万元。甲公司的账务处理如下：

1）2020年10月实际收到贴息资金48万元时：

借：银行存款　　　　　　　　　　　　　　　　　　　　　　480 000
　　贷：递延收益　　　　　　　　　　　　　　　　　　　　　480 000

2）2020年10月起，在项目期内分配递延收益（假设按月分配）：

借：递延收益　　　　　　　　　　　　　　　　　　　　　　 40 000
　　贷：营业外收入　　　　　　　　　　　　　　　　　　　　 40 000

3）2021年10月实际收到贴息资金52万元时：

借：银行存款　　　　　　　　　　　　　　　　　　　　　　520 000
　　贷：营业外收入　　　　　　　　　　　　　　　　　　　　520 000

五、本年利润的会计核算

1. 科目设置

企业应设置"本年利润"科目，核算当期实现的净利润（或发生的净亏损）。该科目的贷方余额为当期实现的净利润，借方余额为当期发生的净亏损。

2. 账务处理

（1）期末结转利润　会计期末，将"主营业务收入""其他业务收入""营业外收入"

等科目的余额转入"本年利润"科目的贷方；将"主营业务成本""其他业务成本""税金及附加""销售费用""管理费用""财务费用""资产减值损失""营业外支出""所得税费用"等科目的余额转入"本年利润"科目的借方；将"投资收益""公允价值变动损益"科目的净收益（或净损失）转入"本年利润"科目的贷方（或借方）。

1) 结转各项收入、收益时，会计分录如下：
借：主营业务收入
　　其他业务收入
　　营业外收入
　　投资收益
　　公允价值变动损益
　　贷：本年利润

2) 结转各项成本及其他支出时，会计分录如下：
借：本年利润
　　贷：主营业务成本
　　　　税金及附加
　　　　其他业务成本
　　　　销售费用
　　　　管理费用
　　　　财务费用
　　　　资产减值损失
　　　　公允价值变动损益
　　　　投资收益
　　　　营业外支出
　　　　所得税费用

(2) 年度终了的账务处理　年度终了，将本年收入和支出相抵后结出的本年实现的净利润转入"利润分配——未分配利润"科目，会计分录如下：
借：本年利润
　　贷：利润分配——未分配利润

如为净亏损，做相反会计分录，结转后"本年利润"科目应无余额。

思考题

1. 简述建造合同收入和成本的构成。
2. 简述固定造价合同的结果能够可靠估计的条件。
3. 简述合同结果不能够可靠估计时的处理。
4. 简述对视同销售的理解，并举例说明。
5. 某企业签订了一项合同总金额为 1 000 万元的固定造价合同（不含增值税），合同规定的工期为 3 年。假定第 1 年履约进度为 30%，第 2 年履约进度为 80%，前两年的合同预计总成本均为 800 万元，第三年工程全部完成，累计实际发生合同成本 750 万元。

要求：计算各年度应确认的合同收入并编制相应的会计分录。

6. 立远建筑公司签订了一项总金额为 2 000 万元（不含税）的工程承包合同，承建了一项铁路工程，该项工程于 2015 年 1 月 1 日开工，合同规定的建造日期为 3 年。从 2015 年 1 月 1 日至 2015 年 12 月 31 日，预计的合同总成本为 1 500 万元。到 2016 年年底，由于原材料价格上涨等原因，调整了预计总成本，预计总成本为 2 100 万元。该项工程在 2017 年 12 月 31 日完工，由于工程质量较好，客户支付奖励款 300 万元。假定立远建筑公司承建的该项工程在各年发生的成本支出均为职工薪酬，建造该工程的其他资料见表 11-5 所示。

表 11-5　建造工程其他资料　　　　　　　　　　　（单位：万元）

项　　目	2015 年 12 月 31 日	2016 年 12 月 31 日	2017 年 12 月 31 日
至目前为止已发生的成本	600	1 470	2 100
完成合同尚需发生的成本	900	630	0
已结算的工程价款	900	600	800
实际收到的价款（含税）	660	550	1 320

要求：1）确定 2015 年、2016 年的合同履约进度。
　　　2）计算确认各年的收入。
　　　3）编制 2015 年至 2017 年各年的有关会计分录。

7. 某施工企业月初对外销售预制构件一批，不含税售价为 25 200 元，增值税税额为 3 276 元。以银行存款代垫运杂费 1 600 元，货已运达购货单位，委托银行收款手续已办妥。

要求：1）编制开出销售发票、确认销售收入时的会计分录。
　　　2）编制收到货款时的会计分录。

第十二章
施工企业其他经营活动的会计核算

● **本章主要知识点**：施工企业内部往来的会计核算（施工企业内部往来概述、内部往来核算）；施工企业或有事项的会计核算（或有事项概述、或有事项的列报、或有事项的应用）；施工企业分包工程的会计核算（分包工程程序及核算、分包工程资金的管理）。

● **本章重点和难点**：施工企业内部往来的会计核算、施工企业或有事项的会计核算、施工企业分包工程的会计核算。

第一节 施工企业内部往来的会计核算

一、施工企业内部往来概述

施工企业的内部往来是指施工企业与其内部独立核算单位之间，或各内部独立核算单位之间，由于工程价款结算、产品和材料销售及提供劳务等业务发生的各种应收、应付、暂收、暂付款项。

"内部往来"科目应按内部同级单位和上下级单位设置二级明细科目，在二级明细科目下按内部单位名称进行明细核算。发生债权的经济业务记本科目的借方，发生债务的经济业务记本科目的贷方，一般由债权单位向债务单位发送列账通知书，季末各单位往来要核对相符并办理签认手续。期末根据本科目余额方向来判断是属于债权还是债务，即余额在借方表示债权，在贷方表示债务。

施工企业的内部往来业务单独进行核算，一方面有利于各独立核算的内部单位之间相互进行对账；另一方面在编制会计报表的时候，从会计主体出发，将一个会计主体内部各单位之间的往来业务予以对冲，便于真实地反映一个会计主体的财务状况。需要注意的是，施工企业与内部独立核算的单位（附属单位）之间有关生产周转资金的下拨、上缴，不属于"内部往来"账户核算的内容，应通过"拨付所属资金"和"上级拨入资金"账户核算。

二、内部往来核算

（一）内部往来的结算凭证

为了确保企业与其内部独立核算单位之间及各内部独立核算单位之间往来款项的记录相互一致，企业应使用"内部往来记账通知单"（见表12-1），由经济业务发生单位（债务单位）填制，送交对方（债权单位）及时记账，并由对方核对后及时将副联退回。

表 12-1　内部往来记账通知单

××年×月×日

应付单位	第一工程处				应收单位			第二工程处			
结算项目	提供机械化施工										
结算金额	人民币（大写）：肆仟元整	千	百	十	万	千	百	十	元	角	分
					¥	4	0	0	0	0	0
应付单位： 经办人					应收单位： 经办人						

（二）内部往来款项的核算操作

1. 内部往来结算的主要形式

企业与其内部独立核算单位之间的应收、应付款的结算业务，通常有两种结算形式：一是通过企业集中结算，即各单位之间的往来结算，都要作为各单位与企业之间的往来结算，通过企业办理结算手续；二是各单位直接办理结算，定期通过企业集中办理对账、转账手续。

2. "内部往来"账户的核算内容

为了核算和监督内部往来款项的形成及清偿情况，企业应设置"内部往来"账户。"内部往来"账户属于资产类账户，用来核算企业内部单位之间发生的债权债务。其借方反映企业与其内部独立核算单位及各内部独立核算单位之间发生的各种应收、暂收和转销的应付、暂收的款项，即债权的发生和债务的清偿；贷方反映企业与其内部独立核算单位及各内部独立核算单位之间的应付、暂收和转销的应收、暂付款项，即债务的发生和债权的减少；各明细账户的期末借方余额合计反映应收内部单位的款项，贷方余额合计反映应付内部单位的款项。本账户的期末余额应与内部独立核算单位各明细账户的借方余额合计与贷方余额合计的差额相等，企业应在"内部往来"账户下按内部单位设置明细账户。

3. 内部往来款项的核算操作

（1）公司财务部发生内部往来业务

1）为项目部垫付各种款项时：

借：内部往来——单位间往来——×单位
　　贷：银行存款（现金）

2）收到项目部转来代付、代列有关款项时：

借：有关科目
　　贷：内部往来——单位间往来——×单位

3）季末结算项目部债权单位转来与其他项目部往来经核对相符的余额时：

借：内部往来——单位间往来——A 单位
　　贷：内部往来——单位间往来——甲单位

（2）项目部发生内部往来业务

1）为其他项目部和公司财务部垫付各种款项时：

借：内部往来——上下级往来——财务部

　　　　　——单位间往来——甲单位
　　贷：银行存款（现金）
2）收到其他项目部和公司财务部转来代付、代列有关款项时：
借：有关科目
　　贷：内部往来——上下级往来——财务部
　　　　　——单位间往来——甲单位
3）季末与其他项目部往来相符余额转公司财务部，债权单位发列账通知书时：
借：内部往来——单位间往来——A单位
　　贷：内部往来——上下级往来——财务部
或
借：内部往来——上下级往来——财务部
　　贷：内部往来——单位间往来——A单位

【例12-1】　某建筑公司委托内部独立核算的运输队为公司运输办公用具，发生运输作业费2 000元，运输队应填制"内部往来记账通知单"一式两联，一联自留，一联连同所附单证交给公司，会计处理如下：

1）公司财务部门确认支出时：

借：管理费用　　　　　　　　　　　　　　　　　　　　　　2 000
　　贷：内部往来——运输队　　　　　　　　　　　　　　　　　　2 000

2）公司财务部门实际支付款项时：

借：内部往来——运输队　　　　　　　　　　　　　　　　　　2 000
　　贷：银行存款　　　　　　　　　　　　　　　　　　　　　　2 000

3）运输队确认收入时：

借：内部往来——公司　　　　　　　　　　　　　　　　　　　2 000
　　贷：其他业务收入　　　　　　　　　　　　　　　　　　　　2 000

4）运输队实际收到款项时：

借：银行存款　　　　　　　　　　　　　　　　　　　　　　　2 000
　　贷：内部往来——公司　　　　　　　　　　　　　　　　　　　2 000

【例12-2】　某建筑公司内部独立核算的材料供应站将一批钢材销售给一工区，价款为12万元，通过公司集中结算。材料供应站应填制"内部往来记账通知单"一式三联，一联自留，其余两联连同所附单证交送公司财会部门，公司留下一联，另一联连同单证交给一工区，会计处理如下：

1）材料供应站确认收入时：

借：内部往来——公司　　　　　　　　　　　　　　　　　　120 000
　　贷：其他业务收入　　　　　　　　　　　　　　　　　　　120 000

2）公司结算款项时：

借：内部往来——一工区　　　　　　　　　　　　　　　　　120 000
　　贷：内部往来——材料供应站　　　　　　　　　　　　　　120 000

3）一工区购进材料时：

借：原材料　　　　　　　　　　　　　　　　　　　　120 000
　　贷：内部往来——公司　　　　　　　　　　　　　　　120 000

第二节　施工企业或有事项的会计核算

一、或有事项概述

（一）或有事项的概念

或有事项是指过去的交易或者事项形成的，其结果须由某些未来事项的发生或不发生才能决定的不确定事项。常见的或有事项包括未决诉讼或未决仲裁、债务担保、产品质量保证（含产品安全保证）、亏损合同、重组义务、承诺、环境污染整治等。或有事项具有以下特征：

1）或有事项是因过去的交易或者事项形成的。
2）或有事项的结果具有不确定性。
3）或有事项的结果须由未来事项决定。

（二）或有事项的分类

或有事项分为两类，包括或有资产和或有负债。

1. 或有资产

或有资产是指过去的交易或者事项形成的潜在资产，其存在须通过未来不确定事项的发生或不发生予以证实。或有资产作为一种潜在资产，其结果具有较大的不确定性，只有随着经济情况的变化，通过某些未来不确定事项的发生或不发生才能证实其是否会形成企业真正的资产。如某施工企业因施工平台垮塌造成严重的经济损失，经国家质量部门鉴定是施工平台本身的质量问题引起本次垮塌事故，该施工企业向法院起诉施工平台的生产企业，要求其赔偿损失。案件审理中，该施工企业是否胜诉及其胜诉金额尚难断定，对该施工企业而言，将来可能胜诉而获得的赔偿属于一项或有资产，但该项资产能否转化为本企业的资产，要由法院的判决结果确定。如果法院的判决结果为该施工企业胜诉，那么该或有资产就转化为该施工企业的资产。如果判决该施工企业败诉，那么或有资产就消失，也就不可能形成该施工企业的资产。

2. 或有负债

或有负债是指过去的交易或事项形成的潜在义务，其存在须通过未来不确定事项的发生或不发生予以证实；或过去的交易或事项形成的现时义务，履行该义务不是很可能导致经济利益流出企业或该义务的金额不能可靠地计量。

或有负债涉及两类义务：一类是潜在义务；另一类是现时义务。其中，潜在义务是指结果取决于不确定未来事项的可能义务。也就是说，潜在义务最终是否转变为现时义务，由某些未来不确定事项的发生或不发生才能决定。现时义务是指企业在现行条件下已承担的义务，该现时义务的履行不是很可能导致经济利益流出企业，或者该现时义务的金额不能可靠地计量。

履行或有事项相关义务导致经济利益流出的可能性，通常按照一定的概率区间加以判断。一般情况下，发生的概率分为以下几个层次，见表12-2。

表 12-2 概率区间

层　次	可能性 p
基本确定	$95\% < p \leqslant 100\%$
很可能	$50\% < p \leqslant 95\%$
可能	$5\% < p \leqslant 50\%$
极小可能	$0 < p \leqslant 5\%$

或有资产和或有负债不符合负债或资产的定义和确认条件，企业不应当确认或有负债和或有资产，而应当进行相应的披露。但是，随着时间的推移和事态的进展，或有负债对应的潜在义务可能转化为现时义务，原本不是很可能导致经济利益流出的现时义务也可能被证实将很可能导致经济利益流出企业，并且现时义务的金额也能够可靠地计量。这时或有负债就转化为企业的负债，应当予以确认。或有资产也是一样，其对应的潜在经济利益最终是否能够流入企业会逐渐变得明确，如果某一时点企业基本确定能够收到这项潜在经济利益并且其金额能够可靠地计量，则应当将其确认为企业的资产。

（三）或有事项的确认

或有事项形成的或有资产只有在企业基本确定能够收到的情况下，才转变为真正的资产，而予以确认。与或有事项有关的义务应当在同时符合以下三个条件时确认为负债，作为预计负债进行确认和计量：①该义务是企业承担的现时义务；②履行该义务很可能导致经济利益流出企业；③该义务的金额能够可靠地计量。

预计负债应当与应付账款、应计项目等其他负债进行严格区分，因为与预计负债相关的未来支出的时间或金额具有一定的不确定性。应付账款等是已收到或已提供的并已开出发票或已与供应商达成正式协议的货物或劳务应支付的负债，应计项目是已收到或已提供的但还未支付、未开出发票或未与供应商达成正式协议的货物或劳务应支付的负债。尽管有时需要估计应计项目的金额或时间，但是其不确定性通常远小于预计负债。应计项目经常作为应付账款和其他应付款的一部分进行列报，而预计负债则单独进行列报。

（四）对预计负债账面价值的复核

企业应当在资产负债表日对预计负债的账面价值进行复核。有确凿证据表明该账面价值不能真实反映当前最佳估计数的，应当按照当前最佳估计数对该账面价值进行调整。

二、或有事项的列报

（一）预计负债的列报

在资产负债表中，因或有事项而确认的负债（预计负债）应与其他负债项目相区别，单独反映。如果企业因多项或有事项确认了预计负债，在资产负债表上一般只需通过"预计负债"项目进行总括反映。在将或有事项确认为负债的同时，应确认一项支出或费用。这项费用或支出在利润表中不应单列项目反映，而应与其他费用或支出项目（如"销售费用""管理费用""营业外支出"等）合并反映。比如，企业因对其他单位提供债务担保确认负债时所确认的费用，在利润表中应作为"营业外支出"的组成部分予以反映。

同时，为了使会计报表使用者获得充分、详细的有关或有事项的信息，企业应在会计报

表附注中披露以下内容:
1) 预计负债的种类、形成原因以及经济利益流出不确定性的说明。
2) 各类预计负债的期初、期末余额和本期变动情况。
3) 与预计负债有关的预期补偿金额和本期已确认的预期补偿金额。

(二) 或有负债的披露

或有负债无论作为潜在义务还是现时义务,均不符合负债的确认条件,因而不予确认。但是,除非或有负债极小可能导致经济利益流出企业,否则企业应当在附注中披露有关信息,具体包括以下几点:

1) 或有负债的种类及其形成原因,包括已贴现商业承兑汇票、未决诉讼、未决仲裁、对外提供担保等形成的或有负债。
2) 对经济利益流出不确定性的说明。
3) 或有负债预计产生的财务影响,以及获得补偿的可能性;无法预计的,应当说明原因。

需要注意的是,在涉及未决诉讼、未决仲裁的情况下,如果披露全部或部分信息预期对企业会造成重大不利影响,企业无须披露这些信息,但应当披露该未决诉讼、未决仲裁的性质,以及没有披露这些信息的事实和原因。

【例 12-3】 甲上市公司为一家施工企业,施工过程中因混凝土外泄污染当地饮用水源,造成当地居民和牲畜中毒以及引起鱼类等死亡,对临近居民的身体健康造成严重损害,并造成财产的重大损失,为此,2019 年 11 月 11 日当地居民向法院提起诉讼,要求甲上市公司赔偿 1 000 万元,直到 2019 年 12 月 31 日,该诉讼尚未判决。

甲上市公司因案情复杂,无法估计赔偿金额,未确认预计负债。对此,在会计报表附注中应披露为或有事项:本公司因生产经营过程中发生意外事故,导致当地居民中毒并造成财产损失。当地居民向法院提起诉讼,要求本公司赔偿 1 000 万元,目前此案正在审理中。

(三) 或有资产的披露

或有资产作为一种潜在资产,不符合资产确认的条件,因而不予确认。企业通常不应当披露或有资产,但或有资产很可能会给企业带来经济利益的,应当披露其形成的原因、预计产生的财务影响等。

三、或有事项的应用

(一) 预计负债的计量

当与或有事项有关的义务符合确认为负债的条件时,应当将其确认为预计负债,预计负债应当按照履行相关现时义务所需支出的最佳估计数进行初始计量。此外,企业清偿预计负债所需支出还可能从第三方或其他方获得补偿。因此,或有事项的计量主要涉及两个问题:①最佳估计数的确定;②预期可获得补偿的处理。

1. 最佳估计数的确定

预计负债应当按照履行相关现时义务所需支出的最佳估计数进行初始计量。最佳估计数的确定应当分以下两种情况处理:

1) 所需支出存在一个连续范围(或区间,下同),且该范围内各种结果发生的可能性相同,则最佳估计数应当按照该范围内的中间值,即上下限金额的平均数确定。

2)所需支出不存在一个连续范围,或者虽然存在一个连续范围,但该范围内各种结果发生的可能性不相同,那么如果或有事项涉及单个项目,最佳估计数按照最可能发生金额确定;如果或有事项涉及多个项目,最佳估计数按照各种可能结果及相关概率计算确定。"涉及单个项目"是指或有事项涉及的项目只有一个,如一项未决诉讼、一项未决仲裁或一项债务担保等。"涉及多个项目"是指或有事项涉及的项目不止一个,如产品质量保证。在产品质量保证中,提出产品保修要求的可能有许多客户,相应地,企业对这些客户均负有保修义务。

【例12-4】 天安股份有限公司是一家施工企业,2019年3月2日,该公司涉及一起诉讼案。2019年12月31日,天安股份有限公司尚未接到法院的判决。在咨询了公司的法律顾问后,天安股份有限公司认为胜诉的可能性为40%,败诉的可能性为60%。如果败诉,需要赔偿400 000元。此时,天安股份有限公司在资产负债表中确认的预计负债金额应为最可能发生的金额,即400 000元。

【例12-5】 2019年11月1日,安建股份有限公司因施工合同违约而被山水公司起诉。2019年12月31日,安建股份有限公司尚未接到法院的判决。山水公司预计,如无特殊情况很可能在诉讼中获胜,假定山水公司估计将来很可能获得赔偿金额1 900 000元。通过法律顾问安建股份有限公司认为最终的法律判决很可能对公司不利。假定安建股份有限公司预计将要支付的赔偿金额、诉讼费等费用为1 600 000元至2 000 000元之间的某一金额,而且这个区间内每个金额的可能性都大致相同,其中诉讼费为30 000元。

此例中,山水公司不应当确认或有资产,而应当在2019年12月31日的报表附注中披露或有资产1 900 000元。

安建股份有限公司应在资产负债表中确认一项预计负债,金额为

(1 600 000 + 2 000 000)元÷2 = 1 800 000元

同时在2019年12月31日的报表附注中进行披露。

安建股份有限公司的有关账务处理如下:

借:管理费用——诉讼费　　　　　　　　　　　　　　　　　30 000
　　营业外支出　　　　　　　　　　　　　　　　　　　　1 770 000
　　贷:预计负债——未决诉讼　　　　　　　　　　　　　　1 800 000

2. 预期可获得补偿的处理

如果企业清偿因或有事项而确认的负债所需支出全部或部分预期由第三方或其他方补偿,则此补偿金额只有在基本确定能收到时,才能作为资产单独确认,确认的补偿金额不能超过所确认负债的账面价值。预期可能获得补偿的情况通常有:①发生交通事故等情况时,企业通常可从保险公司获得合理的赔偿;②在某些索赔诉讼中,企业可对索赔人或第三方另行提出赔偿要求;③在债务担保业务中,企业在履行担保义务的同时,通常可向被担保企业提出追偿要求。

企业预期从第三方获得的补偿是一种潜在资产,其最终是否真的会转化为企业真正的资产(即企业是否能够收到这项补偿)具有较大的不确定性,企业只能在基本确定能够收到

补偿时才能对其进行确认。根据资产和负债不能随意抵销的原则,预期可获得的补偿在基本确定能够收到时应当确认为一项资产,而不能作为预计负债金额的扣减。

【例12-6】 2019年12月31日,安建股份有限公司因或有事项而确认了一笔金额为200 000元的负债;同时,该公司因该或有事项,基本确定可从天意股份有限公司获得80 000元的赔偿。

本例中,安建股份有限公司应分别确认一项金额为200 000元的负债和一项金额为80 000元的资产,而不能只确认一项金额为200 000-80 000=120 000元的负债。同时,公司所确认的补偿金额80 000元不能超过所确认的负债的账面价值200 000元。

(二) 未决诉讼或未决仲裁

诉讼是指当事人不能通过协商解决争议,因而在人民法院起诉、应诉,请求人民法院通过审判程序解决纠纷的活动。诉讼尚未裁决之前,对于被告来说,可能形成一项或有负债或者预计负债;对于原告来说,则可能形成一项或有资产。

仲裁是指经济法的各方当事人依照事先约定或事后达成的书面仲裁协议,共同选定仲裁机构并由其对争议依法做出具有约束力裁决的一种活动。作为当事人一方,仲裁的结果在仲裁决定公布以前是不确定的,会构成一项潜在义务或现时义务,或者潜在资产。

【例12-7】 2019年9月1日,甲股份有限公司因工程承包合同违约而被乙公司起诉。2019年12月31日,尚未接到法院的判决。乙公司预计,如无特殊情况很可能在诉讼中获胜,假定乙公司估计将来很可能获得赔偿金额2 000 000元。在咨询了公司的法律顾问后,甲股份有限公司认为最终的法律判决很可能对本公司不利。假定甲股份有限公司预计将要支付的赔偿金额、诉讼费等费用为1 800 000元至2 000 000元之间的某一金额,而且这个区间内每个金额的可能性都大致相同,其中诉讼费为30 000元。

此例中,乙公司不应当确认或有资产,而应当在2019年12月31日的报表附注中披露或有资产2 000 000元。

甲股份有限公司应在资产负债表中确认一项预计负债,金额为

(1 800 000 + 2 000 000) 元 ÷ 2 = 1 900 000元

同时在2019年12月31日的报表附注中进行披露。

甲股份有限公司的有关账务处理如下:

借:管理费用——诉讼费 30 000
　　营业外支出 1 770 000
　　贷:预计负债——未决诉讼 1 800 000

对于未决诉讼,企业当期实际发生的诉讼损失金额与已计提的相关预计负债之间的差额,应分情况处理:

1) 企业在前期资产负债表日,依据当时实际情况和所掌握的证据合理预计了预计负债的,应当将当期实际发生的诉讼损失金额与已计提的相关预计负债之间的差额,直接计入或冲减当期营业外支出。

2) 企业在前期资产负债表日,依据当时实际情况和所掌握的证据,原本应当能够合理估计诉讼损失,但企业所做的估计却与当时的事实严重不符(如未合理预计损失或不恰当

地多计或少计损失），应当按照重大会计差错更正的方法进行处理。

3）企业在前期资产负债表日，依据当时实际情况和所掌握的证据，确实无法合理预计诉讼损失，因而未确认预计负债的，则在该项损失实际发生的当期，直接计入营业外支出。

4）资产负债表日后至财务报告批准报出日之间发生的需要调整或说明的未决诉讼，按照资产负债表日后事项的有关规定进行会计处理。

（三）债务担保

债务担保在企业中是较为普遍的现象。作为提供担保的一方，在被担保方无法履行合同的情况下，常常承担连带责任。从保护投资者、债权人的利益出发，客观、充分地反映企业因担保义务而承担的潜在风险是十分必要的。

【例 12-8】 甲施工企业为乙企业跟丙企业签订的架桥机购销合同提供保证，保证合同约定，乙企业在 2019 年 12 月 31 日前无法支付架桥机款时，由甲施工企业对该债务提供保证，该架桥机的价款为 500 万元，但未约定保证方式。由于乙企业近来资金困难，无法于 12 月 31 日完全支付货款，仅仅支付了 200 万元。丙企业要求甲施工企业支付剩余货款 300 万元，但甲施工企业以该保证合同为一般保证，乙企业的其他资产变卖是可以偿付剩余款项为由拒绝代为偿付。丙企业于 12 月 25 日向法院提起诉讼，至 12 月 31 日法院尚未对本案做出判决。

本例中，由于未约定保证方式，根据相关法律规定，未约定保证方式的保证，视为连带责任保证，根据目前乙企业的资金状况，丙企业的诉讼请求法院基本上会支持，甲施工企业需代乙企业偿还 300 万元的货款。在 2019 年 12 月 31 日，甲施工企业需预计 300 万元的预计负债。

借：营业外支出　　　　　　　　　　　　　　　　　　　　　3 000 000
　　贷：预计负债　　　　　　　　　　　　　　　　　　　　　3 000 000

但根据相关法律规定，甲施工企业代为偿付被担保债务后，可以要求乙企业偿还，根据乙企业的财务状况，乙企业的资产足够偿还 300 万元的债务，但其资金状况不好，什么时候偿还还未知，因此在 2019 年 12 月 31 日编制财务报表时，甲施工企业不能确认或有资产，但应在会计报表附注中披露。

（四）产品质量保证

产品质量保证是企业对客户的一种承诺，在约定期内，如果正常使用该产品出现质量问题，企业负有更换、维修产品的责任，因此企业应在符合确认条件的情况下，在销售确认时就将其确认为预计负债，计入企业的销售费用。

【例 12-9】 甲公司 2019 年度第一季度预计产生质量保证维修费 800 000 元，实际发生的维修费为 550 000 元，"预计负债——产品质量保证"科目 2018 年年末余额为 20 000 元。

本例中，2019 年度第一季度甲公司的账务处理如下：

1）确认与产品质量保证有关的预计负债时：

借：销售费用——产品质量保证　　　　　　　　　　　　　　800 000
　　贷：预计负债——产品质量保证　　　　　　　　　　　　　800 000

2）发生产品质量保证费用（维修费）时：

借：预计负债——产品质量保证　　　　　　　　　　　　　　550 000
　　贷：银行存款或原材料等　　　　　　　　　　　　　　　　550 000

"预计负债——产品质量保证"科目2019年第一季度末的余额为

800 000 元 - 550 000 元 + 20 000 元 = 270 000 元

在对产品质量保证确认预计负债时，需要注意以下几点：

1）如果发现产品质量保证费用的实际发生额与预计数相差较大，应及时对预计比例进行调整。

2）如果企业针对特定批次产品确认预计负债，则在保修期结束时，应将"预计负债——产品质量保证"余额冲销，不留余额。

3）已对其确认预计负债的产品，如企业不再生产了，那么应在相应的产品质量保证期满后，将"预计负债——产品质量保证"余额冲销，不留余额。

（五）亏损合同

待执行合同变为亏损合同，同时该亏损合同产生的义务满足预计负债的确认条件的，应当确认为预计负债。其中，待执行合同是指合同各方未履行任何合同义务，或部分履行了同等义务的合同。企业与其他企业签订的商品销售合同、劳务提供合同、租赁合同等，均属于待执行合同，待执行合同不属于或有事项。但是，待执行合同变为亏损合同的，应当作为或有事项。亏损合同是指履行合同义务不可避免发生的成本超过预期经济利益的合同。预计负债的计量应当反映退出该合同的最低净成本，即履行该合同的成本与未能履行该合同而发生的补偿或处罚两者之中的较低者。企业与其他单位签订的商品销售合同、劳务合同、租赁合同等，均可能变为亏损合同。

企业对亏损合同进行会计处理，需要遵循以下两点原则：

1）如果与亏损合同相关的义务不需支付任何补偿即可撤销，企业通常就不存在现时义务，不应确认预计负债；如果与亏损合同相关的义务不可撤销，企业就存在了现时义务，满足该义务很可能导致经济利益流出企业且金额能够可靠地计量条件的，应当确认预计负债。

2）待执行合同变为亏损合同时，合同存在标的资产的，应当对标的资产进行减值测试并按规定确认减值损失，在这种情况下，企业通常不需要确认预计负债，如果预计亏损超过该减值损失，应将超过部分确认为预计负债；合同不存在标的资产的，亏损合同相关义务满足预计负债确认条件时，应当确认预计负债。

【例12-10】 2018年12月16日，甲桥梁公司（从事桥梁建设）与乙企业（生产销售钢筋、混凝土等）签订承包合同，合同约定甲桥梁公司每年应保证乙企业实现净利润2 600万元，净利润超过2 600万元部分由甲桥梁公司享有，净利润低于2 600万元的部分应由甲桥梁公司补足。

2019年乙企业实现净利润3 100万元。2020年，由于钢材、油料等原材料上涨，乙企业成本大幅度上升，预计乙企业产品销售将出现波动，乙企业将无法实现规定的利润，最可能完成的净利润为2 000万元。

对于乙企业实际实现的利润与合同中规定需实现利润差额形成或有事项，即如果利润超过2 600万元，则有经济利益流入；如果利润少于2 600万元，则将导致经济利益流出企业。对于这一或有事项，甲桥梁公司应在2020年12月31日确认预计负债600万元，同时确认当期损失 600 万元。

  借：投资收益   6 000 000

    贷：预计负债——承包亏损   6 000 000

（六）重组义务

1. 重组义务的确认

重组是指企业制定和控制的，将显著改变企业组织形式、经营范围或经营方式的计划实施行为。属于重组的事项主要包括以下几点：

1）出售或终止企业的部分业务。

2）对企业的组织结构进行较大调整。

3）关闭企业的部分营业场所，或将营业活动由一个国家或地区迁移到其他国家或地区。

企业应当将重组与企业合并、债务重组区别开。因为重组通常是企业内部资源的调整和组合，以谋求现有资产效能的最大化；企业合并是在不同企业之间的资本重组和规模扩张；而债务重组是债权人对债务人做出让步，债务人减轻债务负担，债权人尽可能减少损失。

企业因重组而承担了重组义务，并且同时满足预计负债的确认条件时，才能确认预计负债。

首先，同时存在下列情况的，表明企业承担了重组义务：

1）有详细、正式的重组计划，包括重组涉及的业务、主要地点、需要补偿的职工人数、预计重组支出、计划实施时间等。

2）该重组计划已对外公告。

其次，能导致经济利益流出企业和金额能够可靠地计量的，应确认预计负债。

2. 重组义务的计量

企业应当按照与重组有关的直接支出确定预计负债金额，计入当期损益。其中，直接支出是指企业重组必须承担的直接支出，不包括留用职工岗前培训、市场推广、新系统和营销网络投入等支出。

由于企业在计量预计负债时不应当考虑预期处置相关资产的利得或损失，在计量与重组义务相关的预计负债时，也不考虑处置相关资产（厂房、店面，有时是一个事业部整体）可能形成的利得或损失，即使资产的出售构成重组的一部分也是如此，这些利得或损失应当单独确认。

企业可以参照表 12-3 判断某项支出是否属于与重组有关的直接支出。

表 12-3   与重组有关的直接支出的判断表

支 出 项 目	属 于	不属于	不属于的原因
自愿遣散	√		
强制遣散（如果自愿遣散目标未满足）	√		
将不再使用的厂房的租赁撤销费	√		
将职工和设备从拟关闭的工厂转移到继续使用的工厂		√	与继续进行的相关活动有关的支出

（续）

支出项目	属于	不属于	不属于的原因
剩余职工的再培训		√	与继续进行的相关活动有关的支出
新经理的招募成本		√	与继续进行的相关活动有关的支出
推广公司新形象的营销成本		√	与继续进行的相关活动有关的支出
对新分销网络的投资		√	与继续进行的相关活动有关的支出
重组的未来可辨认经营损失（最新预计值）		√	与继续进行的相关活动有关的支出
特定不动产、厂场和设备的减值损失		√	减值准备应当按照《企业会计准则第8号——资产减值》进行评估，并作为资产的抵减项

第三节 施工企业分包工程的会计核算

施工企业的分包核算是指依据双方签订的合同，在整个工程施工的过程中，严格执行合同中约定的内容和事项，监督合同双方认真履行合同义务，准确、及时、完整、真实、连续地核算反映分包成本的一项经济业务，是项目成本管理和会计核算的重要组成部分，其核算内容包括合同招投标、合同评审、合同签订、合同交底、合同履行、合同结算决算、工程款支付等。

一、分包工程程序及核算

分包工程的核算程序一般有以下步骤：
合同招标评审及签订、合同交底、合同招标及履行开始、中期结算、工程款支付、分包决算、质保金支付、合同终止。

1. 合同评审及签订

依据公司招标管理办法，公司及各单位对外分包工程需进行招标，确定信誉良好、资质达标、价格合理、实力强的分包单位。

2. 合同交底

合同签订后，项目部合同管理部门应组织项目部有关领导、有关部门人员及现场有关人员召开合同交底会，对不同人员就相关合同内容和双方商谈记录进行交底，以便合同的履行。

3. 合同招标及履行开始

合同招标时，应收取各投标单位相应的标书费用及投标保证金。招标结束后，按招标文件规定，退还相关的投标保证金。合同生效后即合同履行的开始。相关人员要就合同相关内容进行合同的履行和监督。

合同中如约定履约保证金的，分包单位应缴纳履约保证金，收到款项时，会计分录如下：

借：银行存款
　　贷：其他应付款——履约保证金——××公司

合同履行完毕退付时，做相反分录，附件为对方开具的收据及银行付款单据。

如为其他形式担保的，要递交相关资料，如履约保函等，到期登记退还，不需做其他处理。

【例12-11】 某分包单位在2019年3月1日向总包方某施工企业缴纳20万元履约保证金，总包方收到保证金时，账务处理如下：

借：银行存款　　　　　　　　　　　　　　　　　　　　　　　200 000
　　贷：其他应付款——履约保证金　　　　　　　　　　　　　　200 000

4. 中期结算

为了准确核算项目部的分包成本，准确反映项目部月度生产经营情况，要坚持实行月度结算制度。成本核算部门每月月末要对施工单位进行月度结算，结算要及时、准确，不能漏结，更不能多结。

结算原则：应按合同中规定的结算原则进行结算。一般合同中都约定结算条款，如乙方在每月×日前向甲方提交已完工程的结算报告，甲方按照《工程量清单》中的支付项目和计量单位核实乙方当月实际完成并报监理、业主签认后的工程量，按构成合同价款相应项目的承包单价计算确定乙方当月工程进度价款。

结算程序：对方单位申报、安质技术审核、成本部门审核、结算意见汇签、工程款结算单、递交财务核查、整改、账务处理。

（1）对方单位申报　每月对方单位应按合同约定时间进行工程量申报，申报表格式项目部成本部门应做统一要求，申报表要反映出工程项目、单位及数量（与工程量清单一致），注明或后附工程进度表，申报人签字并加盖公章。

（2）安质技术审核　对方单位申报后，要对申报工程的质量、数量等进行复核，特别是钢结构加工结算，并在审核栏内填写确认数据。

（3）成本部门审核　成本部门依据安质技术审核过的工程量，按照结算原则进行审核，审核无误后应打印出工程结算意见汇签单，为了统一核算，汇签单上应注明汇签意见的对象和期间，然后由相关部门负责人及项目部相关领导进行意见签署。

（4）结算意见汇签　相关部门负责人要依据项目部的管理分工，按照相关合同条款，在意见框内签署明细结算意见，注明扣罚奖金额，如写不下可另附意见说明单。如工程部门要签署工期要求是否满足等；安质技术部门要签署工程质量是否达到要求，施工是否符合要求等；材料部门要注明材料消耗情况等；机电部门要签署水电机械费使用情况等。

（5）工程款结算单　成本部门应根据合同、结算意见汇签单及相关单据，做出工程款结算单，经复核后，双方负责人要签字盖章确认。

① 合同内部分，依据审核后的工程量和合同工程量清单或合同单价，计算出工程价款。

② 合同外部分，如为合同变更索赔部分，应依据合同中相应条款进行处理；如为零星用工等，可依据项目部相关合同单价进行计算确认；其他情况应视为分包工程，需签订合同或补充协议，依核算程序进行。

③ 依据各部门签署的意见和扣款单计算确认扣款项目，单据要有制单、复核、对方签认等内容，如机械扣款单要有调度或生产副经理复核，材料最终要有单项工程核销单等。扣款单据应同时交财务部门和结算部门各一份，财务部门进行账务处理，结算部门在当期付款

中扣减。

【例 12-12】 某施工企业分包一部分工程给某分包单位,根据分包合同,该分包单位自购劳保用品,生产过程中,该施工企业调拨该分包单位一批手套,总价 3 000 元,账务处理如下:

借:应付账款——应付工程款——××公司　　　　　　　　　　　3 000
　　贷:原材料　　　　　　　　　　　　　　　　　　　　　　　　3 000

④ 结算单还应注明本次结算应扣留质保金。

(6) 递交财务核查、整改　工程结算单递交财务后,财务人员应根据合同、理论工程量、形象进度及其他相关资料对结算单及附件进行认真核查。若核查出数据不符等情况要及时退成本结算部门进行相应整改。

(7) 账务处理　财务人员应据核查过的结算单及附件及时进行账务处理。

会计分录如下:

借:合同履约成本——工程施工——××工程
　　贷:应付账款——应付工程款——××公司

分包工程为劳务分包的,账务处理时,在"合同履约成本"科目的"劳务协作成本"明细科目核算。

分包工程为专业分包的,账务处理时,应将分包结算中的人工费、材料费、机械使用费、其他直接费、其他间接费分开后,在"合同履约成本"科目的相应明细科目核算。

5. 质保金支付

保修期满,项目部应依据合同支付工程质保金。

1) 工程需维修　保修期满前工程需维修的,分包单位应及时进行工程的维修工作,并承担全部费用。否则,总包方施工企业将发生的费用从质保金中支付,不足的,由分包单位支付。

委托其他单位及个人维修发生费用做如下会计分录:

借:应付账款——应付工程款——××公司
　　贷:银行存款

【例 12-13】 某施工企业的分包单位保修期未满,工程出现墩身裂纹需修补。该施工企业于 2019 年 6 月 15 日书面通知该分包单位,但该分包单位未及时进行修补,根据合同,该施工企业委托其他单位进行修补,发生支出 20 000 元。质保期满前不再发生修理费,会计分录处理如下:

借:应付账款——应付工程款——某分包单位　　　　　　　　　20 000
　　贷:银行存款　　　　　　　　　　　　　　　　　　　　　　20 000

2) 对整个工程完工验交前保修期到期的合同,退回质保金(发生维修的退回质保金余额)时要填制质保金支付单,需技术部门、安质部门、工程部门、成本部门及项目负责人签署支付意见,同意付款。

做如下会计分录:

借:应付账款——应付工程款——××公司

贷：银行存款

【例 12-14】 某施工企业收取分包单位质保金 72 000 元，按合同规定，2019 年 3 月 11 日到期。分包单位在 2019 年 3 月 23 向该施工企业索要质保金，该施工企业填制了保金支付单并经各相关人员签批同意支付，扣除维修费用 20 000 元。该施工企业的账务处理如下：

　　借：应付账款——应付工程款　　　　　　　　　　　　52 000
　　　　贷：银行存款　　　　　　　　　　　　　　　　　　　　52 000

　　3）施工企业分包工程的质保金金额少、期限短，一般按账面价确认。如存在金额大、期限长的质保金，应按质保金期限和折现率，计算其折现金额，折现前后的差额冲减当期预计总成本和工程施工成本，按期转回时，按折现率计算的利息增加预计总成本和工程施工成本。

　　分包单位施工生产过程中，不考虑质保金的折现因素。分包单位完工并办理决算后，从开始计算质保金之日起，计算质保金的折现金额，会计分录如下：

　　借：应付账款
　　　　贷：工程履约成本——工程施工

　　按期转回时，会计分录如下：

　　借：工程履约成本——工程施工
　　　　贷：应付账款

6. 合同终止

以上程序履行完毕，合同自然终止。

7. 工程预结算

按合同约定和公司规定分包结算应为月度结算，但由于一些原因，结算部门不能及时进行结算，导致项目部不能及时、准确地反映当期成本和债权债务情况，故要求结算部门要进行工程预结算。

预结算时，根据分包单位当期完成的工程量和合同单价计算出当期工程计价款，如果扣除款项金额较大，对当期成本和债权债务有较大影响，还应扣除扣款项目。

预结算金额到下期按原分录红字冲回，将正式结算金额入账。

8. 合同预付款的处理

在订立合同时，一般不得向对方支付预付款，特殊情况下必须支付预付款时，要求对方出具预付款保函或其他担保形式，并报公司合同评审委员会审查批准。对方出具保函或其他担保形式后，依据合同支付工程预付款。

会计分录如下：

　　借：预付账款——预付工程款——××公司
　　　　贷：银行存款

预付款依据合同约定的条件扣回，扣回时直接冲减预付账款。

【例 12-15】 根据合同约定，某施工企业的分包单位于 2019 年 3 月 5 日出具了 15 万元的预付款保函，该施工企业支付预付款 15 万元，账务处理如下：

　　借：预付账款——预付工程款　　　　　　　　　　　　150 000
　　　　贷：银行存款　　　　　　　　　　　　　　　　　　　　150 000

二、分包工程资金的管理

为加强合同管理，尽量避免合同风险，特别是由于分包单位不守信用引发的合同风险，施工企业项目部要加大对分包单位资金和民工工资支付的监管力度，结合施工企业实际情况制定相应的管理办法，并在合同中予以明确。

财务人员要积极参与做好此项管理工作，加大对分包单位的管理力度，特别是信誉不好和初次合作的单位，结合实际情况通过宣传、制定办法等手段达到管理目的。

1）为保证工程款的专款专用，避免挪用和转移工程款，各分包单位须在施工企业项目部认可的银行设立银行存款账户，施工企业项目部有权监督账户的使用情况。

2）各分包单位开户银行预留印鉴上应预留一枚施工企业项目部财务主管的印章，即各分包单位银行预留印鉴由各分包单位"财务专用章"、单位负责人印章、施工企业项目部财务主管的印章组成。各分包单位每次在银行办理结算业务（现金支票、转账支票、电汇等结算业务）时，须到施工企业财务加盖预留印章后才能到银行办理业务。

3）各分包单位办理取款业务时，应向施工企业财务提供该笔资金使用明细表，对不合理的资金使用，施工企业有权拒绝办理。

4）各分包单位应根据施工企业项目部下达的月度施工计划，每月5日前向施工企业上报资金使用计划，施工企业项目部根据合同和资金状况及工程进展情况，合理安排资金的拨付。

5）为保证工程款的专款专用，各分包单位在工程没有竣工或欠当地各种款项没有清算前，一律不得向外地调拨资金，特殊情况（如购材料、租赁机械租费等）必须报施工企业批准后，才能将资金调往外地，否则按挪用工程款处理。

6）各分包单位优先考虑民工工资的支付，并按月报送民工工资支付单，必要时施工企业要派有关人员现场监督发放。

7）为保证履行施工合同，分包单位应向发包施工企业提供履约保函或保证金。

思考题

1. 什么施工企业内部往来？它核算哪些事项？
2. 什么是或有事项？它有何特征？
3. 如何确认或有事项？
4. 企业应在会计报表附注中披露的内容有哪些？
5. 什么是分包工程核算？其程序是什么？
6. 如何加强分包工程资金的管理？

第十三章
施工企业财务报表

●**本章主要知识点**：财务报表概述（财务报表的内涵、财务报表的分类、财务报表的编制要求）；资产负债表及其填列（资产负债表概述、编制依据及结构、资产和负债按流动性列报、资产负债表的编制）；利润表及其填列（利润表概述、利润表的结构与格式、利润表的编制）；现金流量表及其填列（现金流量表的内容及结构、现金流量表的填列方法、现金流量表的编制方法及程序、现金流量表编制示例）；所有者权益变动表及报表附注（所有者权益变动表概述、所有者权益变动表的结构、所有者权益变动表的编制、财务报表附注、附注的主要内容）。

●**本章重点和难点**：资产和负债按流动性列报、资产负债表的编制；利润表的编制；现金流量表的填列方法、现金流量表的编制方法及程序；所有者权益变动表的编制、财务报表附注、附注的主要内容。

第一节 财务报表概述

一、财务报表的内涵

施工企业财务报表是指施工企业对外提供的反映施工企业某一特定日期的财务状况和某一会计期间的经营成果、现金流量等会计信息的文件。财务报告包括财务报表和其他应当在财务报告中披露的相关信息和资料。

施工企业在进行日常会计核算时，已经将各项经济业务分类记入会计凭证和相关的账簿中。然而，这些日常核算凭证较为分散，数量也比较多，无法集中、概括地反映企业的财务状况和经营成果，为此，有必要将日常会计资料加以分类、调整和汇总，按照一定的表格形式编制会计报表，总括地反映企业财务状况、经营成果和现金流量情况，方便使用者据此进行管理和决策。

财务信息与决策有密切关系，它对决策具有很高的价值，是决策过程中须臾不可或缺的依据。编制财务报表和财务报表分析所揭示的信息对企业以及与企业有利益关系的各方的经济决策有着密切关系。财务报表分析的根本目标就是充分利用财务报表及其分析所揭示的信息，使之成为决策的依据。财务报表分析使用者通常包括投资者、债权人、政府以及相关机构、企业管理人员、职工和社会公众等。他们对财务报告所提供信息的要求各有侧重。

1）投资者最关注的是投资的内在风险和投资报酬。

2）债权人最关注的是其所提供给企业的资金是否安全，自己的本金和利息是否能够按期如数收回。

3）政府及相关机构最关注的是国家资源的分配和运用情况，需要向企业了解与经济政策（如税收政策）的制定、国民收入的统计等有关方面的信息。

4）企业管理人员最关注的是企业财务状况的好坏、经营业绩的优劣以及现金的流动情况。

5）企业职工最关注的是企业为其所提供的就业机会及其稳定性、劳动报酬高低和职工福利好坏等方面的资料，而上述情况又与企业的债务结构及其盈利能力密切相关。

6）社会公众（包括企业潜在的投资者或潜在的债权人）最关注的是企业（特别是股份有限公司）的兴衰及其发展情况。

二、财务报表的分类

一般来说，财务报表可以按照编制单位和时间、服务对象进行分类，如表13-1所示。

表13-1 财务报表的分类

财务报表的分类标准	分类	具体内容	具体要求
按财务报表编制和报送的时间分类	月报	在月份终了时编制的反映月末或当月情况的财务报表	要求简明扼要，以便及时反映各单位的主要情况和主要问题。常用的月报有资产负债表、利润表、应交增值税明细表等
	季报	在季度终了时编制的反映季末或当季情况的财务报表	所包括的财务报表一般较少
	年报	在年度终了时编制的反映年末或当年情况的财务报表	要求做到全面完整，能总结全年的经济活动。常见的年报有利润分配表、现金流量表和主营业务收支明细表等
按财务报表的编制单位分类	单位报表	由独立核算的会计主体编制的，用以反映本会计主体的财务状况和经营成果等的报表	—
	汇总报表	由上级主管部门将其所属单位报送的财务报表，连同本单位财务报表汇总编制的综合性财务报表	—
按财务报表的服务对象分类	内部报表	适应单位内部经营管理的需要而编制的不对外公开的财务报表，如单位的成本费用明细表、存货明细表等	一般没有规范的格式，不需要统一的指标体系，各单位可根据自己的情况和需要自行制定
	外部报表	为满足外部信息使用者的需要，按照国家财务、会计制度编制的财务报表，如资产负债表、利润表、现金流量表等	外部报表的种类、格式、内容及编制方法均有统一规定，任何单位不得随意增减变动

三、财务报表的编制要求

为了保证财务报表的质量，充分发挥其作用，财务报表应按登记完整、核对无误的账簿记录和其他有关资料编制，做到数字真实、计算准确、内容完整、报送及时。财务报表的编制要求见表 13-2。

表 13-2 财务报表的编制要求

基本要求	数字真实,计算准确	内容完整	编报及时
具体内容	能够真实准确地反映企业的财务状况和经营成果等,所以财务报表中各项目的数字必须以核对无误的账簿记录和其他资料填写,不得用预计数字、估计数字代替真实数字,更不得弄虚作假,伪造报表数字。同时还要对财务报表中各项目的金额采用正确计算方法,确保计算结果的准确;为了保证数字真实、准确,在编制财务报表时要根据程度按期结账、认真对账和财产清查,使财务报表所有记录准确无误	财务报表的内容必须全面、系统地反映出企业经营活动的全部情况,为此要求企业必须按规定的报表种类、格式和内容来编制,不得漏编漏报,对不同会计期间应编报的各种财务报表,都必须填列完整;同时要求企业在每种财务报表中应填写的各项指标,不论是表内项目还是表外补充资料,都必须填列齐全,对某些不便列入报表的重要资料,应在括号内说明或以附注等形式加以说明	如果会计信息的报告期被不适当地拖延,即使是最真实最完整的财务报表也将失去其效用。所以,财务报表必须按照规定的期限和程序,及时编制、及时报送。根据我国会计制度的规定:月报应于月度终了后 6 天内报出;季报应于季度终了后 15 天内报出;中报应于年度中期结束后 60 天内报出;年报应于年度终了后 4 个月内报出。法律、法规另有规定者,从其规定

第二节 资产负债表及其填列

一、资产负债表概述

施工企业的资产负债表是指反映施工企业在某一特定日期财务状况的报表。它反映施工企业在某一特定日期所拥有或控制的经济资源、所承担的现时义务和所有者对净资产的要求权。由于该报表反映了施工企业在特定日期的资产、负债和所有者权益情况,因此属于静态报表。

另外,资产负债表对于使用者也有诸多影响:

1)企业管理者通过资产负债表了解企业拥有或控制的经济资源和承担的责任、义务,了解企业资产、负债各项目的构成比例是否合理,并以此分析企业的生产能力、营运能力和偿债能力,预测企业未来经营前景。

2)企业的投资者通过资产负债表了解企业的所有者权益构成情况,考核企业管理人员是否有效利用现有资源,是否使资产得到增值,以此分析企业的财务实力和未来发展能力,并做出是否继续投资的决策。

3)企业债权人和供应商通过资产负债表了解企业的偿债能力、支付能力及现有财务状况,分析财务风险,预测未来现金流动情况,做出贷款及营销决策。

4)财政、税务等政府机构和部门通过资产负债表,可以了解企业是否认真贯彻执行有关方针、政策,以便加强宏观管理和调控。

二、编制依据及结构

资产负债表采用账户式结构,报表分为左右两方,左方列示资产各项目,反映全部资产的分布及存在形态;右方列示负债和所有者权益各项目,反映全部负债和所有者权益的内容及构成情况。资产负债表左右双方平衡,资产总计等于负债和所有者权益总计,即"资产=

负债+所有者权益"。此外，为了使使用者通过比较不同时点资产负债表的数据，掌握施工企业财务状况的变动情况及发展趋势，施工企业需要提供比较资产负债表，资产负债表分为"上年年末余额"和"期末余额"两栏分别填列。

三、资产和负债按流动性列报

对于施工企业而言，通常在明显可识别的营业周期内销售产品或提供服务，应当将资产和负债分别分为流动资产和非流动资产、流动负债和非流动负债列示，这有助于反映本营业周期内预期能实现的资产和应偿还的负债。

1. 资产的流动性划分

资产满足下列条件之一的，应当归类为流动资产：

1）预计在一个正常营业周期中变现、出售或耗用。这类资产主要包括存货、应收账款等。需要指出的是，变现一般针对应收账款等而言，是指将资产变为现金；出售一般针对产品等存货而言；耗用一般是指将存货（如原材料）转变成另一种形态（如产成品）。

2）预计在资产负债表日起一年内（含一年，下同）变现。

3）自资产负债表日起一年内，交换其他资产或清偿负债的能力不受限制的现金或现金等价物。同时，流动资产以外的资产应当归类为非流动资产。

4）主要为交易目的而持有。

所谓"正常营业周期"，是指企业从购买用于加工的资产起至实现收取现金或现金等价物的权利的期间。正常营业周期通常短于一年，在一年内有几个营业周期。但是，因生产周期较长等导致正常营业周期长于一年的，尽管相关资产往往超过一年才变现、出售或耗用，仍应当将其划分为流动资产。当正常营业周期不能确定时，企业应当以一年（12个月）作为正常营业周期。

2. 负债的流动性划分

流动负债的判断标准与流动资产的判断标准类似。负债满足下列条件之一的，应当归类为流动负债：

1）预计在一个正常营业周期中清偿。

2）自资产负债表日起一年内到期应予以清偿。

3）企业无权自主地将清偿推迟至资产负债表日后一年以上。

4）主要为交易目的而持有。

但是，企业正常营业周期中的经营性负债项目即使在资产负债表日后超过一年才予清偿的，仍应将其划分为流动负债。经营性负债项目包括应付账款、应付职工薪酬等，这些项目属于企业正常营业周期中使用的营运资金的一部分。关于可转换工具负债成分的分类还需要注意的是，负债在其对手方选择的情况下可通过发行权益进行清偿的条款与在资产负债表日负债的流动性划分无关。

此外，企业在判断负债的流动性时，对于资产负债表日后事项的有关影响需要特别加以考虑。总的判断原则是，企业在资产负债表上对负债流动和非流动的划分，应当反映在资产负债表日有效的合同安排中，考虑在资产负债表日起一年内企业是否必须无条件清偿，而资产负债表日之后（即使是财务报告批准报出日前）的再融资、展期或提供宽限期等行为，与资产负债表日判断负债的流动性状况无关。

具体而言：①对于在资产负债表日起一年内到期的负债，企业有意图且有能力自主地将清偿义务展期至资产负债表日后一年以上的，应当归类为非流动负债；不能自主地将清偿义务展期的，即使在资产负债表日后、财务报告批准报出日前签订了重新安排清偿计划协议，该项负债在资产负债表日仍应当归类为流动负债。②企业在资产负债表日或之前违反了长期借款协议，导致贷款人可随时要求清偿的负债，应当归类为流动负债。但是，如果贷款人在资产负债表日或之前同意提供在资产负债表日后一年以上的宽限期，在此期限内企业能够改正违约行为，且贷款人不能要求随时清偿的，在资产负债表日的此项负债并不符合流动负债的判断标准，应当归类为非流动负债。企业的其他长期负债存在类似情况的，应当比照上述规定进行处理。

资产负债表的右方负债和所有者权益两项按权益的顺序进行排列，因为负债相对于所有者权益而言，具有优先清偿的特征，所以列在所有者权益之前。负债内部的各项目按照偿还期限由短到长排列，偿还期越近的项目越往前排，先列流动负债，后列非流动负债；所有者权益内部各项目按其使用期即稳定程度依次排列，稳定性程度强的项目排在前面。具体排列顺序为：实收资本、资本公积、盈余公积、未分配利润。

资产负债表的格式见表 13-3。

表 13-3　资产负债表

编制单位：第一工程处　　　2019 年 5 月 31 日　　　　　　　　　　　　　　单位：元

资　产	期末余额	上年年末余额	负债和所有者权益（或股东权益）	期末余额	上年年末余额
流动资产：			流动资产：		
货币资金			短期借款		
交易性金融资产			交易性金融负债		
衍生金融资产			衍生金融负债		
应收票据			应付票据		
应收账款			应付账款		
预付款项			预收款项		
其他应收款			合同负债		
存货			应付职工薪酬		
合同资产			应交税费		
持有待售资产			其他应付款		
一年内到期的非流动资产			持有待售负债		
其他流动资产			一年内到期的非流动负债		
流动资产合计			其他流动负债		
非流动资产：			流动负债合计		
债权投资			非流动负债：		
其他债权投资			长期借款		
长期应收款			应付债券		
长期股权投资			其中：优先股		
其他权益工具投资			永续债		

(续)

资　产	期末余额	上年年末余额	负债和所有者权益（或股东权益）	期末余额	上年年末余额
其他非流动金融资产			租赁负债		
投资性房地产			长期应付款		
固定资产			预计负债		
在建工程			递延收益		
生产性生物资产			递延所得税负债		
油气资产			其他非流动负债		
使用权资产			非流动负债合计		
无形资产			负债合计		
开发支出			所有者权益（或股东权益）：		
商誉			实收资本（或股本）		
长期待摊费用			其他权益工具		
递延所得税资产			其中：优先股		
其他非流动资产			永续债		
非流动资产合计			资本公积		
			减：库存股		
			其他综合收益		
			专项储备		
			盈余公积		
			未分配利润		
			所有者权益（或股东权益）合计		
资产总计			负债和所有者权益（或股东权益）总计		

四、资产负债表的编制

（一）资产负债表项目的填列方法

资产负债表各项目均需填列"上年年末余额"和"期末余额"两栏。

资产负债表的"上年年末"栏内各项数字，应根据上年年末资产负债表的"期末余额"栏内所列数字填列。如果上年度资产负债表规定的各个项目的名称和内容与本年度不相一致，应按照本年度的规定对上年度资产负债表各项目的名称和数字进行调整，填入本年度资产负债表"上年年末余额"栏内。

资产负债表的"期末余额"栏主要有以下几种填列方法：

1. 根据总账科目余额填列

如"短期借款""资本公积"等项目，根据"短期借款""资本公积"各总账科目的余额直接填列；有些项目则需根据几个总账科目的期末余额计算填列，如"货币资金"项目，需根据"库存现金""银行存款""其他货币资金"三个总账科目的期末余额的合计数填列。

2. 根据明细账科目余额计算填列

如"应付票据"及"应付账款"项目，需要根据"应付票据"科目的期末余额，以及"应付账款"和"预付账款"两个科目所属的相关明细科目的期末贷方余额计算填列；"应收票据"及"应收账款"项目，需要根据"应收票据"和"应收账款"科目的期末余额，减去"坏账准备"科目中相关坏账准备期末余额后的金额填列；"预付款项"项目，需要根据"应付账款"科目借方余额和"预付账款"科目借方余额减去与"预付账款"有关的坏账准备贷方余额计算填列；"预收款项"项目，需要根据"应收账款"科目贷方余额和"预收账款"科目贷方余额计算填列；"开发支出"项目，需要根据"研发支出"科目中所属的"资本化支出"明细科目期末余额计算填列；"应付职工薪酬"项目，需要根据"应付职工薪酬"科目的明细科目期末余额计算填列；"一年内到期的非流动资产""一年内到期的非流动负债"项目，需要根据有关非流动资产和非流动负债项目的明细科目余额计算填列；"未分配利润"项目，需要根据"利润分配"科目中所属的"未分配利润"明细科目期末余额填列。

3. 根据总账科目和明细账科目余额分析计算填列

如"长期借款"项目，需要根据"长期借款"总账科目余额扣除"长期借款"科目所属的明细科目中将在一年内到期且企业不能自主地将清偿义务展期的长期借款后的金额计算填列；"其他非流动资产"项目，应根据有关科目的期末余额减去将于一年内（含一年）收回数后的金额计算填列；"其他非流动负债"项目，应根据有关科目的期末余额减去将于一年内（含一年）到期偿还数后的金额计算填列。

4. 根据有关科目余额减去其备抵科目余额后的净额填列

如资产负债表中"应收票据""应收账款""长期股权投资""在建工程"等项目，应当根据"应收票据""应收账款""长期股权投资""在建工程"等科目的期末余额减去"坏账准备""长期股权投资减值准备""在建工程减值准备"等备抵科目余额后的净额填列。"投资性房地产""固定资产"项目，应当根据"投资性房地产""固定资产"科目的期末余额，减去"投资性房地产累计折旧""投资性房地产减值准备""累计折旧""固定资产减值准备"等备抵科目的期末余额，以及"固定资产清理"科目期末余额后的净额填列；"无形资产"项目，应当根据"无形资产"科目的期末余额，减去"累计摊销""无形资产减值准备"等备抵科目余额后的净额填列。

5. 综合运用上述填列方法分析填列

如资产负债表中的"存货"项目，需要根据"原材料""库存商品""委托加工物资""周转材料""材料采购""在途物资""发出商品""材料成本差异"等总账科目期末余额的分析汇总数，再减去"存货跌价准备"科目余额后的净额填列。

资产负债表的填列方法如表 13-4 所示。

表 13-4　资产负债表的填列方法

对应项目	填列方法	相关说明
上年年末余额	根据上年度资产负债表"期末余额"栏内所列数字填列。	如果本年度资产负债表规定的各个项目的名称和内容同上年度不相一致，应对上年度资产负债表各项目的名称和数字按本年度的规定进行调整，按调整后的数字填入本表"上年年末余额"栏内
期末余额	直接根据总账科目的余额填列	交易性金融资产、固定资产清理、长期待摊费用、递延所得税资产、短期借款、交易性金融负债、应付票据、应付职工薪酬、应交税费、应付利息、应付股利、其他应付款、递延所得税负债、实收资本、资本公积、库存股、盈余公积等项目，应当根据相关总账科目的余额直接填列
	根据几个总账科目的余额计算填列	"货币资金"项目，应当根据"库存现金""银行存款""其他货币资金"等科目期末余额合计填列
	根据有关明细科目的余额计算填列	"应付账款"项目，应当根据"应付账款""预付账款"等科目所属明细科目期末贷方余额合计填列
	根据总账科目和明细科目的余额分析计算填列	"长期应收款"项目，应当根据"长期应收款"总账科目余额，减去"未实现融资收益"总账科目余额，再减去所属相关明细科目中将于一年内到期的部分填列；"长期借款"项目，应当根据"长期借款"总账科目余额扣除"长期借款"所属明细科目中将于一年内到期的部分填列；"应付债券"项目，应当根据"应付债券"总账科目余额扣除"应付债券"科目所属明细科目中将于一年内到期的部分填列；"长期应付款"项目，应当根据"长期应付款"总账科目余额，减去"未确认融资费用"总账科目余额，再减去所属相关明细科目中将于一年内到期的部分填列
	根据总账科目与其备抵科目抵消后的净额填列	"存货"项目，应当根据"原材料""库存商品""发出商品""周转材料"等科目期末余额，减去"存货跌价准备"科目期末余额后的金额填列；"固定资产"项目，应当根据"固定资产"科目期末余额，减去"累计折旧""固定资产减值准备"等科目期末余额后的金额填列

(二) 资产负债表项目的填列说明

资产负债表中资产、负债和所有者权益主要项目的填列说明如下：

1. 资产项目的填列说明

1) "货币资金"项目，反映企业库存现金、银行存款、外埠存款、银行汇票存款、银行本票存款、信用卡存款、信用证保证金存款等的合计数。应根据"库存现金""银行存款""其他货币资金"科目期末余额的合计数填列。

2) "交易性金融资产"项目，反映企业资产负债表日分类为以公允价值计量且其变动计入当期损益的金融资产，以及企业持有的直接指定为以公允价值计量且其变动计入当期损益的金融资产的期末账面价值。该项目应根据"交易性金融资产"科目的相关明细科目期末余额分析填列。自资产负债表日起超过一年到期且预期持有超过一年的以公允价值计量且其变动计入当期损益的非流动金融资产的期末账面价值，在"其他非流动金融资产"项目反映。

3) "应收票据"及"应收账款"项目，反映资产负债表日以摊余成本计量的、企业因销售商品、提供服务等经营活动应收取的款项，以及收到的商业汇票，包括银行承兑汇票和商业承兑汇票。该项目应根据"应收票据"和"应收账款"科目的期末余额，减去"坏账准备"科目中相关坏账准备期末余额后的金额填列。

4)"预付款项"项目,反映企业按照购货合同规定预付给供应单位的款项等。本项目应根据"预付账款"和"应付账款"科目所属各明细科目的期末借方余额合计数,减去"坏账准备"科目中有关预付账款计提的坏账准备期末余额后的净额填列。如"预付账款"科目所属明细科目期末有贷方余额的,应在资产负债表"应付票据"及"应付账款"项目内填列。

5)"其他应收款"项目,反映企业除应收票据、应收账款、预付账款等经营活动以外的其他各种应收、暂付的款项。本项目应根据"应收利息""应收股利""其他应收款"科目的期末余额合计数,减去"坏账准备"科目中相关坏账准备期末余额后的金额填列。

6)"存货"项目,反映企业期末在库、在途和在加工中的各种存货的可变现净值或成本(成本与可变现净值孰低)。存货包括各种材料、商品、在产品、半成品、包装物、低值易耗品、委托代销商品等。本项目应根据"材料采购""原材料""低值易耗品""库存商品""周转材料""委托加工物资""委托代销商品""生产成本""受托代销商品"等科目的期末余额合计数,减去"受托代销商品款""存货跌价准备"科目期末余额后的净额填列。材料采用计划成本核算,以及库存商品采用计划成本核算或售价核算的企业,还应按加或减材料成本差异、商品进销差价后的金额填列。

7)"合同资产"项目,"合同资产"项目应根据"合同资产"科目的相关明细科目期末余额分析填列。

8)"持有待售资产"项目,反映资产负债表日划分为持有待售类别的非流动资产及划分为持有待售类别的处置组中的流动资产和非流动资产的期末账面价值。该项目应根据"持有待售资产"科目的期末余额,减去"持有待售资产减值准备"科目的期末余额后的金额填列。

9)"一年内到期的非流动资产"项目,反映企业将于一年内到期的非流动资产项目金额。本项目应根据有关科目的期末余额分析填列。

10)"债权投资"项目,反映资产负债表日企业以摊余成本计量的长期债权投资的期末账面价值。该项目应根据"债权投资"科目的相关明细科目期末余额,减去"债权投资减值准备"科目中相关减值准备的期末余额后的金额分析填列。自资产负债表日起一年内到期的长期债权投资的期末账面价值,在"一年内到期的非流动资产"项目反映。企业购入的以摊余成本计量的一年内到期的债权投资的期末账面价值,在"其他流动资产"项目反映。

11)"其他债权投资"项目,反映资产负债表日企业分类为以公允价值计量且其变动计入其他综合收益的长期债权投资的期末账面价值。该项目应根据"其他债权投资"科目的相关明细科目期末余额分析填列。自资产负债表日起一年内到期的长期债权投资的期末账面价值,在"一年内到期的非流动资产"项目反映。企业购入的以公允价值计量且其变动计入其他综合收益的一年内到期的债权投资的期末账面价值,在"其他流动资产"项目反映。

12)"长期应收款"项目,反映企业融资租赁产生的应收款项和采用递延方式分期收款、实质上具有融资性质的销售商品和提供劳务等经营活动产生的应收款项。本项目应根据"长期应收款"科目的期末余额,减去相应的"未实现融资收益"科目和"坏账准备"科目所属相关明细科目期末余额后的金额填列。

13)"长期股权投资"项目,反映投资方对被投资单位实施控制、重大影响的权益性投资，以及对其合营企业的权益性投资。本项目应根据"长期股权投资"科目的期末余额，减去"长期股权投资减值准备"科目的期末余额后的净额填列。

14)"其他权益工具投资"项目，反映资产负债表日企业指定为以公允价值计量且其变动计入其他综合收益的非交易性权益工具投资的期末账面价值。本项目应根据"其他权益工具投资"科目的期末余额填列。

15)"固定资产"项目，反映资产负债表日企业固定资产的期末账面价值和企业尚未清理完毕的固定资产清理净损益。该项目应根据"固定资产"科目的期末余额，减去"累计折旧"和"固定资产减值准备"科目的期末余额后的金额，以及"固定资产清理"科目的期末余额填列。

16)"在建工程"项目，反映资产负债表日企业尚未达到预定可使用状态的在建工程的期末账面价值和企业为在建工程准备的各种物资的期末账面价值。本项目应根据"在建工程"科目的期末余额，减去"在建工程减值准备"科目的期末余额后的金额，以及"工程物资"科目的期末余额，减去"工程物资减值准备"科目的期末余额后的金额填列。

17)"无形资产"项目，反映企业持有的专利权、非专利技术、商标权、著作权、土地使用权等无形资产的成本减去累计摊销和减值准备后的净值。应根据"无形资产"科目的期末余额，减去"累计摊销"和"无形资产减值准备"科目期末余额后的净额填列。

18)"开发支出"项目，反映企业开发无形资产过程中能够资本化形成无形资产成本的支出部分。本项目应当根据"研发支出"科目中所属的"资本化支出"明细科目期末余额填列。

19)"长期待摊费用"项目，反映企业已经发生但应由本期和以后各期负担的分摊期限在一年以上的各项费用。长期待摊费用中在一年内（含一年）摊销的部分，在资产负债表"一年内到期的非流动资产"项目填列。本项目应根据"长期待摊费用"科目期末余额，减去将于一年内（含一年）摊销的数额后的金额分析填列。

20)"递延所得税资产"项目，反映企业根据所得税准则确认的可抵扣暂时性差异产生的所得税资产。本项目应根据"递延所得税资产"科目的期末余额填列。

21)"其他非流动资产"项目，反映企业除上述非流动资产以外的其他非流动资产。本项目应根据有关科目的期末余额填列。

2. 负债项目的填列说明

1)"短期借款"项目，反映企业向银行或其他金融机构等借入的期限在一年以下（含一年）的各种借款。本项目应根据"短期借款"科目的期末余额填列。

2)"交易性金融负债"项目，反映企业资产负债表日承担的交易性金融负债，以及企业持有的直接指定为以公允价值计量且其变动计入当期损益的金融负债的期末账面价值。应根据"交易性金融负债"科目相关明细科目期末余额填列。

3)"应付票据"及"应付账款"项目，反映资产负债表日企业因购买材料、商品和接受服务等经营活动应支付的款项，以及开出、承兑的商业汇票，包括银行承兑汇票和商业承兑汇票。本项目应根据"应付票据"科目的期末余额，以及"应付账款"和"预付账款"科目所属的相关明细科目的期末贷方余额合计数填列。

4)"预收款项"项目，反映企业按照购货合同规定预收供应单位的款项。本项目应根据"预收账款"和"应收账款"科目所属各明细科目的期末贷方余额合计数填列。如"预收账款"科目所属明细科目期末有借方余额的，应在资产负债表"应收票据"及"应收账款"项目内填列。

5)"合同负债"项目，反映企业按照《企业会计准则第 14 号——收入》的相关规定，根据本企业履行履约义务与客户付款之间的关系在资产负债表中列示的合同负债。"合同负债"项目应根据"合同负债"的相关明细科目期末余额分析填列。

6)"应付职工薪酬"项目，反映企业为获得职工提供的服务或解除劳动关系而给予的各种形式的报酬或补偿。企业提供给职工配偶、子女、受赡养人、已故职工遗属及其他受益人等的福利，也属于职工薪酬。职工薪酬主要包括短期薪酬、离职后福利、辞退福利和其他长期职工福利。本项目应根据"应付职工薪酬"科目所属各明细科目的期末贷方余额分析填列。外商投资企业按规定从净利润中提取的职工奖励及福利基金，也在本项目列示。

7)"应交税费"项目，反映企业按照税法规定计算应缴纳的各种税费，包括增值税、消费税、城市维护建设税、教育费附加、企业所得税、资源税、土地增值税、房产税、城镇土地使用税、车船税、矿产资源补偿费等。企业代扣代缴的个人所得税，也通过本项目列示。企业所缴纳的税金不需要预计应缴数的，如印花税、耕地占用税等，不在本项目列示。本项目应根据"应交税费"科目的期末贷方余额填列，如"应交税费"科目期末为借方余额，应以"-"号填列。需要说明的是，"应交税费"科目下的"应交增值税""未交增值税""待抵扣进项税额""待认证进项税额""增值税留抵税额"等明细科目期末借方余额应根据情况，在资产负债表中的"其他流动资产"或"其他非流动资产"项目列示；"应交税费——待转销项税额"等科目期末贷方余额应根据情况，在资产负债表中的"其他流动负债"或"其他非流动负债"项目列示；"应交税费"科目下的"未交增值税""简易计税""转让金融商品应交增值税""代扣代缴增值税"等科目期末贷方余额应在资产负债表中的"应交税费"项目列示。

8)"其他应付款"项目，反映企业除应付票据、应付账款、预收账款、应付职工薪酬、应交税费等经营活动以外的其他各项应付、暂收的款项。本项目应根据"应付利息""应付股利""其他应付款"科目的期末余额合计数填列。

9)"持有待售负债"项目，反映资产负债表日处置组中与划分为持有待售类别的资产直接相关的负债的期末账面价值。本项目应根据"持有待售负债"科目的期末余额填列。

10)"一年内到期的非流动负债"项目，反映企业非流动负债中将于资产负债表日后一年内到期部分的金额，如将于一年内偿还的长期借款。本项目应根据有关科目的期末余额分析填列。

11)"长期借款"项目，反映企业向银行或其他金融机构借入的期限在一年以上（不含一年）的各项借款。本项目应根据"长期借款"科目的期末余额，扣除"长期借款"科目所属的明细科目中将在资产负债表日起一年内到期且企业不能自主地将清偿义务展期的长期借款后的金额计算填列。

12)"应付债券"项目，反映企业为筹集长期资金而发行的债券本金（和利息）。本项目应根据"应付债券"科目的期末余额分析填列。

13)"长期应付款"项目，反映除了长期借款和应付债券以外的其他各种长期应付款。主要有应付补偿贸易引进设备款、采用分期付款方式购入固定资产和无形资产发生的应付账款等。本项目应根据"长期应付款"科目的期末余额，减去相关的"未确认融资费用"科目的期末余额后的金额,以及"专项应付款"科目的期末余额,再减去所属相关明细科目中将于一年内到期的部分后的金额填列。

14)"预计负债"项目,反映企业根据或有事项等相关准则确认的各项预计负债,包括对外提供担保、未决诉讼、产品质量保证、重组义务以及固定资产和矿区权益弃置义务等产生的预计负债。本项目应根据"预计负债"科目的期末余额填列。

15)"递延收益"项目,反映尚待确认的收入或收益。本项目核算企业根据政府补助准则确认的应在以后期间计入当期损益的政府补助金额等其他递延性收入。本项目应根据"递延收益"科目的期末余额填列。

16)"递延所得税负债"项目,反映企业根据《企业会计准则第18号——所得税》确认的应纳税暂时性差异产生的所得税负债。本项目应根据"递延所得税负债"科目的期末余额填列。

17)"其他非流动负债"项目,反映企业除以上非流动负债以外的其他非流动负债。本项目应根据有关科目期末余额,减去将于一年内(含一年)到期偿还数后的余额分析填列。非流动负债各项目中将于一年内(含一年)到期的非流动负债,应在"一年内到期的非流动负债"项目反映。

3. 所有者权益项目的填列说明

1)"实收资本(或股本)"项目,反映企业各投资者实际投入的资本(或股本)总额。本项目应根据"实收资本(或股本)"科目的期末余额填列。

2)"其他权益工具"项目,反映企业发行的除普通股以外分类为权益工具的金融工具的账面价值,并下设"优先股"和"永续债"两个项目,分别反映企业发行的分类为权益工具的优先股和永续债的账面价值。

3)"资本公积"项目,反映企业收到投资者出资超出其在注册资本或股本中所占的份额以及直接计入所有者权益的利得和损失等。本项目应根据"资本公积"科目的期末余额填列。

4)"其他综合收益"项目,反映企业其他综合收益的期末余额。本项目应根据"其他综合收益"科目的期末余额填列。

5)"盈余公积"项目,反映企业盈余公积的期末余额。本项目应根据"盈余公积"科目的期末余额填列。

6)"未分配利润"项目,反映企业尚未分配的利润。未分配利润是指企业实现的净利润经过弥补亏损、提取盈余公积和向投资者分配利润后留存在企业的、历年结存的利润。本项目应根据"本年利润"科目和"利润分配"科目的余额计算填列。未弥补的亏损在本项目内以"-"号填列。

第三节 利润表及其填列

一、利润表概述

施工企业的利润表又称损益表,是反映施工企业一定会计期间经营成果的会计报表。通过编制损益表可以了解企业收入、成本和费用及利润(亏损)的实现及其构成情况,了解投入资本的回报能力，为投资者和债权人评价企业的获利能力和偿债能力提供依据。因此，利润表与资产负债表作用一样，是企业的主要会计报表之一。

通过利润表，可以反映企业在一定会计期间收入、费用、利润（或亏损）的金额和构成情况，帮助财务报表使用者全面了解企业的经营成果，分析企业的获利能力及盈利增长趋势，从而为其做出经济决策提供依据。

利润表包括的项目主要有营业收入、营业成本、税金及附加、销售费用、管理费用、研发费用、财务费用、资产减值损失、其他收益、投资收益、公允价值变动收益、资产处置收益、营业利润、营业外收入、营业外支出、利润总额、所得税费用、净利润、其他综合收益的税后净额、综合收益总额、每股收益等。

二、利润表的结构与格式

利润表的结构有单步式和多步式两种。单步式利润表将当期所有的收入列在一起，所有的费用列在一起，然后将两者相减得出当期净损益。我国企业的利润表采用多步式，即通过对当期的收入、费用、支出项目按性质加以归类，按利润形成的主要环节列示一些中间性利润指标，分步计算当期净损益，以便财务报表使用者理解企业经营成果的不同来源。

利润表一般由表头和表体两部分组成。表头部分应列明报表名称、编制单位名称、编制日期、报表编号和计量单位。表体部分是利润表的主体，列示了形成经营成果的各个项目和计算过程。

为了使财务报表使用者通过比较不同期间利润的实现情况，判断企业经营成果的未来发展趋势，企业需要提供比较利润表。为此，利润表还需就各项目再分为"本期金额"和"上期金额"两栏。利润表的一般格式见表 13-5。

表 13-5 利润表

编制单位：第一工程处　　　　　2019 年 5 月　　　　　　　　　　　　单位：元

项　目	本期金额	上期金额
一、营业收入		
减：营业成本		
税金及附加		
销售费用		
管理费用		
研发费用		
财务费用		
其中：利息费用		
利息收入		
加：其他收益		
投资收益（损失以"-"号填列）		
其中：对联营企业和合营企业的投资收益		
以摊余成本计量的金融资产终止确认收益（损失以"-"号填列）		
净敞口套期收益（损失以"-"号填列）		

(续)

项　　目	本期金额	上期金额
公允价值变动收益（损失以"-"号填列）		
信用减值损失（损失以"-"号填列）		
资产减值损失（损失以"-"号填列）		
资产处置收益（损失以"-"号填列）		
二、营业利润（亏损以"-"号填列）		
加：营业外收入		
减：营业外支出		
三、利润总额（亏损总额以"-"号填列）		
减：所得税费用		
四、净利润（净亏损以"-"号填列）		
（一）持续经营净利润（净亏损以"-"号填列）		
（二）终止经营净利润（净亏损以"-"号填列）		
五、其他综合收益的税后净额		
（一）不能重分类进损益的其他综合收益		
1. 重新计量设定受益计划变动额		
2. 权益法下不能转损益的其他综合收益		
3. 其他权益工具投资公允价值变动		
4. 企业自身信用风险公允价值变动		
……		
（二）将重分类进损益的其他综合收益		
1. 权益法下可转损益的其他综合收益		
2. 其他债权投资公允价值变动		
3. 金融资产重分类计入其他综合收益的金额		
4. 其他债权投资信用减值准备		
5. 现金流量套期储备		
6. 外币财务报表折算差额		
……		
六、综合收益总额		
七、每股收益：		
（一）基本每股收益		
（二）稀释每股收益		

三、利润表的编制

利润表编制的原理是"收入−费用＝利润"的会计平衡公式和收入与费用的配比原则。

企业在生产经营中不断地取得各项收入，同时发生各种费用，收入减去费用，剩余的部分就是企业的利润。取得的收入和发生的相关费用的对比情况就是企业的经营成果。如果企业经营不当，发生的生产经营费用超过取得的收入，企业就发生了亏损；反之企业就能取得一定的利润。企业将经营成果的核算过程和结果编制成报表，就形成了利润表。

（一）利润表项目的填列方法

我国企业利润表的主要编制步骤如下：

第一步，以营业收入为基础，减去营业成本、税金及附加、销售费用、管理费用、研发费用、财务费用、资产减值损失、信用减值损失，加上其他收益、投资收益（或减去投资损失）、公允价值变动收益（或减去公允价值变动损失）、资产处置收益（或减去资产处置损失），计算出营业利润。

第二步，以营业利润为基础，加上营业外收入，减去营业外支出，计算出利润总额。

第三步，以利润总额为基础，减去所得税费用，即计算出净利润（或净亏损）。

第四步，以净利润（或净亏损）和其他综合收益为基础，计算综合收益总额。

第五步，以净利润（或净亏损）为基础，计算出每股收益。

利润表各项目均需填列"本期金额"和"上期金额"两栏。其中"上期金额"栏内各项数字，应根据上年该期利润表的"本期金额"栏内所列数字填列。"本期金额"栏内各项数字，除"基本每股收益"和"稀释每股收益"项目外，应当按照相关科目的发生额分析填列。如"营业收入"项目，根据"主营业务收入""其他业务收入"科目的发生额分析计算填列；"营业成本"项目，根据"主营业务成本""其他业务成本"科目的发生额分析计算填列。

（二）利润表项目的填列说明

1)"营业收入"项目，反映企业经营主要业务和其他业务所确认的收入总额。本项目应根据"主营业务收入"和"其他业务收入"科目的发生额分析填列。

2)"营业成本"项目，反映企业经营主要业务和其他业务所发生的成本总额。本项目应根据"主营业务成本"和"其他业务成本"科目的发生额分析填列。

3)"税金及附加"项目，反映企业经营业务应负担的消费税、城市维护建设税、教育费附加、资源税、土地增值税及房产税、车船税、城镇土地使用税、印花税等相关税费。本项目应根据"税金及附加"科目的发生额分析填列。

4)"销售费用"项目，反映企业在销售商品过程中发生的包装费、广告费等费用和为销售本企业商品而专设的销售机构的职工薪酬、业务费等经营费用。本项目应根据"销售费用"科目的发生额分析填列。

5)"管理费用"项目，反映企业为组织和管理生产经营发生的管理费用。本项目应根据"管理费用"科目的发生额分析填列。

6)"研发费用"项目，反映企业进行研究与开发过程中发生的费用化支出，以及计入管理费用的自行开发无形资产的摊销。本项目应根据"管理费用"科目下的"研发费用""无形资产摊销"明细科目的发生额分析填列。

7)"财务费用"项目，反映企业为筹集生产经营所需资金等而发生的筹资费用。本项目应根据"财务费用"科目的发生额分析填列。其中："利息费用"项目，反映企业为筹集生产经营所需资金等而发生的应予费用化的利息支出，该项目应根据"财务费用"科目的相关明细科目的发生额分析填列。"利息收入"项目，反映企业确认的利息收入，该项目应根据"财务费用"科目的相关明细科目的发生额分析填列。

8)"资产减值损失"项目，反映企业各项资产发生的减值损失。本项目应根据"资产减值损失"科目的发生额分析填列。

9)"信用减值损失"项目，反映企业计提的各项金融工具减值准备所形成的预期信用损失。该项目应根据"信用减值损失"科目的发生额分析填列。

10)"其他收益"项目，反映计入其他收益的政府补助等。本项目应根据"其他收益"科目的发生额分析填列。

11)"投资收益"项目，反映企业以各种方式对外投资所取得的收益。应根据"投资收益"科目的发生额分析填列。如为投资损失，以"-"号填列。

12)"公允价值变动收益"项目，反映企业应当计入当期损益的资产或负债公允价值变动收益。本项目应根据"公允价值变动损益"科目的发生额分析填列，如为净损失本项目以"-"号填列。

13)"资产处置收益"项目，反映企业出售划分为持有待售的非流动资产（金融工具、长期股权投资和投资性房地产除外）或处置组（子公司和业务除外）时确认的处置利得或损失，以及处置未划分为持有待售的固定资产、在建工程、生产性生物资产及无形资产而产生的处置利得或损失。债务重组中因处置非流动资产产生的利得或损失、非货币性资产交换中换出非流动资产产生的利得或损失也包括在本项目内。本项目应根据"资产处置损益"科目的发生额分析填列；如为处置损失，以"-"号填列。

14)"营业利润"项目，反映企业实现的营业利润。如为亏损，以"-"号填列。

15)"营业外收入"项目，反映企业发生的除营业利润以外的收益，主要包括与企业日常活动无关的政府补助、盘盈利得、捐赠利得（企业接受股东或股东的子公司直接或间接的捐赠，经济实质属于股东对企业的资本性投入的除外）等。本项目应根据"营业外收入"科目的发生额分析填列。

16)"营业外支出"项目，反映企业发生的与经营业务无直接关系的各项支出，主要包括公益性捐赠支出、非常损失、盘亏损失、非流动资产毁损报废损失等。本项目应根据"营业外支出"科目的发生额分析填列。

17)"利润总额"项目，反映企业实现的利润。如为亏损，以"-"号填列。

18)"所得税费用"项目，反映企业应从当期利润总额中扣除的所得税费用。本项目应根据"所得税费用"科目的发生额分析填列。

19)"净利润"项目，反映企业实现的净利润。如为亏损，以"-"号填列。

20)"其他综合收益的税后净额"项目，反映企业根据企业会计准则规定未在损益中确认的各项利得和损失扣除所得税影响后的净额。

21)"综合收益总额"项目，反映企业净利润与其他综合收益（税后净额）的合计金额。

22)"每股收益"项目，包括基本每股收益和稀释每股收益两项指标，反映普通股或潜在普通股已公开交易的企业，以及正处在公开发行普通股或潜在普通股过程中的企业的每股收益信息。

第四节 现金流量表及其填列

一、现金流量表的内容及结构

（一）现金流量表的内容

施工企业的现金流量表，是指反映施工企业在一定会计期间现金和现金等价物流入和流出的报表。从编制原则上看，现金流量表按照收付实现制原则编制，将权责发生制下的盈利信息调整为收付实现制下的现金流量信息，便于报表使用者了解企业净利润的质量。从内容上看，现金流量表被划分为经营活动、投资活动和筹资活动三个部分，每类活动又分为各具体项目，这些项目从不同角度反映企业业务活动的现金流入与流出，弥补了资产负债表和利润表提供信息的不足。通过现金流量表，报表使用者能够了解现金流量的影响因素，评价企业的支付能力、偿债能力和周转能力，预测企业未来现金流量，为其决策提供有力依据。

（二）现金流量表的结构

在现金流量表中，现金及现金等价物被视为一个整体，企业现金形式的转换不会产生现金的流入和流出。例如，企业从银行提取现金，是企业现金存放形式的转换，现金并未流出企业，不构成现金流量。同样，现金与现金等价物之间的转换也不属于现金流量，例如，企业用现金购买三个月到期的国库券。根据企业业务活动的性质和现金流量的来源，现金流量表在结构上将企业一定期间产生的现金流量分为三类：经营活动产生的现金流量、投资活动产生的现金流量和筹资活动产生的现金流量。现金流量表的具体格式见表13-6。

表13-6 现金流量表

编制单位：第一工程处　　　　2019年5月　　　　单位：元

项　目	本期金额	上期金额
一、经营活动产生的现金流量		
销售商品、提供劳务收到的现金		
收到的税费返还		
收到其他与经营活动有关的现金		
经营活动现金流入小计		
购买商品、接受劳务支付的现金		
支付给职工以及为职工支付的现金		
支付的各项税费		
支付其他与经营活动有关的现金		
经营活动现金流出小计		
经营活动产生的现金流量净额		
二、投资活动产生的现金流量		
收回投资收到的现金		
取得投资收益收到的现金		
处置固定资产、无形资产和其他长期资产收回的现金净额		
处置子公司及其他营业单位收到的现金净额		
收到其他与投资活动有关的现金		
投资活动现金流入小计		

(续)

项　　目	本期金额	上期金额
购建固定资产、无形资产和其他长期资产支付的现金		
投资支付的现金		
取得子公司及其他营业单位支付的现金净额		
支付其他与投资活动有关的现金		
投资活动现金流出小计		
投资活动产生的现金流量净额		
三、筹资活动产生的现金流量：		
吸收投资收到的现金		
取得借款收到的现金		
收到其他与筹资活动有关的现金		
筹资活动现金流入小计		
偿还债务支付的现金		
分配股利、利润或偿付利息支付的现金		
支付其他与筹资活动有关的现金		
筹资活动现金流出小计		
筹资活动产生的现金流量净额		
四、汇率变动对现金及现金等价物的影响		
五、现金及现金等价物净增加额		
加：期初现金及现金等价物余额		
六、期末现金及现金等价物余额		

二、现金流量表的填列方法

（一）经营活动产生的现金流量

施工企业的经营活动是指施工企业投资活动和筹资活动以外的所有交易和事项。

各类企业由于行业特点不同，对经营活动的认定存在一定差异。对于施工企业而言，经营活动主要包括销售商品、提供劳务、购买商品、接受劳务、支付职工薪酬、支付税费等。

在我国，企业经营活动产生的现金流量应当采用直接法填列。直接法，是指通过现金收入和现金支出的主要类别列示经营活动的现金流量。

（二）投资活动产生的现金流量

施工企业的投资活动是指施工企业长期资产的购建和不包括在现金等价物范围内的投资及其处置活动。长期资产是指固定资产、无形资产、在建工程、其他资产等持有期限在一年或一个营业周期以上的资产。这里所讲的投资活动，既包括实物资产投资，也包括金融资产投资。之所以将"包括在现金等价物范围内的投资"排除在外，是因为已经将包括在现金等价物范围内的投资视同现金。不同企业由于行业特点不同，对投资活动的认定也存在差异。例如，交易性金融资产所产生的现金流量，对于施工企业而言，属于投资活动现金流量，而对于证券公司而言，属于经营活动现金流量。

（三）筹资活动产生的现金流量

施工企业的筹资活动是指导致施工企业资本及债务规模和构成发生变化的活动。这里所说的资本，既包括实收资本（股本），也包括资本溢价（股本溢价）；这里所说的债务，是指对外举债，包括向银行借款、发行债券以及偿还债务等。通常情况下，应付账款、应付票据等商业应付款等属于经营活动现金流量，不属于筹资活动现金流量。

此外，对于企业日常活动之外的、不经常发生的特殊项目，如自然灾害损失、保险赔款、捐赠等，应当归并到相关类别中，并单独反映。比如，对于自然灾害损失和保险赔款，如果能够确指，属于流动资产损失的，应当列入经营活动产生的现金流量；属于固定资产损失的，应当列入投资活动产生的现金流量。

（四）汇率变动对现金及现金等价物的影响

编制现金流量表时，应当将施工企业外币现金流量以及境外子公司的现金流量折算成记账本位币。外币现金流量以及境外子公司的现金流量，应当采用现金流量发生日的即期汇率或按照系统合理的方法确定的、与现金流量发生日即期汇率近似的汇率折算。汇率变动对现金及现金等价物的影响应当作为调节项目，在现金流量表中单独列报。

汇率变动对现金及现金等价物的影响，是指企业外币现金流量及境外子公司的现金流量折算成记账本位币时，所采用的是现金流量发生日的汇率或按照系统合理的方法确定的、与现金流量发生日即期汇率近似的汇率，而现金流量表"现金及现金等价物净增加额"项目中外币现金净增加额是按资产负债表日的即期汇率折算的。这两者的差额即为汇率变动对现金及现金等价物的影响。

在编制现金流量表时，对当期发生的外币业务，也可不必逐笔计算汇率变动对现金的影响，可以通过现金流量表补充资料中"现金及现金等价物净增加额"数额与现金流量表中"经营活动产生的现金流量净额""投资活动产生的现金流量净额""筹资活动产生的现金流量净额"三项之和比较，其差额即为"汇率变动对现金及现金等价物的影响"。

三、现金流量表的编制方法及程序

（一）直接法和间接法

编制现金流量表时，列报经营活动现金流量的方法有两种：①直接法；②间接法。在直接法下，一般是以利润表中的营业收入为起算点，调节与经营活动有关的项目的增减变动，然后计算出经营活动产生的现金流量。在间接法下，将净利润调节为经营活动产生的现金流量，实际上就是将按权责发生制原则确定的净利润调整为现金净流入，并剔除投资活动和筹资活动对现金流量的影响。

（二）工作底稿法、T形账户法

1. 工作底稿法

采用工作底稿法编制现金流量表，是以工作底稿为手段，以资产负债表和利润表数据为基础，对每一项目进行分析并编制调整分录，从而编制现金流量表。工作底稿法的程序是：

1) 第一步，将资产负债表的上年年末数和期末数过入工作底稿的期初数栏和期末数栏。

2) 第二步，对当期业务进行分析并编制调整分录。编制调整分录时，要以利润表项目为基础，从"营业收入"开始，结合资产负债表项目逐一进行分析。在调整分录中，有关现金和现金等价物的事项，并不直接借记或贷记现金，而是分别计入"经营活动产生的现金流量""投资活动产生的现金流量""筹资活动产生的现金流量"有关项目，借记表示现金流入，贷记表示现金流出。

3）第三步，将调整分录过入工作底稿中的相应部分。

4）第四步，核对调整分录，确保借方、贷方合计数均已经相等，资产负债表项目期初数加减调整分录中的借贷金额以后，也等于期末数。

5）第五步，根据工作底稿中的现金流量表项目部分编制正式的现金流量表。

2. T形账户法

采用T形账户法编制现金流量表，是以T形账户为手段，以资产负债表和利润表数据为基础，对每一项目进行分析并编制调整分录，从而编制现金流量表。T形账户法的程序是：

1）第一步，为所有的非现金项目（包括资产负债表项目和利润表项目）分别开设T形账户，并将各自的期末期初变动数过入各账户。如果项目的期末数大于期初数，则将差额过入和项目余额相同的方向；反之，过入相反的方向。

2）第二步，开设一个大的"现金及现金等价物"T形账户，每边分为经营活动、投资活动和筹资活动三个部分，左边记现金流入，右边记现金流出。与其他账户一样，过入期末期初变动数。

3）第三步，以利润表项目为基础，结合资产负债表分析每一个非现金项目的增减变动，并据此编制调整分录。

4）第四步，将调整分录过入各T形账户，并进行核对，确保该账户借贷相抵后的余额与原先过入的期末期初变动数一致。

5）第五步，根据大的"现金及现金等价物"T形账户编制正式的现金流量表。

四、现金流量表编制示例

【例13-1】 WCM建筑公司2019年有关资料如下（建筑业务增值税税率为9%，购买原材料增值税税率为13%）：

1）本期主营业务收入为2 000万元；收回应收账款240万元；预收甲公司货款100万元。

2）本期采购材料成本为1 400万元；支付去年应付账款100万元；预付材料供应商乙公司货款220万元。

3）本期发放的职工工资总额为200万元，其中生产经营及管理人员的工资140万元，奖金30万元；在建工程人员的工资24万元，奖金6万元，工资及奖金全部从银行提取现金发放。

4）本期所得税费用为320万元，未缴所得税的年初数为240万元，年末数为200万元（无调整事项）。

5）为建造厂房，本期以银行存款购入固定资产200万元，支付增值税税额26万元。

6）购入股票200万股，每股价格5.2元，其中包含的已宣告但尚未领取的现金股利每股0.2元，作为短期投资核算。

7）到期收回长期债券投资，面值200万元，3年期，利率3%，一次还本付息。

8）对一台管理用设备进行清理，设备账面原价240万元，已提折旧160万元，以银行存款支付清理费用4万元，收到变价收入26万元，设备已清理完毕。

9）借入短期借款 480 万元，借入长期借款 920 万元，当年以银行存款支付利息 60 万元。

10）向股东支付上年现金股利 100 万元。

11）该企业期初现金及现金等价物为 1 200 万元。

各个现金流量项目的计算过程如下：

1）"销售商品、提供劳务收到的现金"＝2 000 万元×（1+9%）+240 万元+100 万元＝2 520 万元

2）"购买商品、接受劳务支付的现金"＝1 400 万元×（1+13%）+100 万元+220 万元＝1 902 万元

3）"支付给职工以及为职工支付的现金"＝140 万元+30 万元+24 万元+6 万元＝200 万元

4）"支付的各项税费"＝320 万元+240 万元−200 万元＝360 万元

5）"收回投资收到的现金"＝200 万元

6）"取得投资收益收到的现金"＝200 万元×3%×3＝18 万元

7）"处置固定资产、无形资产和其他长期资产收回的现金净额"＝26 万元−4 万元＝22 万元

8）"购建固定资产、无形资产和其他长期资产支付的现金"＝200 万元+26 万元＝226 万元

9）"投资支付的现金"＝200 万元×5.2＝1 040 万元

10）"取得借款收到的现金"＝480 万元+920 万元＝1 400 万元

11）"分配股利、利润或偿付利息支付的现金"＝60 万元+100 万元＝160 万元

据此，WCM 建筑公司编制的现金流量表见表 13-7。

表 13-7　WCM 建筑公司现金流量表

编制单位：WCM 建筑公司　　　　2019 年度　　　　　　　　单位：万元

项　　目	本 期 金 额	上 期 金 额
一、经营活动产生的现金流量		
销售商品、提供劳务收到的现金	2 520	
收到的税费返还		
收到其他与经营活动有关的现金		
经营活动现金流入小计	2 520	
购买商品、接受劳务支付的现金	1 902	
支付给职工以及为职工支付的现金	200	
支付的各项税费	360	
支付其他与经营活动有关的现金		
经营活动现金流出小计	2 462	
经营活动产生的现金流量净额	58	
二、投资活动产生的现金流量		
收回投资收到的现金	200	
取得投资收益收到的现金	18	
处置固定资产、无形资产和其他长期资产收回的现金净额	22	
处置子公司及其他营业单位收到的现金净额		
收到其他与投资活动有关的现金		

（续）

项　　目	本期金额	上期金额
投资活动现金流入小计	240	
购建固定资产、无形资产和其他长期资产支付的现金	226	
投资支付的现金	1 040	
取得子公司及其他营业单位支付的现金净额		
支付其他与投资活动有关的现金		
投资活动现金流出小计	1 266	
投资活动产生的现金流量净额	-1 026	
三、筹资活动产生的现金流量：		
吸收投资收到的现金		
取得借款收到的现金	1 400	
收到其他与筹资活动有关的现金		
筹资活动现金流入小计	1 400	
偿还债务支付的现金		
分配股利、利润或偿付利息支付的现金	160	
支付其他与筹资活动有关的现金		
筹资活动现金流出小计	160	
筹资活动产生的现金流量净额	1 240	
四、汇率变动对现金及现金等价物的影响		
五、现金及现金等价物净增加额	272	
加：期初现金及现金等价物余额	1 200	
六、期末现金及现金等价物余额	1 472	

第五节　所有者权益变动表及报表附注

一、所有者权益变动表概述

所有者权益变动表是指反映构成所有者权益各组成部分当期增减变动情况的报表。通过所有者权益变动表，既可以为财务报表使用者提供所有者权益总量的增减变动信息，也能为其提供所有者权益增减变动的结构性信息，特别是能够让财务报表使用者理解所有者权益增减变动的根源。

二、所有者权益变动表的结构

在所有者权益变动表上，施工企业至少应当单独列示反映下列信息的项目：①综合收益总额；②会计政策变更和差错更正的累积影响金额；③所有者投入的资本和向所有者分配的利润等；④提取的盈余公积；⑤实收资本、其他权益工具、资本公积、盈余公积、未分配利润的期初和期末余额及其调节情况。所有者权益变动表以矩阵的形式列示：一方面，列示导致所有者权益变动的交易或事项，即所有者权益变动的来源，对一定时期所有者权益的变动情况进行全面反映；另一方面，按照所有者权益各组成部分（即实收资本、其他权益工具、资本公积、库存股、其他综合收益、盈余公积、未分配利润）列示交易或事项对其的影响。所有者权益变动表的格式见表13-8。

表 13-8　所有者权益变动表

编制单位：第一工程处　　2019 年度　　单位：元

项目	本年金额											上年金额										
	实收资本（或股本）	其他权益工具			资本公积	减：库存股	其他综合收益	专项储备	盈余公积	未分配利润	所有者权益合计	实收资本（或股本）	其他权益工具			资本公积	减：库存股	其他综合收益	专项储备	盈余公积	未分配利润	所有者权益合计
		优先股	永续债	其他									优先股	永续债	其他							
一、上年年末余额																						
加：会计政策变更																						
前期差错更正																						
其他																						
二、本年年初金额																						
三、本年增减变动金额（减少以"-"号填列）																						
（一）综合收益总额																						
（二）所有者投入和减少资本																						
1. 所有者投入的普通股																						
2. 其他权益工具持有者投入资本																						
3. 股份支付计入所有者权益的金额																						
4. 其他																						

(续)

项目	本年金额										上年金额										
	实收资本（或股本）	其他权益工具			资本公积	减：库存股	其他综合收益	专项储备	盈余公积	未分配利润	所有者权益合计	实收资本（或股本）	其他权益工具			资本公积	减：库存股	其他综合收益	专项储备	盈余公积	未分配利润	所有者权益合计
		优先股	永续债	其他									优先股	永续债	其他							
（三）利润分配																						
1. 提取盈余公积																						
2. 对所有者（或股东）的分配																						
3. 其他																						
（四）所有者权益内部结转																						
1. 资本公积转增资本（或股本）																						
2. 盈余公积转增资本（或股本）																						
3. 盈余公积弥补亏损																						
4. 设定受益计划变动额结转留存收益																						
5. 其他综合收益结转留存收益																						
6. 其他																						
四、本年年末余额																						

三、所有者权益变动表的编制

（一）所有者权益变动表项目的填列方法

所有者权益变动表各项目均需要填列"本年金额"和"上年金额"两栏。

所有者权益变动表"上年金额"栏内各项数字，应根据上年度所有者权益变动表"本年金额"栏内所列数字填列。上年度所有者权益变动表规定的各个项目的名称和内容同本年度不一致的，应对上年度所有者权益变动表各项目的名称和内容按照本年度的规定进行调整，填入所有者权益变动表的"上年金额"栏内。

所有者权益变动表"本年金额"栏内各项数字一般应根据"实收资本（或股本）""其他权益工具""资本公积""库存股""其他综合收益""专项储备""盈余公积""利润分配""以前年度损益调整"科目的发生额分析填列。

企业的净利润及其分配情况作为所有者权益变动的组成部分，不需要单独编制利润分配表列示。

（二）所有者权益变动表主要项目说明

1）"上年年末余额"项目，反映企业上年资产负债表中实收资本（或股本）、其他权益工具、资本公积、库存股、其他综合收益、盈余公积、未分配利润的年末余额。

2）"会计政策变更""前期差错更正"项目，分别反映企业采用追溯调整法处理的会计政策变更的累积影响金额和采用追溯重述法处理的会计差错更正的累积影响金额。

3）"本年增减变动金额"项目

①"综合收益总额"项目，反映净利润和其他综合收益扣除所得税影响后的净额相加后的合计金额。

②"所有者投入和减少资本"项目，反映企业当年所有者投入的资本和减少的资本，其中："所有者投入的普通股"项目，反映企业接受投资者投入形成的实收资本（或股本）和资本溢价或股本溢价；"其他权益工具持有者投入资本"项目，反映企业接受其他权益工具持有者投入资本；"股份支付计入所有者权益的金额"项目，反映企业处于等待期中的权益结算的股份支付当年计入资本公积的金额。

③"利润分配"项目，反映企业当年的利润分配金额。

④"所有者权益内部结转"项目，反映企业构成所有者权益的组成部分之间当年的增减变动情况，其中："资本公积转增资本（或股本）"项目，反映企业当年以资本公积转增资本或股本的金额；"盈余公积转增资本（或股本）"项目，反映企业当年以盈余公积转增资本或股本的金额；"盈余公积弥补亏损"项目，反映企业当年以盈余公积弥补亏损的金额；"设定受益计划变动额结转留存收益"项目，反映企业因重新计量设定受益计划净负债或净资产所产生的变动计入其他综合收益，结转至留存收益的金额；"其他综合收益结转留存收益"项目，主要反映：第一，企业指定为以公允价值计量且其变动计入其他综合收益的非交易性权益工具投资终止确认时，之前计入其他综合收益的累计利得或损失从其他综合收益中转入留存收益的金额；第二，企业指定为以公允价值计量且其变动计入当期损益的金融负债终止确认时，之前由企业自身信用风险变动引起而计入其他综合收益的累计利得或损失从其他综合收益中转入留存收益的金额等。

【例 13-2】 丁建筑公司 2017 年 12 月 31 日所有者权益各项目余额如下：股本 5 000 000 元，盈余公积 100 000 元，未分配利润 50 000 元。2018 年，丁建筑公司获得的综合收益总额为 280 000 元（其中净利润 200 000 元），提取盈余公积 20 000 元，分配现金股利 100 000 元，丁建筑公司 2018 年度所有者权益变动表见表 13-9。

四、财务报表附注

财务报表附注是对资产负债表、利润表、现金流量表和所有者权益变动表等报表中列示项目的文字描述或明细资料，以及对未能在这些报表中列示项目的说明等。附注主要起到两方面的作用：第一，附注所披露的信息，是对资产负债表、利润表、现金流量表和所有者权益变动表列示项目含义的补充说明，以帮助财务报表使用者更准确地把握报表项目的含义。例如，通过阅读附注中披露的固定资产折旧政策的说明，使用者可以掌握报告企业与其他企业在固定资产折旧政策上的异同，以便进行更准确的比较。第二，附注提供了对资产负债表、利润表、现金流量表和所有者权益变动表中未列示项目的详细或明细说明。例如，通过阅读附注中披露的存货增减变动情况，财务报表使用者可以了解资产负债表中未单列的存货分类信息。

通过附注与资产负债表、利润表、现金流量表和所有者权益变动表列示项目的相互参照关系，以及对未能在财务报表中列示项目的说明，可以使财务报表使用者全面了解企业的财务状况、经营成果和现金流量以及所有者权益的情况。

五、附注的主要内容

附注是施工企业财务报表的重要组成部分。根据《企业会计准则第 30 号——财务报表列报》的规定，企业应当按照如下顺序披露附注的内容：

（一）企业的基本情况

1）企业注册地、组织形式和总部地址。
2）企业的业务性质和主要经营活动。
3）母公司以及集团最终母公司的名称。
4）财务报告的批准报出者和财务报告批准报出日。
5）营业期限有限的企业，还应当披露有关营业期限的信息。

（二）财务报表的编制基础

财务报表的编制基础是指财务报表是在持续经营基础上还是非持续经营基础上编制的。企业一般是在持续经营基础上编制财务报表，清算、破产属于非持续经营基础。

（三）遵循企业会计准则的声明

企业应当声明所编制的财务报表符合企业会计准则的要求，真实、完整地反映了企业的财务状况、经营成果和现金流量等有关信息，以此明确企业编制财务报表所依据的制度基础。

（四）重要会计政策和会计估计

企业应当披露采用的重要会计政策和会计估计，不重要的会计政策和会计估计可以不披露。在披露重要会计政策和会计估计时，企业应当披露重要会计政策的确定依据和财务报表

表 13-9 丁建筑公司 2018 年度所有者权益变动表

编制单位：丁建筑公司　　2018 年度　　单位：元

项目	本年金额											上年金额										
	实收资本（或股本）	其他权益工具		资本公积	减：库存股	其他综合收益	专项储备	盈余公积	未分配利润	所有者权益合计		实收资本（或股本）	其他权益工具		资本公积	减：库存股	其他综合收益	专项储备	盈余公积	未分配利润	所有者权益合计
		优先股	永续债										优先股	永续债							
一、上年年末余额	5 000 000							100 000	50 000	5 150 000											
加：会计政策变更																						
前期差错更正																						
其他																						
二、本年年初金额	5 000 000							100 000	50 000	5 150 000											
三、本年增减变动金额（减少以"-"号填列）						80 000			200 000	280 000											
（一）综合收益总额																						
（二）所有者投入和减少资本																						
1. 所有者投入的普通股																						
2. 其他权益工具持有者投入资本																						
3. 股份支付计入所有者权益的金额																						
4. 其他																						

（续）

项　目	本年金额										上年金额									
	实收资本（或股本）	其他权益工具			资本公积	减：库存股	其他综合收益	专项储备	盈余公积	未分配利润	所有者权益合计	实收资本（或股本）	其他权益工具			资本公积	减：库存股	其他综合收益	专项储备	盈余公积	未分配利润	所有者权益合计
		优先股	永续债	其他									优先股	永续债	其他							
（三）利润分配																						
1. 提取盈余公积									20 000	-20 000	0											
2. 对所有者（或股东）的分配									100 000	-100 000												
3. 其他																						
（四）所有者权益内部结转																						
1. 资本公积转增资本（或股本）																						
2. 盈余公积转增资本（或股本）																						
3. 盈余公积弥补亏损																						
4. 设定受益计划变动额结转留存收益																						
5. 其他综合收益结转留存收益																						
6. 其他																						
四、本年年末余额	5 000 000						80 000		220 000	130 000	5 430 000									100 000	50 000	5 150 000

项目的计量基础，以及会计估计中所采用的关键假设和不确定因素。

会计政策的确定依据，主要是指企业在运用会计政策过程中所做的对报表中确认的项目金额最具影响的判断，对其的披露有助于财务报表使用者理解企业选择和运用会计政策的背景，增加财务报表的可理解性。财务报表项目的计量基础，是指企业计量该项目采用的是历史成本、重置成本、可变现净值、现值还是公允价值，这直接影响财务报表使用者对财务报表的理解和分析。在确定财务报表中确认的资产和负债的账面价值的过程中，企业有时需要对不确定的未来事项在资产负债表日对这些资产和负债的影响加以估计，如企业预计固定资产未来现金流量采用的折现率和假设。这类假设的变动对这些资产和负债项目金额的确定影响很大，有可能会在下一个会计年度内做出重大调整，因此，强调这一披露要求，有助于提高财务报表的可理解性。

（五）会计政策和会计估计变更以及差错更正的说明

企业应当按照《企业会计准则第28号——会计政策、会计估计变更和差错更正》的规定，披露会计政策和会计估计变更以及差错更正的有关情况。

（六）报表重要项目的说明

企业对报表重要项目的说明，应当按照资产负债表、利润表、现金流量表、所有者权益变动表及其项目列示的顺序，采用文字和数字描述相结合的方式进行披露。报表重要项目的明细金额合计应当与报表项目金额相衔接。

思考题

1. 企业编制财务报表的作用有哪些？
2. 什么是资产负债表？怎样编制资产负债表？
3. 什么是利润表？怎样编制利润表？
4. 什么是现金流量表？怎样编制现金流量表？
5. 什么是所有者权益变动表？怎样编制所有者权益变动表？
6. 财务报表附注应披露哪些重要内容？
7. 根据表13-10"某企业资产负债表"填列括号内的空缺数字。

表13-10　某企业资产负债表

2019年3月31日　　　　　　　　　　　　　　　　　　　单位：元

资产		负债及所有者权益	
项　目	金　额	项　目	金　额
货币资金	380 000	短期借款	200 000
交易性金融资产	450 000	应付账款	176 000
应收票据	100 000	应交税费	59 000
应收账款	235 000	流动负债合计	（　　）
存货	（　　）	长期负债合计	344 000
流动资产合计	1 860 000	实收资本	4 900 000
固定资产	4 270 000	资本公积	265 000
无形资产	313 000	盈余公积	379 000
		未分配利润	120 000
		所有者权益合计	（　　）
资产总计	（　　）	负债及所有者权益总计	（　　）

8. 资料：某施工企业 2019 年 11 月份有关账户发生额见表 13-11。

表 13-11　某施工企业 2019 年 11 月份有关账户发生额　　　　　单位：元

账户名称	借方	贷方
主营业务收入		18 000
主营业务成本	6 500	
销售费用	1 200	
税金及附加	3 000	
其他业务收入		2 800
其他业务成本	800	
管理费用	1 200	
财务费用	800	
投资收益		1 200
营业外收入		1 000
营业外支出	1 500	
所得税费用	2 000	

要求：根据资料编制该施工企业当月利润表（只填列本月数）。

第十四章 会计政策变更和资产负债表日后事项

●**本章主要知识点**：会计政策变更处理（会计政策及其变更、会计估计及其变更、前期差错及其更正）；资产负债表日后事项（资产负债表日后事项概述、调整事项的会计处理、非调整事项的会计处理）。

●**本章重点和难点**：会计估计及其变更、前期差错及其更正；调整事项的会计处理、非调整事项的会计处理。

第一节 会计政策变更处理

一、会计政策及其变更

（一）会计政策概述

会计政策是指企业在会计确认、计量和报告中所采用的原则、基础和会计处理方法。会计政策具有以下特点：

（1）选择性 会计政策是在允许的会计原则、计量基础和会计处理方法中做出指定或具体选择。由于企业经济业务的复杂性和多样化，某些经济业务在符合会计原则和计量基础的要求下，可以有多种会计处理方法，即存在不止一种可供选择的会计政策。

（2）强制性 在我国，会计政策所包括的具体会计原则、计量基础和具体会计处理方法由会计准则或会计制度规定，具有一定的强制性。企业必须在法规所允许的范围内选择适合本企业实际情况的会计政策。

（3）层次性 会计政策包括会计原则、计量基础和会计处理方法三个层次。例如，《企业会计准则第13号——或有事项》规定的以该义务是企业承担的现时义务、履行该义务很可能导致经济利益流出企业、该义务的金额能够可靠地计量作为预计负债的确认条件就是确认预计负债要遵循的会计原则。会计基础是为将会计原则体现在会计核算中而采用的计量基础，例如，《企业会计准则第8号——资产减值》中涉及的公允价值就是计量基础；《企业会计准则第15号——建造合同》规定的完工百分比法就是会计处理方法。会计原则、计量基础和会计处理方法三者是一个具有逻辑性的、密不可分的整体，通过这个整体，会计政策才能得以应用和落实。

企业应当披露采用的重要会计政策，不具有重要性的会计政策可以不予披露。判断会计政策是否重要，应当考虑与会计政策相关的项目的性质和金额。企业应当披露的重要会计政策包括以下几种：

1) 发出存货成本的计量，即企业确定发出存货成本所采用的会计处理。例如，企业发出存货成本的计量是采用先进先出法，还是采用其他计量方法。

2) 长期股权投资的后续计量，即企业取得长期股权投资后的会计处理。例如，企业对被投资单位的长期股权投资是采用成本法，还是采用权益法核算。

3) 投资性房地产的后续计量，即企业在资产负债表日对投资性房地产进行后续计量所采用的计量方法。例如，企业对投资性房地产的后续计量是采用成本模式，还是采用公允价值模式。

4) 固定资产的初始计量，即对取得的固定资产初始成本的计量。例如，企业取得的固定资产初始成本是以购买价款，还是以购买价款的现值为基础进行计量。

5) 生物资产的初始计量，即对取得的生物资产初始成本的计量。例如，企业为取得生物资产而产生的借款费用，是予以资本化，还是计入当期损益。

6) 无形资产的确认，即对无形项目的支出是否确认为无形资产。例如，企业内部研究开发项目开发阶段的支出是确认为无形资产，还是在发生时计入当期损益。

7) 非货币性资产交换的计量，即非货币性资产交换事项中对换入资产成本的计量。例如，非货币性资产交换是以换出资产的公允价值作为确定换入资产成本的基础，还是以换出资产的账面价值作为确定换入资产成本的基础。

8) 收入的确认，即收入确认所采用的会计原则。例如，企业确认收入时要同时满足已将商品所有权上的主要风险和报酬转移给购货方、收入的金额能够可靠地计量、相关经济利益很可能流入企业等条件。

9) 合同收入与费用的确认，即确认建造合同的收入和费用所采用的会计处理方法。例如，企业确认建造合同的合同收入和合同费用采用的是完工百分比法。

10) 借款费用的处理，即借款费用的会计处理方法，例如，是将其资本化，还是将其费用化。

11) 合并政策，即编制合并财务报表所采用的原则。例如，母公司与子公司的会计年度不一致的处理原则、合并范围的确定原则等。

12) 其他重要会计政策。

(二) 会计政策变更

会计政策变更是指企业对相同的交易或者事项由原来采用的会计政策改为另一会计政策的行为。为保证会计信息的可比性，使财务报表使用者在比较企业一个以上期间的财务报表时，能够正确判断企业的财务状况、经营成果和现金流量的趋势，一般情况下，企业采用的会计政策在每一会计期间和前后各期应当保持一致，不得随意变更。否则，势必削弱会计信息的可比性。但是，在下述两种情形下，企业可以变更会计政策：

1) 法律、行政法规或者国家统一的会计制度等要求变更。这种情况是指按照法律、行政法规以及国家统一的会计制度的规定，要求企业采用新的会计政策，则企业应当按照法律、行政法规以及国家统一的会计制度的规定改变原会计政策，按照新的会计政策执行。

2) 会计政策变更能够提供更可靠、更相关的会计信息。例如由于经济环境等客观情况的改变，使企业原采用的会计政策所提供的会计信息已不能恰当地反映企业的财务状况、经营成果和现金流量等，在这种情况下，应改变原有会计政策，按变更后新的会计政策进行会计处理，以便对外提供更可靠、更相关的会计信息。

下列两种情况不属于会计政策变更：

1）本期发生的交易或者事项与以前相比具有本质差别而采用新的会计政策。这是因为会计政策是针对特定类型的交易或事项，如果发生的交易或事项与其他交易或事项有本质区别，那么，企业实际上是为新的交易或事项选择适当的会计政策，并没有改变原有的会计政策。

2）对初次发生的或不重要的交易或者事项采用新的会计政策。对初次发生的某类交易或事项采用适当的会计政策，并未改变原有的会计政策。例如，企业以前没有建造合同业务，当年签订一项建造合同为另一企业建造三栋厂房，对该项建造合同采用完工百分比法确认收入，不是会计政策变更。至于对不重要的交易或事项采用新的会计政策，不按会计政策变更做出会计处理并不影响会计信息的可比性，所以也不作为会计政策变更。

（三）会计政策变更的会计处理

发生会计政策变更时，有两种会计处理方法，即追溯调整法和未来适用法，两种方法适用于不同情形。

1. 追溯调整法

追溯调整法是指对某项交易或事项变更会计政策，视同该项交易或事项初次发生时即采用变更后的会计政策，并以此对财务报表相关项目进行调整的方法。采用追溯调整法时，对于比较财务报表期间的会计政策变更，应调整各期间损益项目和财务报表其他相关项目，视同该政策在比较财务报表期间上一直采用。对于比较财务报表可比期间以前的会计政策变更的累积影响数，应调整比较财务报表最早期间的期初留存收益，财务报表其他相关项目的数字也应一并调整。

追溯调整法通常由以下步骤构成：

第一步，计算会计政策变更的累积影响数。

第二步，编制相关项目的调整分录。

第三步，调整列报前期最早期初财务报表相关项目及其金额。

第四步，附注说明。

其中，会计政策变更累积影响数是指按照变更后的会计政策对以前各期追溯计算的，列报前期最早期初留存收益应有金额与现有金额之间的差额。根据上述定义的表述，会计政策变更的累积影响数可以分解为以下两个金额之间的差额：①在变更会计政策当期，按变更后的会计政策对以前各期追溯计算，所得到的列报前期最早期初留存收益金额；②在变更会计政策当期，列报前期最早期初留存收益金额。上述留存收益金额，包括盈余公积和未分配利润等项目，不考虑由于损益的变化而应当补分的利润或股利。例如，由于会计政策变化，增加了以前期间可供分配的利润，该企业通常按净利润的 20% 分派股利。但在计算调整会计政策变更当期期初的留存收益时，不应当考虑由于以前期间净利润的变化而需要分派的股利。

在财务报表只提供列报项目上一个可比会计期间比较数据的情况下，上述第 2 项，在变更会计政策当期，列报前期最早期初留存收益金额，即为上期资产负债表所反映的期初留存收益，可以从上年资产负债表项目中获得；需要计算确定的是第 1 项，即按变更后的会计政策对以前各期追溯计算，所得到的上期期初留存收益金额。

累积影响数通常可以通过以下步骤计算获得：
第一步，根据新会计政策重新计算受影响的前期交易或事项。
第二步，计算两种会计政策下的差异。
第三步，计算差异的所得税影响金额。
第四步，确定前期中的每一期的税后差异。
第五步，计算会计政策变更的累积影响数。

需要注意的是，对以前年度损益进行追溯调整或追溯重述的，应当重新计算各列报期间的每股收益。

【例 14-1】 甲公司 2017 年、2018 年分别以 4 500 000 元和 1 100 000 元的价格从股票市场购入 A、B 两只以交易为目的的股票（假设不考虑购入股票发生的交易费用），股票市价一直高于购入成本。甲公司采用成本与市价孰低法对购入股票进行计量。甲公司从 2019 年起对其以交易为目的购入的股票由成本与市价孰低改为公允价值计量，甲公司保存的会计资料比较齐备，可以通过会计资料追溯计算。假设所得税税率为 25%，甲公司按净利润的 10% 提取法定盈余公积，按净利润的 5% 提取任意盈余公积。甲公司发行普通股 4 500 万股，未发行任何稀释性潜在普通股。两种方法计量的交易性金融资产账面价值见表 14-1。

表 14-1 两种方法计量的交易性金融资产账面价值 单位：元

股 票	会 计 政 策		
	成本与市价孰低	2017 年年末公允价值	2018 年年末公允价值
A 股票	4 500 000	5 100 000	5 100 000
B 股票	1 100 000		1 300 000

根据上述资料，甲公司的会计处理如下：

1. 计算改变交易性金融资产计量方法后的累积影响数

改变交易性金融资产计量方法后的累积影响数见表 14-2。

表 14-2 改变交易性金融资产计量方法后的累积影响数 单位：元

时 间	公允价值	成本与市价孰低	税前差异	所得税影响	税后差异
2017 年年末		4 500 000	600 000	150 000	450 000
2018 年年末	1 300 000	1 100 000	200 000	50 000	150 000
合计	6 400 000	5 600 000	800 000	200 000	600 000

甲公司 2019 年 12 月 31 日的比较财务报表列报前期最早期初为 2018 年 1 月 1 日。

甲公司在 2017 年年末按公允价值计量的 A 股票账面价值应为 5 100 000 元，其按成本与市价孰低计量的账面价值为 4 500 000 元，两者的所得税影响合计为 150 000 元，两者差异的税后净影响额为 450 000 元，即为该公司 2018 年期初由成本与市价孰低计量改为公允价值计量的累积影响数。

甲公司在 2018 年年末按公允价值计量的 A、B 两只股票账面价值应为 6 400 000 元，按成本与市价孰低计量的账面价值为 5 600 000 元，两者的所得税影响合计为 200 000 元，两者差异的税后净影响额为 600 000 元，其中，450 000 元是调整 2018 年累积影响数，150 000

元是调整 2018 年当期金额。

甲公司按照公允价值重新计量 2018 年年末 B 股票账面价值,其结果为公允价值变动收益少计了 200 000 元,所得税费用少计了 50 000 元,净利润少计了 150 000 元。

2. 编制有关项目的调整分录

1) 对 2017 年有关事项的调整分录:

① 调整会计政策变更累积影响数:

借:交易性金融资产——公允价值变动　　　　　　　　　600 000
　　贷:利润分配——未分配利润　　　　　　　　　　　　　　450 000
　　　　递延所得税负债　　　　　　　　　　　　　　　　　　150 000

② 调整利润分配:

按照净利润的 10% 提取法定盈余公积,按照净利润的 5% 提取任意盈余公积,共计提取盈余公积 = 450 000 元 × 15% = 67 500 元。

借:利润分配——未分配利润　　　　　　　　　　　　　67 500
　　贷:盈余公积　　　　　　　　　　　　　　　　　　　　　67 500

2) 对 2018 年有关事项的调整分录:

① 调整交易性金融资产:

借:交易性金融资产——公允价值变动　　　　　　　　　200 000
　　贷:利润分配——未分配利润　　　　　　　　　　　　　　150 000
　　　　递延所得税负债　　　　　　　　　　　　　　　　　　50 000

② 调整利润分配:

按照净利润的 10% 提取法定盈余公积,按照净利润的 5% 提取任意盈余公积,共计提取盈余公积 = 150 000 元 × 15% = 22 500 元。

借:利润分配——未分配利润　　　　　　　　　　　　　22 500
　　贷:盈余公积　　　　　　　　　　　　　　　　　　　　　22 500

3. 财务报表调整和重述(财务报表略)

甲公司在列报 2019 年财务报表时,应调整 2019 年资产负债表有关项目的年初余额、利润表有关项目的上年金额及所有者权益变动表有关项目的上年金额和本年金额。

(1) 资产负债表项目的调整　调增交易性金融资产年初余额 800 000 元;调增递延所得税负债年初余额 200 000 元;调增盈余公积年初余额 90 000 元;调增未分配利润年初余额 510 000 元。

(2) 利润表项目的调整　调增公允价值变动收益上年金额 200 000 元;调增所得税费用上年金额 50 000 元;调增净利润上年金额 150 000 元;调增基本每股收益上年金额 0.003 3 元。

(3) 所有者权益变动表项目的调整　调增会计政策变更项目中盈余公积上年金额 67 500 元,未分配利润上年金额 382 500 元,所有者权益合计上年金额 450 000 元。

调增会计政策变更项目中盈余公积本年金额 22 500 元,未分配利润本年金额 127 500 元,所有者权益合计本年金额 150 000 元。

2. 未来适用法

未来适用法是指将变更后的会计政策应用于变更日及以后发生的交易或者事项,或者在会计估计变更当期和未来期间确认会计估计变更影响数的方法。

在未来适用法下，不需要计算会计政策变更产生的累积影响数，也无须重编以前年度的财务报表。企业会计账簿记录及财务报表上反映的金额，变更之日仍保留原有的金额，不因会计政策变更而改变以前年度的既定结果，并在现有金额的基础上再按新的会计政策进行核算。

3. 会计政策变更会计处理方法的选择

1）法律、行政法规或者国家统一的会计制度等要求变更的情况下，企业应当分以下情况进行处理：①国家发布相关会计处理办法的，则按照国家发布的相关规定进行处理；②国家没有发布相关会计处理办法的，则采用追溯调整法进行会计处理。

2）在会计政策变更能够提供更可靠、更相关的会计信息的情况下，企业应当采用追溯调整法进行会计处理，计算会计政策变更累积影响数并调整列报前期最早期初留存收益，其他相关项目的期初余额和列报前期披露的其他比较数据也应当一并调整。

3）确定会计政策变更对列报前期影响数不切实可行的，应当从可追溯调整的最早期间期初开始应用变更后的会计政策；在当期期初确定会计政策变更对计算以前各期累积影响数不切实可行的，应当采用未来适用法处理。

不切实可行是指企业在采取所有合理的方法后，仍然不能获得采用某项规定所必需的相关信息，而导致无法采用该项规定，则该项规定在此时是不切实可行的。

对于以下特定前期，对某项会计政策变更，或对某项重要的前期差错更正应用追溯调整法或追溯重述法是不切实可行的：①应用追溯调整法或追溯重述法的累积影响数不能确定；②应用追溯调整法或追溯重述法要求对管理层在该期当时的意图做出假定；③应用追溯调整法或追溯重述法要求对有关金额进行重大估计，并且不可能将提供有关交易发生时存在状况的证据（例如，有关金额确认、计量或披露日期存在事实的证据，以及在受变更影响的当期和未来期间确认会计估计变更的影响的证据）和该期间财务报表批准报出时能够取得的信息这两类信息与其他信息客观地加以区分。

在某些情况下，调整一个或者多个前期比较信息以获得与当期会计信息的可比性是不切实可行的。例如，企业的账簿、凭证因超过法定保存期限而销毁，或因不可抗力而毁坏、遗失，如火灾、水灾等，或因人为因素而不可取得，如盗窃、故意毁坏等，可能使当期期初确定会计政策变更对以前各期累积影响数无法计算，即不切实可行，此时会计政策变更应当采用未来适用法进行处理。

对根据某项交易或者事项确认、披露的财务报表项目应用会计政策时常常需要进行估计。本质上估计是主观行为，而且可能在资产负债表日后才做出。当追溯调整会计政策变更或者追溯重述前期差错更正时，要做出切实可行的估计更加困难，因为有关交易或者事项已经发生较长一段时间，要获得做出切实可行的估计所需要的相关信息往往比较困难。

当在前期采用一项新会计政策或者更正前期金额时，不论是对管理层在某个前期的意图做出假定，还是估计在前期确认、计量或者披露的金额，都不应当使用"后见之明"。

（四）会计政策变更的披露

企业应当在附注中披露与会计政策变更有关的下列信息：

1）会计政策变更的性质、内容和原因。包括对会计政策变更的简要阐述，变更的日期、变更前采用的会计政策和变更后所采用的新会计政策及会计政策变更的原因。

2）当期和各个列报前期财务报表中受影响的项目名称和调整金额。包括采用追溯调整法时，计算出的会计政策变更的累积影响数；当期和各个列报前期财务报表中需要调整的净损益及其影响金额，以及其他需要调整的项目名称和调整金额。

3）无法进行追溯调整的，说明该事实和原因以及开始应用变更后的会计政策的时点、具体应用情况。包括无法进行追溯调整的事实；确定会计政策变更对列报前期影响数不切实可行的原因；在当期期初确定会计政策变更对以前各期累积影响数不切实可行的原因；开始应用新会计政策的时点和具体应用情况。

需要注意的是，在以后期间的财务报表中，不需要重复披露在以前期间的附注中已披露的会计政策变更的信息。

二、会计估计及其变更

（一）会计估计概述

会计估计是指企业对结果不确定的交易或者事项以最近可利用的信息为基础所做的判断。会计估计具有如下特点：

1）会计估计的存在是由于经济活动中内在的不确定性因素的影响。
2）进行会计估计时，往往以最近可利用的信息或资料为基础。
3）进行会计估计并不会削弱会计确认和计量的可靠性。

企业应当披露具有重要性的会计估计，不具有重要性的会计估计可以不披露。判断会计估计是否重要，应当考虑与会计估计相关项目的性质和金额。企业应当披露的重要会计估计如下：

1）存货可变现净值的确定。
2）采用公允价值模式下的投资性房地产公允价值的确定。
3）固定资产的预计使用寿命与净残值、固定资产的折旧方法。
4）生物资产的预计使用寿命与净残值、各类生产性生物资产的折旧方法。
5）使用寿命有限的无形资产的预计使用寿命与净残值。
6）可收回金额按照资产组的公允价值减去处置费用后的净额确定的，确定公允价值减去处置费用后的净额的方法；可收回金额按照资产组预计未来现金流量的现值确定的，预计未来现金流量的确定。
7）合同完工进度的确定。
8）权益工具公允价值的确定。
9）债务人债务重组中转让的非现金资产的公允价值、由债务转成的股份的公允价值和修改其他债务条件后债务的公允价值的确定；债权人债务重组中受让的非现金资产的公允价值、由债权转成的股份的公允价值和修改其他债务条件后债权的公允价值的确定。
10）预计负债初始计量的最佳估计数的确定。
11）金融资产公允价值的确定。
12）承租人对未确认融资费用的分摊，出租人对未实现融资收益的分配。
13）探明矿区权益、井及相关设施的折旧方法；与油气开采活动相关的辅助设备及设施的折旧方法。
14）非同一控制下企业合并成本的公允价值的确定。

15）其他重要会计估计。

（二）会计估计变更

会计估计变更是指由于资产和负债的当前状况及预期经济利益和义务发生了变化，从而对资产或负债的账面价值或者资产的定期消耗金额进行调整。

由于企业经营活动中内在的不确定因素，许多财务报表项目不能准确地计量，只能进行估计，估计过程涉及以最近可以得到的信息为基础所做的判断。但是，估计毕竟是就现有资料对未来所做的判断，随着时间的推移，如果赖以进行估计的基础发生变化，或者由于取得了新的信息、积累了更多的经验，或后来的发展可能不得不对估计进行修正，就需要进行会计估计变更，但会计估计变更的依据应当真实、可靠。会计估计变更的情形如下：

1）赖以进行估计的基础发生了变化。企业进行会计估计，总是依赖于一定的基础。如果其所依赖的基础发生了变化，则会计估计也应相应发生变化。例如，企业的某项无形资产摊销年限原定为10年，以后发生的情况表明，该资产的受益年限已不足10年，则应相应调减摊销年限。

2）取得了新的信息、积累了更多的经验。企业进行会计估计是就现有资料对未来所做的判断，随着时间的推移，企业有可能取得新的信息、积累更多的经验，在这种情况下，企业可能不得不对会计估计进行修订，即发生会计估计变更。例如，企业原根据当时能够得到的信息，对应收账款每年按其余额的5%计提坏账准备。现在掌握了新的信息，判定不能收回的应收账款比例已达15%，企业改按15%的比例计提坏账准备。

会计估计变更并不意味着以前期间的会计估计是错误的，只是由于情况发生了变化，或者掌握了新的信息，积累了更多的经验，使得变更会计估计能够更好地反映企业的财务状况和经营成果。如果以前期间的会计估计是错误的，则属于前期差错，应按前期差错更正的会计处理办法进行处理。

（三）会计估计变更的会计处理

企业对会计估计变更应当采用未来适用法处理。即在会计估计变更当期及以后期间，采用新的会计估计，不改变以前期间的会计估计，也不调整以前期间的报告结果。

1）会计估计变更仅影响变更当期的，其影响数应当在变更当期予以确认。例如，企业原按应收账款余额的5%提取坏账准备，由于企业不能收回应收账款的比例已达10%，则企业改按应收账款余额的10%提取坏账准备。这类会计估计的变更，只影响变更当期。因此，应于变更当期确认。

2）既影响变更当期又影响未来期间的，其影响数应当在变更当期和未来期间予以确认。例如，企业的某项可计提折旧的固定资产，其有效使用年限或预计净残值的估计发生的变更，常常影响变更当期及资产以后使用年限内各个期间的折旧费用，这类会计估计的变更，应于变更当期及以后各期确认。

会计估计变更的影响数应计入变更当期的、与前期相同的项目中。为了保证不同期间的财务报表具有可比性，如果以前期间的会计估计变更的影响数计入企业日常经营活动损益，则以后期间也应计入日常经营活动损益；如果以前期间的会计估计变更的影响数计入特殊项目，则以后期间也应计入特殊项目。

3）企业应当正确划分会计政策变更和会计估计变更，并按不同的方法进行相关会计处理。企业通过判断会计政策变更和会计估计变更划分基础仍然难以对某项变更进行区分的，应当将其作为会计估计变更处理。

（四）会计估计变更的披露

企业应当在附注中披露与会计估计变更有关的下列信息：

1）会计估计变更的内容和原因。包括变更的内容、变更日期以及为什么要对会计估计进行变更。

2）会计估计变更对当期和未来期间的影响数。包括会计估计变更对当期和未来期间损益的影响金额，以及对其他各项目的影响金额。

3）会计估计变更的影响数不能确定的，应当披露这一事实和原因。

（五）会计政策变更与会计估计变更的划分

企业应当正确区分会计政策变更与会计估计变更，并按照不同的方法进行相关会计处理。企业应当以变更事项的会计确认、计量基础和列报项目是否发生变更作为判断该变更是会计政策变更还是会计估计变更的区分基础。

（1）以会计确认是否发生变更作为判断基础　《企业会计准则——基本准则》规定了资产、负债、所有者权益、收入、费用和利润六项会计要素的确认标准，这是会计处理的首要环节。一般地，对会计要素的指定或选择是会计政策，其相应的变更是会计政策变更。会计要素的变更一般会引起列报项目的变更。例如，企业在前期将某项内部研究开发项目开发阶段的支出计入当期损益，而当期按照《企业会计准则第6号——无形资产》的规定，该项支出符合无形资产的确认条件，应当确认为无形资产。该事项的会计要素发生变更，即前期将研发费用确认为一项费用，而当期将其确认为一项资产，所以该变更是会计政策变更。

（2）以计量基础是否发生变更作为判断基础　《企业会计准则——基本准则》规定了历史成本、重置成本、可变现净值、现值和公允价值五项会计计量属性，这是会计处理的计量基础。一般地，对计量基础的指定或选择是会计政策，其相应的变更是会计政策变更。例如，企业在前期对购入的价款超过正常信用条件延期支付的固定资产初始计量采用历史成本，而当期按照《企业会计准则第4号——固定资产》的规定，该类固定资产的初始成本应以购买价款的现值为基础确定。该事项的计量基础发生了变化，所以该变更是会计政策变更。

（3）以列报项目是否发生变更作为判断基础　《企业会计准则第30号——财务报表列报》规定了财务报表项目应采用的列报原则。一般地，对列报项目的指定或选择是会计政策，其相应的变更是会计政策变更。例如，某商业企业在前期将商品采购费用列入期间费用，当期根据《企业会计准则第1号——存货》的规定，将采购费用列入存货成本。因为列报项目发生了变化，所以该变更是会计政策变更。

（4）其他　根据会计确认、计量基础和列报项目所选择的，为取得与资产负债表项目有关的金额或数值（如预计使用寿命、净残值等）所采用的处理方法，不是会计政策，而是会计估计，其相应的变更是会计估计变更。例如，企业需要对某项资产采用公允价值进行计量，而公允价值的确定需要根据市场情况选择不同的处理方法。相应地，当企业面对的市场情况发生变化时，其采用的确定公允价值的方法变更是会计估计变更，不是会计政策变更。

企业可以采用以上具体方法划分会计政策变更与会计估计变更。分析并判断该事项是否涉及会计确认、计量基础选择或列报项目的变更，当至少涉及上述一项划分基础变更时，该事项是会计政策变更；不涉及上述划分基础变更时，该事项可以判断为会计估计变更。例如，企业在前期将构建固定资产相关的一般借款利息计入当期损益，当期根据会计准则的规定，将其予以资本化，企业因此将对该事项进行变更。该事项的计量基础未发生变更，即都是以历史成本作为计量基础；该事项的会计确认发生变更，即前期将借款费用确认为一项费用，而当期将其确认为一项资产；同时，会计确认的变更导致该事项在资产负债表和利润表相关项目的列报也发生变更。该事项涉及会计确认和列报的变更，所以属于会计政策变更。又如，企业原采用双倍余额递减法计提固定资产折旧，根据固定资产使用的实际情况，企业决定改用直线法计提固定资产折旧。该事项前后采用的两种计提折旧的方法都是以历史成本作为计量基础，对该事项的会计确认和列报项目也未发生变更，只是固定资产折旧、固定资产净值等相关金额发生了变化。因此，该事项属于会计估计变更。

三、前期差错及其更正

（一）前期差错概述

前期差错是指由于没有运用或错误运用下列两种信息，而对前期财务报表造成省略或错报：①编报前期财务报表时预期能够取得并加以考虑的可靠信息；②前期财务报告批准报出时能够取得的可靠信息。前期差错通常包括计算错误、应用会计政策错误、疏忽或曲解事实以及舞弊产生的影响等。没有运用或错误运用上述两种信息而形成前期差错的情形主要有以下几种：

（1）计算以及账户分类错误　例如，企业购入的 5 年期国债，意图长期持有，但在记账时记入了交易性金融资产，导致账户分类上的错误，并导致在资产负债表上流动资产和非流动资产的分类也有误。

（2）采用法律、行政法规或者国家统一的会计制度等不允许的会计政策　例如，按照《企业会计准则第 17 号——借款费用》的规定，为购建固定资产专门借款而发生的借款费用，满足一定条件的，在固定资产达到预定可使用状态前发生的，应予资本化，计入所购建固定资产的成本；在固定资产达到预定可使用状态后发生的，计入当期损益。如果企业固定资产已达到预定可使用状态后发生的借款费用，也计入该项固定资产的价值，予以资本化，则属于采用法律或会计准则等行政法规、规章所不允许的会计政策。

（3）对事实的疏忽或曲解及舞弊　例如，企业对某项建造合同应按建造合同规定的方法确认营业收入，但该企业却按确认商品销售收入的原则确认收入。

需要注意的是，就会计估计的性质来说，它是个近似值，随着更多信息的获得，会计估计可能需要进行修正，但是会计估计变更不属于前期差错更正。

（二）前期差错更正的会计处理

如果财务报表项目的遗漏或错误表述可能影响财务报表使用者根据财务报表所作出的经济决策，则该项目的遗漏或错误表述是重要的。重要的前期差错是指足以影响财务报表使用者对企业财务状况、经营成果和现金流量做出正确判断的前期差错。不重要的前期差错是指不足以影响财务报表使用者对企业财务状况、经营成果和现金流量做出正确判断的前期差错。

前期差错的重要性取决于在相关环境下对遗漏或错误表述的规模和性质的判断。前期差错所影响的财务报表项目的金额或性质，是判断该前期差错是否具有重要性的决定性因素。

一般来说，前期差错所影响的财务报表项目的金额越大、性质越严重，其重要性水平越高。

企业应当采用追溯重述法更正重要的前期差错，但确定前期差错累积影响数不切实可行的除外。追溯重述法是指在发现前期差错时，视同该项前期差错从未发生过，从而对财务报表相关项目进行更正的方法。

1. 不重要的前期差错的会计处理

对于不重要的前期差错，企业不需要调整财务报表相关项目的期初数，但应调整发现当期与前期相同的相关项目。属于影响损益的，应直接计入本期与上期相同的净损益项目；属于不影响损益的，应调整本期与前期相同的相关项目。

2. 重要的前期差错的会计处理

对于重要的前期差错，企业应当在其发现当期的财务报表中调整前期比较数据。具体地说，企业应当在重要的前期差错发现当期的财务报表中，通过下述处理对其进行追溯更正：

1）追溯重述差错发生期间列报的前期比较金额。

2）如果前期差错发生在列报的最早前期之前，则追溯重述列报的最早前期的资产、负债和所有者权益相关项目的期初余额。

对于发生的重要的前期差错，如影响损益，应将其对损益的影响数调整发现当期的期初留存收益，财务报表其他相关项目的期初数也应一并调整；如不影响损益，应调整财务报表相关项目的期初数。

在编制比较财务报表时，对于比较财务报表期间的重要的前期差错，应调整各该期间的净损益和其他相关项目，视同该差错在产生的当期已经更正；对于比较财务报表期间以前的重要的前期差错，应调整比较财务报表最早期间的期初留存收益，财务报表其他相关项目的期初数也应一并调整。

确定前期差错影响数不切实可行的，可以从可追溯重述的最早期间开始调整留存收益的期初余额，财务报表其他相关项目的期初余额应当一并调整，也可以采用未来适用法。当企业确定前期差错对列报的一个或者多个前期比较信息的特定期间的累积影响数不切实可行时，应当追溯重述切实可行的最早期间的资产、负债和所有者权益相关项目的期初余额（可能是当期）；当企业在当期期初确定前期差错对所有前期的累积影响数不切实可行时，也可以从确定前期差错影响数切实可行的最早日期开始采用未来适用法追溯重述比较信息。

需要注意的是，为了保证经营活动的正常进行，企业应当建立健全的内部稽核制度，保证会计资料的真实、完整。对于年度资产负债表日至财务报告批准报出日之间发现的报告年度的会计差错及报告年度前不重要的前期差错，应按照《企业会计准则第29号——资产负债表日后事项》的规定进行处理。

（三）前期差错更正的披露

企业应当在附注中披露与前期差错更正有关的下列信息：

1）前期差错的性质。

2）各个列报前期财务报表中受影响的项目名称和更正金额。

3）无法进行追溯重述的，说明该事实和原因以及对前期差错开始进行更正的时点、具体更正情况。

在以后期间的财务报表中，不需要重复披露在以前期间的附注中已披露的前期差错更正的信息。

第二节 资产负债表日后事项

一、资产负债表日后事项概述

（一）资产负债表日后事项的定义

资产负债表日后事项是指资产负债表日至财务报告批准报出日之间发生的有利或不利事项。在理解这一定义时，应当注意以下方面：

1. 资产负债表日

资产负债表日是指会计年度末和会计中期期末。年度资产负债表日是指每年的12月31日，中期资产负债表日是指各会计中期期末。

2. 财务报告批准报出日

财务报告批准报出日是指董事会或类似机构批准财务报告报出的日期，通常是指对财务报告的内容负有法律责任的单位或个人批准财务报告对外公布的日期。

3. 有利事项和不利事项

资产负债表日后事项包括有利事项和不利事项。"有利或不利事项"是指资产负债表日后对企业财务状况和经营成果具有一定影响（既包括有利影响也包括不利影响）的事项。

（二）资产负债表日后事项涵盖的期间

资产负债表日后事项涵盖的期间应当包括以下几点：

1）报告期下一期间的第一天至董事会或类似机构批准财务报告对外公布的日期。

2）财务报告批准报出以后、实际报出之前又发生与资产负债表日后事项有关的事项，并由此影响财务报告对外公布日期的，应以董事会或类似机构再次批准财务报告对外公布的日期为截止日期。

【例14-2】某上市公司2018年的年度财务报告于2019年2月20日编制完成，注册会计师完成年度财务报表审计工作并签署审计报告的日期为2019年4月17日，董事会批准财务报告对外公布的日期为2019年4月17日，财务报告实际对外公布的日期为2019年4月23日，股东大会召开日期为2019年5月10日。

分析：根据资产负债表日后事项涵盖期间的规定，本例中，该公司2018年年报资产负债表日后事项涵盖的期间为2019年1月1日至2019年4月17日。如果在4月17日至23日之间发生了重大事项，需要调整财务报表相关项目的数字或需要在财务报表附注中披露，若经调整或说明后的财务报告再经董事会批准报出的日期为2019年4月25日，实际报出的日期为2019年4月30日，则资产负债表日后事项涵盖的期间为2019年1月1日至2019年4月25日。

（三）资产负债表日后事项的内容

资产负债表日后事项包括资产负债表日后调整事项（以下简称调整事项）和资产负债表日后非调整事项（以下简称非调整事项）。

1. 调整事项

资产负债表日后调整事项是指对资产负债表日已经存在的情况提供了新的或进一步证据

的事项。

如果资产负债表日及所属会计期间已经存在某种情况,但当时并不知道其存在或者不能知道确切结果,资产负债表日后发生的事项能够证实该情况的存在或者确切结果,则该事项属于资产负债表日后事项中的调整事项。如果资产负债表日后事项对资产负债表日的情况提供了进一步的证据,证据表明的情况与原来的估计和判断不完全一致,则需要对原来的会计处理进行调整。

企业发生的调整事项,通常包括下列各项:①资产负债表日后诉讼案件结案,法院判决证实了企业在资产负债表日已经存在现时义务,需要调整原先确认的与该诉讼案件相关的预计负债,或确认一项新负债;②资产负债表日后取得确凿证据,表明某项资产在资产负债表日发生了减值或者需要调整该项资产原先确认的减值金额;③资产负债表日后进一步确定了资产负债表日前购入资产的成本或售出资产的收入;④资产负债表日后发现了财务报表舞弊或差错。

【例 14-3】 甲上市公司为一家施工企业,施工过程中因混凝土外泄污染了当地饮用水源,造成当地居民和牲畜中毒以及鱼类等死亡,对当地居民的身体健康造成严重损害和重大的财产损失,为此,2018 年 11 月 11 日当地居民向法院提起诉讼,要求甲上市公司赔偿 500 万元。2018 年 12 月 31 日法院尚未判决,考虑到当地居民胜诉要求赔偿的可能性较大,甲上市公司为此确认了 500 万元的预计负债。2019 年 2 月 20 日,在甲上市公司 2018 年年度财务报告对外报出之前,法院判决当地居民胜诉,要求甲上市公司支付赔偿款 700 万元。

分析:甲上市公司在 2018 年 12 月 31 日结账时已经知道当地居民胜诉的可能性较大,但不能知道法院判决的确切结果,因此确认了 500 万元的预计负债。2019 年 2 月 20 日法院判决结果为甲上市公司预计负债的存在提供了进一步的证据。此时,按照 2018 年 12 月 31 日存在状况编制的财务报表所提供的信息已不能真实反映企业的实际情况,甲上市公司应据此对财务报表相关项目的数字进行调整。

2. 非调整事项

非调整事项是指表明资产负债表日后发生情况的事项。非调整事项的发生不影响资产负债表日企业的财务报表数字,只是说明资产负债表日后发生了某些情况。

3. 调整事项与非调整事项的区别

资产负债表日后发生的某一事项究竟是调整事项还是非调整事项,取决于该事项表明的情况在资产负债表日或资产负债表日以前是否已经存在。若该情况在资产负债表日或之前已经存在,则属于调整事项;反之,则属于非调整事项。

【例 14-4】 甲公司应收乙公司 2 000 万元工程款,至 2018 年 12 月 31 日,乙公司尚未付款。假定甲公司编制 2018 年度财务报告时有两种情况:①2018 年 12 月 31 日甲公司根据掌握资料判断,乙公司有可能破产清算,估计该应收账款将有 20% 无法收回,故按 20% 的比例计提坏账准备;2019 年 1 月 20 日,甲公司收到通知,乙公司已被宣告破产清算,甲公司估计有 70% 的应收账款无法收回;②2018 年 12 月 31 日乙公司的财务状况良好,甲公司预计应收账款可按时收回;2019 年 1 月 20 日,乙公司发生重大火灾,导致甲公司 50% 的应收账款无法收回。

2019年3月15日，甲公司的财务报告经批准对外公布。

分析：

1）导致甲公司应收账款无法收回的事实是乙公司财务状况恶化，该事实在资产负债表日已经存在，乙公司被宣告破产只是证实了资产负债表日乙公司财务状况恶化的情况。因此，乙公司破产导致甲公司应收账款无法收回的事项属于调整事项。

2）导致甲公司应收账款损失的因素是火灾，火灾是不可预计的，应收账款发生损失这一事实在资产负债表日以后才发生，因此乙公司发生火灾导致甲公司应收款项发生坏账损失的事项属于非调整事项。

二、调整事项的会计处理

（一）调整事项的处理原则

企业发生的调整事项，应当调整资产负债表日的财务报表。对于年度财务报告而言，由于资产负债表日后事项发生在报告年度的次年，报告年度的有关账目已经结转，特别是损益类科目在结账后已无余额。因此，年度资产负债表日后发生的调整事项，应具体分以下情况进行处理。

1）涉及损益的事项，通过"以前年度损益调整"科目核算。调整增加以前年度利润或调整减少以前年度亏损的事项，记入"以前年度损益调整"科目的贷方；调整减少以前年度利润或调整增加以前年度亏损的事项，记入"以前年度损益调整"科目的借方。

涉及损益的调整事项，如果发生在该企业资产负债表日所属年度（即报告年度）所得税汇算清缴前，应调整报告年度应纳税所得额、应纳所得税额；发生在该企业报告年度所得税汇算清缴后的，应调整本年度（即报告年度的次年）应纳所得税额。

由于以前年度损益调整增加的所得税费用，记入"以前年度损益调整"科目的借方，同时贷记"应交税费——应交所得税"等科目；由于以前年度损益调整减少的所得税费用，记入"以前年度损益调整"科目的贷方，同时借记"应交税费——应交所得税"等科目。

调整完成后，将"以前年度损益调整"科目的贷方或借方余额，转入"利润分配——未分配利润"科目。

2）涉及利润分配调整的事项，直接在"利润分配——未分配利润"科目核算。

3）不涉及损益及利润分配的事项，调整相关科目。

4）通过上述账务处理后，还应同时调整财务报表相关项目的数字，包括：①当期编制的财务报表相关项目的期末数或本年发生数；②当期编制的财务报表相关项目的期初数或上年数；③经过上述调整后，如果涉及报表附注内容的，还应当对其做出相应调整。

（二）资产负债表日后调整事项应用举例

（1）情况一　资产负债表日后诉讼案件结案，法院判决证实了企业在资产负债表日已经存在现时义务，需要调整原先确认的与该诉讼案件相关的预计负债，或确认一项新负债。

这一事项是指导致诉讼的事项在资产负债表日已经发生，但尚不具备确认负债的条件而未确认，资产负债表日后至财务报告批准报出日之间获得了新的或进一步的证据（法院判决结果），表明符合负债的确认条件。因此，应在财务报告中确认为一项新负债；或者在资产负债表日虽已确认,但需要根据判决结果调整已确认负债的金额。

【**例 14-5**】 甲公司(从事建筑施工业务)与乙公司签订了一项不可撤销的合同,由于甲公司未能按照约定条款履行合同义务,致使乙公司发生重大经济损失。2018 年 12 月,乙公司将甲公司告上法庭,要求甲公司赔偿 450 万元。2018 年 12 月 31 日法院尚未判决,甲公司对该诉讼事项确认预计负债 300 万元。2019 年 2 月 10 日,经法院判决甲公司应赔偿乙公司 400 万元,甲、乙双方均服从判决。判决当日,甲公司向乙公司支付赔偿款 400 万元。甲、乙两公司 2018 年所得税汇算清缴均在 2019 年 3 月 20 日完成。

分析:2019 年 2 月 10 日的判决证实了甲、乙两公司在资产负债表日(即 2018 年 12 月 31 日)分别存在现时赔偿义务和获赔权利。因此,两公司都应将"法院判决"这一事项作为调整事项进行处理。甲公司和乙公司 2018 年所得税汇算清缴均在 2019 年 3 月 20 日完成。因此,两公司应根据法院判决结果调整报告年度应纳税所得额和应纳所得税额。

1. **甲公司的账务处理**

1)2019 年 2 月 10 日,记录支付的赔款,并调整递延所得税资产。

借:以前年度损益调整 1 000 000
　　贷:其他应付款 1 000 000
借:应交税费——应交所得税(1 000 000×25% = 250 000) 250 000
　　贷:以前年度损益调整 250 000
借:应交税费——应交所得税 750 000
　　贷:以前年度损益调整 750 000
借:以前年度损益调整 750 000
　　贷:递延所得税资产 750 000
借:预计负债 3 000 000
　　贷:其他应付款 3 000 000
借:其他应付款 4 000 000
　　贷:银行存款 4 000 000

注:2018 年年末因确认预计负债 300 万元时已确认相应的递延所得税资产,资产负债表日后事项发生后递延所得税资产不复存在,故应冲销相应记录。

2)将"以前年度损益调整"科目余额转入未分配利润。

借:利润分配——未分配利润 750 000
　　贷:以前年度损益调整 750 000

3)因净利润变动,调整盈余公积。

借:盈余公积 75 000
　　贷:利润分配——未分配利润(750 000×10%) 75 000

4)调整报告年度财务报表相关项目。

① 资产负债表项目的年末数调整。

调减递延所得税资产 75 万元;调增其他应付款 400 万元,调减应交税费 100 万元,调减预计负债 300 万元;调减盈余公积 7.5 万元,调减未分配利润 67.5 万元。

② 利润表项目的调整。

调增营业外支出 100 万元,调减所得税费用 25 万元,调减净利润 75 万元。

③ 所有者权益变动表项目的调整。

调减净利润 75 万元,调减提取盈余公积项目中盈余公积 7.5 万元,调减未分配利润 67.5 万元。

2. 乙公司的账务处理

1) 2019 年 2 月 10 日,记录收到的赔款,并调整应交所得税。

借:其他应收款   4 000 000
  贷:以前年度损益调整   4 000 000
借:以前年度损益调整   1 000 000
  贷:应交税费——应交所得税   1 000 000
借:银行存款   4 000 000
  贷:其他应收款   4 000 000

2) 将"以前年度损益调整"科目余额转入未分配利润。

借:以前年度损益调整   3 000 000
  贷:利润分配——未分配利润   3 000 000

3) 因净利润增加,补提盈余公积。

借:利润分配——未分配利润   300 000
  贷:盈余公积   300 000

4) 调整报告年度财务报表相关项目。

① 资产负债表项目的年末数调整。

调增其他应收款 400 万元,调增应交税费 100 万元,调增盈余公积 30 万元,调增未分配利润 270 万元。

② 利润表项目的调整。

调增营业外收入 400 万元,调增所得税费用 100 万元,调增净利润 300 万元。

③ 所有者权益变动表项目的调整。

调增净利润 300 万元,调增提取盈余公积项目中盈余公积 30 万元,调增未分配利润 270 万元。

(2) 情况二 资产负债表日后取得确凿证据,表明某项资产在资产负债表日发生了减值或者需要调整该项资产原先确认的减值金额。

这一事项是指在资产负债表日,根据当时的资料判断某项资产可能发生了损失或减值,但没有最后确定是否会发生,因而按照当时的最佳估计金额反映在财务报表中。但在资产负债表日至财务报告批准报出日之间,所取得的确凿证据能证明该事实成立,即某项资产已经发生了损失或减值,则应对资产负债表日所做的估计予以修正。

【例 14-6】 安建建工公司于 2018 年 12 月 31 日编制 2018 年财务报表时,因客户大华公司 2018 年度财务状况恶化,根据当时的情况判断对应收该客户的款项 2 500 万元计提了 20% 的坏账准备,2019 年 3 月 5 日,安建建工公司收到法院通知,大华公司因资不抵债被宣告破产,安建建工公司预计可收回 2 500 万元中的 40%,安建建工公司 2018 年度所得税汇算清缴工作于 2019 年 2 月 15 日完成,安建建工公司董事会批准的财务报告报出日为 2019

年 4 月 5 日。

分析：安建建工公司在收到法院的通知后，可以判断该事项属于资产负债表日后调整事项，安建建工公司应补提坏账准备 1 000 万元。

1) 补提坏账准备。

借：以前年度损益调整　　　　　　　　　　　　　　　　　10 000 000
　　贷：坏账准备　　　　　　　　　　　　　　　　　　　　　　　10 000 000

2) 调整递延所得税资产。

借：递延所得税资产　　　　　　　　　　　　　　　　　　2 500 000
　　贷：以前年度损益调整　　　　　　　　　　　　　　　　　　　2 500 000

3) 将"以前年度损益调整"科目余额转入利润分配。

借：利润分配　　　　　　　　　　　　　　　　　　　　　7 500 000
　　贷：以前年度损益调整　　　　　　　　　　　　　　　　　　　7 500 000

4) 调整盈余公积。

借：盈余公积　　　　　　　　　　　　　　　　　　　　　750 000
　　贷：利润分配——未分配利润　　　　　　　　　　　　　　　　750 000

(3) 情况三　资产负债表日后进一步确定了资产负债表日前购入资产的成本或售出资产的收入。

这类调整事项包括两方面的内容：①若资产负债表日前购入的资产已经按暂估金额等入账，资产负债表日后获得证据，可以进一步确定该资产的成本，则应对已入账的资产成本进行调整；②企业在资产负债表日已根据收入确认条件确认资产销售收入，但资产负债表日后获得关于资产收入的进一步证据，如发生销售退回等，此时也应调整财务报表相关项目的金额。需要说明的是，资产负债表日后发生的销售退回，既包括报告年度或报告中期销售的商品在资产负债表日后发生的销售退回，也包括以前期间销售的商品在资产负债表日后发生的销售退回。

资产负债表所属期间或以前期间所售商品在资产负债表日后退回的，应作为资产负债表日后调整事项处理。发生于资产负债表日后至财务报告批准报出日之间的销售退回事项，可能发生于该企业年度所得税汇算清缴之前，也可能发生于该企业年度所得税汇算清缴之后，其会计处理方法不同。

1) 涉及报告年度所属期间的销售退回发生于该企业报告年度所得税汇算清缴之前的，应调整报告年度利润表的收入、成本等，并相应调整报告年度的应纳税所得额以及报告年度应缴的所得税等。

【例 14-7】　甲公司 2018 年 11 月 8 日销售一批工程物资给乙公司，取得收入 120 万元（不含税，增值税税率为 13%）。甲公司发出工程物资后，按照正常情况已确认收入，并结转成本 100 万元。2018 年 12 月 31 日，该笔货款尚未收到，甲公司未对应收账款计提坏账准备。2019 年 1 月 12 日，由于质量问题，该批货物被退回。甲公司于 2019 年 2 月 28 日完成 2018 年所得税汇算清缴，2018 年度的财务报告批准报出日为 2019 年 4 月 1 日。

分析：本例中，销售退回业务发生在资产负债表日后事项涵盖期间内，属于资产负债表日后调整事项。由于销售退回发生在甲公司报告年度所得税汇算清缴之前，因此在所得税汇算清缴时,应扣除该部分销售退回所实现的应纳税所得额。

甲公司的账务处理如下:

① 2019年1月12日,调整销售收入。

借:以前年度损益调整		1 200 000
应交税费——应交增值税(销项税额)		156 000
贷:应收账款		1 356 000

② 调整销售成本。

借:库存商品		1 000 000
贷:以前年度损益调整		1 000 000

③ 调整应缴纳的所得税。

借:应交税费——应交所得税		50 000
贷:以前年度损益调整		50 000

④ 将"以前年度损益调整"科目的余额转入利润分配。

借:利润分配——未分配利润		150 000
贷:以前年度损益调整		150 000

⑤ 调整盈余公积。

借:盈余公积		15 000
贷:利润分配——未分配利润		15 000

2) 资产负债表日后事项中涉及报告年度所属期间的销售退回发生于该企业报告年度所得税汇算清缴之后,应调整报告年度会计报表的收入、成本等,但按照税法规定,在此期间的销售退回所涉及的应缴所得税,应作为本年的纳税调整事项。

【例14-8】 沿用上例,假设销售退回发生在2019年3月12日,即发生在所得税汇算清缴之后,则甲公司相关的账务处理如下:

① 2019年1月12日,调整销售收入。

借:以前年度损益调整		1 200 000
应交税费——应交增值税(销项税额)		156 000
贷:应收账款		1 356 000

② 调整销售成本。

借:库存商品		1 000 000
贷:以前年度损益调整		1 000 000

③ 调整应缴纳的所得税。

借:递延所得税资产		50 000
贷:以前年度损益调整		50 000

④ 将"以前年度损益调整"科目的余额转入利润分配。

借:利润分配——未分配利润		150 000
贷:以前年度损益调整		150 000

⑤ 调整盈余公积。

借:盈余公积		15 000

贷：利润分配——未分配利润　　　　　　　　　　　　　　　15 000
　　发生在所得税汇算清缴后的损益调整，不调整报告年度的应交所得税，应作为本年度的纳税调整事项，通过递延所得税的调整来消除所得税汇算清缴后的损益调整对报告期所得税费用的影响。

三、非调整事项的会计处理

（一）非调整事项的处理原则

　　资产负债表日后发生的非调整事项，是表明资产负债表日后发生的事项，与资产负债表日的存在状况无关，不应当调整资产负债表日的财务报表。但有的非调整事项对财务报告使用者具有重大影响，如不加以说明，将不利于财务报告使用者做出正确估计和决策。因此，应在附注中进行披露。

（二）非调整事项的具体会计处理

　　资产负债表日后发生非调整事项的，应当在报表附注中披露每项重要的资产负债表日后非调整事项的性质、内容及其对财务状况和经营成果等的影响。无法做出估计的，应当说明原因。

　　资产负债表日后非调整事项主要有以下几个方面：
　　1）资产负债表日后发生重大诉讼、仲裁和承诺。
　　2）资产负债表日后资产价格、税收政策、外汇汇率发生重大变化。
　　3）资产负债表日后因自然灾害导致资产发生重大损失。
　　4）资产负债表日后发行股票和债券以及其他巨额举债。
　　5）资产负债表日后资本公积转增资本。
　　6）资产负债表日后发生巨额亏损。
　　7）资产负债表日后发生企业合并或处置子公司。
　　8）资产负债表日后，企业利润分配方案中拟分配的以及经审议批准宣告发放的现金股利或利润发生变化。

思考题

1. 什么是会计政策？它有何特点？
2. 什么会计政策变更？企业在何种情况下可以变更会计政策？
3. 简述会计政策变更会计处理方法的选择。
4. 企业应当在附注中披露与会计政策变更有关的哪些信息？
5. 什么是会计估计？它有何特点？
6. 什么是会计估计变更？其情形有哪些？
7. 会计估计变更的会计处理有哪些情况？
8. 会计估计变更应披露哪些信息？
9. 什么是前期差错？其主要情形有哪些？
10. 什么是资产负债表日后事项？应注意哪些问题？
11. 简述调整事项的处理原则。

参 考 文 献

[1] 李志远,全晶晶. 建筑施工企业税务与会计 [M]. 4版. 北京:中国市场出版社,2020.
[2] 平准. 建筑施工企业会计核算与纳税、财务报表编制实务 [M]. 北京:人民邮电出版社,2020.
[3] 运玉贞,王慧. 建筑施工企业会计与纳税实操:从入门到精通 [M]. 北京:中国铁道出版社,2019.
[4] 李志远. 施工企业会计 [M]. 5版. 北京:中国市场出版社,2019.
[5] 王宁. 建筑施工企业全税种税务处理与会计核算 [M]. 北京:中国市场出版社,2020.
[6] 崔爱丽,王慧恩. 施工企业会计与纳税真账实操:从入门到精通 [M]. 北京:中国铁道出版社,2019.
[7] 吕爱武. 建筑施工企业财务与会计实务 [M]. 北京:化学工业出版社,2018.
[8] 李淑霞,赵思炯. 建筑施工企业会计 [M]. 武汉:华中科技大学出版社,2018.
[9] 张洪伟. 建筑施工企业会计真账实操全图解 [M]. 2版. 北京:中国铁道出版社,2019.
[10] 代义国. 建筑施工企业会计与纳税技巧 [M]. 2版. 北京:机械工业出版社,2017.
[11] 姜艳玲. 建筑施工企业会计与纳税实操:从新手到高手 [M]. 北京:中国铁道出版社,2017.
[12] 郝芸. 建筑施工企业会计核算与纳税实务 [M]. 北京:人民邮电出版社,2017.
[13] 索晓辉. 施工企业会计核算实务 [M]. 北京:北京理工大学出版社,2016.
[14] 朱宾梅. 施工企业会计 [M]. 北京:化学工业出版社,2017.
[15] 李赞祥,吕岩荣. 施工企业会计 [M]. 2版. 北京:北京理工大学出版社,2016.
[16] 辛艳红,李爱华. 施工企业会计 [M]. 3版. 北京:北京大学出版社,2019.
[17] 平准. 施工企业会计核算与纳税实务 [M]. 北京:人民邮电出版社,2017.
[18] 林久时. 建筑企业财税处理与合同涉税管理 [M]. 北京:中国铁道出版社,2020.
[19] 周国强. 施工企业会计实账模拟 [M]. 北京:北京理工大学出版社,2017.
[20] 秦俊绒. 建筑施工企业会计 [M]. 上海:立信会计出版社,2018.
[21] 牛丽文. 建筑施工企业会计 [M]. 2版. 北京:机械工业出版社,2009.